Le sous-titre de ce commentaire inimitable a capté mon attention avant même que les auteurs ne le fassent (il y en a un que je connais bien, et l'autre de réputation). Genèse 1 – 11 est au fondement des contextes interreligieux ainsi que d'autres l'ont si bien démontré. Ce que cette œuvre accomplit est évident par son exceptionnelle intégrité, reflet de ses auteurs. Ils viennent de langues et d'arrière-plans culturels différents et, en dépit de leurs différences, par leur attachement probant à la révélation de Dieu dans les Écritures, offrent au lecteur un parcours aussi neuf que passionnant dans les onze premiers chapitres de la Genèse. La primauté du récit biblique est scrupuleusement préservée d'un bout à l'autre même quand les auteurs font ressortir les comparaisons. Comme moi, les lecteurs trouveront pour leur inspiration une étude sensible et formidablement renouvelée par le brassage des horizons. Je ne doute pas que ce livre entraînera des débats animés dégageant de l'espace à l'Esprit pour agir sans obstacles.

David Singh, PhD
Directeur de Recherches, Études islamiques,
Oxford Centre for Mission Studies, Royaume-Uni

Pendant plus de vingt ans, j'ai travaillé sur une traduction de la Bible dans ma langue natale, en me servant de nombreux commentaires et manuels qui m'ont beaucoup aidée à saisir le sens des Écritures. Mais lorsque je me mis à lire le commentaire de Genèse 1 – 11, écrit par Anwarul Azad et Ida Glaser, j'y trouvai plus que de la connaissance. Mon cœur s'est rempli de joie parce que ce livre fait ressortir la vérité de la Bible depuis une perspective orientale dans laquelle je me reconnais. Les auteurs ont tissé des fils bibliques et culturels pour en faire une tapisserie aussi belle qu'irremplaçable. Je recommande fortement ce livre à quiconque cherche à rencontrer notre Créateur et son dessein pour l'humanité.

Nilufar Abdusatarova
Société biblique d'Ouzbékistan

Ce commentaire sur la Genèse représente le fruit d'un dialogue approfondi entre les religions abrahamiques. Accessible au lecteur sans éviter les sujets qui dérangent, il permet une rencontre renouvelée avec ce texte biblique fondateur. Ce travail est sensible à la fois aux traditions anciennes et aux réalités modernes tout en gardant en ligne de mire l'illumination produite par le texte. Une lecture dans laquelle chacun peut s'investir.

Mark J. Boda, PhD
Professeur d'Ancien Testament
McMaster Divinity College, Canada

Ce commentaire a la splendeur exquise de l'arc-en-ciel. Ses bandes colorées proviennent de lectures chrétiennes, juives et islamiques ; de la poésie bangladaise si évocatrice ; de la culture du quotidien qui éclaire le texte biblique pour un lecteur de la région et suscite l'intérêt d'un lecteur international ; d'anecdotes locales, qui scintillent comme des joyaux ; de réflexions affinées sur le texte pour le lecteur d'aujourd'hui. Quelle approche si différente dans son rayonnement, si fidèle bibliquement et si respectueuse du Christ pour comprendre et appliquer Genèse 1 – 11 !

Havilah Dharamraj, PhD
Directrice du Département des Études bibliques,
South Asia Institute of Advanced Christian Studies, Bangalore, Inde

Ce commentaire reflète authentiquement le Bangladesh par ses images locales éloquentes et des notions qui sont intéressantes, amplement pertinentes et utiles au-delà des particularismes locaux. Fermement enraciné dans l'exégèse biblique, avec des connections théologiques plus vastes, sans aller se perdre loin de l'accent sur l'aspect du commentaire biblique. Cet accent est constructif, positif et concrètement encourageant pour la vie chrétienne. Le style rédactionnel transmet un ton pastoral et pédagogique. Je pense qu'il s'agit d'une contribution efficace, précieuse et originale.

Elizabeth Kennedy, PhD
Professeure d'Ancien Testament
Professeure associée en Religions comparées,
Université américaine du Caire, Égypte

Ce commentaire nous donne une perspective sur la Genèse comme histoire des origines de toute l'humanité, et montre donc comment, en particulier, il peut être entendu par les musulmans bangladais qui se présentent comme la « communauté d'Ibrahim ». Il a une vive conscience de la portée universelle de la Genèse et de son souci de replacer le culte du vrai Dieu au milieu des nations et de leurs dieux. (Il est significatif qu'il se termine sur Genèse 12.3.) Il déploie des concepts à partir de la Genèse (tels que la bénédiction et la grâce) en dialogue avec ceux du Coran et il adopte une orientation respectueuse vers ceux pour qui le Coran est précieux, ainsi qu'une conscience du respect coranique pour l'héritage de la Bible.

Gordon McConville, PhD
Professeur émérite, Ancien Testament,
Université du Gloucestershire, Royaume-Uni
Professeur associé, Ancien Testament, Trinity College, Bristol, Royaume-Uni

M. Anwarul Azad a fait un énorme travail pour faire connaître aux autres les paroles de Dieu, tâche qu'il considérait comme sa responsabilité devant Dieu, un devoir à la fois envers Dieu et envers le peuple de Dieu. Je me sens privilégié d'avoir eu connaissance du contenu du livre à partir de l'un de ses auteurs, mon ami M. Azad, avant même sa publication. L'absence physique de mon ami me pèse, mais par ce livre il sera avec moi et d'autres lecteurs. Ceci est un ouvrage utile non seulement pour les disciples de Jésus le Messie mais aussi pour ceux qui, issus d'autres religions, cherchent la vérité. Ce livre est véritablement un outil pour se munir de la vérité ! Je suis reconnaissant au Dr Ida Glaser et à mon ami M. Azad pour le lourd travail d'écriture de cet ouvrage qui aidera tous ses lecteurs à connaître la vérité et à mener leur vie d'une manière qui plaise à Dieu.

M. Shahidur Rahman
Learning for Living Educational Welfare Trust (SKT), Bangladesh

Fenêtres sur le texte

Genèse 1 – 11

Fenêtres sur le texte

Genèse 1 – 11

Bourgeon de la théologie, grand-mère des sciences, terreau des Saintes Écritures

Anwarul Azad et Ida Glaser

Traduit de l'anglais par Philippe Malidor

Directeurs de collection : Ida Glaser et Martin Accad

© Solomon Academic Trust, 2025

Publié en 2025 par Langham Global Library,
Une marque de Langham Publishing
www.langhampublishing.org

Les éditions Langham Publishing sont un ministère de Langham Partnership.

Langham Partnership
PO Box 296, Carlisle, Cumbria, CA3 9WZ, UK
www.langham.org

Numéros ISBN :
978-1-78641-196-9 Format papier
978-1-78641-226-3 Format ePub
978-1-78641-227-0 Format PDF

Anwarul Azad et Ida Glaser déclarent à l'éditeur et aux cessionnaires, aux preneurs de licences et aux successeurs nommés de l'éditeur leur droit moral d'être reconnus comme les auteurs de leurs parties respectives écrites en tant que directeurs de l'ouvrage dans la présente œuvre, conformément aux sections 77 et 78 du « Copyright, Designs and Patents Act, 1988 ».

Tous droits réservés. La reproduction, la transmission ou la saisie informatique du présent ouvrage, en totalité ou en partie, sous quelque forme ou par quelque procédé que ce soit, électronique, mécanique, photographique, est interdite sans l'autorisation préalable de l'éditeur ou de la Copyright Licensing Agency. Pour toute demande d'autorisation de réutilisation du contenu publié par Langham Publishing, veuillez écrire à publishing@langham.org.

Sauf indication contraire, les citations bibliques sont tirées de la Nouvelle Bible Segond ©Société biblique française – Bibli'O, 2002. Avec autorisation.

Les citations bibliques avec la mention « TOB » sont tirées de la Traduction œcuménique de la Bible ©Société biblique française Bibli'O et Éditions du Cerf, 2010. Avec autorisation.

Les citations bibliques avec la mention « BDS » sont tirées de La Bible du Semeur® Texte copyright © 1992, 1999, 2015 Biblica, Inc.® Utilisé avec la permission de Biblica, Inc.® Tous droits réservés.

Les citations bibliques avec la mention « OST » sont tirées de la Bible Ostervald, version révisée de 1996.

Les citations bibliques avec la mention « Colombe » sont tirées de la nouvelle version de la Bible Segond révisée dite « La Colombe ». ©Société Biblique Française – Bibli'O, 1978, avec autorisation.

Traduit de l'anglais par Philippe Malidor.
Les citations qui figurent dans ce livre et sont tirées d'ouvrages en anglais ont toutes été traduites par le traducteur.

Titre d'origine : *Genesis 1–11. Bud of Theology, Grandmother of the Sciences, Seedbed of the Holy Books*, sous dir. Anwarul Azad et Ida Glaser, coll. Windows on the Text, Carlisle, Langham Global Library, 2022.

British Library Cataloguing in Publication Data
A catalogue record for this book is available from the British Library

ISBN : 978-1-78641-196-9

Mise en page et couverture : projectluz.com

Langham Partnership soutient activement le dialogue théologique et le droit pour un auteur de publier. Toutefois, elle ne partage pas nécessairement les opinions et avis avancés ni les travaux référencés dans cette publication et ne garantit pas son exactitude grammaticale et technique. Langham Partnership se dégage de toute responsabilité envers les personnes ou biens en ce qui concerne la lecture, l'utilisation ou l'interprétation du contenu publié.

Avant-propos

Anwarul Azad

L'un de mes professeurs de séminaire avait coutume d'utiliser le buffle des rivières comme parabole des compromis religieux. Depuis la rive, tout ce qu'on peut voir du buffle des rivières, ce sont ses deux cornes ; comme tout son corps est dans l'eau, on ne voit pas comment il est vraiment. Il racontait l'histoire d'une visite à une croyante en Jésus le Messie nouvellement baptisée. Sa maison était pleine d'images : de divinités hindoues, de Jésus le Messie, et d'al-Buraq, la créature céleste dont on dit que le prophète Mohammed l'a chevauchée pour aller au paradis. Il apprit à la nouvelle croyante qu'elle n'avait plus besoin de ces images, et quand il revint, il fut tout heureux de voir qu'elle les avait enlevées. Elle le remercia joyeusement mais, au moment de partir, il leva les yeux et vit l'image d'un autre dieu sur l'arrière de la porte d'entrée qu'il n'avait pas vue quand il était entré. La nouvelle croyante expliqua que sa mère était une dévote de cette divinité et qu'elle avait gardé cette image afin d'honorer sa mère. Quand une personne entend parler d'une valeur nouvelle sans vraiment l'intégrer, elle continue souvent à vivre en fonction de ses valeurs antérieures. On sait que si l'on met du vin nouveau dans une vieille outre, celle-ci explosera, et le vin sera perdu.

L'une des choses que j'aime énormément chez Abraham, c'est qu'il n'était pas un buffle de rivière caché sous l'eau. Dans son cœur et dans sa mentalité, il cessa de servir les dieux que son peuple avait adorés dans le passé. Voilà pourquoi il est devenu le père des croyants. Dans la Bible, Dieu l'appelle le « père d'une multitude de nations » (Gn 17.5), et il va jusqu'à l'appeler « mon ami » (És 41.8 ; cf. 2 Ch 20.7 ; Jc 2.23). Le Coran va dans le même sens, le qualifiant d'*imam* des peuples (sourate *al-Baqara* 2.124) et de *khalil* (ami) de Dieu (*an-Nisā'* 4.125). Bien que sans enfant au moment où il fut appelé, aujourd'hui dans notre monde, comme les étoiles dans le ciel, comme le sable sur les rivages de la mer, d'innombrables individus sont ses enfants biologiques et spirituels. À ce jour, son titre le plus populaire au Bangladesh est *Khalil Ullah* – l'ami de Dieu.

Au Bangladesh, la plupart des gens ont entendu les récits sur Abraham, et aussi sur Adam et Ève, Abel et Caïn, Seth, Hénoch, Noé et Nemrod ; mais ces histoires comportent souvent des ajouts qui ne figurent ni dans la Bible ni dans le Coran. Ils sont écrits dans *Kasasul Ambiya* (Histoires des Prophètes) et on les entend encore dans des rassemblements religieux qui peuvent durer toute la nuit. Ils continuent d'encombrer la tête des gens comme des nuages qui obscurcissent les étoiles. C'est pourquoi dans ce *tafsir* (commentaire), nous avons exploré certains des récits que nous avons entendus des centaines de fois, et nous avons aidé les lecteurs à faire la distinction entre ces récits traditionnels et le Coran. Nous l'avons fait dans le contexte de l'étude des premiers chapitres du *Kitabul Mukaddos* (la Bible) qui sont la révélation à l'origine de tous ces récits. Ce livre est écrit non seulement pour les descendants biologiques et spirituels du fils d'Abraham, Isaac, mais aussi pour leurs frères ismaélites, de sorte que tous puissent connaître les bénédictions et la miséricorde de Dieu.

Il me semble que l'auteur du livre de la Genèse, inspiré par le Saint-Esprit, a travaillé à extirper les fausses conceptions de l'esprit des enfants de Dieu, afin qu'ils puissent parvenir à la connaissance du seul vrai Dieu et vivre selon sa volonté. Aujourd'hui, comme dans le monde antique, les gens ont beaucoup d'histoires et beaucoup de dieux, tous très différents du vrai Dieu qui a tout créé. La Genèse enlève les mauvaises herbes de l'idolâtrie de l'esprit des lecteurs et sème des graines théologiques d'une manière qui lui est propre afin que les graines germent jusqu'à donner des arbres où poussent des bourgeons, avant que les bourgeons fleurissent et répandent alentour le parfum de leurs fleurs. De surcroît, ces arbres produisent de l'oxygène en enlevant le gaz carbonique des mauvaises terres environnantes, permettant à leurs voisins et à d'autres de survivre. Dans la Genèse, rien ne dit que Noé ait parlé à quiconque dans son monde corrompu, mais l'apôtre Pierre le qualifie de « héraut de la justice » (2 P 2.5). Puisse le peuple de Dieu, comme Noé, rendre témoignage au parfum du Messie auprès de ses voisins, non seulement par ses paroles mais par ses actes et par sa vie !

L'un de mes professeurs de théologie préférés disait que les profs de théologie ne répondent pas toujours aux questions des étudiants. Car la formation théologique devrait donner aux étudiants l'occasion de réfléchir aux questions par eux-mêmes. L'auteur de la Genèse s'est, lui aussi, abstenu de dire aux lecteurs exactement quoi faire et quoi penser. Il a parlé de choses connues de ses lecteurs y compris quand il soulignait son message nouveau et exclusif en suscitant de nombreuses interrogations. À mesure que Dieu le guidait, il sélectionnait dans les traditions de son temps une partie de ce qu'on pouvait savoir sur les récits de la création et du Déluge, tout en éliminant le reste. En ce sens, il a été capable de boire uniquement le lait qui avait été mélangé avec de l'eau comme un cygne, pour ensuite rejeter l'eau[1]. Chaque fois que je lis le livre de la Genèse, je suis fasciné par de nouvelles découvertes et de nouvelles connaissances. Et c'est pour cela que tant de doctrines, tant de théories ont été écrites à mesure qu'on enquêtait sur l'auteur de cette littérature immortelle. L'auteur n'a pas même mentionné son nom dans le livre ; il n'a pas voulu se rendre célèbre aux dépens de Dieu, contrairement aux gens de Babel. Il a humblement glorifié Dieu en rédigeant la parole de Dieu. Des millénaires plus tard, je rends hommage à cet auteur anonyme pour son effort considérable.

J'aimerais remercier l'équipe de l'Institute for Classical Languages (ICL) au Bangladesh pour son aide dans la rédaction de ce livre. J'aimerais aussi exprimer ma sincère gratitude aux professeurs de théologie locaux et étrangers du Christian College of Theology du Bangladesh, et les autorités du Holy Cross Major Seminary du Bangladesh pour m'avoir donné accès à leurs riches bibliothèques. J'aimerais exprimer ma sincère gratitude au Centre for Muslim-Christian Studies et à la Bodleian Library d'Oxford pour leurs conseils avisés et pour la possibilité d'utiliser leurs services. Je n'oublierai jamais l'avis et l'inspiration des professeurs de l'Arab Baptist Theological Seminary (ABTS) et de leur président, le Révérend Dr Élie Haddad. J'ai eu l'occasion d'utiliser l'immense bibliothèque de l'ABTS et de profiter des discussions avec des étudiants du Proche-Orient et d'Afrique du Nord, ainsi qu'avec des professeurs du Proche-Orient, d'Europe et d'Amérique, et même de notre sous-continent indien. J'aimerais aussi exprimer ma sincère reconnaissance à Ida Glaser et Emad Botros, ainsi qu'à Langham Literature pour la part qu'ils ont prise dans la réalisation de ce commentaire. Que Dieu les bénisse pour cette heureuse initiative !

Anwarul Azad
ICL Dhaka, Bangladesh
Mai 2020

---

1. Note de l'éditeur : Cette expression est une imagerie hindoue et « dans la littérature tamoule et sanskrite ancienne, la capacité du cygne à séparer le lait de l'eau est utilisée pour inculquer la vertu de faire la distinction entre le bien et le mal », « Swan/Hamsa in Hinduism », https://tamilandvedas.com/2024/02/20/swan-hamsa-in-hinduism-post-no-13024/, consulté le 11 août 2025.

Avant-propos

Ida Glaser

Anwarul Azad est entré dans son repos sabbatique le 6 juin 2020 et désormais il goûte la totale beauté de la floraison de la gloire de Dieu. Sa porte d'entrée dans la présence de son Seigneur fut une attaque subite, presque certainement liée au Covid, ce qui laissait au reste de l'équipe la tâche de retrouver ses pénultièmes manuscrits du Bangladesh, et celle de traduire, de revoir et de parachever le travail sans son avis. Nous sommes reconnaissants à son épouse et au principal de l'Institute for Classical Languages (ICL) de Dhaka, Jalu Hussain, pour leur collaboration en tout cela. Jalu, lui aussi, est entré dans la gloire à cause du Covid et il a été inhumé le jour de Pâques 2021 dans l'espérance sûre et certaine de la nouvelle création qui palpite dans ce commentaire. Anwarul ne laisse aucun enfant physique sur cette terre, mais il laisse de nombreux enfants spirituels. Lui et sa femme sont un véritable exemple de « couple stérile » par qui la bénédiction de Dieu est parvenue à leur fille adoptive et à d'innombrables autres personnes au Bangladesh et dans le monde entier.

Ce commentaire a été un vrai travail d'équipe. Anwarul en a été le rédacteur principal et j'ai beaucoup travaillé à faire de la recherche élémentaire[1], à développer des concepts et à mettre en forme la documentation. Mais tout cela s'est fait dans le contexte de l'enseignement d'Anwarul au Bangladesh, alimenté par les questions de ses étudiants, et débattu à chaque étape avec la direction d'ICL, à Dhaka. Suraiyea Manju et Sujit Sarkar ont travaillé constamment en étroite collaboration avec lui et, depuis sa mort, ont travaillé avec moi sur la révision et l'achèvement du livre. Une étape importante a été la traduction du manuscrit bangladais en anglais, ce qui fut fait par John Thorpe avec le concours de Suraiyea, Sujit et Jalu. D'un bout à l'autre, le projet a été efficacement facilité par le Dr Emad Botros de l'Arab Baptist Theological Seminary (ABTS) à Beyrouth, qui a contribué à nos échanges et à la mise en forme, tout en s'assurant que nous

---

1. Mon parcours dans la lecture de Genèse 1 – 11 en contexte islamique a commencé avec ma thèse de doctorat, « An Experiment in Contextualized Comparative Hermeneutics : Reading Genesis 1-11 in the Context of Parallel Qur'anic Material and Christian Mission amongst Muslims in Elswick, Newcastle upon Tyne », University of Durham, 1994.

faisions tous ce qu'il était indispensable de faire. Emad est également allé en visite à Dhaka et nous a aidés à discerner les intérêts et les besoins de la direction et des étudiants de l'ICL, et il a reçu deux fois Anwarul à l'ABTS pour étudier la Genèse, le Coran et l'arabe.

Anwarul se décrivait comme un croyant en Jésus le Messie d'héritage musulman. Il aimait beaucoup creuser son héritage pour trouver la lumière qu'il voyait briller dans la Bible parce qu'il considérait que toute cette lumière provenait de celle de son Messie bien-aimé. Je pourrais me décrire comme une croyante en Jésus d'héritage juif, et je suis fascinée par la manière dont le Nouveau Testament comme le Coran s'inscrivent dans les débats judaïques sur la Torah, parvenant souvent à des conclusions différentes.

Anwarul et moi partagions l'amour des questions. Nous ne parvenions pas toujours aux mêmes conclusions sur les réponses, mais nous nous accordions sur l'importance de rechercher les bonnes questions. Nos héritages respectifs nous ont encouragés à fouiller les textes, à en savourer les mots et à chercher des résonnances dans toutes les Écritures. L'héritage judaïque considère l'étude de la Torah comme une forme d'adoration en soi, une façon d'aimer le Seigneur notre Dieu de toute notre intelligence ; et on ne doit jamais « verrouiller le texte » en s'imaginant qu'on en a terminé l'étude. On n'est pas obligé de trancher en faveur d'une seule réponse à chaque question : au contraire, si le texte a plusieurs significations possibles, c'est qu'il est conçu pour cela ; et s'il soulève des questions auxquelles il ne répond pas, cela aussi est intentionnel.

Dans le contexte bangladais d'Anwarul, les gens aiment discuter chaque détail de leurs écrits sacrés – qu'il s'agisse de la Bible ou du Coran. Anwarul tenait à dire que ce commentaire n'avait pas tant vocation à répondre aux questions qu'à donner aux lecteurs de quoi en débattre. Quand on lui demanda s'il tenait absolument à ce que le chapitre sur la création occupe une si grande proportion du livre, il répondit ceci :

> Les Bengalis aiment entendre les paroles de Dieu toute la nuit, même en plein champ quand il fait froid en hiver. Donc, la longueur de ce chapitre nous convient très bien car il va leur parler de la création bonne de Dieu, les inciter à agir comme *khalifa* en ce monde et les aider à regarder le Khalifa parfait, 'Issa al-Masīḥ, qui est l'image véritable de Dieu.

Donc... venez, lisez, interrogez, fouillez, discutez... et adorez !

Ida Glaser
Centre for Muslim-Christian Studies, Oxford, Royaume-Uni
Septembre 2021

Anwarul, Emad, et Ida

Abréviations

Abréviations courantes

ar.	arabe (langue)
bn.	bengali (langue)
gr.	grec (langue)
hébr.	hébreu (langue)
p. ex.	par exemple
s.d.	sans date (de publication)

Abréviations des livres bibliques

Les livres de l'Ancien Testament (A.T.)

Gn, Ex, Lv, Nb, Dt, Jos, Jg, Rt, 1-2 S, 1-2 R, 1-2 Ch, Esd, Né, Es, Jb, Ps, Pr, Ec, Ct, Es, Jr, Lm, Ez, Dn, Os, Jl, Am, Ab, Jon, Mi, Na, Ha, So, Ag, Za, Ml

Les livres du Nouveau Testament (N.T.)

Mt, Mc, Lc, Jn, Ac, Rm, 1-2 Co, Ga, Ep, Ph, Col, 1-2 Th, 1-2 Tm, Tt, Phm, Hé, Jc, 1-2 P, 1 Jn, 2 Jn, 3 Jn, Jd, Ap

Abréviations des traductions de la Bible mentionnées

BDS	La Bible du Semeur
NBS	La Nouvelle Bible Segond
OST	Ostervald
TOB	Traduction Œcuménique de la Bible

Translittérations

L'alphabet arabe

L'arabe appartient au groupe des langues sémitiques, comme l'hébreu ou le syriaque. Il utilise un alphabet consonantique et s'écrit de droite à gauche. L'alphabet arabe comporte 28 lettres : 25 consonnes et 3 voyelles longues [...] (â, î, û). Pour les voyelles brèves, après avoir utilisé des points, l'écriture a finalement emprunté au syriaque trois signes, placés au-dessus ou au-dessous des consonnes, pour les signaler. Ceux-ci restent cependant facultatifs, et apparaissent essentiellement dans les textes religieux ou dans les manuels scolaires. [...] Il n'y a pas de distinction entre minuscules et majuscules[1].

L'ouvrage suit les translittérations suivantes pour la présentation des caractères arabes.

Table de translittération des caractères arabes[2]

Ordre alphabétique actuel	Lettres isolées	Nom	Transl.
1	ا	alif	ā
2	ب	bā	b
3	ت	tā	t
4	ث	thā	th
5	ج	djīm	dj
6	ح	ḥā	ḥ
7	خ	khā	kh
8	د	dāl	d
9	ذ	dhāl	dh

---

1. BnF les essentiels, « L'écriture arabe », article disponible sur https://essentiels.bnf.fr/fr/livres-et-ecritures/les-systemes-ecriture/21a8e420-05d6-459a-bf76-6bc04c7e1d11-alphabet-arabe-et-langues-moyen-orient/article/63b291cf-1392-4b55-b8d7-36c433bda8d1-ecriture-arabe.
2. Le tableau est une adaptation du tableau de l'Encyclopédie du Larousse, « Alphabet arabe », https://www.larousse.fr/encyclopedie/rechercher?q=alphabet+arabe&t=medias, consulté le 10 juin 2025.

Ordre alphabétique actuel	Lettres isolées	Nom	Transl.
10	ر	rā	r
11	ز	zāy	z
12	س	sīn	s
13	ش	shīn	sh
14	ص	ṣād	ṣ
15	ض	ḍād	ḍ
16	ط	ṭā	ṭ
17	ظ	ẓā	ẓ
18	ع	ʿayn	ʿ / '
19	غ	ghayn	gh
20	ف	fā	f
21	ق	qāf	q
22	ك	kāf	k
23	ل	lām	l
24	م	mīm	m
25	ن	nūn	n
26	ه	hā	h
27	و	wāw	w, ū
28	ي	yāʾ	y, ī
	ء	hamza	ʾ

Translittération des voyelles courtes et longues

Voyelles		Son en français
courtes	longues	
a	ā	a
i	ī	i
u	ū	ou

Translittération de l'hébreu biblique

Pour la translittération des mots hébreux, l'ouvrage suit le site Lueur.org qui présente la Concordance Strong française : https://www.lueur.org/bible/hebreu-grec/. Le site contient un lexique hébreu et donne notamment le mot dans la langue d'origine et le mot translitéré en alphabet latin : https://www.lueur.org/bible/lexique/hebreu/.

1

Introduction

Commencements et bénédictions

La Bible (*Kitabul Mukaddos*[1]) commence par le Livre des Commencements. Le titre hébreu de ce premier livre de la Torah (*Tawrat*) est *re'shiyth*, qui est le tout premier mot du livre, habituellement traduit par « au commencement » : c'est le commencement de toutes choses. En grec, le mot est traduit par *genesis* qui signifie « origine », « source » ou « généalogie ». Le livre de la Genèse retrace les origines des cieux et de la terre, des animaux et des humains, du péché humain et des *Bani Isra'il*[2].

Le Coran (*Qur'ān Sharīf*) commence par la sourate « L'Ouverture ». En arabe, le titre est *al-Fātiḥa*, qui évoque l'ouverture d'une porte, d'un livre ou d'un sujet. Dans cette « ouverture » du Coran, il n'y a rien sur la création. Au lieu de cela, le Coran s'ouvre par une prière (*du'ā'*) qui est aujourd'hui utilisée dans chaque unité (*rak'ah*) de prière (*ṣalāt*). Elle combat le chemin de l'égarement dans l'idolâtrie et proclame l'unicité de Dieu. Elle loue Celui qui est Seigneur de toute la création (*rabb al-'ālamīn*) et le Roi du Jour du Jugement (*mālik yawm ad-dīn*). Elle implore Dieu de guider les adorateurs dans la voie véritable (*ṣirāṭ al-mustaqīm*).

Genèse 1 – 11 traite aussi de l'idolâtrie, mais d'une manière très différente. Son contexte historique est celui des nations antiques polythéistes de Canaan, de Babylone et d'Égypte. Quand nous lisons leur littérature, nous constatons que

---

1. En bengali, aussi bien la Bible que le Coran sont toujours désignés de manière honorifique : *Kitabul Mukaddos* et *Qur'anul Sharīf*. Dans cette version en français, nous les désignerons simplement par « la Bible » et « le Coran ». La première traduction de la Bible en bengali musulman portait le titre de *Kitabul Mukaddos*, publié par Manjile Kitabul Mukaddos en 1982, et ICL Dhaka fut fondée pour l'étude de ce texte et des langues originelles des Écritures saintes.

2. Nous retenons l'expression arabe, qui signifie « les enfants d'Israël », dans tout ce livre. Il s'agit de faire une distinction claire entre le peuple de l'Israël biblique et l'État actuel d'Israël.

la Genèse oppose leur idolâtrie à la croyance hébraïque en un Dieu unique qui a créé toutes choses et qui est le juge de toutes les nations. Nous voyons aussi que l'opposition à l'idolâtrie n'est pas suffisante. En Genèse 2 – 3, nous apprenons que, bien qu'Adam et Ève vécussent dans un jardin parfait en présence du seul vrai Dieu, ils étaient incapables de suivre ses commandements, et ils n'y étaient pas disposés. Le livre de la Genèse montre comment leur désobéissance a marqué le début de toutes sortes de dérèglements et de désespoirs auxquels nous, les humains, sommes aujourd'hui confrontés.

QU'EST-CE QUE LA BÉNÉDICTION, ET QUI LA REÇOIT ?

La « bénédiction » (ar. *baraka*, hébr. *berakah*) est d'une importance monumentale. Les humains recherchent toujours la bénédiction du Dieu tout-puissant en toutes sortes de circonstances.

Le Coran perçoit la *baraka* comme de bonnes choses, tant spirituelles que matérielles, données par Dieu (p. ex. sourates *al-An'ām* 6.92, 155 ; *al-A'rāf* 7.96 ; *al-Mu'minūn* 23.29 ; *Qāf* 50.9). Toutefois, les musulmans soufis du Bangladesh la voient aussi comme une sorte de puissance spirituelle qui peut affluer vers le croyant de diverses manières ; par exemple, elle peut venir par la prière ou en accomplissant le pèlerinage du *hadj*. La *baraka* peut aussi venir par les objets ; par exemple, en buvant de l'eau du puits de Zam Zam à La Mecque, ou bien en touchant certains objets. Le plus souvent, les gens croient que la *baraka* vient d'un *pir* (un saint ou un guide spirituel). Il y a beaucoup de manières de recevoir la *baraka* d'un *pir*, notamment l'assistance à ses cultes d'adoration ou bien le toucher de ses vêtements. Après la mort d'un *pir*, on recherche la *baraka* en allant visiter sa tombe[1].

Le sens de *berakah* dans la Genèse est repérable en lisant le texte et en voyant comment les notions de la Genèse se développent ensuite dans le reste de la Bible. À partir de 1.28, la Genèse nous dit que le Dieu tout-puissant désire bénir l'humanité. Ailleurs, nous apprenons que nous ne pouvons espérer recevoir cette bénédiction qu'en le cherchant humblement et en nous confiant dans les promesses qu'il a faites (Pr 3.5-6 ; Jc 4.6 ; 1 P 5.5). En effet, comme nous l'apprendrons également dans la Genèse, nous sommes pécheurs et nous ne méritons ni ne pouvons acquérir les bénédictions de Dieu : nous ne pouvons les recevoir que comme un libre don de sa part. Le Nouveau Testament utilise le mot *charis*, traduit par *rohomot* en bengali et par « grâce » en français, pour désigner les dons merveilleux et immérités de la bénédiction divine. En Genèse 1 – 11, nous verrons la grâce de Dieu s'exercer dans la vie d'Adam et Ève, Caïn et Abel, Noé et ses descendants, ainsi que dans la vie d'Abraham et de sa famille. Mais, lorsque les humains manquent d'humilité et pensent qu'ils peuvent quand même obtenir des bénédictions pour eux-mêmes, comment peuvent-ils espérer recevoir sa grâce ?

1. Voir aussi Annemarie Schimmel, *Deciphering the Signs of God. A Phenomenological Approach to Islam*, Albany, State University of New York Press, 1994, ch. 1.

Le commencement de la bénédiction

La bonne nouvelle, c'est que Genèse 1 – 11 ne nous parle pas seulement du début de nos ennuis mais aussi du début de la bénédiction et de la grâce de Dieu. En dépit de toutes les déficiences humaines, Dieu nous donne de l'espoir pour l'avenir en révélant le commencement de son grand plan de salut. Les promesses d'amour de Dieu qui s'engage envers notre monde sont écrites dans cette section de la Genèse.

La racine du terme hébraïque traduit en français par « bénédiction » est *b-r-k*, qui a son parallèle avec l'arabe *b-r-k*. Il apparaît six fois en Genèse 1 – 11 (1.22 ; 1.28 ; 2.3 ; 5.2 ; 9.1 et 9.26). Dans le *Kitabul Mukaddos* bengali, ce mot est traduit par *borokot* en Genèse 1, mais de diverses manières dans les autres versets. Cela est dû au fait qu'en bengali le sens de *borokot* comporte quelques différences significatives par rapport à *berakah* dans la Genèse (voir encadré p. 2). Il est important de faire attention au terme hébreu afin de comprendre ce concept important dans la Genèse. Nous n'essayerons pas ici d'expliquer ce qu'il signifie : nous laisserons la Genèse elle-même nous le révéler au fil de notre étude.

Genèse 1 – 11 nous amène à Genèse 12.3, verset avec lequel nous terminerons ce commentaire. C'est peut-être le verset le plus important de l'Ancien Testament[3] :

> *Toutes les familles de la terre seront bénies à travers toi [Abram].*
> (Gn 12.3, BDS)

3. « Ancien Testament » renvoie à la *Tawrat*, au *Zabur* et aux *Écrits* des Prophètes. C'est le recueil des livres inspirés par Dieu aux *Bani Isra'il* avant l'époque de Jésus le Messie.

L'apôtre Paul explique ainsi ce verset : « Aussi l'Écriture, voyant d'avance que Dieu justifierait les non-Juifs en vertu de la foi, a d'avance annoncé cette bonne nouvelle à Abraham : Toutes les nations seront bénies en toi » (Ga 3.8). Il explique comment cette bénédiction (gr. *eulogia*) d'Abraham sera déversée sur tous les peuples par Jésus le Messie et par le Saint-Esprit (Ga 3.14).

Ces deux versets, Genèse 12.2 et 3, contiennent la racine *b-r-k* pas moins de cinq fois. Elle est employée quatre fois sous forme verbale. L'autre occurrence est un substantif : *berakah*. À la fin du verset 2, Dieu dit à Abraham : « Tu seras une *berakah*. » On peut voir un schéma d'apparition de la racine *b-r-k* dans nos chapitres : la bénédiction est là à la création, dans les peuples de la lignée de Seth, dans l'alliance de Dieu après le déluge, et dans la vocation d'Abraham. Entre les bénédictions surviennent d'affligeants témoignages de la nature pécheresse des humains et de ses conséquences.

Il y a encore un mot très important qui exprime les projets d'amour de Dieu pour l'humanité : le terme hébreu *chen*, et il apparaît seulement une fois dans nos chapitres, en Genèse 6.8 :

> Mais Noé trouva chen *aux yeux du Seigneur.*

Ce verset introduit la partie centrale de Genèse 1 – 11, qui est le pivot de tout le récit des commencements (voir la structure en chiasme, p. 23). *Chen* est souvent traduit par « grâce » en français, et par *rohomot* en bengali. C'est une des façons dont Dieu se définit dans sa révélation impressionnante à Moïse au Mont Sinaï :

> Le Seigneur, le Seigneur (YHWH, YHWH), Dieu compatissant [*rachuwm*] et clément [*channuwn*], patient et grand par la fidélité [*checed*] et la loyauté [*'emeth*] (Ex 34.6).

Le lecteur aura noté que le mot traduit par « compatissant » va avec *rohomot*, qui est utilisé pour restituer *chen* dans le *Kitabul Mukaddos*. Les arabophones auront aussi noté que ces mots vont de pair avec *ar-Raḥmān* et *ar-Raḥīm* – les deux noms de Dieu employés au début de toutes les sourates du Coran (sauf la sourate 9 *at-Tawbah*). Les racines hébraïques et arabes *r-ḥ-m / r-h-m* expriment la « matrice maternelle », et nous rappellent ainsi la miséricorde et la compassion qu'une femme a pour les enfants qu'elle a portés[4].

Nous prions pour que tous ceux qui liront ce commentaire puissent recevoir bénédiction, compassion et grâce !

---

4. C'est une interprétation très courante, mais le lecteur doit se souvenir ici et ailleurs dans le commentaire qu'une racine partagée ne suppose pas nécessairement une signification analogue.

Le commencement de l'histoire et de la théologie

La Genèse sème la graine à partir de laquelle on peut voir tout s'épanouir dans l'Écriture. Nous considérons qu'elle est le terreau des livres saints : la Torah (*Tawrat*), les Psaumes (*Zabur*), l'Évangile (*Injil*) et les autres livres prophétiques. Cela est aussi confirmé par le Coran qui tient ces livres en haute estime et leur rend témoignage en tant que livres célestes de Dieu (*al-kutub as-samawiyyah*) qui ont été donnés au Peuple du Livre (*ahl al-kitab*) et dans lesquels se trouvent lumière et direction (sourate *al-Māʾida* 5.46). Le Coran se réfère à beaucoup de sujets et de personnages sur lesquels on peut trouver de plus amples informations dans la Genèse, notamment sur la création, Adam et Ève, Caïn et Abel, Énoch, Noé, Abraham et sa femme, Ismaël et Isaac, Jacob, ainsi que Joseph et ses frères.

La Genèse raconte les commencements de tous les peuples et d'un peuple particulier. Genèse 1 – 11, qui est le sujet de notre commentaire, évoque comment furent faits les cieux et la terre ainsi que les débuts de l'humanité. C'est écrit d'une manière qui incite le lecteur à vouloir lire la suite du livre, qui raconte l'histoire des débuts des *Bani Isra'il*. Le tableau ci-dessous montre comment Genèse 1 – 11 rapporte quatre événements fondateurs, et comment Genèse 12 – 50 retrace quatre biographies essentielles.

A. L'histoire humaine (Gn 1-11.26)	B. L'histoire du peuple élu de Dieu (Gn 11.27 – 50.26)
1. la Création (Gn 1 – 2)	1. Abraham (Gn 12 – 20)
2. La chute dans le péché (Gn 3 – 4)	2. Isaac (Gn 21 – 26)
3. Le déluge (Gn 5 – 9)	3. Jacob (Gn 27 – 36)
4. Les nations (Gn 10 – 11)	4. Joseph (Gn 37 – 50)

La Genèse nous parle des commencements des alliances de Dieu[5]. Le terme « alliance » (hébr. *beriyth*) apparaît pour la première fois dans la partie centrale de Genèse 1 – 11, là où est évoquée l'alliance avec Noé et ses descendants et avec toute la création (Gn 6.18 ; 9.1-17). Mais on peut voir le commencement de la notion d'alliance dès le début, lorsque Dieu prononça des bénédictions sur tous les hommes et toutes les femmes faits à son image (Gn 1.26-27). Après cela, les

---

5. Le mot « alliance » définit les engagements entre Dieu et l'humanité. Le terme hébreu est *beriyth*, le grec est *diathêkê*, et en arabe, c'est *ʿahd* ou quelquefois *mithāq*. Les grandes alliances bibliques sont avec Noé et tout ce qui vit (Gn 9), avec Abraham et sa famille (Gn 15), avec Moïse et les *Bani Isra'il* (Ex 24.4-8), et avec David et ses descendants (2 S 7.12-16, 1 Ch 17.11-15). Toutes les alliances vont parvenir à maturité dans la nouvelle alliance du Messie (Jr 31.31-34 ; Lc 22.19 ; Hé 8). Le Coran parle de certaines de ces alliances, mais il donne peu de détails (p. ex. sourate *al-Māʾida* 5.7, 12-13).

humains, par leur péché, ont été malavisés et se sont égarés (Gn 3). Cependant, encore et toujours, nous voyons Dieu faire preuve de miséricorde, ce qui conduit à l'engagement d'alliance explicite impliquant que Dieu traitera tout le mal qui a été répandu dans le monde (Gn 9).

La Genèse nous parle des commencements de la société humaine, et de la vie et traditions religieuses. Cela comporte des sujets tels que l'observance du sabbat, les animaux purs et impurs, l'institution du mariage et les récits de rivalités de pouvoir entre les humains. Dans chaque exemple, on peut voir deux choses. D'une part, on voit la beauté de la création de Dieu, ainsi que sa grâce et ses bénédictions envers l'humanité ; d'autre part, on assiste à l'orgueil et aux conflits qui affligent Dieu et attirent sa malédiction sur certaines parties de sa création.

Nos chapitres se terminent avec *les commencements des Bani Isra'il*, la communauté par laquelle Dieu bénira le monde. Genèse 1 – 11 nous dit comment le patriarche Abraham était lié à Adam et à ses descendants, nous parle de la société d'où et pour laquelle les *Bani Isra'il* ont été choisis, et sur leur place parmi les nations. Notre commentaire se terminera sur les trois premiers versets de Genèse 12, dans lesquels Dieu annonce à Abraham les promesses de son alliance. Tel est le commencement du grand plan de salut vers lequel tous les commencements de Genèse 1 – 11 renvoient.

Généalogie ou Towledah

Comment l'auteur de la Genèse présente-t-il les commencements ? Bien qu'il ait vécu il y a fort longtemps, il était comme nous à bien des égards : il se demandait qui étaient les ancêtres de sa famille et de son peuple. Il a recouru à des sources nombreuses et réparti sa rédaction en onze sections, chacune ponctuée par les mots : « Voici les *towledah…* » (Gn 2.4 ; 5.1 ; 6.9 ; 10.1 ; 11.10 ; 11.27 ; 25.12 ; 25.19 ; 36.1 ; 36.9 ; 37.2). *Towledah* est un terme hébraïque tiré de la racine *y-l-d*, « engendrer » ou « donner naissance à ». Il identifie souvent une liste de descendants du patriarche d'un clan. Nous le restituons généralement par « généalogie », « recensement », « générations », histoire familiale ou narration ancestrale. La généalogie est un moyen biblique important de faire de l'histoire (voir aussi 1 Ch 1-9 ; Mt 1.1-17 ; Lc 3.23-38).

Nous, les Bengalis, nous sommes fiers de nous qualifier de *millet Ibrahim* – la communauté d'Abraham – et notre historien le Dr M. A. Hannan nous dit que nous sommes les descendants biologiques de Noé par son petit-fils Bong[6]. Aujourd'hui, certains d'entre nous peuvent réciter leur arbre généalogique jusqu'à quatorze

---

6. Hannan, *Banglir Itihas,* p. 94. Voir aussi le commentaire sur Genèse 10.6-20.

générations. L'auteur de la Genèse voit aussi son peuple – les *Bani Isra'il* – comme faisant partie de la famille d'Abraham ; il se sert de la généalogie pour établir le lien entre Adam, l'ancêtre de l'humanité, et les nations ; entre les nations et Abraham ; et entre Abraham et les *Bani Isra'il*. L'auteur de la Genèse montre ainsi que les ancêtres de toute l'humanité ont une part dans cette histoire et que toute l'humanité est englobée dans la bénédiction qui viendra par lui (Gn 12.1-3). Ainsi, la Genèse nous aidera à comprendre ce que signifie appartenir aux *millet Ibrahim*.

En se projetant en avant à partir des bénédictions prononcées sur Abraham, Genèse 12 – 50 établira la lignée d'Abraham *via* Isaac et Jacob jusqu'aux *Bani Isra'il*. En remontant de cette bénédiction, nos chapitres nous ramènent aux aïeux d'Abraham, mais ils font plus que cela ! Nous ne sommes intéressés que par nos propres ancêtres, mais pas par les ancêtres de tous les autres. La Genèse s'intéresse aux ancêtres de toute l'espèce humaine. On ne saurait surestimer l'importance de cela pour notre étude. Dieu projette de bénir tous les peuples par la famille d'Abraham. Les *millet Ibrahim* n'existeront pas pour eux-mêmes, et il ne s'agira pas que d'un seul groupe ethnique. Tous les peuples de la terre seront appelés à s'inscrire dans cette bénédiction.

La Genèse n'est pas le livre d'un seul commencement. Le terme hébreu *towledah* qui commence chacune de ses principales sections indique un nouveau commencement, et nous voyons de nombreux éléments se développant à partir de ce commencement. La section suivante sélectionne un personnage ou une famille et suit leur lignée. Le premier commencement est le commencement de tout – de tout l'univers et probablement du temps même. Il n'y a pas de formule en *towledah* ici, car il n'y avait rien qui puisse donner lieu à une naissance. La deuxième section porte sur une partie précise de l'univers : sur cette petite planète, la Terre, sur un jardin que Dieu y a planté, et sur les deux premiers êtres humains qu'il place dans le jardin. La troisième section récapitule les descendants d'un seul de leurs fils, Seth. La quatrième section ne tient la chronique que d'un seul des descendants de Seth et de ses enfants. Et ainsi de suite. C'est comme si nous regardions un arbre, avec des racines et un tronc énormes, et que nous n'en suivions qu'une branche essentielle, puis une branche à partir de cette branche, et ainsi de suite. Genèse 1 – 11 nous conduit vers la branche d'Abraham à partir de la semence duquel se déploie le plan salvifique de Dieu et par lequel cette bénédiction remonte jusqu'à l'arbre entier.

Comment lirons-nous ?

On dit souvent de Genèse 1 – 11 que c'est l'Histoire primordiale parce qu'elle nous parle de l'origine de tout – du temps qui précède le début de l'Histoire. Ce n'est pas le genre de livre d'histoire que l'on pourrait lire aujourd'hui à l'école : c'est un livre très ancien. Ce n'est pas non plus le genre de livre de science qu'il faudrait lire aujourd'hui s'il fallait connaître les dernières théories sur les débuts de l'univers et sur l'origine de l'humanité. Comme nous le verrons, Genèse 1 – 11 n'est pas seulement une généalogie mais aussi une histoire, et elle recourt à diverses formes narratives et poétiques qui ouvrent son message à ses lecteurs. Par exemple, cela signifie qu'on y trouve parfois des répétitions, ou des éléments organisés selon des nombres symboliques : il faudra faire attention à ces formes au lieu de simplement rechercher des indications afin de discerner ce qu'elles enseignent. Nous découvrirons que Genèse 1 – 11 est plus qu'une histoire : c'est la recension de vies humaines avec un message spirituel et des significations métaphoriques.

Genèse 1 – 11 diffère de nos manuels scolaires d'une autre manière. Ce n'est pas un ouvrage sur les découvertes humaines : c'est le début de la Torah, le premier livre de Dieu. Nous nous appliquerons à en comprendre les généalogies, les récits et la poésie, mais nous le ferons parce que c'est la parole de Dieu et que nous voulons en entendre le message plus clairement. Genèse 1 – 11 répondra à notre curiosité quant à nos origines et à la façon dont le monde a été créé et pourquoi il est comme il est, mais ce n'est pas son objectif principal. Genèse 1 – 11 nous appelle à écouter Dieu, à nous repentir et à nous tourner vers lui, à le connaître mieux et à vivre pour sa gloire avec les autres humains en ce monde : elle ouvre la porte à toute la Bible.

Nous verrons qu'il y a des différences entre Genèse 1 – 11 et le Coran même si les lecteurs du XXIe siècle verront beaucoup de ressemblances entre les deux livres. Le Coran et Genèse 1 – 11 se réfèrent pour beaucoup aux mêmes événements, mais il y a à la fois des différences et des ressemblances dans la façon dont ils sont présentés. Par exemple, le Coran ne les présente pas par ordre chronologique. C'est davantage un recueil de sermons basés sur les récits bibliques. Pour cette raison, il est souvent indispensable de lire les récits bibliques afin de comprendre le message coranique. Le Coran lui-même renvoie ses lecteurs aux Livres saints qui l'ont précédé afin que leurs doutes soient levés (sourate *Yūnus* 10.94). C'est ainsi qu'un musulman peut voir ses doutes levés et qu'il peut trouver le droit chemin.

ÉCRITURE ET SCIENCE

Nous avons dit que Genèse 1 – 11 n'est pas comme les livres scientifiques ordinaires sur les débuts de l'univers. Elle ne pose pas les mêmes questions que la science actuelle, elle n'a pas les mêmes paramètres que la science actuelle, et elle n'a pas le même objectif que la science actuelle. La science est une étude humaine du monde que Dieu a fait, alors que la Bible est un écrit inspiré qui relate ce que Dieu a fait et qui nous dit des choses que nous ne pourrions découvrir par nous-mêmes. Cependant, il y a des milliers de gens qui comparent science et Écriture, et qui tentent d'utiliser la science soit pour prouver soit pour discréditer la vérité des Livres saints – qu'il s'agisse de la Bible, du Coran ou des autres écritures. En plusieurs endroits de notre commentaire, nous verrons que les descriptions coraniques de la création soulèvent pratiquement les mêmes questions que celles que soulève la Genèse.

Pour ceux qui croient que la Genèse est l'Écriture inspirée de Dieu, il y a trois manières de réfléchir sur la relation entre le récit qu'elle fait de la création et les comptes-rendus scientifiques des commencements de la terre et de l'histoire humaine :

1. Séparer la Genèse de la science. Cette méthode voit la Genèse comme un texte théologique qui explique la relation de Dieu avec la terre et les êtres humains : Genèse 1-2 doit être lu comme de la littérature antique qui débat de théologie avec les récits de création babyloniens et égyptiens. Elle nous dit que Dieu maîtrisait absolument tout ce qui existait, mais il faut aller vers les disciplines scientifiques pour trouver comment ça s'est passé, quand ça s'est passé, etc. En bref, la Bible et la science nous donnent deux types de connaissance sur deux sujets différents. La Genèse ne nous dit pas ce que nous dit la science, et la science ne peut pas nous dire ce que nous dit la Genèse.

2. Utiliser la Genèse comme clef de compréhension des découvertes scientifiques. Cette méthode considère que la Genèse donne un compte-rendu littéral de ce qui s'est passé, et elle interprète les observations scientifiques comme s'harmonisant avec le récit de la Genèse. Par exemple, les preuves de l'évolution sont interprétées selon les contraintes d'une création en six jours, et les découvertes géologiques sont interprétées selon les contraintes du récit du déluge.

3. **Voir la Genèse et la science comme complémentaires** : le récit des origines dans l'Écriture et les connaissances sur les origines accessibles par la science sont deux visions du même sujet. Elles ne se contredisent pas ; elles ont plutôt besoin l'une de l'autre. Non seulement la Genèse nous aidera à comprendre la science, mais la science nous aidera à interpréter la Genèse. Par exemple, les découvertes géologiques doivent signifier que les « jours » de Genèse 1 ne sont *pas* des périodes de vingt-quatre heures.

L'équipe qui rédige ce commentaire est représentative de toutes les approches ci-dessus. Nous rendrons compte des diverses possibilités, mais nous tenterons surtout de comprendre le sens et le message de la Genèse[1].

---

1. Aux lecteurs qui voudraient prolonger la réflexion sur la relation entre science et foi, nous recommandons : R. J. Berry, *The Lion Handbook of Science and Christianity*, Oxford, Lion Hudson, 2012 ; et Denis R. Alexander, « Models for Relating Science and Religion », Faraday Paper 3, disponible sur www.faraday.cam.ac.uk/resources/faraday-papers/.

Ainsi, nous lirons Genèse 1 – 11 comme nous ne lirons aucun autre livre : nous le lirons comme la parole de Dieu qui nourrira notre âme et que nous suivrons en lui obéissant. Toutefois, nous la lirons aussi comme un livre ancien. Nous étudierons le monde antique afin de lire la Genèse dans le contexte où elle a été écrite, et ce n'est que là que nous nous demanderons comme elle s'applique au monde du XXIe siècle dans lequel nous vivons. En réalité, nous considérerons donc trois « mondes » :

- ***Le monde derrière le texte*** : c'est-à-dire le monde dans lequel la Genèse a été rédigée, avec son histoire, sa géographie, ses cultures et modes de pensée.
- ***Le monde du texte*** : c'est-à-dire le texte biblique lui-même, avec sa forme littéraire, son langage et sa logique. Nous lirons n'importe quel passage particulier en nous souvenant que cela fait partie d'un livre, qui fait partie de toute la Bible.
- ***Le monde devant le texte*** : c'est-à-dire le monde dans lequel nous vivons aujourd'hui et dans lequel nous voulons entendre ce que Dieu a à nous dire.

Nous regarderons systématiquement chacun de ces « mondes » et nous considérerons les ressemblances et les différences entre notre monde et le monde antique. Au Bangladesh, nous nous intéresserons particulièrement à la manière dont le Coran s'intègre à la discussion, car il se réfère aux évènements de Genèse 1 – 11 en de nombreux endroits. Nous chercherons surtout à tirer inspiration pour notre propre vie et pour obéir à Dieu. Donc, dans chaque chapitre, nous terminerons par une réflexion théologique et par une section : « Et nous ? »

Dans le reste de ce chapitre, nous traiterons de questions introductives en utilisant ce cadre : « Le monde derrière le texte », « Le monde du texte », « Le monde devant le texte », « Réflexion théologique » et « Et nous ? ».

Le monde derrière le texte

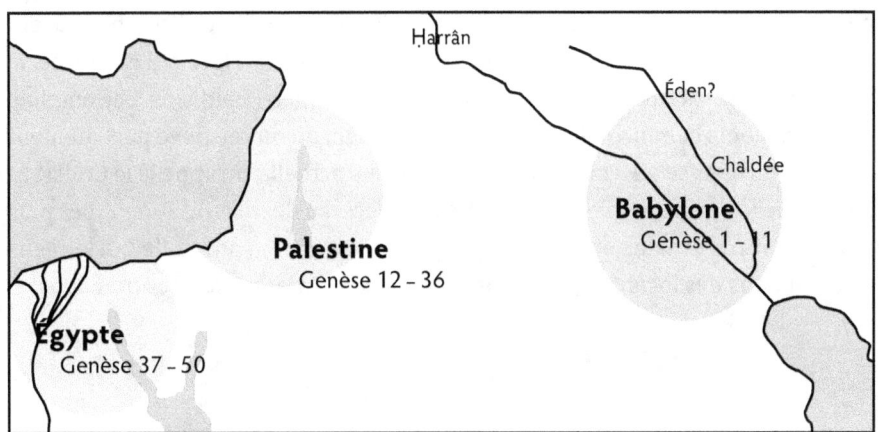

Figure 1 : Cadre géographique principal de la Genèse
Trois lieux principaux où se déroulent les évènements de Genèse

Afin de comprendre ce que le texte de Genèse 1 – 11 dit pour notre contexte et notre temps, il nous faut étudier le temps et le contexte de l'auteur de Genèse 1 – 11 et de ses premiers lecteurs. Pour qui le livre de la Genèse a-t-il été écrit, et quand ? Il n'est pas toujours facile de trouver des réponses à ces questions, mais nous allons les rechercher.

Géographie

La Genèse est née dans ce qu'on appelle actuellement le Proche-Orient. Le contexte principal de la première section (Gn 1 – 11) est la Mésopotamie[7], les terres qui se situent entre le Tigre et l'Euphrate, c'est-à-dire l'Irak actuel. La deuxième partie (Gn 12 – 36) parle des événements en Canaan, la Terre promise par Dieu ; et la troisième partie (Gn 37 – 50) nous entraîne dans la civilisation de l'Égypte antique. La première partie couvre au moins deux mille ans d'histoire humaine sans oublier les temps préhistoriques. Les trente-neuf chapitres restants s'étendent sur peut-être trois cents ans.

Le Coran mentionne de nombreux personnages de la Genèse, comme Adam, les deux fils d'Adam, Seth, Hénok, Noé et Abraham, certains en détail et d'autres seulement par leur nom. Alors que le Coran donne très peu de détails géographiques, la Genèse nomme beaucoup de lieux et nous donne des aperçus dans les domaines de la culture et de l'environnement. Il y a des endroits qu'on peut localiser aujourd'hui, mais certains ont disparu, et les spécialistes ne peuvent que deviner leur emplacement. Genèse 1 – 11 évoque le Tigre et l'Euphrate, le mont Ararat et les cités antiques de Babylone et Our-des-Chaldéens. Elle emploie aussi des noms comme Ashour, Ḥarrân et Canaan, qu'on retrouve parfaitement aujourd'hui dans ce que, même dans l'Asie du Sud actuelle, on appelle le Croissant fertile que les archéologues ont qualifié de « berceau de la civilisation ». Les plus grands centres urbains étaient en Mésopotamie et en Égypte ; ailleurs, les gens vivaient dans des localités plus petites ou menaient des existences nomades.

**Anwarul Azad près de Sidon (mentionné dans Gn 10.15)
lors de son voyage d'étude à Beyrouth**

---

7. Ce terme signifie, en grec, « entre les fleuves ».

Religion et mythologie

Le monde antique était rempli de dieux. Chaque peuplade avait les siens, avec ses propres récits et ses propres observances religieuses. Les *Bani Isra'il* croyaient en un Dieu unique, mais tous les autres croyaient qu'il y avait beaucoup de dieux, et qu'un ou deux dieux particuliers était « à eux » – c'est-à-dire qu'ils étaient le dieu ou les dieux de ce groupe et de ce lieu particuliers. Dans la Genèse, il y a très peu de références à ces autres dieux, et absolument aucune dans Genèse 1 – 11[8]. Toutefois, il est utile de savoir quelque chose sur ces dieux et sur les récits des commencements qui circulaient au sein des peuples de l'Antiquité. Cela nous aidera à comprendre que Genèse 1 – 11 est un écrit ancien, quelque peu apparenté à d'autres écrits anciens. Cela nous aidera aussi à voir dans quelle mesure la Genèse est différente de ces écrits et donc à en saisir le message révolutionnaire.

Nous avons connaissance des religions antiques par des statues et autres œuvres, et aussi par des récits écrits. Nous étudierons les détails de ces récits en temps voulu dans ce commentaire. Les récits auxquels nous nous référerons le plus souvent sont *Enuma Elish*[9] et *L'épopée de Gilgamesh*[10], les deux provenant de Mésopotamie. *Enuma Elish* est un récit épique probablement composé au XVIIIe siècle av. J.-C. (environ 500 ans avant Moïse). *L'épopée de Gilgamesh* comporte l'histoire d'un grand déluge et date probablement de 200 ans plus tard.

Il semble que, environ deux mille ans av. J.-C., circulaient certaines notions sur le commencement du monde qui étaient partagées par de nombreux peuples de Mésopotamie. Il y avait des récits sur une époque de création, où le monde, les animaux et les humains étaient faits par des êtres surnaturels ; et il y avait des histoires sur un événement qui avait mal tourné, à la suite duquel les êtres surnaturels avaient envoyé un grand déluge qui avait anéanti tous les humains sauf quelques privilégiés. D'après les éléments dont on dispose, il n'est pas possible d'avoir des certitudes sur le lien entre ces récits et la Genèse et entre eux mais, en lisant la Genèse, nous verrons en quoi elle confirme certaines de ces notions et, en même temps, en quoi elle s'en démarque nettement.

---

8. Certains voient dans les *bene ha-elohim* de Gn 6.2 des êtres spirituels, ce qui pourrait être une référence à des dieux. Mais voir la discussion p. 200-201. Des références directes à d'autres dieux peuvent se trouver en Gn 31.30-35 et 41.50.
9. Une traduction française de ce texte est disponible en ligne : https://fr.scribd.com/doc/56148756/Enuma-Elish-le-texte-integral. Une édition imprimée est disponible sous le titre : Jean Bottéro et Samuel Noah Kramer, *Lorsque les dieux faisaient l'homme. Mythologie mésopotamienne*, coll. Bibliothèque des Histoires, Paris, Gallimard, 1989.
10. *L'Épopée de Gilgameš. Le grand homme qui ne voulait pas mourir*, trad. de l'akkadien par Jean Bottéro, coll. L'aube des peuples, Paris, Gallimard, 1992.

Par exemple, *Enuma Elish* nous parle de la création de nombreux dieux à partir de deux êtres originels, de combats entre les dieux, de la victoire du jeune dieu Mardouk, de sa création du monde et des êtres humains, de la construction de son temple à Babylone et du festin que les dieux y tinrent. Lorsqu'on se reporte à la Genèse après avoir lu *Enuma Elish*, on s'apercevra que certains éléments qui apparaissent comme dieux dans *Enuma Elish* apparaissent dans la Genèse comme la création de Dieu, et nous lirons un récit sur un grand édifice qui ne peut pas atteindre Dieu le créateur unique. Le message révolutionnaire est clair : il y a un seul Dieu véritable, qui est le Dieu de tous les lieux et de tous les peuples, et il n'a rien à voir avec les idées que se font les peuples sur les dieux.

Quand et par qui la Genèse a-t-elle été écrite ?

La Genèse est la première partie de la Torah – l'Écriture donnée par Dieu aux *Bani Isra'il*. La Torah rapporte que Dieu donna à Moïse des tables de pierre avec des commandements écrits et que Dieu lui-même écrivit cette partie de la Torah. Le Coran et la littérature islamique rapportent également cela (Ex 24.12 ; 31.18 ; 32.15-16 ; cf. sourate *al-A'rāf* 7.145 ; *Abu Dawud,* Livre 34 Hadith 3617, *Muslim Sahih,* Hadith 33.6409). Mais les tables originelles furent brisées et Moïse les réécrivit (Ex 32.19 ; 34.1-5 ; 34.27-29).

Beaucoup d'autres lois que Dieu révéla à Moïse sur le Sinaï sont relatées depuis l'Exode jusqu'au Deutéronome, mais il y a aussi d'autres choses dans la Torah, notamment les nombreux récits et généalogies. Du fait qu'on y parle beaucoup de Moïse, et du fait que de si nombreuses lois ont été données à Moïse, la Torah a fini par être désignée comme les Livres de Moïse, et on l'a traditionnellement considérée comme écrite par lui. Donc, le Coran voit la Torah comme un livre donné à Moïse par Dieu (sourate *al-Baqara* 2.87) « comme guide et lumière » (sourate *al-Mā'ida* 5.44).

Cependant, l'Ancien Testament ne dit pas que toute la Torah a été donnée à Moïse. En réalité, il ne parle pas de la paternité de la Genèse (ni de celle de beaucoup d'autres livres de l'Ancien Testament). On peut en déduire qu'il n'était pas important pour les *Bani Isra'il* de connaître l'auteur humain d'un livre saint. La Torah leur a été donnée par Dieu, et ils savaient que Dieu avait parlé très directement à Moïse et qu'il était venu demeurer parmi eux dans sa gloire. Point n'était besoin d'assigner un auteur humain à la parole de Dieu. Et il en va de même pour nous. Nous comprenons que si nous croyons que Dieu nous a révélé sa parole, il n'y a rien d'urgent à découvrir le ou les auteurs humains de la Genèse.

Néanmoins, il y a longtemps que les érudits occidentaux enquêtent passionnément sur l'élaboration de la Genèse. Ils se demandent comment les récits et généalogies de la Genèse se sont transmis de génération en génération, et qui les a consignés. Nous consacrerons un peu de temps à étudier ces questions et à voir comment la parole de Dieu a pu nous parvenir.

Premièrement : nous devons comprendre que la Bible ne prétend pas avoir été révélée par Dieu de la même manière que le Coran affirme avoir été révélé. À quelques exceptions près, la Bible ne décrit pas ses paroles comme des dictées directes de la part de Dieu ou d'un ange. Au contraire, elle enseigne que Dieu a inspiré des humains pour qu'ils écrivent sa parole par la puissance du Saint-Esprit (2 Tm 3.16 ; 2 P 1.21). Ces auteurs humains consignaient ce dont ils étaient témoins et ce que Dieu leur montrait, et certains rassemblaient aussi avec soin des renseignements à partir de tablettes, de manuscrits ou de traditions orales précédemment consignés (Ec 12.9 ; Lc 1.1-4). Sous la direction du Saint-Esprit, ils écrivaient ensuite les paroles qui accomplissaient les desseins de Dieu. Sous cet angle, on peut dire, oui, que Dieu a écrit sa parole, mais aussi qu'il a utilisé des humains avec leur propre langage, leur style et leur culture pour l'écrire. En résumé, Dieu est l'auteur suprême, mais il y a aussi des auteurs humains. Au lieu de penser que Dieu a donné un livre à un prophète, on peut dire que Dieu a donné des livres à son peuple, et qu'il l'a fait en inspirant un processus humain.

Dans le cas de Genèse 1 – 11, on peut imaginer quelqu'un d'inspiré par le Saint-Esprit rassemblant soigneusement de la documentation à partir de tablettes, de rouleaux et de traditions orales écrites, sélectionnant ensuite ce qui serait nécessaire pour produire le livre qui servirait les desseins de Dieu. Mais qui était cet individu ? Y eut-il plusieurs individus différents impliqués à différentes époques ? Quand vivaient-ils ? Et quelles étaient leurs sources ? Regardons rapidement les conceptions traditionnelles, et ensuite une autre proposition bien connue.

Conceptions traditionnelles sur la paternité de la Genèse

Le Deutéronome énonce que Moïse écrivit un livre de lois (hébr. *towrah*) en 31.9 et 31.24-26 ; et Exode 17.14 et Nombres 33.2 précisent que Moïse écrivit certains détails particuliers, de sorte que les partisans de la tradition croient que Dieu a utilisé Moïse pour rédiger l'essentiel voire l'intégralité de la Torah. D'autres portions de l'Ancien Testament ainsi que de la littérature juive postérieure attribuent la paternité de la Torah à Moïse. La conception juive orthodoxe est que, sur le Sinaï, Moïse reçut à la fois la Torah écrite et la Torah orale qui expliquait les 613 commandements que les Juifs devaient observer. On n'est pas loin de ce que rapporte le Coran à cet égard.

Un témoignage important de la vision traditionnelle est l'indication que, à l'époque de Josué, la Torah donnée à Moïse était sous forme écrite (Jos 1.7-8 ;

8.31-32, 34 ; 22.5). Il y a beaucoup d'autres références de l'Ancien Testament à une *torah* écrite de Moïse (1 R 2.3 ; 2 R 14.6 ; 2 Ch 23.18 ; 34.14 ; Esd 6.18 ; Né 8.1-8 ; 13.1 ; Dn 9.11, 13 ; Ml 4.4). Cependant, si ces références disent clairement que les *Bani Isra'il* disposaient de la Torah sous forme écrite depuis l'époque de Moïse et qu'une partie en avait été effectivement écrite par Moïse, elles ne nous disent pas tout ce qu'elle contenait. Elles laissent ouverte la possibilité que Moïse n'en ait pas écrit certaines parties et qu'il y ait eu des mises en forme postérieures des textes. On a suggéré que Josué aurait écrit le récit de la mort de Moïse dans le Deutéronome, qu'un certain travail éditorial aurait été mené à l'époque de la monarchie unie et que la version finale aurait été produite par Esdras.

Qu'en est-il du Nouveau Testament ? Il évoque souvent la Torah comme les écrits de Moïse (Mc 10.3-5 ; 12.19 ; Lc 20.28 ; Jn 1.45 ; 5.46), et la loi est décrite comme donnée ou prononcée par Moïse (Mt 8.4 ; Mc 12.26 ; Jn 7.22 ; Ac 15.1 ; Rm 10.19 ; 1 Co 9.10). Parfois, « Moïse » est devenu un raccourci pour dire la loi ou la Torah (Lc 16.29 ; 24.27, 44 ; 2 Co 3.15). Certaines des références viennent de Jésus le Messie lui-même (Mc 12.26 ; Lc 16.29-31 ; 24.44 ; Jn 5.24 ; 7.19, 22).

Les conceptions traditionnelles interprètent ces données du Nouveau Testament comme la confirmation que Moïse a écrit la Torah. Toutefois, il est possible que dans le Nouveau Testament « Moïse » soit simplement un raccourci pour dire « la Loi » ou « la Torah » parce qu'elles étaient très étroitement identifiées à ce que Moïse avait reçu sur le Sinaï ; cet usage n'oblige pas à le tenir pour l'auteur de chaque chapitre et de chaque verset des cinq livres dans leur forme définitive.

Même au sein des conceptions traditionnelles, on peut se poser des questions sur les sources de la Genèse. Jusqu'où remontent les indications données directement par Dieu, jusqu'où remonte leur transmission orale, et quelles sources écrites ont pu exister à l'époque de Moïse ? L'écriture a été introduite en Canaan à l'âge du bronze moyen, l'époque où la famille d'Abraham est entrée sur cette terre, mais le verbe hébreu pour « écrire » (*kathab*, employé 262 fois dans l'Ancien Testament) n'apparaît pas dans la Genèse. « Livre » ou « écrit » (hébr. *cepher*) est mentionné pour la première fois en Genèse 5.1 où nous lisons : « Voici le livre de la généalogie d'Adam. » C'est le seul endroit où la Genèse ajoute *cepher* à *towledah*, et cela pourrait indiquer qu'il y a une source écrite pour Genèse 5[11]. Ailleurs, dans la Torah, d'autres sources écrites sont mentionnées. Par exemple, le « Livre des Guerres de l'Éternel » est mentionné en Nombres 21.14-15. Ainsi,

---

11. Wiseman, *Ancient Records and Structure,* suggère que chaque *towledah* aurait été écrit sur des tablettes d'argile.

la Genèse est fondée sur une diversité de sources qui ont été scrupuleusement préservées par les *Bani Isra'il* et par leurs ancêtres.

Autres propositions sur la paternité de la Genèse

La paternité mosaïque de la Torah a été remise en question depuis trois siècles, généralement sur des questions de contenu, de style littéraire et de vocabulaire. Voici quelques-uns des éléments débattus, avec certaines de nos questions en réaction :

Premièrement : il est dit que la Torah elle-même implique que Moïse n'en est pas l'auteur. Par exemple, Genèse 12.6 et 13.7 parlent des Cananéens qui étaient « alors dans le pays », ce qui pourrait vouloir dire qu'à l'époque de la rédaction les Cananéens n'y étaient plus. Un autre exemple est la description de la mort de Moïse en Deutéronome 34 : comment un homme peut-il décrire sa propre mort ? Mais peut-on en conclure que la Genèse a été écrite à une époque où les Cananéens et les Perizzites n'habitaient plus le pays ? Ne peut-on pas admettre qu'ils y étaient à la fois à l'époque d'Abraham et à l'époque de la rédaction ? Et Moïse n'a-t-il pas pu anticiper sa propre mort ou demander à quelqu'un d'écrire sur elle après son décès ?

Deuxièmement : il y a des indications dans la Torah qui semblent relatives à une époque postérieure de l'histoire. Par exemple, en Genèse 11.1-9, Babel est une allusion évidente à la ville de Babylone qui allait être le cœur du futur empire babylonien : est-ce que cela ne cadrerait pas mieux avec l'époque de l'exil ? À cette époque, les *Bani Isra'il* pouvaient voir le temple très haut du dieu Mardouk à Babylone. D'ailleurs, une bonne partie de Genèse 1 – 11 peut être considérée comme une réfutation des conceptions babyloniennes, ce qui appuierait l'argument de la rédaction au cours de l'exil. D'autre part, le récit de création babylonien, dont l'apogée est l'édification du temple de Mardouk, existait bien avant l'exil, de sorte qu'on pourrait soutenir que le Saint-Esprit aurait guidé un auteur antérieur pour écrire quelque chose qui soit pertinent pour les *Bani Isra'il* dans la détresse de l'exil. Après tout, c'est une caractéristique des Saintes Écritures qu'elles s'appliquent aux croyants de toutes les époques.

Troisièmement : les exégètes ont analysé les noms de Dieu et les styles linguistiques, et ils ont proposé que l'auteur de la Genèse a utilisé quatre sources différentes ou qu'il y a eu quatre groupes d'auteurs. C'est ce qu'on appelle l'Hypothèse documentaire ou Théorie JEDP, d'après les initiales J, E, D, P données aux quatre sources : l'auteur qui utilise YHWH pour le nom de Dieu est le Yahviste ou Jéhoviste (J) ; l'auteur qui utilise Élohim pour Dieu est l'Élohiste (E) ; l'auteur qui s'intéresse à la loi est le Deutéronomiste (D) ; et il y a encore un auteur sacerdotal qui représente la source de la prêtrise (P) lévitique. La théorie a son origine chez l'exégète allemand de l'Ancien Testament Karl Heinrich Graf (1815-1869) et son élève Julius Wellhausen (1844-1918), et ses partisans pensent que l'essentiel de la Torah a été écrit après la mort de Moïse.

Depuis lors, de nombreuses questions ont été soulevées au sujet de l'hypothèse JEDP. Il y a eu des désaccords quant aux passages à relier à J, E, D ou P ; et certains spécialistes ont écarté JEDP et proposé des théories différentes sur le moment où la Genèse a atteint sa forme actuelle. Il y a aujourd'hui tant de théories sur les origines de la Genèse que John Goldingay, dans son récent commentaire, en a conclu : « On ne sait pratiquement rien sur la façon dont la Genèse est venue à l'existence[12]. »

Les lecteurs bangladais peuvent trouver déroutantes ces questions d'auteurs. On sait qu'un seul auteur peut recourir à des styles différents. On n'utilise pas le même style quand on écrit un poème, un article de journal ou un rapport financier ; alors, pourquoi un auteur biblique devrait-il adopter le même style quand il écrit sur l'histoire, sur la loi ou sur le système sacrificiel ? De plus, ce n'est pas seulement dans la Genèse qu'il y a des styles littéraires fluctuants ou des noms différents pour Dieu : le Saint Coran comporte lui aussi différents styles et utilise aussi bien le terme *ar-Rabb* (le Seigneur) que le terme *Allah* pour désigner Dieu, mais les musulmans n'imaginent pas qu'il y ait eu différents auteurs pour le Coran. Comme nous le verrons dans notre réflexion théologique à la fin de ce chapitre, il peut y avoir de bonnes raisons théologiques de recourir à des noms différents pour Dieu en différents endroits.

Cela dit, les discussions peuvent être utiles pour nous aider à réfléchir à la parole de Dieu. Premièrement : elles nous alertent quant à la pertinence de Genèse 1 – 11 pour les *Bani Isra'il* à différentes périodes de leur histoire. La Genèse elle-même ne nous dit pas à quelle époque elle a été écrite, mais on peut imaginer comment elle a pu parler à différents lecteurs. Qu'aurait-elle signifié pendant l'existence de Moïse, alors qu'il enseignait les *Bani Isra'il* sur le Dieu de leurs ancêtres qui les avait délivrés de l'esclavage en Égypte ? Qu'aurait-elle signifié pendant l'époque de la dynastie davidique, lorsque le culte fut institué au temple ? Qu'aurait-elle signifié pendant l'exil à Babylone et après le retour en terre promise ? Et comment Jésus le Messie et les auteurs du Nouveau Testament l'ont-ils comprise ?

Deuxièmement : on peut beaucoup apprendre des débats entre érudits auprès de ceux qui ont étudié l'histoire de la Genèse depuis différentes perspectives et à diverses époques. Par exemple, le commentaire détaillé *Genèse 1 – 11* de Claus

---

12. Goldingay, *Genesis*, p. 9.

Westermann, qui s'est servi de la théorie JEDP, fournit des indications utiles sur le vocabulaire, le contenu et le cadre.

Toutefois, comme les *Bani Isra'il* et beaucoup de spécialistes plus récents, nous nous intéressons bien plus à ce que dit la Genèse qu'à la façon dont elle a été constituée, et nous étudierons donc le texte comme un tout cohérent. Nous n'avons pas un assortiment de documents de différentes périodes mais un document unique. L'auteur final a pu utiliser différentes sources, mais il les a mises ensemble telles qu'elles sont avec un objectif précis. Comme le souligne Goldingay : « On ne saurait fonder une compréhension de la Genèse en sachant la date de ses récits ou en y voyant l'expression de l'idéologie d'un groupe particulier ou d'une date particulière dans l'histoire d'Israël.[13] » Nous avons beaucoup appris de *Genesis 1-15* et de *Rethinking Genesis 1 – 11* par Gordon Wenham, qui apportent des analyses inestimables des structures littéraires et de leurs significations[14].

La grande question est que, même si nous allons lire Genèse 1 – 11 comme nous ne lirons aucun autre livre, parce que c'est la parole de Dieu, nous le lirons aussi comme tout autre livre, parce que ce sont des mots humains. Aussi, ces questions sur l'auteur et la date peuvent nous aider à apprécier la Torah, à laquelle l'Ancien Testament, le Nouveau Testament et Jésus le Messie rendent tous témoignage comme parole inspirée de Dieu, donnée aux *Bani Isra'il* pour la bénédiction de toute l'humanité.

Le monde du texte

Afin d'interpréter le livre de la Genèse, il faut étudier le texte lui-même. Il n'est pas suffisant de lire les mots et de présumer qu'on sait ce qu'ils signifient : on doit être attentif au type (genre) de l'écriture, à la structure de l'écriture, au langage employé et autres caractéristiques littéraires communes à la période historique où ce texte a été composé. Nous aborderons ces questions dans une section sur « Le monde du texte » dans chaque chapitre de ce commentaire. Ici, nous considérerons quelques questions plus amples sur la nature littéraire de Genèse 1 – 11 et sur la manière dont le texte a été structuré. Cela nous aidera aussi à identifier certains de ses thèmes et intentions principaux.

---

13. *Ibid.*
14. Nous avons aussi tiré parti des autres auteurs dont la liste figure dans notre bibliographie. Nous n'indiquerons que rarement les idées tirées de tel ou tel ouvrage, car il y a beaucoup de terrain commun entre les divers commentaires. Westermann, Wenham et Goldingay ont tous des contributions complètes auxquelles le lecteur peut se reporter pour aller plus loin.

Le style littéraire de la Genèse

Comme les Bengalis, les Hébreux de l'Antiquité aimaient beaucoup les histoires : ils s'intéressaient aux histoires de leur famille et ils aimaient lire des ouvrages de leurs poètes nationaux. Nous voyons des traces de cet amour des histoires, de la généalogie et de la poésie en Genèse 1 – 11, mais les styles d'écriture sont très différents entre la littérature des *Bani Isra'il* et celle qui est en Bengali moderne. Bien que l'écriture hébraïque, comme le Bengali, utilise quelquefois la rime, la métrique et les jeux de mots, la poésie hébraïque a aussi ses propres caractéristiques. Bien que celles-ci soient, pour certaines, apparentes dans la traduction, d'autres ne peuvent être comprises que dans la langue originelle[15].

L'une des caractéristiques les plus faciles à repérer, c'est le parallélisme ou la similitude. Cela signifie qu'une seule idée est consécutivement dite de deux manières : la seconde expression de l'idée renforce la première. On en trouve des exemples en Genèse 2.3 ; 2.24-25 ; 3.14-19 ; 4.23-24 ; et 9.24-27. Par exemple, Genèse 4.23-24 utilise trois parallèles :

> *Lémek dit à ses femmes :*
> *Ada et Tsilla, écoutez-moi !*
>   *Femmes de Lémek, prêtez l'oreille à ma parole !*
> *J'ai tué un homme pour ma blessure*
>   *et un enfant pour ma meurtrissure.*
> *Si Caïn doit être vengé sept fois,*
>   *Lémek le sera soixante-dix-sept fois !*

Même dans la traduction, on peut apprécier la forme poétique par les répétitions de mots et les structures. Mais d'autres caractéristiques linguistiques ne sont pas si faciles à traduire. La poésie hébraïque adopte un style très concis, qui peut marquer l'emphase, soutenir la mémoire et produire une métrique rythmée. Ce poème ne compte que vingt et un mots en hébreu. Il y a aussi des formes de mots qui augmentent ces effets. Le vers final de ce poème se transcrit comme suit :

> *Ki shib'atayim yuqqam Qayin, wa-lemech shib'im wa-shib'ah*[16]
> *Si sept fois sera-vengé Caïn, et-Lémek sept et-septante*

La littérature hébraïque fait aussi usage de jeux de mots ou de mots à consonance similaire afin de suggérer des double-sens. Parmi les exemples

---

15. Pour davantage de précisions, voir Gillingham, *Poems and Psalms*.
16. La translittération de l'édition originale anglaise de ce livre a été retenue pour ce vers.

connus, il y a *tohu va-bohu* (Gn 1.2), pour désigner l'absence totale de forme avant la création, ainsi que les nombreuses sonorités en « s » et « sh » pour décrire le repos du septième jour en Genèse 2.2-3.

Contrairement à ce qui se passe en français ou en poésie bangladaise, la rime et la métrique n'interviennent pas beaucoup dans les poèmes hébreux. Si le texte n'est pas mis en forme poétique par le traducteur ou le metteur en pages, il peut être difficile d'identifier un passage en tant que poésie. La Torah étant écrite sur des rouleaux en parchemin, il n'y a pas de paragraphes ni de ruptures de phrases dans le manuscrit ; les traducteurs doivent donc prendre leurs propres décisions pour déterminer ce qui est de la poésie et ce qui est de la prose, ce qui n'est pas toujours facile. Genèse 1 – 11 comporte tant de répétitions, de reformulations, de parallèles et de jeux de mots que si le lecteur pouvait avoir conscience de tous, il pourrait considérer que toutes les sections sont une œuvre poétique.

Il existe des considérations analogues quand on lit le Coran. Certaines portions du Coran sont manifestement de la poésie alors que d'autres sont manifestement de la prose. Mais le style prosodique peut soudainement être rompu par la rime et la métrique dans une conversion de style abrupte de la prose à la poésie, et certains passages en prose montrent souvent des rimes et des rythmes[17].

La structure de l'écriture hébraïque

Dans le monde actuel, nous organisons notre écriture de façon à exprimer ce que l'on veut dire. Un article de presse ne sera pas structuré de la même façon qu'une étude historique, ni un manuel comme un roman. Les Hébreux de l'Antiquité avaient leurs propres modes d'organisation de leurs pensées et de leurs écrits. De nombreux paragraphes et sections de la Bible sont rédigés en recourant à une forme structurelle qu'on appelle le chiasme (à partir de la lettre grecque *khi*, majuscule X, minuscule χ). Les interprètes modernes voient aussi cette structure dans le Coran[18]. Un paragraphe, un poème, une section, voire tout

---

17. Des études inédites du Coran sous l'angle littéraire existent dans les ouvrages de Mustansir Mir. Notamment, voir Mir, « Qur'an as Literature », p. 49-64. Beaucoup d'autres ont suivi son exemple.
18. Voir Mir, « Qur'anic Story of Joseph », p. 1-15 ; Ernst, *How to Read the Qur'an* ; et Cuypers, *La composition du Coran: Nazm al-Qur'ân*, Rhétorique Sémitique 9, Paris, Editions J. Gabalda et Cie, 2012.

un livre, écrits sous cette forme révèlent une progression particulière de pensée. Le meilleur moyen d'illustrer cela consiste à utiliser des lettres, comme ceci :

   A
      B
         C
            D
         C'
      B'
   A'

Le A du début a un rapport avec le A' de la fin souvent marqué par la répétition de certains mots. À partir du début (A), le passage évolue vers une pensée centrale (D) qui sert de pivot et de notion centrale. Il suit ensuite un schéma inversé : C' en regard de C, B' en regard de B, et A' en regard de A. L'usage le plus remarquable de cette forme en Genèse 1 – 11 est le récit du déluge aux chapitres 6-9 (voir p. 217). D'autres formes en Genèse 1 – 11 comportent un schéma d'idées répété. Par exemple, on trouve le schéma A-B-C-A'-B'-C' en Genèse 1.3-31 (voir p. 50).

La signification des nombres

L'écriture hébraïque montre souvent la signification de certaines personnes ou de certains événements en utilisant des nombres. Parfois, même le nombre de mots employés dans une expression ou dans une phrase a du sens. Dans le poème de Lémek, il y a trois « strophes », de sept mots chacune. Les nombres 3 et 7 sont des nombres importants dans la pensée hébraïque, mais cela fait également ressortir le « sept fois » et « soixante-dix-sept fois » de la strophe finale.

L'étude des nombres en littérature hébraïque est appelée la *gematria* ou guématrie[19], et il y a beaucoup d'utilisations significatives des nombres dans la Torah. Par exemple :

    1   est le nombre de la plénitude. Dieu est un !

    3   est le nombre de ce qui est achevé et stable. Il y a trois patriarches. Abraham, Isaac et Jacob.

---

19. Cette étude est parfois poussée aux extrêmes avec des résultats contestables. Par exemple, on attribue des valeurs numériques aux lettres de l'alphabet et on développe des interprétations ésotériques à partir de là. Pour approfondir, voir Carol, « Making Sense of the Numbers », p. 239-251.

7 est un nombre très important qui indique la bénédiction et la perfection. Il y a sept jours de création et il y a une septuple bénédiction sur Abraham (Gn 12.1-3).

10 est un autre nombre d'achèvement. Il y a dix générations dans les généalogies de Genèse 5 et 11.

12 est employé pour montrer l'accomplissement des projets de Dieu. Il y a douze tribus chez les *Bani Isra'il*.

40 signifie l'achèvement d'une longue période. Les *Bani Isra'il* ont passé quarante ans dans le désert au temps de Moïse, et il y eut quarante jours et nuits de pluie au temps de Noé.

70 représente le monde entier. Il y a soixante-dix nations énumérées en Genèse 10.

Notons que 70 = 7 x 10 : le nombre de générations dans deux généalogies, multiplié par le nombre de la bénédiction et de la perfection. Nous nous rappelons alors l'insistance marquée par Genèse 2.1-3 montrant que Dieu a fait le monde en sept jours. Il est fascinant de constater, rien qu'à partir de ces nombres, que Genèse 1 – 11 nous dit que le monde que Dieu a fait est béni et achevé, et que Dieu multiplie ses bénédictions à mesure que le peuple se multiplie !

La structure de Genèse 1 – 11

Genèse 1 – 11 est soigneusement rédigé et présente des thèmes et schémas intriqués ; c'est pourquoi des commentaires différents sur Genèse 1 – 11 en analysent la structure de manières diverses[20]. La structure la plus évidente est celle des *towledah*, qui divisent tout le livre de la Genèse en sections intitulées : « Voici les générations de… » (voir p. 6). Nous avons utilisé cette structure comme structure générale de notre commentaire. Néanmoins, il y a aussi un très important schéma en A-B-C-D de création, chute, châtiment et espérance qui nous aide à voir la théologie de Genèse 1 – 11, et nous avons beaucoup appris en recherchant les structures en chiasme aussi bien dans chaque section de *towledah* que dans Genèse 1 – 11 dans son ensemble.

Structure n° 1 : Towledah

La structure générale de ce commentaire suit la structure généalogique que nous avons mentionnée quand nous avons débattu de l'utilisation du terme

---

20. Nous avons trouvé que Wenham, *Genesis 1-15* est utile pour l'analyse des structures même si nous avons aussi utilisé nos propres analyses.

hébreu *towledah* pour indiquer une nouvelle section. Voici les sections autour desquelles le rédacteur de la Genèse a organisé son ouvrage, et nous les avons donc suivies pour structurer ce commentaire. Les sections s'énoncent comme suit :

1. Prologue : Création des cieux et de la terre (Gn 1.1 – 2.3)
2. *Towledah* des cieux et de la terre (Gn 2.4 – 4.26)
    Adam et Ève au jardin d'Éden, la chute et ses conséquences, aggravation du péché en dehors d'Eden.
3. *Towledah* d'Adam (Gn 5.1 – 6.8)
    La lignée de Seth, aggravation du péché avant le déluge.
4. *Towledah* de Noé (Gn 6.9 – 9.29)
    Préparatifs en vue du déluge, le déluge et le salut, l'alliance de Dieu avec Noé, prophéties sur la descendance pécheresse de Noé.
5. *Towledah* des fils de Noé, Sem, Cham et Japhet (Gn 10.1 – 11.9)
    Tableau des nations, aggravation du péché à Babylone.
6. *Towledah* de Sem (Gn 11.10-26)
7. Commencement des *Towledah* de Terah (Gn 11.27 – 12.3)
    La vocation d'Abraham.

Cette structure met l'accent sur la continuité et l'interdépendance du genre humain. Elle attire aussi notre attention sur le rétrécissement de l'histoire, chaque section se concentrant sur une seule branche de ce qui s'est développé dans la section antérieure. Plus tard dans la Genèse, l'accent se reportera sur Isaac, puis sur Jacob et ses enfants – l'ensemble de la Genèse nous achemine vers les *Bani Isra'il*.

Structure n° 2 : Création, chute, châtiment, espérance

Plusieurs fois en Genèse 1 – 11, nous voyons Dieu qui crée et qui bénit, puis les humains qui tombent dans le péché, puis Dieu qui les juge mais leur donne l'espérance d'une bénédiction à venir. Ce schéma offre une autre manière de voir la structure de Genèse 1 – 11 :

1) Les premiers humains
    a) Création et bénédiction (Gn 1 – 2)
    b) Chute dans le péché (Gn 3.1-7)
    c) Châtiment (Gn 3.8-24)
    d) Espérance future et promesse de providence (Gn 3.15, 21, 23)
2) La première famille
    a) Le fils d'Adam béni et son sacrifice méritant accepté (Gn 4.1-4)
    b) Le péché de Caïn (Gn 4.5-9, 23-24)
    c) Châtiment (Gn 4.10-16)
    d) Signes d'espérance : des enfants naissent, la dévotion des fils de Seth (Gn 4.17-22, 25-26)
3) Une société en devenir
    a) La bénédiction d'une population en croissance (Gn 5)
    b) L'influence universelle du péché (Gn 6.1-5)
    c) Châtiment (Gn 6.6 – 7.24)
    d) Signes d'espérance : le salut de la famille de Noé, un sacrifice agréé, l'alliance de l'arc-en-ciel (Gn 8.1 – 9.20)
4) Le bourgeonnement des nations
    a) La bénédiction d'une population en croissance (Gn 10)
    b) L'essor de la puissance pécheresse de la communauté (Gn 9.20-29 ; 11.1-4)
    c) Châtiment (Gn 11.5-9)
    d) Signe d'espérance : la vocation d'Abraham (Gn 11.10 – 12.3)

Cette structure attire notre attention sur certains des thèmes théologiques clefs qui sont parsemés dans la Genèse et qui se développeront dans toute la Bible : l'amour de Dieu et sa bénédiction pour ses créatures, le péché humain et ses retombées, le jugement d'un Dieu saint, puis les promesses de Dieu et son plan de salut.

Structure n° 3 : le chiasme

On peut voir des chiasmes évidents en beaucoup d'endroits de Genèse 1 – 11. Des exemples parlants se trouvent dans les *towledah* des cieux et de la terre (Gn 2.4 – 4.26) et dans ceux de Noé (Gn 6.9 – 9.29). Les centres de ces deux longs récits nous donnent des clefs sur les conceptions bibliques concernant les humains et Dieu. Au cœur du premier il y a la désobéissance humaine qui aboutit à la « chute ». Au cœur du second il y a la fidélité de Dieu envers Noé, qui conduit à l'alliance.

On peut voir aussi une structure en chiasme dans tout l'ensemble des chapitres 1 – 11 de la Genèse :

1. **A.** Dieu crée le monde et bénit l'humanité (1)
2.   **B.** Les origines des humains, le péché et l'expulsion d'Eden (2-3)
3.   **C.** La violence, la dispersion et la première ville (4)
4.   **D.** La généalogie d'Adam (5)
5.   **E.** L'état de violence de la terre (6.1-6)
6.   **F. Noé et le déluge (6.7-8)**
7.   **E'.** L'alliance avec Noé (9)
8.   **D'.** Le tableau des nations (10)
9.   **C'.** La ville, la tour et la dispersion (11.1-9)
10.   **B'.** Les aïeux des *Bani Isra'il* et l'appel lancé à Abram pour qu'il quitte la ville pécheresse d'Our (11.10-32)
11. **A'.** Le plan de Dieu pour la bénédiction des nations (12.1-3)

Ce n'est pas une structure précise, et elle ne rend pas compte de l'intégralité du texte. Néanmoins, elle nous aide à voir la forme de Genèse 1 – 11 et quelques-uns de ses thèmes fondamentaux. Aux points A et A', on voit encore les grands thèmes du désir de Dieu de bénir tous les peuples : il commence par les bénir, et tout l'ensemble de Genèse 1 – 11 introduit le plan de bénédiction au travers d'Abraham. Entre-temps, on voit le péché qui entrave les bénédictions et sépare les gens d'avec Dieu et les uns des autres (B, C, B', C') et on voit l'interdépendance de toute l'humanité, aussi bien en tant qu'individus, familles ou populations complètes (D et D'). Au centre, on voit le jugement et le salut de Dieu (F), dans le contexte d'une violence terrible, d'une part (E) et l'engagement de Dieu envers sa création, d'autre part (E'). Tel est notre monde, nous dit Genèse 1 – 11 ; telle est notre triste condition humaine ; et tel est notre Dieu étonnant.

LES QUESTIONS QU'ON A ENVIE DE POSER

Genèse 1 – 11 pousse à se poser des questions ; c'est parce que :

- Ses récits sont très intenses, de sorte que les lecteurs veulent remplir les blancs qui y subsistent.
- Ce texte contient les germes de nombreuses idées qui ne seront développées que bien plus tard dans la Torah et

dans la suite de la Bible ; les lecteurs veulent savoir ce que ces germes deviendront.
- Ce texte parle des commencements du monde, aussi les lecteurs veulent-ils savoir comment cela s'accorde avec d'autres récits des commencements du monde.
- Ce texte traite de noms, d'époques et de lieux étranges, les lecteurs veulent donc se renseigner sur eux tous.

En bref, c'est un texte qui suscite des interrogations, mais qui ne donne pas les réponses.

Ce commentaire comportera de nombreux encadrés qui aborderont les questions que se posent les lecteurs bangladais. Nous ne serons pas toujours en mesure d'y répondre, mais nous fournirons des éléments pour prolonger la réflexion. Toutes ces questions ont été posées par beaucoup de gens au cours de l'histoire. Nous explorerons brièvement comment les Juifs, les chrétiens, les musulmans et d'autres ont tenté d'y répondre, mais à chaque fois notre souci sera : « Comment cela peut-il nous aider à comprendre la Genèse ? » Avons-nous appris quelque chose en étudiant la question ? Pourquoi la Genèse ne nous donne-t-elle pas la réponse ? Lorsque nous retournons à Genèse, remarquons-nous quelque chose de nouveau ?

Par exemple, qu'en est-il des six jours de création en Genèse 1 ? Pendant des millénaires, on a discuté pour savoir s'il s'agit de six périodes de vingt-quatre heures, si ce sont de longues périodes, comment il a pu y avoir des jours avant la création du soleil, et comment cela peut se rattacher à d'autres théories sur le commencement du monde. Nous pouvons suivre ces discussions dans la pensée juive et chrétienne, et jusque dans le monde moderne de la science. Nous pouvons aussi noter les mentions de six jours dans le Coran. Nous pouvons rattacher cela à la Genèse de deux manières. Premièrement : on remarque la nature extraordinaire des textes de la Genèse et à quel point ils diffèrent d'autres sources. Deuxièmement : on remarque qu'il n'y a pas six jours de création mais sept. La première section des textes de la Genèse ne s'achève pas à la fin du sixième jour, mais avec le septième jour de 2.1-3. Si nous avions raté ces deux points, nous aurions échoué à donner aux lecteurs une approche cruciale de l'enseignement de la Genèse sur la relation de Dieu avec le monde et avec l'humanité.

Le monde devant le texte

Nous lisons le texte de Genèse 1 – 11 au Bangladesh au XXIe siècle. Cela s'appelle « lire le texte dans le monde d'aujourd'hui » ou se demander ce que le texte signifie pour « le monde devant le texte ». Ce monde contient toutes sortes de gens : des croyants en Dieu, des incroyants, des non-religieux, des riches et des pauvres, des citoyens et des étrangers, des scientifiques et des artistes, des gens instruits et des illettrés. Dans cette foule, beaucoup ne s'inscrivent dans aucune de ces catégories, et d'autres s'inscrivent dans plusieurs.

Quand nous lisons Genèse 1 – 11, il faut prendre en compte nos propres cultures et nos idées et comment elles façonnent notre interprétation. Il faut aussi que nous considérions la manière dont les gens ont lu ces textes dans leurs « mondes devant le texte » au cours de l'histoire, et en quoi cela est relié à leur foi. Cela est important, car les Écritures des chrétiens et des musulmans se réfèrent souvent à des éléments de Genèse 1 – 11. Face à la Genèse se trouve le monde de l'Ancien Testament avec des lecteurs juifs au fil des siècles. Devant l'Ancien Testament il y a le monde du Nouveau Testament et des lecteurs chrétiens de la Genèse sur les deux mille ans écoulés. Devant le Nouveau Testament il y a le Coran avec mille quatre cents ans de tradition et de commentaire islamique.

Genèse 1 – 11 et le Nouveau Testament

Le Nouveau Testament est fortement influencé par le livre de la Genèse et, d'ailleurs, par tout l'Ancien Testament. Nous aborderons de nombreux liens détaillés aux moments voulus dans notre commentaire. Ici, nous indiquons la raison de ces liens : le Nouveau Testament concerne Jésus le Messie, qui est venu dans le monde des *Bani Isra'il* et qui est l'accomplissement de la loi et des prophètes qui l'ont précédé.

Genèse 1 – 11 plante le décor de toute l'histoire de l'interaction de Dieu avec les êtres humains, et nous aiguille vers cet accomplissement. Nous y lisons comment les humains ont été séparés de la présence de Dieu par leur péché, et comment leurs relations ont été disloquées. Néanmoins, le Dieu de l'alliance aimait les humains et aspirait à voir ces relations complètement restaurées. L'histoire de la restauration a commencé par l'appel d'Abraham avec sa famille (Gn 12.1-3). À un moment de l'histoire d'Abraham, une vie de substitution a été offerte en sacrifice afin de sauver la vie du fils d'Abraham (Gn 22). Les chrétiens y voient une allusion à la vie du Messie qui a été offerte afin de nous sauver de nos péchés. Les premiers indices de ce sacrifice se trouvent en Genèse 1 – 11[21].

---

21. Voir le commentaire sur Genèse 3.15 ; 4.2-5 ; 8.20-22.

En Genèse 3.24, l'image frappante de la séparation entre les humains et Dieu est un chemin fermé. Adam et Ève ont non seulement été expulsés du jardin d'Éden mais ils en ont aussi été éloignés ; le chemin était fermé et un ange muni d'une épée flamboyante était de garde à l'entrée. L'Évangile propose un chemin ouvert. Il nous donne l'espoir d'entrer dans le royaume de Dieu par Jésus le Messie qui promet le salut à ceux qui lui font confiance quand il dit : « Je suis le chemin » et « je suis la porte » (Jn 14.6 ; 10.9). La voie fermée vers l'Eden est désormais ouverte ! Le Nouveau Testament nous indique aussi la fin de l'histoire, quand le ciel lui-même descend vers la terre, et que toute la création est renouvelée (Ap 21-22).

Genèse 1 – 11 et le Coran

Le Coran tient la Torah en haute estime comme le Livre saint révélé au Prophète Moïse. Il proclame que, dans la Torah, les Juifs ont reçu « direction et lumière » (sourate *al-Mā'ida* 5.44). La Torah est mentionnée 18 fois dans le Coran, et Moïse est mentionné 136 fois. Le Coran ne cite pas directement Genèse 1 – 11, mais il comporte de multiples références à ses personnages et à ses événements, que nous étudierons dans les chapitres concernés de notre commentaire.

Malgré l'immense estime du Coran pour la Torah, beaucoup de musulmans croient que le texte que nous avons aujourd'hui est corrompu. Une des théories est que la Torah originelle a été détruite pendant la période de l'exil à Babylone et qu'Esdras, un prêtre corrompu (le Coran l'appelle 'Uzayr), en a écrit une version altérée avec la complicité d'autres Juifs. C'est pour cela que le Coran accuse les Juifs de déformer les Écritures (sourate *an-Nisā'* 4.46). Toutefois, la plupart des premiers commentaires classiques disent que la falsification (*taḥrīf*) ne porte pas sur les mots mais sur le sens ; c'est-à-dire que le texte de la Torah est pur mais que les rabbins l'interprètent de travers. Ce n'est que plus tard que la croyance à la corruption du texte a fini par prévaloir[22]. La Torah (comme le reste de la Bible) a assurément existé dans sa forme présente bien avant l'époque de Mohammed le prophète de l'islam, alors comment le Coran a-t-il pu dire aux Juifs de respecter leur Livre si le texte véritable a été corrompu ?

Au Bangladesh, les musulmans sont instruits sur les personnages et les événements décrits dans la Torah non seulement à partir du Coran mais aussi à partir des hadiths, des commentaires et de divers livres sur les prophètes. Ces récits sont enseignés aux gens pendant les prédications nocturnes et dans les

---

22. Pour une étude complète des conceptions musulmanes de la Torah, voir Whittingham, *History of Muslim Views*.

cours donnés par les imams, et ils sont enseignés aux enfants par leurs parents. La « littérature islamique » mentionnée dans ce commentaire renvoie généralement aux sources les plus populaires, dont voici la liste[23].

Tafsir (commentaire)	Hadith (traditions)	Ta'rikh et Qiṣaṣ al-Anbiyā' (histoire/s des prophètes)
Tofsirul Baizawi	Bukhari, *Sahih*	*Qisasu al-anbiya'* (histoires des prophètes)
Tofsir Ibn Kasir	Muslim, *Sahih*	Ibn Kathir, *Histoires des Prophètes*
Tofsir Jalalin	*Mishkat al-masabih*	Muhammad Ibn Jarir at-Ṭabarī, *L'histoire de at-Ṭabarī*
Ma'reful Kuran		
Boyanul Kuran		

Il y a très peu d'auteurs musulmans qui ont écrit des commentaires sur la Bible. Parmi les exceptions, il y a l'érudit indien très connu, Syed Ahmad Khan, qui a écrit le *Mohammedan Commentary of the Bible* en 1862 (*Tabyin al-Kalam fi tafsir at-Tawrat wa'l-Injil 'ala Millat-al-Islam*), auquel nous nous reporterons parfois.

Genèse 1 – 11 et les écrits judaïques

Nous nous reporterons souvent aux conceptions juives sur Genèse 1 – 11. Les exégètes juifs portent aux textes une attention minutieuse, et ils repèrent quelquefois des éléments que les commentateurs chrétiens n'ont pas vus. Ils s'intéressent fréquemment à des aspects du texte qui intéressent les musulmans, de sorte qu'ils peuvent nous aider à réfléchir aux questions que nous nous posons dans notre contexte. Le texte qui convient le mieux à nos réflexions est *Genèse Rabbah*, un recueil de débats rabbiniques sur la Genèse qui a atteint sa forme actuelle au IVe ou Ve siècle de notre ère. Certaines des discussions ont dû avoir lieu à l'époque de Jésus le Messie ; et tout le recueil était en usage au temps de Mohammed le prophète de l'islam. C'est un des livres qu'on appelle les *Midrash*, ou « recherche/interprétation ».

---

23. On trouvera les détails dans la bibliographie. Sachez que ces titres sont transcrits du bengali. Dans le texte en français, nous nous y référerons en transcrivant directement de l'arabe – Ibn Kathir, le Jalalayn, al-Baydawi, etc. D'autres commentaires coraniques classiques et recueils de hadith existent dans de nombreuses éditions et seront désignés par leurs noms usuels, transcrits de l'arabe, les références portant sur leurs commentaires des versets en discussion.

Souvent, les rabbins répondent à une question soulevée par le texte en ajoutant quelque chose au récit de la Genèse, et ces ajouts sont parfois mentionnés dans le Coran. Par exemple, Genèse 4 ne nous dit pas comment a été enterré le corps d'Abel ni qui l'a enterré. Peu de lecteurs chrétiens s'intéressent à cette question parce qu'ils posent des questions théologiques plutôt que pratiques, et ils ne se soucient pas de savoir si les premiers hommes connaissaient les lois sur les funérailles. Les rabbins ont suggéré toute une palette de réponses possibles ; le Coran choisit une de leurs réponses et donne une image claire de la personne qui a enterré Abel et de la manière dont il savait s'y prendre. Le Nouveau Testament fait lui aussi allusion aux funérailles d'Abel, mais d'une façon très différente (Hé 12.24). Nous explorerons cela dans le commentaire sur Genèse 4, et nous demanderons ce qu'on peut apprendre du fait que la Genèse elle-même ne donne pas la réponse à la question.

Il n'est pas inhabituel de constater que le Coran et le Nouveau Testament répondent à une question juive de diverses manières. Prenons par exemple le terme *re'shiyth* (ou *bereshit* selon les translittérations). Il est traduit par « au commencement ». En bengali ou en français, il semble que ce soit une construction simple, mais les rabbins de *Genèse Rabbah* ont noté deux problèmes. Premièrement : le préfixe *be* (dans la translittération *bereshit*) peut avoir plusieurs sens, mais c'est plus souvent proche de « avec » que de « au ». Deuxièmement : *reshit* est un nom verbal qui devrait normalement avoir un objet. Autrement dit, on s'attendrait au « commencement de quelque chose » et pas simplement « au commencement ». Alors les rabbins demandent : « Qu'est-ce que le *reshit* ? » Les principales réponses les renvoient à Proverbes 8.2-31 où la sagesse est définie comme le *reshit* de l'œuvre divine, qui était là avant les cieux et la terre et même avant « l'abîme » (hébr. *tehowm*) de Genèse 1.2. La sagesse, disent les rabbins, est la Torah. Donc *bereshit* signifie « avec la Torah » ou peut-être « pour l'amour de la Torah ». Cela pourrait signifier que la Torah était le plan directeur permettant de faire l'univers, ou bien que le monde entier a été fait de sorte que les *Bani Isra'il* puissent recevoir la Torah et bénir les nations.

On trouve une notion similaire dans le Coran – le *lawḥ al-maḥfūẓ* ou le *umm al-kitāb* à partir desquels tous les livres ont été révélés, y compris la Torah (sourate *al-Burūj* 85.22 ; *Āl 'Imrān* 3.7 ; *ar-Ra'd* 13.9 ; *az-Zukhruf* 43.4). Le Coran ne dit pas que ces livres ont été les instruments de la création mais il y a un consensus parmi les musulmans pour dire que le Coran lui-même est éternel. Les traditions islamiques disent que Dieu a écrit avec un calame sur le *lawḥ al-maḥfūẓ* son plan glorieux de création, et même que ce calame a également écrit sur les 144 000 prophètes encore à venir[24]. Un célèbre hadith nous dit que Dieu créa le calame et lui dit d'écrire, et qu'il répondit : « Qu'écrirai-je ? » Alors Dieu dit : « Écris le décret (*al-qadr*) de tout ce qui sera jusqu'à ce que l'heure vienne » ou : « Écris tout ce qui est dans les cieux et sur la terre[25] ».

Les érudits ont depuis longtemps reconnu qu'il y a ici une difficulté : si Dieu est pure unité, comment le Coran lui aussi peut-il être éternel ? Peut-il y avoir deux éternels ? Dieu pourrait-il avoir eu un partenaire dans la création ? La théologie islamique rejette catégoriquement cette possibilité, de sorte que ce problème est résolu en disant que le Coran existait éternellement mais qu'il n'était pas une part de Dieu. Les savants islamiques conservateurs disent que ce sujet est impossible à comprendre, et qu'il ne faut donc pas essayer. Dieu sait toute chose !

Le Nouveau Testament oriente la discussion rabbinique vers une direction différente, identifiant Jésus le Messie à la sagesse éternelle (1 Co 1.24). Il est décrit comme la parole de Dieu qui était avec Dieu « au commencement » et par qui tout a été créé (Jn 1.1-3). Mais le problème de deux éternels est résolu autrement que dans la pensée islamique. L'Évangile de Jean nous dit que non seulement la parole était avec Dieu, mais qu'elle était Dieu, et que cette parole est venue dans le monde non comme un livre mais comme un être humain. Il se peut que le Coran fasse allusion à cela quand il appelle Jésus le Messie *kalimat Allah*, c'est-à-dire la parole de Dieu (sourates *Āl 'Imrān* 3.45 ; *an-Nisā'* 4.171 ; *Maryam* 19.34).

Réflexion théologique

Dans chacun de nos chapitres, nous ferons suivre le commentaire verset par verset d'une « Réflexion théologique » qui récapitulera les pistes de notre étude de texte. Dans la plupart des cas, nous suivrons une structure tripartite : nous regarderons Genèse 1 – 11 comme « bourgeon de théologie », comme « grand-mère des sciences » et comme « terreau de la Bible ».

---

24. *Kachachul Ambiya*, p. 17.
25. Des versions de ce hadith apparaissent dans plusieurs recueils, par exemple *al-Tirmidhi* n° 3537 et dans le *Mishkat Sharif* cité in Syed Ahmad Khan, *The Mohammedan Commentary on the Holy Bible, Genesis 1-11,* 13. La notion de calame divin se trouve dans les sourates *al-Qalam* 68.1 et *al-'Alaq* 96.4.

Bourgeon de théologie

Genèse 1 – 11 est un *bourgeon de théologie* prêt à s'épanouir, c'est-à-dire qu'il permet le commencement de la compréhension de Dieu. Il contient les pétales qui vont se déployer et fleurir au fil de notre lecture de la Bible. Ici, nous pouvons à peine voir les belles couleurs des bords des pétales mais nous ne pouvons encore profiter du superbe parfum de la fleur épanouie – la gloire de Dieu dans le visage du Messie (2 Co 4.6). Nous n'avons aucune idée du parfum qui reste à venir mais, ici, dans la Genèse, nous trouvons des indices indispensables dans une guirlande de mots.

Par exemple, nous avons déjà noté le beau mot de *chen* (« grâce » ou « faveur ») qui introduit la partie centrale de Genèse 1 – 11 en Genèse 6.8. Quand nous en serons au commentaire de ce verset, nous verrons que nous ne pouvons avoir qu'un aperçu de ce qu'il signifie à partir de son contexte dans la Genèse. Plus tard dans la Torah (Ex 34.6), Dieu révélera qu'il est *channuwn* (miséricordieux, compatissant, plein de grâce) ; de la sorte, nous saisissons que Genèse 6.8 nous donne un aperçu d'un attribut qui se développera au cours de l'histoire des *Bani Isra'il* et qui s'épanouira dans la *charis* (grâce) qui répand son arôme dans le Nouveau Testament.

Un autre aperçu important vient des termes utilisés pour Dieu. Il y a deux mots hébreux employés dans Genèse 1 – 11 : Élohim et YHWH, que nous traduirons par « Dieu » (*Allah* en bengali) et par « Seigneur » (bengali : *mabud*) respectivement. Genèse 1 – 11 utilise tantôt l'un, tantôt l'autre, voire les deux ensemble. Comme nous l'avons vu, c'est une des caractéristiques de Genèse 1 – 11 qui a conduit certains à proposer que les différents noms de Dieu témoignent de différentes sources, conduisant à la théorie JEDP. Nous, nous préférons nous demander quel enseignement tirer de l'usage de ces deux noms.

En Genèse 1, Élohim est employé pour le Dieu unique qui a créé toutes choses. Le mot est au pluriel, et il est employé dans tout l'Ancien Testament pour Dieu. Étymologiquement, il est lié à l'arabe *Allāh*, que les chrétiens arabophones ont toujours utilisé pour évoquer le créateur des cieux et de la terre. Ici, dans la Genèse, il nous dit qu'il n'y a pas tout un tas de dieux différents qui sont responsables de différentes parties de l'univers : non ! il n'y a qu'un Dieu, et il est plus que tous les autres soi-disant dieux réunis. Les dieux des Mésopotamiens étaient comme les êtres humains dans leurs émotions et leurs motivations ; le Dieu unique n'est pas comme eux. Il est élevé au-dessus d'eux, et il est animé par la sainteté et l'amour. Quand nous lisons « Élohim », nous nous rappelons que Dieu est l'unique créateur transcendant de toutes choses.

Le nom YHWH est révélé à Moïse dans le buisson ardent sur le Sinaï (Ex 3.2). Ce terme de YHWH est en rapport avec le verbe « être » et peut être traduit par

« je suis qui je suis » ou « je suis car je suis ». Il identifie YHWH comme Celui qui détermine qui il est[26]. Avec ce nom, Dieu a institué son alliance avec les *Bani Isra'il*. Avec ce nom, Dieu se révèle comme fidèle et débordant d'un amour infaillible.

Le nom de YHWH est si saint que, jusqu'à ce jour, les Juifs ne le prononcent pas ; à l'inverse, ils lui substituent le terme *adonaï* (Seigneur) ou *ha-Shem* (le Nom). En conséquence, l'hébreu de la Torah s'écrivant sans voyelles, on ne sait pas comment on le prononçait. Quand nous lisons ce nom, on se souvient de la personne de Dieu et de la façon dont, en apparaissant à Moïse, il est venu demeurer avec les *Bani Isra'il*. Aujourd'hui, de la même manière, Dieu est venu demeurer avec nous par son Saint-Esprit donné par Jésus le Messie.

Lorsque sont associés les deux noms sous la forme YHWH Élohim (comme, par exemple, en Gn 2.4, 15), ils nous rappellent que le Dieu immanent, personnel, celui de l'alliance, est aussi le créateur transcendant. Celui qui, en Genèse 1, a créé, est aussi celui qui a marché dans le jardin en Genèse 3. L'émerveillement qui nous saisit dans la suite de Genèse 1 – 11 est que ce Dieu puissant, bon et magnifique tient aussi à être en relation avec l'humanité pécheresse dans la fange de ce monde déchu hors du jardin.

Le Coran désigne souvent Dieu comme « Rabb », traduit par « Seigneur » et signifiant « Dieu » ou « Protecteur ». Il se peut que ce nom corresponde à YHWH (*Adonai*) ; mais *Rabb* véhicule-t-il le même sens que YHWH dans le livre de la Genèse ? Le Coran dit :

> Certes, Nous avons créé l'Homme. Nous savons ce que lui suggère son âme. Nous sommes plus près de lui que sa veine jugulaire…
> (sourate *Qāf* 50.16)[27]

Mais de quel type de proximité s'agit-il ? Est-ce simplement, comme le croient nombre de musulmans orthodoxes, une proximité de la connaissance totale d'un être transcendant ? Ou bien implique-t-elle que Dieu est immanent ? Les soufis du Bangladesh font ressortir la relation avec Dieu impliquée par ce verset. Les êtres humains ne peuvent survivre sans la veine jugulaire ; de même que le sang circule du cœur au cerveau par cette veine, de même, disent les soufis, nous serions morts sans la relation avec Dieu. Le verset coranique lui-même ne nous dit pas s'ils ont raison, mais nous aurons un aperçu du sens de la proximité de Dieu envers l'humanité en régalant nos yeux du magnifique *bourgeon de théologie* de Genèse 1 – 11.

---

26. Comparer le nom coranique pour Dieu *aṣ-Ṣamad*, sourate *al-Ikhlāṣ* 112.2.
27. La traduction du Coran utilisée dans cet ouvrage est celle de Régis Blachère, Paris, G.-P. Maisonneuve & Larose, 1956.

Grand-mère des sciences

« Science » vient du latin *scio*, « savoir », « connaître » ; donc, la science consiste à connaître ce que Dieu a fait. Genèse 1 – 11 nous parle de la relation entre les humains et Dieu et par conséquent nous dit pourquoi ils peuvent connaître sa création. Bien plus, le texte nous donne pour mandat d'étudier et d'administrer le monde. Il n'est pas surprenant que Genèse 1 – 11 compte parmi ce qui a inspiré le développement rapide des sciences expérimentales modernes. On pourrait dire qu'elle a fourni une partie de l'ADN de base à partir duquel la science s'est développée[28].

Premièrement : Genèse 1 – 11 nous montre que les êtres humains sont faits à l'image de Dieu. Cela signifie que, d'une certaine manière, nous sommes semblables à Dieu, et ce qu'il en ressort, entre autres, c'est que nous pouvons tirer instruction de ce qu'il a fait. N'est-il pas extraordinaire que les mathématiques pures, qui sont un produit de notre esprit humain, puissent servir si efficacement à décrire et à prédire ce qui se passe dans l'univers ? La raison pour laquelle notre intelligence « colle avec » l'univers de cette façon est que c'est « l'esprit » de Dieu qui a conçu aussi bien notre intelligence que l'univers, et que quelque chose de l'esprit de Dieu se reflète dans notre intelligence.

Plus encore, notre rôle en relation avec le monde qui est objet d'étude scientifique est d'avoir la « domination »[29]. En Genèse 1 – 2 aussi bien que dans nos vies quotidiennes, nous voyons bien que nous sommes différents des animaux. Nous avons le langage avec lequel nous pouvons parler du monde, nous avons pour responsabilité de prendre soin du monde, et nous avons pour responsabilité de prendre soin des animaux. Nous pouvons nous attendre à être capables de nous instruire sur ce monde et à être capables de trouver des moyens de le contrôler – le développement de la science et de la technologie n'est pas une surprise pour le lecteur de la Genèse.

Deuxièmement : Genèse 1 – 11 nous montre qu'il est de notre responsabilité humaine de trouver la connaissance : nous n'avons pas à attendre que Dieu se contente de nous donner toute la connaissance qu'il nous faut. Dans le Coran, Dieu apprend à Adam tous les noms, et cette connaissance lui permet d'accomplir son travail de *khalīfa*[30] et le rend supérieur aux anges. Dans la Genèse, Adam est

---

28. Voir Mandelbrote et Bennet, *Garden, the Ark, the Tower* ; Harrison, *Bible, Protestantism* ; ainsi que les diverses contributions dans Killeen et Forshaw, *Word and the World*. Voir aussi Geisinger, « Sustainable Development and the Domination of Nature », p. 43-73.
29. Voir le commentaire sur Genèse 1.26-27.
30. Sourate *al-Baqara* 2.31-32. Pour une discussion plus ample de ce passage et son interprétation, voir p. 48.

encore plus honoré : Dieu lui donne la mission de nommer les animaux[31]. Ce verset a été l'une des motivations du développement de la science moderne en Europe. Les gens se sont rendu compte que, comme Adam, ils pouvaient regarder le monde par eux-mêmes, s'en instruire et le « nommer » – prendre autorité sur lui. Là encore, on voit qu'il est dans la nature de l'humanité d'être capable de faire de la science.

Aussi, dans notre commentaire, nous n'attendons pas de Dieu qu'il nous dise en Genèse 1 – 2 des choses que nous pouvons trouver par nous-mêmes en observant sa création. Mais nous n'attendons pas davantage de la science qu'elle puisse nous dire tout ce qu'il nous faut savoir sur notre créateur. Adam aurait pu apprendre quelque chose sur Dieu en observant le Jardin et en étudiant les animaux, mais il avait aussi besoin d'entendre ce que Dieu avait à dire et à faire l'expérience de Dieu « se promenant dans le Jardin » avec lui. Voilà pourquoi l'étude de la Genèse est vitale pour les scientifiques comme pour tous les autres.

Terreau[32] de la Bible

Nous avons déjà noté que Genèse 1 – 11 fournit les fondements de la théologie pour la Bible entière : c'est ici que sont semées les graines de nombreux thèmes qui seront transplantées afin de se développer dans toute la Bible. Création et péché, châtiment et alliance, sacrifice, responsabilité humaine, Esprit de Dieu, mariage et famille, le sabbat : tous ces sujets font leurs débuts ici. Entre autres thèmes, on trouve les eaux redoutables, les rivières magnifiques, les rivalités dans les fratries, et l'arbre de vie. Les lecteurs peuvent voir les semis croître dans le reste de la Torah et de l'Ancien Testament, portant du fruit dans le Nouveau Testament et aboutissant à une grande moisson dans la nouvelle création.

Genèse 1 – 11 nous renseigne aussi sur le sol qui produit la Bible. C'est important : la Bible est le produit des esprits humains et de l'inspiration divine, et Genèse 1 – 11 nous montre comment cela est possible. Elle nous montre que le seul vrai Dieu est non seulement transcendant mais aussi immanent, et comment il est en relation avec les êtres humains qui sont conçus à son image. Les différents livres de la Bible sont le résultat de cette relation, et Dieu s'en sert aujourd'hui pour nous parler à nous tous.

À partir de l'Ancien Testament, on voit que Dieu parfois parlait directement aux prophètes et parfois envoyait des anges pour parler aux individus, de sorte

---

31. Voir commentaire sur Genèse 2.19.
32. Au Bangladesh, l'idée est celle d'un terreau dans lequel le riz est planté, et grandit avant d'être transplanté dans le champ.

qu'il a pu donner aux gens les mots exacts qu'il voulait qu'ils écrivent. Le Coran se définit de cette manière quand il dit que Dieu a révélé sa parole par la dictée. Il est littéralement descendu (*nazala*) de Dieu. Mais la Bible ne dit pas cela quant à la manière dont elle a été écrite (voir p. 14-15). La Bible a été écrite par des personnes qui ont mené leur propre réflexion et qui ont écrit leurs propres mots sous l'inspiration du Saint-Esprit de Dieu. On peut comprendre cela comme la conséquence de la relation divino-humaine qui est décrite en Genèse 1 – 11. Si Dieu est tel qu'il est révélé dans ces chapitres, et si les humains sont tels qu'ils sont révélés dans ces chapitres, c'est qu'un partenariat divino-humain est possible et que l'on peut s'y attendre. On peut se demander comment Dieu a pu œuvrer si étroitement avec des humains qui sont limités et pleins de mauvais agissements. Genèse 1 – 11 nous montrera que Dieu a toujours béni le monde en s'approchant de nous.

Et nous ?

Nous terminerons chaque chapitre de ce livre en revenant à notre « monde face au texte » et en réfléchissant à certaines possibilités d'intégrer ce que nous avons appris dans notre propre vie. Ce chapitre de présentation a abordé certaines des questions que les gens se posent sur Genèse 1 – 11. La première de ces sections « Et nous ? » nous invite à réfléchir aux modes et aux motivations qui président à nos questions sur la Sainte Parole de Dieu.

À quel genre littéraire appartient la Bible ? Quand et par qui la Genèse a-t-elle été écrite ? Que dit le Coran de ce livre ? Comment le Nouveau Testament utilise-t-il la Genèse ? Quelle est la relation entre ce livre et la science ? Telles sont quelques-unes des questions que nous avons soulevées. Pourquoi l'avoir fait ? Nous l'avons fait parce que beaucoup de gens se posent ces questions, mais ils le font pour diverses raisons. Certains veulent mettre le Livre saint à l'épreuve. Ils veulent montrer que la Genèse n'est qu'une version parmi d'autres de documents anciens semblables appartenant au passé, et donc que ce n'est pas en réalité la parole de Dieu. Ce n'est pas pour ces raisons que nous soulevons des questions ; au contraire, nous cherchons à savoir ce que Dieu nous dit par ce livre. Nous voulons connaître Dieu et comprendre comment lui plaire dans notre quotidien.

Il y a ici un défi personnel qui nous attend. Comment allons-nous lire ? Qu'allons-nous rechercher ? Quelles questions allons-nous poser ?

- Poserons-nous des questions comme le serpent, qui a voulu persuader Ève de désobéir à la parole de Dieu ? Il demande : « Dieu a-t-il

réellement dit ?... » (Gn 3.1) – la même question que se posent ceux qui disent que la Genèse n'est pas la parole de Dieu.
- Poserons-nous des questions comme Caïn, qui voulait fuir ses responsabilités ? il demande : « Suis-je le gardien de mon frère ? » (Gn 4.9) – cette question est un défi à Dieu quant à savoir si ce qu'il attend de nous est raisonnable.
- Ou bien écouterons-nous les questions que Dieu va nous poser ? « Où es-tu ? », « Qui t'a dit que... ? », Pourquoi as-tu fait cela ? », « Pourquoi es-tu fâché ? », « Où est ton frère ? » (Gn 3.9, 11, 13 ; 4.6, 9, 10). Ce défi résonne jusqu'à nous au travers des âges. Mais il y a aussi la question qui donne de l'espoir : « Si tu agis bien, ne relèveras-tu pas la tête ? » (4.7).

En résumé, lirons-nous la Genèse pour l'ébranler et affronter Dieu, ou la lirons-nous pour le comprendre et le suivre ? Nous voulons tous être bénis, mais accepterons-nous la bénédiction que Dieu nous propose avec une telle gratuité, ou bien, comme Adam et Ève, allons-nous tenter d'être plus forts que Dieu et d'attraper tout ce qui nous paraît bon ?

2

Au commencement, Dieu créa
Genèse 1.1 – 2.3

Qu'ils louent le nom du Seigneur !
   Car il a donné un ordre, et ils ont été créés. (Ps 148.5)

Sachez que le Seigneur (YHWH) est Dieu :
   c'est lui qui nous a faits, et nous lui appartenons ;
   nous sommes son peuple, le troupeau qu'il fait paître.
   (Ps 100.3)

Les Saintes Écritures affirment qu'il y a un Dieu unique de l'univers qui a créé les cieux et la terre. C'est lui seul qui règne sur toutes choses : sur toutes les nations, sur tout ce qui vit, sur toutes les plantes et sur le temps qu'il fait ; et il est Seigneur de toutes choses dans le ciel et sur la terre. Il est Seigneur. Il est Seigneur des Mondes (*rabb al-'alamīn* – voir sourate *al-Fātiḥa* 1.2), il régit toute chose dans et hors de la terre, visible ou invisible. Pour cette raison, l'humanité dépend de lui pour toutes choses et n'a de comptes à rendre qu'à lui. Dieu est le souverain, le superviseur et le pourvoyeur de ceux qui ont vécu dans le passé, de ceux qui vivent dans le présent et de ceux qui sont à naître. Il est le juge de tous.

Le Coran et la Bible s'accordent à dire que toute la création renvoie à ce Dieu unique.

> *En vérité, dans les cieux et sur la terre sont certes des signes pour les croyants. En votre création et en tout ce qu'Il fait pulluler de toute bête, sont des signes pour un peuple qui est convaincu. De même, dans l'opposition de la nuit et du jour, dans la pluie qu'Allah fait descendre du ciel, par laquelle il fait revivre la terre après sa mort,*

> *dans le déchaînement des vents, sont aussi des signes pour un peuple qui raisonne.* (Sourate al-Jāthiya 45.3-5)
>
> *Le ciel raconte la gloire de Dieu, la voûte céleste dit l'œuvre de ses mains.* (Ps 19.2)
>
> *En effet, ce qui chez lui est invisible – sa puissance éternelle et sa divinité – se voit fort bien depuis la création du monde, quand l'intelligence le discerne par ses ouvrages.* (Rm 1.20)

Dans le monde où a été rédigée la Genèse, les gens avaient de nombreux dieux, et ils croyaient que les éléments créés comme le soleil, la lune et les étoiles, ainsi que les oiseaux et les autres animaux, étaient des êtres divins. Genèse 1 réfute cela en révélant le Dieu unique comme créateur de tout.

Ce message est nécessaire aujourd'hui au Bangladesh. Les musulmans comme les chrétiens professent ces vérités, mais les mettent-ils en pratique, ou bien suivent-ils des superstitions locales ? Les gens ont peur quand ils entendent ululer un hibou, ils utilisent les horoscopes, ils considèrent certaines périodes comme favorables, et ils croient que les planètes régissent leur destin. Ils sont même superstitieux sur les aliments – par exemple, au Bangladesh, les étudiants évitent les œufs et les pommes de terre parce qu'ils pensent que manger des choses rondes peut leur rapporter un 0 à l'examen.

Genèse 1.1 – 2.3 utilise Élohim comme terme pour désigner le Dieu unique créateur. Croire en lui, c'est le fondement des confessions monothéistes. Sans cela, ni le Coran ni la Bible n'ont de sens. Tous les passages de la Torah, des Prophètes, des Psaumes et des Évangiles en témoignent, même s'ils n'évoquent pas la création aussi fréquemment que le Coran. On ne peut pas saisir le sens des *Bani Isra'il* ni de Jésus le Messie sans comprendre que le Seigneur a créé toute la terre et tous ses peuples et que ce sont ces peuples qu'il bénira au travers des descendants d'Abraham.

Néanmoins, si la création est évoquée en de multiples endroits dans les autres livres, ce n'est que là, en Genèse 1 – 2, que l'on trouve un récit cohérent de toute la création. Les Psaumes, les Prophètes et le Coran comportent des versets épars qui mentionnent diverses phases de la création. La Genèse nous dit ce à quoi ils se réfèrent.

Notre passage a donné lieu à bien des controverses : les controverses sont similaires dans toutes les confessions abrahamiques, et il nous faudra en explorer certaines – mais ne nous attachons pas aux controverses. Attachons-nous à ce que nous apprenons de la Genèse et à la façon dont ce récit de la création pose les fondations de tout ce qui suit.

Les mondes derrière et devant le texte

Le monde antique et le nôtre

Tous les peuples du monde ont leurs récits sur la manière dont le monde a commencé. Dans le monde d'aujourd'hui, l'un des récits principaux est celui de la science ; par exemple, la théorie du Big Bang et les théories de l'évolution. Dans le monde antique, les récits comportaient des êtres personnalisés (des divinités) qui faisaient et organisaient tout. Les récits scientifiques et ceux de l'Antiquité ont beau être très différents, ils ont en commun de tenter de donner du sens à ce monde ! Pourquoi y a-t-il quelque chose plutôt que rien ? Qu'est-ce qui meut le monde ? Pourquoi est-il tel qu'il est ? Est-il obligé d'être tel qu'il est ?

La science répondra peut-être qu'il n'est pas possible de savoir *pourquoi* il y a quelque chose : l'univers ne peut être qu'observé. Ce qui l'anime, c'est la nature de la matière et de l'énergie, et les forces qui existent en sont le résultat. Pourquoi est-il tel qu'il est ? Parce que, petit à petit, sur une longue période, ces forces ont produit ce que nous voyons actuellement. Il n'est probablement pas obligatoire qu'il en soit ainsi, et il y a une grande part de hasard dans les systèmes existants.

Les peuples anciens auraient répondu que les choses existent parce que les dieux existent, et que les dieux ont fait et organisé le monde. Ce qui le meut, ce sont ces dieux. Il est tel qu'il est à cause des actes des dieux et des hommes. Il aurait pu être différent si les dieux avaient agi autrement, et les êtres humains peuvent changer la façon d'agir des dieux s'ils font ce qui plait à ces derniers.

Nous verrons que Genèse 1 s'accorde autant avec les réponses scientifiques qu'avec les réponses de l'Antiquité à bien des égards, mais qu'elle s'écarte aussi des réponses de l'Antiquité sous des angles très importants. Est-elle en désaccord avec les réponses scientifiques ? Elle peut s'en démarquer sur quelques détails mais, dans l'ensemble, elle n'est pas en désaccord ; disons plutôt qu'elle répond à certaines des questions auxquelles les scientifiques savent que la science ne peut pas répondre.

Afin de comprendre comment les premiers lecteurs ont pu comprendre Genèse 1.1 – 2.3, il nous faut connaître deux aspects de leur monde : premièrement, leurs conceptions du fonctionnement de l'univers ; et deuxièmement, nous renseigner davantage sur les divers récits de création qui circulaient en ces temps-là.

Conceptions de l'univers dans l'Antiquité

L'Ancien Testament emploie trois mots pour décrire les parties de l'univers : *'erets*, la terre habitable ; *shamayim* : les cieux, ce qui est au-dessus ; et *shéol* : le monde d'en-dessous ou le monde des morts. Il y avait aussi le vaste domaine des eaux, des « mers » (p. ex. Né 9.6 ; Ps 24.2 ; 136.6). Par exemple, on a le tableau des trois parties lorsque les Dix Commandements nous disent de ne rien adorer « de ce qui est dans le ciel, en haut, de ce qui est sur la terre, en bas, ou de ce qui est dans les eaux, au-dessous de la terre » (Dt 5.8).

Quelquefois, le ciel est perçu comme un bol retourné, et la terre est décrite comme ayant des « extrémités » (p. ex. Ps 65.6 ; Dt 13.7 ; 1 S 2.10) – l'image est celle d'un disque plat avec un toit en dôme. D'autres descriptions saisissantes du monde évoquent la pluie se déversant des « fenêtres du ciel » (p. ex. Gn 7.11) et des « colonnes » qui soutiennent la terre (p. ex. Ps 75.4). Quand on regroupe toutes ces références, on voit que les gens ont élaboré une image de la manière dont les Hébreux de l'Antiquité paraissent avoir imaginé le monde. Voir la figure 2. Cependant, tout cela peut être lu comme une description poétique, ou comme une description de la perception que l'on avait du monde en ces temps. Nous n'avons pas besoin d'aller dire avec insistance que la Bible nous enseignerait qu'il s'agit là de faits scientifiques auxquels il faille croire[1].

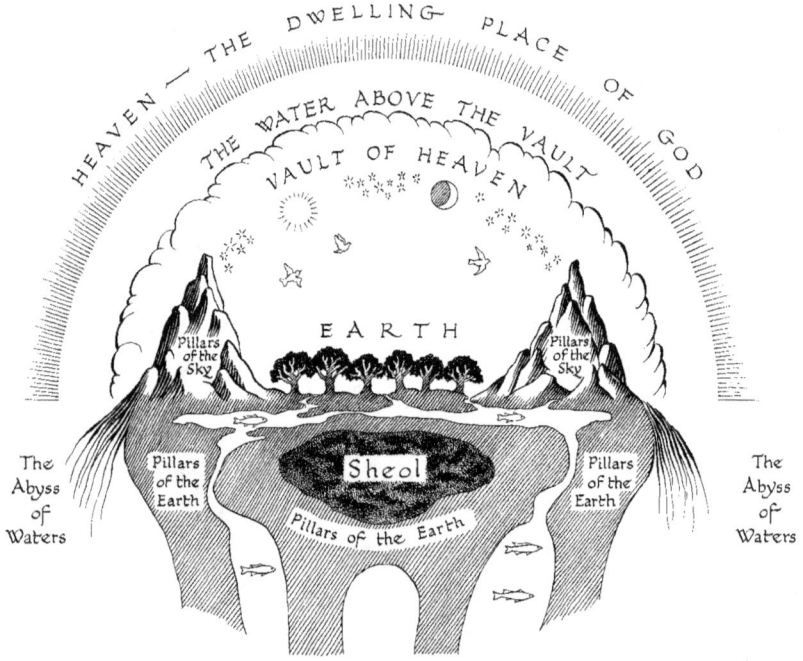

Figure 2[2]

---

1. Voir les encadrés sur la Genèse et la science, p. 9-10, et sur l'évolution, p. 67-68.
2. Image d'Horace Knowles © The British and Foreign Bible Society 1954, 1967, 1972. Ajouts et modifications de Louise Bass © The British and Foreign Bible Society, 1994.

Voici la traduction du texte de l'image :
Heaven – The dwelling place of God : Les cieux – la demeure de Dieu.
The water above the vault : les eaux au-dessus de la voûte.
Vault of heaven : la voûte des cieux.
Earth : la terre.
Pillars of the sky : les colonnes du ciel.
Pillars of the earth : les colonnes de la terre.
The abyss of waters : l'abîme des eaux.
Sheol : Shéol.

Genèse 1.1 – 2.3 et les textes antiques de Mésopotamie

Comme le montre le Tableau 1, il y a de grosses différences entre Genèse 1 et *Enuma Elish* ainsi qu'avec d'autres récits anciens de la création ; toutefois, il y a des portions du récit de la Genèse qui paraissent être en rapport avec ces récits. Dans *Enuma Elish*, le jeune dieu Mardouk lutte contre la déesse Tiamat, qui représente les mers. Toutes sortes de désordres sont engendrés par les combats féroces entre les dieux et les déesses. Finalement, Mardouk tue Tiamat, coupe son corps en deux, et il en tire la terre et le ciel et orne le ciel de luminaires. Ensuite, il crée les humains pour servir les divinités, utilisant la chair et le sang d'une divinité morte. On voit bien les parallèles ainsi que les différences ; et cela nous aide à comprendre en quoi le récit de la création selon la Genèse réfute le polythéisme de son temps.

Sujet	Bible	*Enuma Elish*
La nature de Dieu	Monothéisme (*tawḥīd*) : un seul Dieu, sans épouse ni partenaire, source de toutes choses	Nombreux dieux et déesses se fréquentant les uns les autres
La création	Dieu crée la lumière, le cosmos, la terre, l'humanité et toutes choses	Différents dieux créent la lumière, le cosmos, la terre, l'humanité et toutes choses
L'univers	Un univers tripartite	Un univers tripartite
Les eaux	La création commence par le *tohu va-bohu* et une mer profonde	L'histoire commence par le combat de deux dieux des eaux, Apsou et Tiamat.
Chronologie	Tout est créé en six jours	La création n'a aucun ordre chronologique

Sujet	Bible	*Enuma Elish*
Luminaires célestes	Soleil, lune et étoiles créés	Lune et étoiles créées. Aucune mention de la création du soleil
Origine de la création	Tout est créé par la parole de Dieu	Création par les mains des dieux, à partir d'éléments préexistants
Vocation de l'humanité	Les humains doivent travailler dans la création et en prendre soin	Les humains doivent servir les dieux et alléger leur travail
Nature de l'humanité	Créée à partir de la terre, elle reçoit le souffle de Dieu (Gn 2.7)	Mardouk crée l'humanité en mélangeant la terre avec le sang d'une déesse assassinée

Le Nouveau Testament (Injil Sharif)

La vision du monde présentée en Genèse 1.1 – 2.3 est si fondamentale pour la Bible qu'on en voit le reflet en plus d'endroits qu'on n'en peut énumérer. Dans le Nouveau Testament, non seulement on fait retour sur la création à son commencement, mais on se réjouit que la nouvelle création soit désormais accessible dès maintenant à ceux qui croient dans le Messie, et on attend dans la joie les nouveaux cieux et la nouvelle terre qui sont l'objectif de toute l'histoire.

Regard rétrospectif : Le Nouveau Testament considère que Jésus le Messie est impliqué dans la création comme Parole de Dieu (Jn 1.1-4). Il nous montre aussi qu'il est Seigneur de la création. Il commande aux eaux agitées (Mt 8.23-27 ; Mc 4.37-41 ; Lc 8.22-25 ; cf. Gn 1.2) ; il est la Lumière du monde (Jn 8.12 ; cf. Gn 1.3-4) ; il marche sur l'eau (Mt 14.22-33 ; Mc 6.45-51 ; cf. Gn 1.9) ; il est l'image incomparablement pure de Dieu (Col 1.15-16 ; cf. Gn 1.26) ; et il est le maître du sabbat (Mt 12.1-8 ; Mc 2.23-28 ; Lc 6.1-5 ; cf. Gn 2.3).

Actuellement : Le Nouveau Testament a beaucoup de façons de décrire la vie nouvelle dans le Messie. C'est une nouvelle naissance (Jn 3.1-7) ; c'est mourir à une vie ancienne et être relevé pour une vie nouvelle (Rm 6.4 ; Ga 2.20) ; c'est enlever des vêtements vieux et sales et revêtir des vêtements neufs et propres (Col 3.9-10). C'est une nouvelle création (Ép 2.10 ; 2 Co 5.17). En bref, par Jésus le Messie, les humains pécheurs peuvent prendre un nouveau départ et devenir le peuple que Dieu a voulu qu'ils deviennent. Cela implique aussi l'activité du Saint-Esprit : tout comme l'Esprit de Dieu plane sur l'abîme ténébreux en

Genèse 1.2, la nouvelle création a besoin de l'Esprit (Jn 3.8). Le don du Saint-Esprit est aujourd'hui le signe présent et l'avant-goût pour le croyant de ce qui est à venir (Rm 8.19-23).

Regard vers l'avenir : Romains 8 parle d'un jour à venir où toute la création sera libérée des effets du péché. L'Apocalypse, le livre du Nouveau Testament qui fait le plus d'allusions à Genèse 1 – 11, est aussi le livre qui décrit les nouveaux cieux et la nouvelle terre qui viennent. La nouvelle terre possède les pierres précieuses et les fleuves qui nous rappellent le jardin d'Éden (Ap 21.18-21 ; 22.2 ; cf. Gn 2.10-18), et la lune, le soleil et les étoiles qui ont été créés en Genèse 1 ne seront plus nécessaires parce que Dieu remplacera toute obscurité par la lumière de sa présence (Ap 21.23 ; 22.5 ; cf. Gn 1.3-4).

Le Coran

La vision coranique du monde physique est remarquablement semblable à celle de la Genèse. Il semble que les Arabes du VIIe siècle avaient beaucoup en commun avec les Hébreux qui vivaient deux millénaires plus tôt. L'idée fondamentale d'un ciel au-dessus, d'une terre en-dessous et d'un espace de vie entre les deux est la même (p. ex. les sourates *al-Mā'ida* 5.18 ; *al-Ḥijr* 15.85 ; *Maryam* 19.65 ; *al-Anbiyā'* 21.16 ; *al-Furqān* 25.59). La dimension biblique de « sous la terre » est mentionnée mais sans insistance (sourate *Ṭā Hā* 20.6). L'une des différences, c'est que le Coran parle de sept cieux qui sont en strates (sourates *al-Baqara* 2.29 ; *al-Isrā'* 17.44 ; *al-Mu'minūn* 23.86 ; *Fuṣṣilat* 41.12 ; *at-Ṭalāq* 65.12 ; *al-Mulk* 67.3 ; *Nūḥ* 71.15). Il existe un verset qui suggère que la terre aussi a plusieurs strates (sourate *at-Ṭalāq* 65.12). Elle est entourée par les eaux, que Dieu a séparées par une barrière, *barzakh* (sourates *ar-Raḥmān* 55.19-20 ; *al-Furqān* 25.53)[3]. Par-dessus tout cela se tient le trône de Dieu (sourates *al-Baqara* 2.255 ; *al-A'rāf* 7.54 ; *at-Tawba* 9.129 ; *ar-Ra'd* 13.2 ; *Ṭā Hā* 20.4-6 ; *al-Furqān* 25.59 ; *as-Sajda* 32.4 ; *al-Ḥadīd* 57.4). En un endroit, il est dit que le trône repose sur les eaux (*Hūd* 11.7). Le ciel est décrit comme une voûte ou un toit, *saqf* (*al-Anbiyā'* 21.32 ; *at-Ṭūr* 52.5), qui protège le monde et fut édifié par la main de Dieu (*al-Dhāriyāt* 51.47 ; *at-Ṭūr* 52.5 ; *an-Nāzi'āt* 79.26-27 ; *ash-Shams* 91.5), les montagnes sont des « pieux » (*an-Naba'* 78.7) qui stabilisent la terre, et la terre a des piliers, bien qu'ils soient invisibles (*ar-Ra'd* 13.2). Tout comme la

---

3. Ces références parlent littéralement de deux mers et elles ont été diversement interprétées. At-Ṭabarī les voit comme des océans qui entourent la terre et les eaux des cieux, mais la plupart des commentateurs considèrent qu'il s'agit de différents corps aqueux d'ordre terrestre comme dans la conception ptolémaïque.

plupart des disciples de Jésus le Messie considèrent les passages parallèles de l'Ancien Testament comme de la poésie métaphorique, la plupart des musulmans d'aujourd'hui lisent ces références coraniques comme de la poésie ou comme des descriptions du monde tel qu'il apparaissait aux humains de l'Arabie du VIIe siècle.

Comme la Genèse, le Coran met l'accent sur le Dieu unique qui a fait tout cela, mais il use d'une stratégie différente. La Genèse ne mentionne aucun autre être spirituel que Dieu, et ainsi elle présente la puissance suprême de Dieu en tant que créateur à l'encontre de tous les autres récits culturels avec leurs dieux et leurs déesses. Le Coran n'a pas de récit de création à part, mais il évoque souvent des aspects de la création comme signes du Dieu unique en réfutation du polythéisme (p. ex. la sourate *Yūnus* 10.5-6). Nombre de ses références font écho à Genèse 1 – 2. Par exemple, la Genèse martèle que la création est bonne, et le Coran confirme qu'elle était sans faille (sourate *al-Mulk* 67.3-4). La Genèse parle beaucoup de l'eau, et le Coran dit que toute créature vivante a été tirée de l'eau (sourates *al-Anbiyā'* 21.30 ; *an-Nūr* 24.45 ; *al-Furqān* 25.54) et donne plus de vingt références sur la place de l'eau dans la création.

Le récit de la Genèse et le point de vue du Coran sont dans une harmonie telle que si quiconque cherche à comprendre la relation avec la science des textes sur la création, il pourrait chercher ses réponses dans l'un ou l'autre livre. Cela dit, du fait que les exposés du Coran sur la création sont éparpillés, on relèvera quand même quelques différences. Par exemple, le Coran parle bien de la création en six jours – les jours de création sont mentionnés dans les sourates *al-A'rāf* 7.54 ; *Yūnus* 10.3 ; *al-Furqān* 25.59 ; *as-Sajda* 32.4 ; *Fuṣṣilat* 41.9-12 ; *Qāf* 50.38 ; et *al-Ḥadīd* 57.4. Toutes ces références sauf le passage de *Fuṣṣilat* 41 parlent de six jours, mais la sourate 41 parle de deux jours, quatre jours puis deux jours. Cela signifie que les commentateurs doivent concilier cela avec les autres références, ils voient donc ces trois périodes qui se recouvrent pour aboutir à la même somme de six jours. Le Coran évoque le sabbat juif, mais il n'inclut pas le septième jour dans ses évocations de la création.

Ce n'est pas le Coran mais les Hadith qui donnent des détails sur ce qui a été créé tel jour, même s'ils divergent nettement de la Genèse et même s'il y a plusieurs versions. Par exemple, un Hadith dit que Dieu créa la terre le lundi, les choses désagréables le mardi, la lumière le mercredi, les bêtes le jeudi et Adam après l'heure des prières de l'après-midi le vendredi (*Mishkat Charif* 24, C, i. pt.3). Un autre dit :

> Le Messager de Dieu dit : « Dieu, glorifié, créa le ciel le samedi, les montagnes le dimanche, les arbres le lundi, les choses qui causent de la peine le mardi, la lumière le mercredi, il y a dispersé les animaux le jeudi, et il a créé Adam, la paix soit sur lui, après 'asr le vendredi,

le dernier de la création à la dernière heure du vendredi, entre 'asr (l'après-midi) et la tombée de la nuit » (*Sahib Muslim*, Hadith 7054).

Des questions sur l'ordre de la création surgissent du Coran lui-même. La sourate *al-Baqara* 2.29 dit que la terre a été créée en premier, et ensuite les cieux : « C'est Lui qui créa pour vous ce qui, en totalité, est sur la terre, puis se tourna vers le ciel et les façonna harmonieusement en sept cieux. » Mais la sourate *an-Nāzi'āt* 79.27-30 dit que les cieux ont été créés avant la terre : « ...le ciel qu'Il a déifié [...] Il en a élevé la voûte et l'a établie harmonieusement, il en a assombri la nuit et fait surgir la clarté. La terre, après cela, Il l'a étendue. » Concilier ces deux versets n'est pas facile. Une façon de traduire le « puis » en *al-Baqara* 2.29 pourrait être « en outre » – c'est-à-dire que le verset ne donnerait pas l'ordre de la création mais dirait que Dieu a fait à la fois la terre et les cieux. Une autre solution serait de considérer ces passages comme poétiques, et donc non destinés à donner une description chronologique de la création.

Tenter de découvrir un ordre chronologique à partir des diverses références coraniques à la création, c'est comme si on tentait de faire de même à partir des Psaumes ou des autres écrits prophétiques. Leurs diverses références sont comme les morceaux d'un puzzle, et elles peuvent nous laisser dans l'incapacité d'assembler toutes les « pièces ». Genèse 1 – 11 est comme l'image sur le couvercle de la boîte : elle nous aide à voir où il faut placer les pièces !

Une différence importante

Il y a une différence importante entre Genèse 1.26-27 et le Coran en ce qui concerne la création de l'humanité. Le Coran ne désigne pas l'humain « créé à l'image de Dieu » comme on le trouve en Genèse 1.26. Le Coran préfère utiliser le mot *khalīfa*, une sorte de « vice-gérant ». Le terme signifie littéralement « quelqu'un qui se tient à la place d'un autre », « lieutenant » ; et, comme nous le verrons, il a été diversement interprété. Au plus près de la compréhension biblique de l'humanité, se trouve l'interprétation commune que l'être humain doit agir comme le représentant ou le serviteur de Dieu sur terre[4]. Une notion analogue est exprimée dans la sourate *al-Aḥzāb* 33.72, le verset de l'*amana* ou verset de la « confiance », dans lequel Dieu offre l'*amana* aux cieux, à la terre et aux montagnes, qui l'ont tous refusée. Finalement, les humains l'ont acceptée et s'en sont chargés. Beaucoup de commentateurs modernes, ainsi que des soufis comme le Shah Wali Ullah Deholvir (1303-1362) font le lien entre *amana* et *khalīfa* : c'est ce qui est indispensable aux humains pour mener à bien leur tâche.

---

4. Pour un examen complet de l'interprétation de *khalīfa* et d'*amana*, voir Johnson, *Earth, Empire and Sacred Text*.

L'*amana* est parfois interprétée comme une semence de foi (*iman*) ou de lumière mystique, quelquefois comme une responsabilité légale et morale, et quelquefois comme la libre volonté de choisir le bien ou le mal. Le verset de l'*amana* continue en disant que l'homme est injuste (*ẓālim*) et ignorant (*jahal*). Genèse 3 ne dirait pas le contraire : quelle que soit l'*amana*, nous avons failli !

Tout cela montre que le Coran partage la notion essentielle que les humains tiennent de Dieu des responsabilités sur la création. La principale différence est que le Coran ne laisse pas entendre que l'être humain est semblable à Dieu bien que, nous le verrons, l'Adam du Coran partage certains des attributs divins de l'Adam de la Genèse, notamment la parole et la connaissance.

Le passage coranique-clef pour la comparaison avec Genèse 1.26-27 est la sourate *al-Baqara* 2.30-34 :

> [Rappelle] quand ton Seigneur dit aux Anges : « Je vais placer, sur la terre, un vicaire. » – « Y placeras-Tu quelqu'un qui y sèmera le scandale et y répandra le sang alors que nous, nous glorifions Ta louange et proclamons Ta sainteté ? » [Le Seigneur] répondit : « Je sais très bien ce que vous ne savez point » (2.30).
>
> Et [le Seigneur] apprit à Adam tous les noms, puis Il fit défiler, devant les Anges, [les êtres portant ces noms] et Il dit [aux Anges] : « Avisez-Moi des noms de ces êtres-ci, si vous êtes véridiques ! » (2.31).
>
> – « Gloire à Toi ! », répondirent-ils. « Nous n'avons nulle science excepté ce que Tu nous as appris. Toi, Tu es l'Omniscient, le Sage » (2.32).
>
> – « Ô Adam ! », dit [le Seigneur], « avise-les des noms [de ces êtres] ! » Et quand [Adam] eut avisé [les Anges] des noms [de ces êtres, le Seigneur] dit : « Ne vous avais-Je point dit que Je connais bien l'inconnaissable des cieux et de la terre et que Je connais bien ce que vous extériorisez et ce que vous tenez secret ? » (2.33).
>
> Et [rappelle] quand Nous dîmes aux Anges : « Prosternez-vous devant Adam ! » Ils se prosternèrent sauf Iblīs [qui] refusa, s'enfla d'orgueil et fut parmi les Infidèles (2.34).

À première vue, seul le verset 30 semble constituer un parallèle avec Genèse 1.26-27, la suite ressemblant davantage à la désignation des animaux par leur nom en Genèse 2.19-20. Mais voici un extrait du Midrash *Genèse Rabbah* qui discute du pluriel « faisons » de Genèse 1.26 :

> Quand le Saint, béni soit-il, se proposa de créer le premier homme, il prit conseil auprès des anges qui le servaient. Il leur dit : « Ferons-

nous l'homme ? » Ils lui dirent : « Que sera son caractère ? » (*Gen Rab*, VIII.2, notre traduction, reprise de Neusner).

Dieu dit ensuite aux anges que l'homme aura des descendants justes, mais il ne leur dit rien des descendants méchants. Commence le débat suivant :

> Quand le Saint, béni soit-il, vint pour créer le premier homme, les anges qui le servaient constituèrent des partis et des sectes. Certains disaient : « Qu'il soit créé », et d'autres disaient : « Qu'il ne soit pas créé » (*Gen Rab*, VIII.3, notre traduction, reprise de Neusner).

Suit une référence à la discussion entre fidélité, loyauté, justice et paix, selon le Psaume 85.11. Fidélité et loyauté veulent que les humains soient créés, parce qu'ils feront des actes de fidélité et de loyauté. Justice et paix ne sont pas du même avis parce que les humains mentiront et se battront. Ensuite, il y a un accord rabbinique pour dire que la création de l'humain par Dieu était « très bonne » (Gn 1.31). Dieu créa les humains alors que les anges étaient encore en train de débattre ! Une autre discussion sur l'« image de Dieu » en Genèse 1.26 dit que les anges confondent l'être humain avec Dieu et veulent l'adorer. Ce n'est que quand l'homme est endormi que les anges prennent conscience de leur erreur (*Gen Rab.* VIII.10). On voit que le Coran s'intéresse aux mêmes questions que le Midrash et qu'il le fait en des termes semblables, en imaginant un débat céleste sur les effets du libre arbitre[5].

Le Coran confirme le statut éminent de l'humanité même s'il n'emploie pas l'expression « image de Dieu » : Dieu déclare : « Nous avons créé l'homme en la plus belle prestance » (sourate *at-Tīn* 95.4). De nombreux musulmans détestent l'expression « image de Dieu » parce qu'ils pensent que cela suppose que Dieu a un corps ; mais les Hadith rapportent que Mohammed le prophète de l'islam a dit que les humains ont été faits « à l'image de Dieu » ou « à l'image du Très-Miséricordieux » et il a prescrit : « Si quelqu'un de vous frappe (un autre), il doit éviter le visage, car Dieu a créé Adam à son image.[6] » Au Bangladesh, les soufis aiment la notion de l'image de Dieu (voir encadré p. 81-82).

---

5. Des développements en rapport sur le texte de la Genèse peuvent être trouvés dans d'autres textes juifs et chrétiens pré-islamiques. Un document très pertinent pour l'étude du Coran est le texte syriaque *La Caverne des trésors* qui est souvent attribué à Ephrem le Syriaque (IVe siècle, mais datant probablement du VIe siècle dans sa forme actuelle). On peut en trouver la traduction en anglais sur http:/www.sacred-text.com/chr/bct/bct04.htm.
6. Bukhārī, vol. 8, livre 74, Hadith 246 ; Muslim, livre 32, Hadith 6325 ; *Musnad* 11, 244, 251, 315, 323, 434, 463, 519. *Mishkāt*, 16.72.

Le monde du texte

Structure et genre

Cette section comporte beaucoup de répétitions et de schémas. Le schéma général est celui-ci :

    A. Dieu et le désordre primordial (1.1-2)
        B. Jour 1 : Lumière et ténèbres (1.3-5)
            C. Jour 2 : Eaux et cieux (1.6-8)
                D. Jour 3 : La terre ferme et les plantes (1.9-13)
        B'. Jour 4 : Les cieux sont remplis de luminaires (1.14-19)
            C'. Jour 5 : Les eaux et les cieux sont remplis de créatures marines et d'oiseaux (1.20-23)
                D'. Jour 6 : La terre est remplie d'humains et d'animaux (1.24-31)
    A'. Jour 7 : Dieu et la création achevée (2.1-3)

À partir de cette structure, on voit que la création de Dieu suit un admirable plan. À partir du A initial jusqu'au A' final, ce passage regorge d'encouragements en ce que Dieu mène la création d'un état effrayant de *tohu va-bohu* et d'eaux ténébreuses à la paix ordonnée du septième et dernier jour.

Le nombre sept, qui symbolise la complétude et la perfection, est très important dans ce *towledah*. « Et Dieu vit que cela était bon » et « et il en fut ainsi » surviennent chacun sept fois ; le mot « Dieu » intervient trente-cinq fois, « terre » vingt et une fois, et « cieux » vingt et une fois. En hébreu, Genèse 1.1 comporte sept mots, 1.2 en a quatorze, et 2.1-3, qui décrit le septième jour, en a trente-cinq. Cependant, le schéma n'est pas tout à fait le même pour chacun des jours, car il y a huit actes de création signalés par le décret de Dieu disant que quelque chose va arriver (v. 3, 6, 9, 11, 14, 20, 24, 26), et ces huit actes sont répartis sur six jours. Nous voyons aussi de légères variations dans les schémas lexicaux. Par exemple, nous avons « Dieu vit que cela était bon » six fois, et la septième fois, c'est « *très* bon » (v. 31). Nous avons huit fois où « et Dieu dit » (*va-yomer Elohim*) est suivi par un décret disant que quelque chose va arriver, et ensuite une neuvième fois quand il est suivi par une parole adressée aux humains tout juste créés : « Je vous donne… » (v. 29).

Le genre de ce texte est très discuté. Il est plus facile de dire ce qu'il n'est pas que ce qu'il est. Ce n'est pas un mythe comme les récits de création de la Mésopotamie ancienne, mais ce n'est pas non plus de l'histoire au sens moderne, ni de la science au sens moderne. Ce n'est pas le même genre narratif que l'on trouve ailleurs dans la Genèse, mais ce n'est pas non plus de la poésie comme on en trouve dans les Psaumes. Il y a des éléments poétiques dans ses structures, ses répétitions et ses rythmes finement élaborés ; mais les schémas sont rompus là où certains jours sont décrits plus en détail que d'autres, et un court poème est inséré en 2.23. Genèse 2.2-3 est utilisé depuis longtemps dans la liturgie juive, et ses répétitions ainsi que sa structure suggèrent que ce texte a pu être utilisé ainsi depuis toujours.

Bref, Genèse 1.1 – 2.3 est une pièce littéraire absolument unique, superbement organisée et magnifiquement structurée, quoiqu'avec une diversité d'éléments et d'irrégularités qui ont de quoi surprendre le lecteur. On pourrait dire que, à cet égard, elle reflète la création qu'elle décrit. Aussi, à mesure que nous avancerons dans le commentaire détaillé, gardons à l'esprit le tableau d'ensemble composé par la structure.

COMMENTAIRE

A. Genèse 1.1-2 – Dieu et le chaos existant au début de la création

Au commencement, Dieu créa le ciel et la terre.

בְּרֵאשִׁית בָּרָא אֱלֹהִים אֵת הַשָּׁמַיִם וְאֵת הָאָרֶץ

Bereshit bara Elohim et ha-shamayim wa-et ha-aretz[7].

En hébreu, le verset inaugural de la Genèse a sept mots. Chaque mot et chaque expression sont disséqués depuis des siècles, et nous les étudierons un par un.

Au commencement, *re'shiyth* (ou *bereshit*)

L'introduction a déjà fait état de plusieurs discussions sur la forme grammaticale inhabituelle de ce tout premier mot (p. 31). Certaines traductions résolvent le problème ainsi : « Lorsque Dieu commença la création du ciel et de la terre... » (TOB, 1977). Quoi qu'il en soit, l'enseignement est clair : il y eut un commencement. Bien que le Créateur unique existe de toute éternité, l'univers – sa création – n'existe pas de toute éternité.

Créa, *bara'*

Le verbe traduit par « créer » (hébr. *bara'*) est employé de nombreuses fois dans l'Ancien Testament, mais seulement trois fois en Genèse 1 (v. 1, 21, 27). Cette

---

7. La translittération de l'édition originale anglaise de ce livre a été retenue ici.

forme du verbe n'est utilisée que pour Dieu et renvoie à ses actes souverains de création. Dans certaines formes et certains contextes, le verbe signifie « couper » ou « trancher » : un acte net, décisif, par exemple, en faisant quelque chose par mode de sectionnement.

Bara' n'est pas synonyme du verbe traduit par « faire » (hébr. *'asah*), qui est employé aux v. 7, 11, 12, 16, 25, 26, 31. *'Asah* signifie habituellement amener quelque chose de nouveau à l'existence en recourant à quelque chose qui existait déjà. En ce sens, les humains, qui sont faits à l'image de Dieu, peuvent aussi « faire » des choses, mais Dieu seul peut créer. L'utilisation de *bara'* ici et aux versets 21 et 27 attire l'esprit du lecteur sur le pouvoir créateur souverain de Dieu.

Dieu, Elohim

« Dieu », ici et ailleurs en Genèse 1 – 11, restitue l'hébreu *Elohim* utilisant la forme plurielle avec la signification au singulier, comme expliqué en introduction (p. 40). Cet Elohim existait avant la création. Dieu existant dans l'éternité soulève la question philosophique du temps et de l'éternité. Le temps commença-t-il avec le commencement de la création ? Que veut-on dire par « temps » ? Le livre de la Genèse ne répond pas à ces questions, mais il énonce clairement que Dieu le créateur a existé avant le temps et que les cieux et la terre n'ont pas toujours été existants.

Les cieux et la terre, *et ha-shamayim wa-et ha-aretz*

Ceci est une expression toute faite qui signifie « tout », c'est-à-dire l'univers entier. Elle est fréquemment employée dans le Coran avec une signification analogue. La Bible commence par le fait le plus élémentaire : toute existence est due à l'action de création souveraine de Dieu qui est unique. Ce message essentiel constitue le fondement de toute compréhension de Dieu, de l'humanité et du monde.

Le mot traduit par « ciel » ou « cieux » (*shamayim*) ne définit pas la demeure de Dieu mais la grande étendue au-dessus de nous où l'on voit voler les oiseaux, flotter les nuages et circuler les planètes, les étoiles et le soleil. L'Ancien Testament parle des cieux de trois manières : premièrement, il y a le ciel inférieur, le lieu des nuages et des oiseaux d'où tombe la pluie (Gn 1.20 ; 7.11 ; 8.2 ; 27.28 ; 2 S 21.10 ; Ps 147.8 ; Lm 4.19) ; deuxièmement : il y a le ciel où l'on voit la voûte des planètes et des étoiles (Gn 1.14-17 ; Éz 32.7-8) ; et troisièmement, il y a un ciel spirituel et insondable où demeurent Dieu et ses anges. Ce lieu est au-dessus et au-delà de tout. Pour cette raison, il ne faut pas voir ce troisième ciel comme un lieu au sens physique mais comme quelque chose qui existe au-delà de nos limites naturelles de temps et d'espace (Gn 28.12 ; 1 R 8.27).

Au moins depuis la moitié du IER siècle, plusieurs traditions juives et chrétiennes ont divisé les cieux en sept strates[8], et le Coran dit pareillement à ses lecteurs que Dieu créa sept cieux, les uns au-dessus des autres. Dieu orna magnifiquement le plus proche de ces cieux comme une voûte de lumière et, quand les *Shayṭāns* attaquent la terre, ils sont bombardés par des lumières que les humains perçoivent comme des étoiles filantes (sourate *al-Ḥijr* 15.16-18 ; *aṣ-Ṣāffāt* 37.6-10 ; *al-Mulk* 67.3-5 ; *Nūḥ* 71.15-16 ; *al-Jinn* 72.8-9). Toutefois, ces notions ne se trouvent pas dans la Bible.

> *La terre était un chaos, elle était vide ; il y avait des ténèbres au-dessus de l'abîme. (Gn 1.2)*

Tohu va-bohu, traduit ici par « chaos/vide », ailleurs par « informe et vide », etc., est une forme d'onomatopée (une description par le son) désignant quelque chose qui est vide et sans forme. *Tohu* est employé ailleurs dans l'Ancien Testament pour désigner des lieux désolés, la futilité et la dévastation, et il est parfois traduit par « confusion » (p. ex. Dt 32.10 ; Jb 12.24 ; És 24.10 ; 59.4). Ainsi, l'environnement pré-création est diversement qualifié d'informe, de vide, de confus, de sombre et d'aqueux. D'où la justification de notre traduction par « chaos ».

L'expression *tohu va-bohu* est utilisée en Jérémie 4.23 et Ésaïe 34.11 pour caractériser le chaos résultant du jugement de Dieu sur le péché humain. Cependant, ici en Genèse 1.2, elle ne décrit pas un chaos moral ou spirituel mais bien le monde naturel. L'informe est ici physique et non spirituel. Il ne s'agit pas davantage d'un chaos entraîné par des dieux qui se battent, comme dans *Enuma Elish*. La Genèse ne présente pas les ténèbres et le vide comme un adversaire personnifié.

Les Psaumes montrent fréquemment Dieu comme celui qui dirige et renverse la puissance des eaux (Ps 74.13-17 ; 89.10 ; 104.6-9). Ici, pourtant, les abîmes vides indiquent que Dieu n'a pas encore achevé son travail de création. Il n'a pas créé la terre pour qu'elle soit stérile et vide mais pour qu'elle soit habitée (És 45.18) ; et donc il entreprend de mettre de l'ordre à partir du chaos, dès le début.

On a beaucoup commenté cette phrase depuis des siècles. Abordons ici trois questions.

Premièrement : les ténèbres qui précèdent la création, et la lumière qui la suit, impliquent-elles que deux forces égales rivalisent, l'une mauvaise et l'autre

---

8. Par exemple, le livre apocryphe 2 Enoch montre Enoch s'élevant au travers de sept ciels.

bonne, dans le monde (la notion de « dualisme ») ? À cette question la réponse est un « non » résolu. D'abord, cette question contredit *de facto* les récits anciens sur les puissances dualistes du bien et du mal qui se font la guerre. Les ténèbres et la lumière ne sont pas des forces antagonistes qui rivalisent pour contrôler l'univers. L'Écriture dit que Dieu est Seigneur autant de la lumière que des ténèbres (Ps 104.19-22 ; És 45.7). Les ténèbres ne peuvent en aucun cas triompher de la lumière de la vérité et de la sainteté ; au contraire, c'est la lumière qui remporte la victoire sur les ténèbres (Jn 1.5). Deuxièmement, les ténèbres physiques ne sont pas mauvaises : Dieu ne rejette pas les ténèbres (Ps 139.11-12). Il est même dit qu'il demeure dans l'obscurité (1 R 8.12 ; Ps 18.12 ; 97.2, etc.).

LE COMMENCEMENT, C'ÉTAIT QUAND ?

Le débat est en cours tant parmi les théologiens que les scientifiques sur l'âge de la terre. Les scientifiques qui adhèrent à la théorie du Big Bang diraient que l'univers a commencé il y a 10 à 20 milliards d'années. Les lecteurs de l'Écriture qu'on appelle les créationnistes du décalage ou « Vieille-Terre » admettraient que c'est une possibilité. Leur théorie est qu'il y a un écart entre Genèse 1.1 et Genèse 1.2. Au verset 1, Dieu crée le ciel et la terre ; dans l'intervalle, tout est ou devient désorganisé et, au verset 2, Dieu se met à tout organiser.

À l'autre extrême, certains calendriers traditionnels ont utilisé littéralement les datations de la Genèse pour calculer la date exacte de la création. Même aujourd'hui, le calendrier juif compte ses années à partir de la création du monde telles que calculées par l'érudit médiéval Maïmonide : le 6 octobre 3761 av. J.-C. Sur les mêmes éléments, d'autres ont calculé des dates précises différentes, l'une des plus connues étant celle de l'archevêque James Usher (1581-1656), qui soutenait que la création de la terre avait eu lieu à 18 heures, le 22 octobre 4004 av. J.-C. Ces calculs ignorent délibérément l'histoire naturelle, la géologie et la paléontologie de la terre. En réalité, il y a des traces évidentes de civilisation humaine qui remontent à cinq millénaires, par exemple la civilisation de Harappa et de Mohenjo-daro dans la vallée de l'Indus.

En fait, la Genèse ne nous dit rien de la date précise de la création. Le commencement de la création est enfoui dans les profondeurs de l'éternité.

> La Genèse n'a pas vocation à être un manuel scientifique moderne ; les narrateurs cherchaient à informer leurs lecteurs sur le créateur de l'univers, et non sur le moment où la création a été faite.[1]
>
> ---
> 1. Lecture complémentaire recommandée : Robert S. White, « The Age of the Earth », Faraday Paper n° 8, disponible sur www.faraday.cam.ac.uk/resources/faraday-papers/.

En Asie du Sud, beaucoup de gens vivent dans des zones montagneuses reculées où l'électricité et les lumières électriques sont rares voire inexistantes et ils trouvent l'obscurité aussi belle que la lumière. Le poète Satyendranath Dutta écrit dans son poème « Espérance » :

> Voyant les nuages, vous êtes dans la crainte,
> en se cachant le soleil rit ;
> Le soleil absent, la lumière détournée
> depuis l'obscurité luit à nouveau.

L'auteur Sharat Chandra Chatyopadhyay évoque la beauté des ténèbres dans son roman *Srikanto* :

> Soudain, une vision sublime m'envahit. Je me dis : « Ce sont des menteurs ceux qui m'ont enseigné sur la nature de la lumière et la nature de l'obscurité profonde. Comment purent-ils me tromper à ce point ?[9] »

Deuxièmement : *tohu va-bohu* parle-t-il de quelque chose ou de rien ? Est-ce la matière primitive, ou est-ce un vide complet décrit comme chaotique ? Les spécialistes divergent sur cette question depuis des siècles, mais beaucoup pensent que des versets comme Psaumes 33.6 ; Jean 1.3 ; Romains 4.17 ; 1 Corinthiens 1.28 et Hébreux 11.3 supposent que la création est *ex nihilo* : rien n'existait matériellement avant que Dieu crée le monde.

Troisièmement : Y a-t-il un intervalle de temps entre les versets 1 et 2 ? Ceux qu'on appelle les créationnistes du décalage ou « Vieille-Terre » considèrent que le verset 1 parle de la création par Dieu d'un monde parfait à partir de rien, et que le verset 2 parle du monde qui devient chaotique[10]. Les versets 3 et suivants

---
9. Sharat Rochona Samagra, *Srikanto*, Dakka, Nouroj Shahitya Shamsad, 1998.
10. Certains laissent entendre que cela peut être dû à la révolte de Satan contre Dieu que supposent Ésaïe 14.12 et Luc 10.18 (ce sujet sera approfondi p. 101-102).

décrivent sa restauration ou sa recréation. Cette idée est utilisée pour expliquer l'âge de l'univers et la découverte des fossiles et de l'histoire géologique, et ensuite pour interpréter les six jours de restauration comme littéralement six jours. L'indice textuel qui est cité est l'emploi de *bara'* au verset 1 comparé à l'emploi de *'asah* aux versets 3 et suivants, et la possibilité que le mot traduit par « était » puisse signifier « devint »[11]. Cela dit, c'est une base très mince pour une théorie qui n'a aucun soutien ailleurs dans l'Écriture.

> *...et l'Esprit de Dieu planait au-dessus des eaux. (Gn 1.2b, BDS)*

L'Esprit de Dieu (*ruwach Elohim*) se mouvait au-dessus du chaos. Le terme hébreu *ruwach* a plusieurs sens : l'Esprit au sens métaphysique, le « souffle » au sens physique, ou le « vent » au sens météorologique. Les *Bani Isra'il* concevaient l'Esprit de Dieu comme la puissance de Dieu, et non comme une entité distincte de Dieu. Ailleurs dans la Bible, il est parlé de la tempête comme étant le *ruwach* de Dieu (Ps 18.16) et le Psaume 104 associe le *ruwach* aux merveilles de la création (v. 3, 30). Dans la Genèse, le vent puissant de Dieu revient dans le récit du Déluge comme moyen par lequel Dieu restaure la terre (Gn 8.1). Beaucoup d'interprètes chrétiens voient ici *ruwach* comme le Saint-Esprit, la troisième personne de la Trinité : assurément, le *ruwach Elohim* décrit ici la présence et l'action de Dieu depuis le commencement de la création.

Dans ses allusions à la création, le Coran ne parle pas de l'Esprit de Dieu planant à la surface des eaux, mais du trône de Dieu qui repose sur l'eau (sourate *Hūd* 11.7). Le trône de Dieu est mentionné plusieurs fois dans les références coraniques à la création (p. ex. sourates *Yūnus* 10.3 ; *al-Furqān* 25.59 ; *as-Sajda* 32.4) et il est le sujet du fameux *Ayat al-Kursi* (*Verset du Trône*) dans la sourate *al-Baqara* 2.255. Dieu est le détenteur de ce trône, qui existait avant les cieux et la terre (*Ghāfir* 40.15). Il est et a toujours été le souverain de tout.

Le célèbre philosophe, sage et saint Baul[12] bangladais Fakir Lalon Shah (1772-1890) a exprimé cela dans un chant[13] sur son grand voisin (bn. *porshi*) :

> Ce *porshi* vit près de ma demeure ; là est une magnifique cité du Miroir (bn. *Arshinogor*).

---

11. Le verbe hébreu *haytah* (הָיְתָה) est habituellement traduit par « était ». Toutefois, sachant que le temps passé hébreu ne renvoie pas tant au temps qu'à l'accompli ou à l'inaccompli, il est possible de traduire par « devint ».
12. Les Bauls sont un groupe religieux essentiellement bangladais.
13. Voir *Baul Ganer Nondontotto*, p. 53.

Le *porshi* est assis dans la grande maison juste à côté ; l'auteur explique que cela renvoie au trône[14] de Dieu. Il considère Dieu comme son grand voisin ! Mais, comme Dieu est invisible, le poète exprime aussi sa grande angoisse de ne le voir jamais. Il écrit encore : *Khonek Thake Shunner upor, Khonek Vase neere* (« Parfois il est sur le trône, parfois sur les eaux »). Ce chant reflète la tension de la conception coranique de la présence de Dieu. Il est là, parce qu'il est omnipotent, mais il est caché. Les soufis résolvent cela en disant que le cœur du croyant est (ou, au moins, devrait être) le trône de Dieu (ar. *qalb mu'min 'arsh Allah*).

ESPRIT ET ESPRITS DANS LE CORAN ET DANS LA PENSÉE DU BANGLADESH MODERNE

Le mystère de l'Esprit. Le Coran nous dit que Mohammed, le prophète de l'islam, fut interrogé sur l'Esprit, et que Dieu lui prescrivit de répondre que, parce que les humains ont si peu d'intelligence, Dieu ne voulait pas expliquer cela – cela demeure un mystère (sourate *al-Isrā'* 17.41). Aussi, bien que le Saint-Esprit (*Rūḥ al-Qudus*) soit mentionné trois fois dans le Coran (*al-Baqara* 2.81, 254 ; *al-Mā'ida* 5.109), la plupart des musulmans l'interprètent comme une référence à l'ange Gabriel, qui apporta le Coran au Prophète (*al-Baqara* 2.97). Toutefois, d'après al-Bayḍāwī, certains estiment que cela renvoie à l'esprit de Jésus et d'autres à l'Évangile de Jésus, tandis que certains pensent que c'est le *Ism al-'Ajam*, ou le nom exalté de Dieu par lequel Jésus le Messie a ressuscité les morts (*Tofsirul Baizawi*, 65 ; sourate *an-Naḥl* 16.102). Le Coran reconnaît aussi Jésus comme l'Esprit de Dieu (*Rūḥ Allah*, sourates *an-Nisā'* 4.169 ; *al-Anbiya'* 21.91 ; *at-Taḥrīm* 66.12). C'est le *kālima* ou titre spécial de Jésus.

Êtres spirituels et création. Le Coran parle abondamment du monde spirituel. Il place la création des djinns et des anges avant la création des humains (*al-Ḥijr* 15.27 ; *al-Baqara* 2.30), et la tradition veut que les djinns aient demeuré sur terre avant les humains. Le titre d'Adam, *khalīfa* (celui qui représente quelqu'un d'autre, *al-Baqara* 2.30) se conçoit alors comme le fait que les êtres humains ont pris la place des djinns. Les djinns, dit-on, ont semé le trouble, ont versé le sang et se sont entre-tués, de sorte que

---

14. L'arabe *'arsh. Kursi*, employé dans le « verset du trône », signifie plus littéralement « chaise ».

> Dieu a envoyé les anges pour les détruire et les remplacer par l'humanité. Pareillement, la tradition juive parle d'êtres surnaturels appelés *chedim* vivant sur terre jusqu'à ce que les humains les remplacent.
>
> Beaucoup de Bangladais croient dans les djinns et en entendent parler dans les émissions de télévision de grande écoute et dans les histoires islamiques. Ils croient aussi dans les fantômes, dans les fées et autres esprits désincarnés qui ont le pouvoir de leur faire du bien ou du mal. Dans le roman d'Abu Ishak, *Surjo Dighol Bari*, situé dans le contexte d'un village bengali, les gens croient dans le pouvoir de ces esprits désincarnés. Les gens suivent ensuite les enseignements de la Bible afin de surmonter cela. Ils s'aperçoivent que ces esprits, censés vivre dans les arbres, la mer et divers animaux, n'ont aucune réalité.
>
> Genèse 1 nous montre que croire au créateur unique et vrai signifie que nous pouvons nous débarrasser de toutes nos idées sur les djinns, les fantômes, les mauvais esprits ou les superstitions qui gouvernent nos vies. Le Nouveau Testament enseigne clairement que s'il y a des idoles ou des esprits malins, Jésus le Messie a tout pouvoir sur eux tous (Mt 8.28-34 ; Mc 5.1-20 ; Lc 8.26-33). La Bible ne fait aucune allusion aux djinns, et Genèse 1 ne parle que de l'Esprit de Dieu, aucunement d'autres esprits qui auraient du pouvoir.

B-D'. Genèse 1.3-31 – Les six jours de la création

Contrairement au Coran (voir p. 46), La Bible décrit clairement chaque jour de la création. Comme on peut le voir dans l'encadré ci-dessous, on débat abondamment pour savoir exactement ce que recouvre le mot « jour » (hébr. *yowm*). Relevons ici trois éléments.

Premièrement, quand on regarde l'Antiquité et divers récits de création, on trouve des variantes entre différentes cultures sur la définition de « jour ». Deuxièmement : on ne sait pas toujours comment les Hébreux comptaient le temps. Quand on regarde les durées de vies rapportées en Genèse 5 à 11, on s'interroge sur le type de calcul de temps qui était en usage, et on voit que certaines durées avaient des significations symboliques. Troisièmement : la vision divine du temps diffère considérablement de ce qu'en comprennent les humains, car Dieu habite l'éternité. Il nous faut donc accepter que notre compréhension est limitée et voir ce qu'il est possible d'apprendre du texte. Au lieu d'être frustrés de ne pas pouvoir répondre à nos questions du XXIe siècle, nous pouvons lire avec joie et satisfaction le récit de ce qui nous est *vraiment* dit – sur la puissance et la bonté de la création de Dieu.

QU'EST-CE QU'UN « JOUR » ?

En Genèse 1, le mot « jour » est employé six fois (v. 5, 8, 13, 19, 23, 31). Nombreux sont ceux qui voient dans l'expression récurrente « il y eut un soir et il y eut un matin » une période de 24 heures réglée en fonction du soleil. Pourtant, certains font observer qu'il n'y a pas de soleil avant le quatrième jour, et le Psaume 90.4 et 2 Pierre 3.8 nous disent que Dieu a une vision du temps différente de la nôtre. Pour lui, mille ans sont comme un jour. Ailleurs, l'Ancien Testament utilise parfois le mot « jour » pour désigner des temps significatifs qui sont manifestement davantage que des périodes de 24 heures (p. ex. Gn 2.4 ; És 22.5 ; So 1.14-16).

Sur le verset 5, on se demande si les mots « jour » (*yom*) et « nuit » (*laylah*) parlent de périodes de 12 heures, ou simplement de périodes de lumière et de ténèbres. Il a pu y avoir de la lumière sans soleil, mais comment a-t-il pu y avoir des périodes de 24 heures de lumière et de ténèbres avant que le soleil existe ? Même avec l'interprétation la plus littérale, on peut soutenir que l'emploi de « soir et matin » et de « jour » dans ce verset prouve que les « jours » de Genèse 1 n'ont pu être tous des périodes de 24 heures.

Ce même débat existe parallèlement chez les musulmans. Certains, avec des écrits classiques comme le *Tafsir al-Jalalayn*, voient les six jours des sourates *al-Aʿrāf* 7.54 ; *Yūnus* 10.3 ; *Hūd* 11.7 ; *al-Furqān* 25.59 ; *as-Sajda* 32.4 ; *Qāf* 50.38 et *al-Ḥadīd* 57.4 comme des périodes de 24 heures *stricto sensu*, mais d'autres citent les sourates *al-Ḥajj* 22.47 et *as-Sajda* 32.5 qui, comme le Psaume 90 et 2 Pierre 3, enseignent que mille ans sont pour Dieu comme un jour. Aussi bien pour les chrétiens que pour les musulmans, la différence d'interprétation de « jour » correspond à des approches différentes sur les interactions de l'Écriture et de la science. L'interprétation littérale va habituellement avec le refus de la théorie évolutionniste alors qu'une compréhension des jours comme des phases va habituellement de pair avec une forme d'évolution théiste.

La Genèse décrit le jour comme « soir et matin » : encore aujourd'hui, les Juifs décomptent les jours d'un coucher du soleil à l'autre, selon Lévitique 23.32. Tel est aussi le décompte coranique. À l'inverse, les Égyptiens, comme les Européens d'aujourd'hui, comptaient les jours de minuit à minuit, et la journée babylonienne commençait au lever du soleil. C'est ainsi que l'on compte au Bangladesh. Nous divisons le jour en période diurne commençant au lever du soleil, et en période nocturne commençant au coucher du soleil. Traditionnellement, la journée était découpée en huit périodes (bn. *prohor*) qui étaient marquées par le tambour d'un garde (bn. *prohori*), et les femmes allumaient des lampes pour marquer le commencement de la deuxième partie de la journée. Nous avons aussi des façons différentes de compter les mois et les années : le calendrier lunaire islamique, le calendrier solaire occidental et les calendriers hindous, qui recourent tous à la fois au soleil et à la lune. On voit que, même dans le Bangladesh contemporain, il y a diverses manières de compter le temps.

Donc, en lisant Genèse 1 – 11, il convient d'examiner ce que le texte dit selon ses propres termes. Nous y découvrirons que le déploiement de la création du temps et dans le temps est à la gloire du Dieu éternel !

Le texte sépare les six jours de la création en deux récits parallèles de trois jours chacun, recourant à un bel équilibre de langage poétique et de mots et expressions répétés. Voici quelques-uns des schémas répétés qu'il faut relever :

Le processus de « séparation ». Dieu sépare la lumière des ténèbres, il sépare le jour de la nuit, il sépare les eaux, et il établit une frontière entre elles (Gn 1.4, 6-7, 9-10, 14, 18).

« Dieu dit... et il y eut... » (v. 3, 7, 9, 11, 15, 24, 30). Autrement dit, par un ordre venu de Dieu, toutes choses viennent à l'existence. La création arrive d'une manière simple et directe. À chaque étape, ce que Dieu dit arrive. Ailleurs, la Bible confirme que la création de Dieu s'est faite par sa parole (hébr. *dabar* ; gr. *logos*, p. ex. Ps 33.6 ; Hé 11.3). Cela tranche par rapport aux mythes de création antiques dans lesquels des dieux multiples utilisent des pouvoirs magiques ou modèlent de la matière préexistante. Ce n'est pas ainsi que Dieu crée dans le récit de la Genèse. Dieu dit simplement : « Que cela soit. » Le Coran va dans le même sens : Dieu dit simplement : « Sois ! et il est », *kun fa-yakun* (*al-Baqara* 2.117 ; *an-Naḥl* 16.40 ; *Yā Sīn* 36.82).

Le Nouveau Testament qualifie Jésus de Parole de Dieu (Jn 1.1-14). La Bible révèle que chaque personne de la Divinité est à l'œuvre dans la création. Le Dieu unique (1 Co 8.6), Jésus la Parole (Jn 1.3) et son Esprit (Gn 1.2 ; És 40.12-13), les trois personnes de la Trinité de l'unique Divinité sont impliquées (voir aussi Pr 8.27 ; Jn 1.10 ; Ép 3.9 ; Hé 1.2 ; Jb 26.13 ; Jn 1.3 ; Col 1.16).

Tout à fait à l'opposé, la plupart des musulmans insisteront pour dire que le Coran nie toute possibilité que Jésus, en tant que Parole de Dieu et Esprit de Dieu, ait été présent dans l'œuvre de création. Ils font remarquer que, bien qu'il soit la parole de Dieu (*kalimat Allah*), il fut créé humain comme Adam (sourate *Āl 'Imrān* 3.59). Toutefois, bien que soit niée la notion biblique que tout a été créé par Jésus et pour Jésus (cf. Col 1.16), beaucoup admettront que le Coran implique indirectement que Jésus le Messie est créateur (*khāliq*). De la même manière que Dieu a créé (*khalaqa*) l'homme à partir de l'argile et qu'il lui ait donné le souffle de vie (sourate Ṣād 38.71-72), le Coran affirme que Jésus le Messie a créé (*khalaqa*) des oiseaux à partir de l'argile et qu'il leur a donné la vie par son souffle (sourates Āl 'Imrān 3.49 ; al-Mā'ida 5.110).

Et Dieu vit que cela était bon (v. 4, 10, 12, 18, 21, 25, 31). Pour une grande part, le monde païen voit le monde matériel et le monde spirituel en opposition : l'esprit est bon, la matière est mauvaise. La Genèse réfute cette notion. Tout l'univers que Dieu a créé – spirituel et matériel – est bon, et il n'y a pas besoin d'eau bénite pour le purifier. De nombreux hindous croient que ce monde matériel est illusoire (*maya*, tout n'est pas ce qu'il paraît), mais cette idée est en opposition avec la croyance partagée par les Juifs, les disciples de Jésus le Messie et les musulmans, selon laquelle tout ce qui est dans le ciel et sur la terre est non seulement réel mais bon.

Le Coran convient que Dieu a créé les diverses créatures dans une belle forme et d'une bonne substance (*as-Sajda* 32.7-9). L'éminent théologien mu'tazilite[15] az-Zamakhsharī (1075-1144) souligne cela dans son commentaire sur ce verset en disant : « Toutes les créatures sont (créées) bonnes, même si elles montrent des variations quant au bien et au meilleur. »

Dieu nomme sa création (v. 5, 8, 10). Dans le monde antique et dans la pensée hébraïque, donner un nom était très important. Les noms avaient des significations, et ils étaient donnés par des personnes ayant autorité. Un roi pouvait montrer son autorité sur ses sujets en les nommant (voir Gn 17.15 ; 41.45 ; 2 R 23.34 ; 24.17 ; Dn 1.7). Ainsi, le fait que Dieu nomme sa création signifie qu'il la possède, qu'il la régit, et qu'il sait tout d'elle. Nous notons que Dieu nomme seulement le jour et la nuit (v. 5), le ciel (v. 8) ainsi que la terre et les mers (v. 8). Le soleil, la lune et les étoiles ne sont pas nommés, peut-être parce qu'on leur donnait trop de place dans les cultes antiques[16]. Les créatures vivantes ne sont pas davantage nommées : c'est parce que ce sera la tâche d'Adam de leur donner des noms (Gn 2.19-20).

---

15. Au début du IIe siècle de l'Hégire (début de notre VIIIe siècle), pendant le règne des Omeyades, la théologie et l'éthique mu'tazilites se développèrent à partir de la logique grecque et du bouddhisme, en dialogue avec les croyances proto-shi'ites fondées sur le Coran et les Hadith. Les chefs mu'tazilites croyaient que Dieu est éternel, mais que le Coran ne l'était pas. En 827, le calife abbasside al-Ma'mun déclara que le Coran n'était pas la parole véritable de Dieu. Les érudits mu'tazilites maintinrent que Dieu avait créé toutes choses, y compris le Coran (*khāliq Qur'an*) et il s'ensuivit que les théologiens de la tradition considérèrent que le groupe était dans l'erreur.
16. Voir commentaire sur Genèse 1.16.

B. Genèse 1 – Le premier jour (Gn 1.3-5)

> *Dieu dit : Qu'il y ait de la lumière ! Et il y eut de la lumière. Dieu vit que la lumière était bonne, et Dieu sépara la lumière et les ténèbres. Dieu appela la lumière « jour », et il appela les ténèbres « nuit ». Il y eut un soir et il y eut un matin : premier jour.*

Lumière à moi, lumière véritablement,
Lumière qui remplit la terre et les cieux
Lumière qui purifie toute ma vue,
Veuille emporter mon cœur.
    (*Rabindranath Tagore*, Rabindra Sangeet)

Lumière ! Nous avons besoin de lumière. La nuit, dans le village où l'électricité est coupée, il faut s'en remettre aux lanternes ou à la lumière des étoiles et de la lune pour se diriger. Ce n'est que de cette façon qu'on peut imaginer ce qu'était la vie avant la création. Ce n'est qu'en faisant l'expérience des ténèbres qu'on peut comprendre à quel point la lumière est bonne (hébr. *'owr* ; voir v. 10, 12, 18, 21, 25) et belle au regard de Dieu.

Ces brefs versets ont un impact universel. Le Coran dit aussi que Dieu a fait les ténèbres et la lumière (*al-An'ām* 6.1), et la lumière dans les ténèbres est un thème important aussi bien dans toute la Bible que dans le Coran[17]. Dans les deux, cela finit par désigner la lumière tant au sens physique que spirituel. La lumière est également importante en science : c'est une forme de l'énergie, du rayonnement électromagnétique qui est si fondamental dans l'univers. Une description du monde commençant avec l'eau et avec la lumière n'est assurément pas contraire à une conception scientifique.

Le verset 3 est le premier à recueillir le septuple « et Dieu dit » (hébr. *Elohim 'amar*). Sir Syed Ahmad Khan dit que cela signifie aussi « Dieu a voulu », comme dans la traduction arabe de la Bible réalisée en 1811. Il poursuit en ces termes :

> Nous les Mahométans acceptons cela comme appliqué justement à ce sens. Il faut se rappeler que nous et les chrétiens apparaissons ici comme parfaitement en accord pour expliquer la signification de ce mot[18].

---

17. « Des Ténèbres vers la Lumière » (*min aẓ-ẓulma ila an-nūr*) apparaît sept fois dans le Coran (sourates *al-Baqara* 2.257 ; *al-Mā'ida* 5.16 ; *Ibrāhīm* 14.1 ; *al-Aḥzāb* 33.43 ; *al-Ḥadīd* 57.9 ; *aṭ-Ṭalāq* 65.11). L'idée revient fréquemment aussi dans la Bible (p. ex. 2 S 22.29. Jb 12.22 ; Ps 112.4 ; És 9.2 ; Ac 26.18 ; 2 Co 4.6).

18. Khan, *Mohammedan Commentary on the Holy Bible, Genesis 1-11*, p. 74.

Au verset 5, la désignation de la lumière et des ténèbres inaugure le schéma de l'attribution des noms qui sera répété aux versets 8 et 10. Donner un nom est un acte d'autorité. Dieu a pleine autorité sur la lumière et sur les ténèbres.

On demande parfois comment il a pu y avoir de la lumière et des jours avant l'arrivée du soleil et des étoiles. En réponse, on doit se rappeler que, bien que les lumières de la galaxie et le soleil arrosent la terre comme sources de lumière, ils ne sont pas sources de lumière pour tout l'univers. Dieu lui-même est la source de toute lumière et le créateur de ces sources lumineuses. Plusieurs textes de l'Ancien Testament parlent de la lumière indépendamment du soleil (Jb 38.19, 20 ; És 30.26). Ésaïe 60.19 affirme :

> Tu n'auras plus le soleil pour lumière pendant le jour,
>   ce ne sera plus la lune qui t'éclairera de sa clarté ;
> c'est le Seigneur qui sera ta lumière pour toujours,
>   c'est ton Dieu qui sera ta splendeur.

Notre sagesse est limitée, et c'est pourquoi il se peut que nous soyons incapables de concevoir comment la lumière existait avant le soleil, mais d'un point de vue théologique, Dieu peut se passer du soleil pour éclairer le monde. D'un point de vue scientifique, il y a toute une diversité de sources pour les divers types de rayonnements électromagnétiques, et le cosmos a pu commencer comme énergie avant même l'apparition des étoiles.

Tout comme la Genèse évoque la lumière en dehors du soleil et de la lune au commencement, l'Apocalypse évoque la lumière sans le soleil ni la lune à la fin des temps. Lorsque Jésus le Messie reviendra sur la terre, il y aura un nouveau ciel et une nouvelle terre ; et Dieu lui-même les éclairera. Dans l'iconographie poétique de la Bible, la présence de Dieu équivaut à la présence de la lumière.

> La nuit ne sera plus, et ils n'auront besoin ni de la lumière d'une lampe, ni de la lumière du soleil, car c'est le Seigneur Dieu qui les éclairera. Et ils régneront à tout jamais (Ap 22.5).

La Bible va encore plus loin et proclame que Dieu *est* lumière (1 Jn 1.5). Les musulmans en seront d'accord : *an-Nūr* (la Lumière) est l'un des quatre-vingt-dix-neuf noms de Dieu et, finalement, « la terre étincellera de la lumière de son Seigneur » (*az-Zumar* 39.69). Le Coran comporte toute une sourate appelée *an-Nūr* (la Lumière) qui contient le célèbre « verset de la Lumière » proclamant que seul Dieu est la lumière (*an-Nūr* 24.35). La lumière, dit ce verset, est dans une lampe dans une niche, dont une interprétation courante est que les prophètes sont comme les lampes apportant la révélation de la lumière de Dieu. On peut comparer cela à Jean 1.4-8, qui enseigne que Jean-Baptiste était témoin de la

Lumière, mais que lui-même n'était pas la Lumière. L'idée coranique est donc que Dieu est la Lumière et que les prophètes montrent la Lumière sans être eux-mêmes la Lumière.

Cependant, les docteurs soufis comme Sahl al-Tustarī (mort en 898) en sont venus à penser que le Verset de la Lumière renvoie à la lumière préexistante du prophète de l'islam, Mohammed (*nūr Muhammad*). Suite à la doctrine de Tustari, beaucoup croient que le Prophète a été fait à partir de la lumière et donc qu'il n'a pas d'ombre ! Cette opinion a été réfutée par les érudits qui soulignent que le Prophète avait un corps de chair comme n'importe qui et que lui aussi a saigné quand il était blessé. Le Coran enseigne qu'il était un homme comme les autres (*Fuṣṣilat* 41.6).

Il y a un verset qui décrit Mohammed, le prophète de l'islam, comme un brillant luminaire (*sirājam munīran* ; al-Aḥzāb 33.46) – c'est-à-dire que, comme Jean-Baptiste, il est la lampe qui tient la Lumière mais il n'est pas lui-même la Lumière. À l'inverse, Jean 1 affirme que Jésus le Messie est la source de la vie et de la lumière, et c'est un passage qui enseigne clairement qu'il est la Parole de Dieu préexistante. En Jean 8.12, Jésus le Messie se présente lui-même comme la Lumière du monde.

C. Genèse 1.6-8 – Le deuxième jour : L'eau et le ciel

> *Dieu dit : Qu'il y ait une voûte au milieu des eaux pour séparer les eaux des eaux ! Dieu fit la voûte ; il sépara les eaux qui sont au-dessous de la voûte et les eaux qui sont au-dessus de la voûte. Il en fut ainsi. Dieu appela la voûte « ciel ». Il y eut un soir et il y eut un matin : deuxième jour.*

Les humains ont besoin d'eau pour vivre, mais il leur faut aussi de l'air – un espace entre les eaux. Au deuxième jour de la création, Dieu prend la maîtrise des eaux épouvantablement chaotiques du verset 2. Il les sépare entre ce que nous appellerions les mers, les lacs et les eaux souterraines, et les nuages et eaux atmosphériques. Cela nous rappelle *Enuma Elish* où il est dit comment Mardouk partagea le cadavre de Tiamat, qui représente les mers, pour en faire la terre et les cieux. Le message de la Genèse est clair : le monde n'a pas été fait à partir du corps d'une déesse morte ! Le monde entier est la création de Dieu, et il est Seigneur sur toutes les eaux. Lorsque Mardouk tua Tiamat, il lui transperça le ventre et le cœur et il lui écrasa le crâne avant de couper son corps en deux. Tout à l'inverse, la Genèse nous dit que Dieu, unique et créateur, simplement parle, et les eaux sont séparées.

L'idée de la terre divisée en deux est implicitement énoncée dans la sourate coranique *al-Anbiyā'* 21.30. Certains lecteurs considèrent que ce verset du Coran et ces versets de la Genèse soutiennent la théorie du Big Bang. Toutefois, une forte mise en garde s'impose : la Genèse n'est pas un manuel de science, pas plus que le Coran. De plus, les deux enseignent que Dieu a créé le monde tout à fait intentionnellement, et réfutent ainsi toute notion que cela soit survenu par hasard.

Le message général du deuxième jour est clair, mais on peut s'interroger sur certains détails. Comment les premiers lecteurs ont-ils compris les eaux d'en-haut et les eaux d'en bas ? Et que signifient au juste les mots traduits par « étendue » ou « voûte » (*raqiya'*) et « ciel » (*shamayim*) ? Ce dernier est le même qui a été employé pour « ciel » au verset 1. Le mot « voûte » (*raqiya'*) provient d'un verbe qui signifie « répandre alentour », « étaler » ou « élargir », et il paraît ici désigner la zone aqueuse qui soutient les nuages. C'est le même sens que le terme bangladais *bitan*.

Il y a trois manières essentielles de comprendre ces images. La première consiste à considérer que ces versets décrivent la notion antique de l'univers détaillée ci-dessus (p. 41-43). La deuxième consiste à lire le texte sous un abord poétique, décrivant ce qui est perçu en fonction de ce que les gens voyaient dans leur quotidien (p. ex. la pluie descendant comme par une fenêtre ouverte). La troisième consiste à lire les versets comme une description du monde tel que nous le concevons aujourd'hui. Un exemple intéressant de cette dernière approche vient d'un commentateur musulman, qui cherchait un terrain commun entre la Bible, le Coran et la science de son temps. Voici ce qu'il dit :

> Ce verset (v. 6) désigne l'événement de la création de l'air, car la chaleur de la lumière suscite la production de vapeurs dans les eaux qui a opéré une expansion entre elles, séparant ainsi les eaux des eaux, de la même manière qu'une bulle est perçue comme divisée dans ses eaux supérieures et inférieures par l'air qui est entre elles[19].

D. Genèse 1.9-13 – Le troisième jour : la terre ferme

> *Dieu dit : Que les eaux qui sont au-dessous du ciel s'amassent en un seul lieu, et que la terre ferme apparaisse ! Il en fut ainsi. Dieu appela la terre ferme « terre », et il appela la masse des eaux « mer ». Dieu vit que cela était bon. Dieu dit : Que la terre donne de la verdure, de l'herbe porteuse de semence,*

---

19. Khan, *Mohammedan Commentary on the Holy Bible, Genesis 1-11*, vol. 2, p. 70.

> *des arbres fruitiers qui portent sur la terre du fruit selon leurs espèces et qui ont en eux leur semence ! Il en fut ainsi. La terre produisit de la verdure, de l'herbe porteuse de semence selon ses espèces et des arbres qui portent du fruit et qui ont en eux leur semence selon leurs espèces. Dieu vit que cela était bon. Il y eut un soir et il y eut un matin : troisième jour.*

Le troisième jour est l'étape suivante de la mise en ordre de l'univers. Comme au deuxième jour, on commence par une séparation de ce qui existait déjà. Les eaux sont rassemblées en mers, en lacs et en fleuves, et la terre ferme apparaît. Dieu continue d'affirmer son autorité sur la terre et la mer en les nommant.

Ailleurs dans la Bible, Dieu montre à plusieurs reprises son attention en fixant des limites entre les eaux et la terre ferme. La puissance de grâce de la main de Dieu et sa fidélité empêchent l'eau d'outrepasser ses limites, et ce troisième jour de création donne matière aux humains pour louer Dieu et s'émerveiller de sa bonté (Pr 8.29 ; Ps 104.6-9 ; Jb 38.8-11 ; Ec 1.7).

Le sol et l'eau nécessaires pour la croissance des plantes sont désormais présentes de sorte que, sur ordre de Dieu, les végétaux porteurs de semence et les arbres porteurs de fruits apparaissent. Ces végétaux à leur tour fourniront des aliments et de l'oxygène (par la photosynthèse) pour les animaux et les humains. La création est merveilleusement agencée, et les plantes sont créées selon une diversité magnifique et selon diverses espèces : pas étonnant que le psalmiste dépeigne la terre arrosée avec son abondance de blé et ses chants de joie (Ps 65.10-14) !

Le mot « espèces » (répété trois fois aux versets 11 et 12) pourrait être l'équivalent du « phylum » en biologie. Dieu a donné aux plantes un pouvoir reproducteur pour renouveler leur espèce. Une plante porte de la semence, et ces semences donnent de nouvelles plantes. C'est ainsi que les conditions de l'agriculture se sont mises en place. Et cela était bon. La Genèse exprime la joie de Dieu et sa satisfaction dans son œuvre.

On constate que la terre elle-même ne peut rien produire sans le commandement de Dieu. Il n'y a aucun indice de la notion païenne de la terre en tant que mère divine. On trouve aussi une réfutation implicite des cultes de fertilité, qui prévalaient dans les cultures du Proche-Orient ancien, et qui subsistent encore dans le sous-continent indien. Du fait que le récit de la Genèse est tout à fait différent de la théorie évolutionniste moderne, certaines personnes pensent que cela contredit aussi la science. Nous traitons cette question dans l'encadré suivant.

LA GENÈSE ET LA THÉORIE DE L'ÉVOLUTION

Dans la Genèse, Dieu fait les animaux « selon leurs espèces » (1.21-25), et les humains sont faits par un décret divin séparé (1.26-27). Dans le Coran aussi, les humains font l'objet d'une création spéciale (*an-Nisā'* 4.1 ; *al-Ḥijr* 15.26-29 ; *as-Sajda* 32.7-9). Il y a aussi des endroits où des étapes sont décrites (p. ex. *al-Ḥajj* 22.5 ; *al-Mu'minūn* 23.13-14, *Ghāfir* 40.67), mais celles-ci sont généralement considérées comme décrivant la gestation d'un bébé dans la matrice.

La théorie de l'évolution considère que toute vie, y compris l'humanité, a évolué selon des processus naturels d'adaptation sur des millions d'années. Cette théorie soulève beaucoup d'interrogations, et il y a des divergences d'approches sur des théories détaillées relatives aux origines et aux processus. Cela dit, une proportion d'évolution est observable chez certaines espèces à vie courte, et la théorie de l'évolution a donné lieu à une classification remarquable des observations sur notre monde complexe, de sorte qu'elle est aujourd'hui largement acceptée. Les musulmans comme les chrétiens s'interrogent sur la façon de relier leurs récits de création à cette théorie.

Comme sur d'autres questions sur la Genèse et la science, ceux qui croient au Dieu créateur unique arrivent à des conclusions variables. À un extrême, l'évolution est considérée comme incompatible avec la création : les gens récusent la théorie de l'évolution et laissent la Genèse orienter leur science, qu'ils vont jusqu'à appeler « science de la création ». À l'autre extrême, les gens croient que Dieu a tout créé mais qu'on ne peut découvrir comment il a procédé que par la science. Darwin lui-même ne croyait nullement que sa théorie excluait Dieu. Ces théories sont appelées « évolution théiste » ou « dessein intelligent ».

Entre les deux, il y a ceux qui acceptent en partie la théorie évolutionniste mais qui croient qu'il y a eu des actes de création spéciaux à certaines étapes du processus. Les humains, en particulier, ont été produits par un acte de création. En Genèse 2, les humains sont à la fois faits avec de la terre et rendus vivants par le souffle de Dieu. Ainsi, physiquement, l'humanité partage la nature du reste de la création mais il y a en plus une dimension supplémentaire par où l'humanité est reliée à Dieu. Il est donc possible que, lorsque le premier corps humain eut évolué, Dieu ait créé l'âme humaine en lui.

Les débats au sein de l'islam sont remarquablement analogues, avec des conclusions qui vont de l'évolution théiste au créationnisme. Les débats tournent autour du mot « jour » (*yawm*) et incluent la discussion du sens qu'on peut donner au fait que les humains aient été créés « selon une forme harmonieuse » (sourate *at-Taghābun* 64.4, Masson). En remontant au XIVe siècle, Ibn Khaldoun croyait dans un processus de création progressive, et des érudits du XIXe siècle aussi importants que Jamaluddin al-Afghani et son contemporain chiite Hussayn al-Jisr, considèrent que le modèle de l'évolution est compatible avec le Coran. Tout à fait à l'opposé, ce qu'on appelle l'État islamique, installé dans la région de Mossoul en 2014, a interdit l'enseignement de l'évolution dans ses écoles. Cela a été repris dans les exigences du groupe radical *Hefajote Islam* disant que l'évolution doit être exclue des écoles du Bangladesh.

Le problème est que certains voient l'évolution comme un processus universel destiné à remplacer Dieu. Les divers mécanismes qui sont proposés, tels que la sélection naturelle, peuvent être considérés comme ce qui détermine le monde et les êtres humains. On perd alors la notion que les humains sont responsables face à quelqu'un qui les dépasse. Plus encore, au XIXe siècle, on croyait que l'évolution allait des formes les plus élémentaires vers les formes les plus élaborées, et on croyait donc que les humains et les sociétés étaient en constante amélioration. Certains croyaient que les Noirs étaient inférieurs aux Blancs. La religion était perçue elle aussi comme une part du processus évolutif, le polythéisme étant perçu comme une forme inférieure, le monothéisme étant plus élaboré, avec le christianisme au sommet. Mais beaucoup pensaient que l'étape suivante serait l'évolution par-delà la religion jusqu'au rationalisme.

Ce n'est pas la théorie scientifique de l'évolution qui est complètement incompatible avec la Genèse, mais bien ces types de notions athées qui peuvent l'accompagner. Quelle que soit leur opinion sur la science, les croyants s'accordent pour dire que la Genèse nous donne un récit faisant autorité sur la relation de Dieu avec sa création et donc sur la relation des différentes parties de la création entre elles.[1]

---

1. Pour aller plus loin, recommandons Moreland *et al.*, *Theistic Evolution* ; Berry, "Creation and Evolution, Not Creation or Evolution" ; et Institute of Medicine, *et al.*, *Science, Evolution, and Creationism: A View from the National Academy of Sciences and the Institute of Medicine*, National Academies Press, 2008.

B'. Genèse 1.14-19 – Le quatrième jour : La voûte céleste est remplie de lumière

> *Puis Dieu dit : Que, dans l'étendue du ciel, il y ait des luminaires pour distinguer le jour de la nuit, et pour qu'ils marquent les saisons, les jours et les années. Que, dans l'étendue du ciel, ils servent de luminaires pour illuminer la terre. Et ce fut ainsi. Dieu fit deux grands luminaires, le plus grand pour qu'il préside au jour, et le plus petit pour qu'il préside à la nuit. Il fit aussi les étoiles. Il les plaça dans l'étendue du ciel pour illuminer la terre, pour présider au jour ainsi qu'à la nuit, et séparer la lumière des ténèbres. Dieu vit que c'était bon. Il y eut un soir, il y eut un matin : ce fut le quatrième jour. (BDS)*

Ce n'est pas avant le quatrième jour qu'apparaissent les luminaires. Ils sont moins importants que la terre et la lumière qui ont été créés en premier, et que les humains qui vont être créés en dernier. Ils sont seulement « faits » (*'asah*) et non « créés » (*bara'*). C'est à partir de là que l'on comprend que, au regard de Dieu, l'humanité se dresse comme la partie la plus importante de la création, plus importante que le monde et tout ce qu'il contient. La gloire de Dieu est manifestée dans ces constellations lumineuses qui donnent de la lumière et fixent les temps et les saisons pour les habitants de la terre – aussi bien les humains que les animaux.

Il est significatif que le soleil et la lune ne soient pas nommés mais seulement appelés « le grand luminaire » et « le petit luminaire », et que les étoiles ne soient indiquées qu'en deux mots. En hébreu, le verset 16 se termine par « et les étoiles », comme si on avait failli les oublier.

Là encore, la Genèse nous rappelle que la création de Dieu est bonne. La Bible, le Coran et les grands poètes attestent tous la gloire des cieux, et l'astronomie et la science de l'espace nous mènent à une sidération encore plus grande. Ici, vraiment, la majesté de la création renvoie à celle du Créateur. Notre galaxie, la Voie Lactée (bn. *Akash Gonga*) est non seulement un spectacle magnifique, c'est aussi un fantastique amas d'étoiles. Et pourtant, ce n'est qu'une petite galaxie parmi des milliards d'autres.

La galaxie M-87 comporte environ 2 700 milliards d'étoiles. Il faudrait environ 3 000 ans pour les compter au rythme d'une par seconde ! C'est sans doute pourquoi Dieu a demandé à Abraham de compter les étoiles du ciel s'il y arrivait (Gn 15.5). Même actuellement, il est impossible aux humains de compter toutes les galaxies, encore moins les étoiles, mais le Créateur tout-puissant a fait toutes ces étoiles, et lui, il peut les compter.

Comme l'écrit le psalmiste :

> Il compte le nombre des étoiles,
> > il les appelle toutes par leur nom.

> Notre Seigneur est grand, d'une force immense,
>> son intelligence n'a pas de limite.
> (Ps 147.4-5 ; cf. Q 29.61-62)

Et il s'émerveille :

> Quand je regarde ton ciel, œuvre de tes doigts,
>> la lune et les étoiles que tu as mises en place,
> qu'est-ce que l'homme, pour que tu te souviennes de lui,
> qu'est-ce que l'être humain, pour que tu t'occupes de lui ?
> (Ps 8.4-5)

En tant que Seigneur des luminaires célestes, Dieu les a même utilisés pour annoncer la naissance de Jésus le Messie. Des astronomes de l'Orient ont appris la bonne nouvelle de la naissance du Roi des Juifs à l'avance en observant une étoile et ils sont venus pour le trouver (Mt 2.1-12). C'est celle qu'on appelle « l'étoile de Bethléem ».

Alors, pourquoi Genèse 1 ne mentionne-t-elle la création des étoiles qu'en deux mots, et pourquoi ne fait-elle pas la part belle au soleil et à la lune ? La réponse est que ces corps célestes étaient adorés dans l'Antiquité et que les étoiles étaient censées diriger le destin des individus. Par exemple, les divinités égyptiennes comportaient le dieu solaire Râ et la déesse lunaire Thot. La Genèse réfute ces conceptions. Les corps célestes sont la création de Dieu seul et ne peuvent briller sans sa permission (Jb 9.7-9).

Le culte des lumières célestes n'a pas cessé au cours de l'histoire, et aujourd'hui au Bangladesh certains considèrent que les étoiles et les planètes ont le pouvoir de contrôler leur vie et leur destinée. Malgré les avertissements de Dieu (Dt 4.19), même les *Bani Isra'il* copièrent leurs voisins païens et provoquèrent la colère de Dieu en adorant la « reine des cieux » (Jr 44.17-22). La Bible est particulièrement énergique dans son interdiction du culte du soleil, de l'astrologie et de la lecture des présages (Dt 17.2-5 ; 18.11-12). La Genèse nous dit que le soleil, la lune et même les planètes ne font que marquer le défilement des jours, des mois et des saisons, ce qui signifie qu'ils ne les contrôlent pas. L'idée que l'observation de ces luminaires dans les cieux nous aidera à avoir prise sur notre destin est discréditée parce que ces éléments sont sous la maîtrise de Dieu seul (Ps 19.1-6 ; Né 9.6).

Genèse 1.17-18 nous dit que, fonctionnant sous l'autorité du créateur, ces luminaires ont reçu trois missions : 1) illuminer le monde ; 2) marquer les temps et les saisons, et 3) séparer la lumière diurne de l'obscurité nocturne. Le Coran, lui aussi, voit les corps célestes comme la création bonne de Dieu, laquelle renvoie à leur créateur (*al-An'ām* 6.96-97). Il mentionne aussi trois différents objectifs de la création des étoiles dans les cieux inférieurs (*al-buruj*) : 1) comme un ornement pour les cieux (*al-Mulk* 67.5) ; 2) pour empêcher les djinns et les démons d'entrer au ciel (*aṣ-Ṣāffāt* 37.6-10) – s'ils essayent de le faire, alors un *shihāb* (une comète) les chasse (*al-Ḥijr* 15.18 ; *al-Mulk* 67.5 ; *al-Jinn* 72.9)[20] ; et 3) pour diriger les voyageurs (*al-Ḥijr* 15.16).

Le Coran prohibe aussi toute adoration du soleil, de la lune et des étoiles, bien que Dieu lui-même jure par eux (*al-Wāqi'a* 56.75 ; *al-Ma'ārij* 70.40). Cela était très pertinent à La Mecque où il y avait beaucoup d'idoles qui, selon la tradition musulmane, était utilisées pour deviner l'avenir, et certains pensent que parmi elles il y avait le soleil et des divinités lunaires[21]. Un passage-clef est l'histoire d'Abraham qui découvre le monothéisme. C'est par le déclin de la lune et par le coucher du soleil qu'il se rend compte que les luminaires célestes ne sont que des créations du Dieu unique et véritable (*al-An'ām* 6.77-78). Ailleurs, la prohibition de l'adoration du soleil et de la lune est explicite :

> Parmi Ses signes sont la nuit, le jour, le soleil et la lune. Ne vous prosternez point devant le soleil ni devant la lune ! Prosternez-vous devant Allah qui les créa, si c'est Lui que vous adorez ! (*Fuṣṣilat* 41.37).

Selon l'orthodoxie islamique, l'astronomie est autorisée comme science (sourate *ar-Raḥmān* 55.5), mais l'astrologie est *ḥarām* (interdite), car elle cherche à acquérir la connaissance du futur qui n'est connu que par Dieu (voir *ar-Raḥmān* 55.5 ; *al-Mā'ida* 5.3 ; et *Mishkāat ul-Masabih*, Livre 23, Hadith 87). Par ailleurs, certains soufis considèrent que l'astrologie est admissible. Ils considèrent Idrīs (Enoch) comme le fondateur de la science des étoiles (*'ilm al-nujūm*) et pensent que l'astrologie en fait partie.

En conséquence, il est intéressant de relever l'importance d'un corps céleste particulier dans le culte islamique. Les étoiles filantes, dont nous savons que ce sont des météorites, ont été vénérées par nombre d'individus. Par exemple, le livre des Actes mentionne l'image de la déesse des Éphésiens, Artémis, qui est tombée du ciel (Ac 19.35-36), et il s'agissait probablement d'une météorite. Pareillement, la Pierre noire de la Ka'aba est fort probablement une météorite[22]. D'elle aussi on

---

20. Az-Zamakhsharī écrit sur *ar-Rajim* (Satan le maudit) en disant qu'il serait lapidé par des étoiles filantes (*shuhub*). Cependant, il ajoute que ce ne sont pas les étoiles elles-mêmes qui sont lancées contre eux mais seulement une sorte de tison (*qabs*) émanant d'elles.
21. Les idoles et ce genre de pratiques sont énumérées par Ibn Ishaq. Voir Guillaume (trad.), *Ibn Ishaq's Sirat Rasul Allah*, p. 35-39, 66-67. Aujourd'hui, beaucoup de gens disent que Hubal, le dieu principal de la Ka'aba, était lui-même un dieu lunaire, mais on ne trouve aucune trace de cela dans les traditions anciennes.
22. Ce que soutient Burke, *Cosmic Debris*, p. 221-223. Voir aussi Elliott, *Your Door to Arabia*.

a dit qu'elle était tombée du ciel, et les musulmans croient qu'elle a été donnée comme guide pour aider Adam et Ève à construire un autel. Aujourd'hui, les musulmans essayent de l'embrasser, imitant Mohammed le prophète de l'islam lorsqu'il accomplit le ḥajj. Il existe même une tradition disant que cette sainte Pierre noire peut effacer le péché ; et que c'est pour cette raison que sa couleur originelle est passée du blanc au noir (*Jami' at-Tirmidhi*, vol. 4, Livre 2, Hadith 877, *Musnad* : 1/307, 329). Nombreux sont ceux qui croient qu'embrasser cette pierre noire apporte le pardon de tous les péchés, d'autres disent qu'elle n'apporte le pardon que des petits péchés, mais d'autres encore dénient tout pouvoir à la pierre. Dans un Hadith Sahih, Abbas bin Rabi'a rapporte :

> Umar s'approcha de la pierre noire, l'embrassa et dit : « Aucun doute, je sais que tu es une pierre et que tu ne peux faire ni bien ni mal à personne. Si je n'avais vu le Messager de Dieu t'embrasser, je ne t'aurais pas embrassée. » (Bukhari, vol. 2, Livre 26, Hadith 667).

Umar comprenait que ce n'est pas une pierre tombée du ciel qui peut nous pardonner. Non ! Aussi bien la Bible que le Coran stipulent clairement que seul Dieu a ce privilège. Dans le Nouveau Testament, on lit que le Sauveur Jésus le Messie est celui qui est descendu du ciel et que c'est par lui, la pierre d'angle vivante, que nous pouvons être purifiés de nos péchés – grands ou petits (Ép 2.20).

C'. Genèse 1.20-23 – Le cinquième jour : Les eaux et les cieux sont peuplés de poissons et d'oiseaux

> *Dieu dit : Que les eaux grouillent de petites bêtes, d'êtres vivants, et que des oiseaux volent au-dessus de la terre, face à la voûte céleste ! Dieu créa les grands monstres marins et tous les êtres vivants qui fourmillent, dont les eaux se mirent à grouiller, selon leurs espèces, ainsi que tout oiseau selon ses espèces. Dieu vit que cela était bon. Dieu les bénit en disant : Soyez féconds, multipliez-vous et remplissez les eaux des mers ; et que les oiseaux se multiplient sur la terre ! Il y eut un soir et il y eut un matin : cinquième jour.*

Au cinquième jour, on voit apparaître dans la Bible la racine du mot « bénédiction » (hébr. *b-r-k*, v. 22). Dieu remplit le ciel et les mers qui sont apparues au deuxième jour, et il bénit les créatures qu'il a faites. Ici, aussi, on trouve la deuxième occurrence du verbe « créer » (hébr. *bara'*) qui n'a pas été utilisé depuis le verset 1. Ces deux mots seront utilisés à nouveau lorsque nous en arriverons aux versets 27 et 28 où Dieu crée les êtres humains. La création et la bénédiction signalent quelque chose de très significatif pour ce jour.

Qu'y a-t-il de si significatif ? Pourquoi le commencement de la vie animale est-il différent du commencement de la vie végétale ? Une réponse est que les animaux sont dotés d'une conscience, qu'on repère par l'emploi de l'hébreu *nephesh* traduit ici par « êtres [vivants] » : aux versets 20 et 21, les animaux sont décrits comme des *nephesh chayyah*. L'expression apparaîtra aussi en 1.24, 2.7 et 9.10, 12, 15 et 16. Les êtres vivants ou « âmes vivantes » ont une valeur particulière dans la création de Dieu. Tout ce qui a été créé jusqu'à cette étape leur prépare une place.

Les êtres vivants comportent toutes sortes de créatures maritimes et aériennes. Dieu est Seigneur de toutes ces vies. Les monstres marins (hébr. *tanniyn*) sont particulièrement significatifs avec parmi eux Léviathan et Behémoth sur qui Dieu revendique la souveraineté en Job 40-41. Ces monstres sont peut-être le crocodile et l'hippopotame, mais certains y voient les dinosaures ou des êtres mythiques. Dans les mythes cananéens et aussi mésopotamiens, les mers sont personnifiées comme des êtres monstrueux, comme Tiamat dans *Enuma Elish*, et il y a d'immenses batailles entre ces monstres chaotiques et le dieu héros. Le verbe *bara'* employé ici souligne qu'il n'y a pas de seconde puissance chaotique : c'est le Dieu unique qui a créé toutes choses, et toutes sont placées sous sa souveraineté.

Toutes les créatures vivantes sont déclarées « bonnes » (v. 21), toutes ont des fonctions particulières dans l'univers de Dieu, et toutes reçoivent sa bénédiction (v. 22). Avec les paroles : « Soyez féconds, multipliez-vous », il a donné à ces êtres vivants la faculté de se reproduire.

Comme pour les jours précédents, ce qui a été créé au cinquième jour suscite l'émerveillement et la prière ailleurs dans la Bible (p. ex. Jb 41 ; Ps 69.35 ; 104.12, 24-26) ; et Jésus le Messie nous exhorte à tirer instruction du soin que Dieu prend des oiseaux (p. ex. Mt 6.26 ; 10.29-32). Le Coran parle aussi des oiseaux et des poissons. Il fait de nombreuses références aux oiseaux et y voit les signes qui glorifient Dieu le créateur : « N'avez-vous pas vu les oiseaux soumis [au Seigneur] dans l'espace du ciel où nul ne les soutient hormis Allah ? En vérité, en cela est certes un signe pour un peuple qui croit » (*an-Naḥl* 16.79 ; cf. *an-Nūr* 24.41 ; *al-Mulk* 67.19). Les poissons qui apparaissent dans le Coran sont tous extraordinaires et mystérieux (*al-Aʿrāf* 7.163 ; *al-Kahf* 18.61-63 ; *aṣ-Ṣāffāt* 37.142).

UN MOT SUR LES OISEAUX

Chaque culture a des traditions sur les animaux et les oiseaux. En Asie du Sud, les gens ont des superstitions diverses sur les corbeaux, les hiboux et les perroquets. En Genèse 1.21, tous les oiseaux que Dieu crée sont déclarés « bons » ; nous n'avons donc aucune raison de craindre les oiseaux. Ils n'ont aucun pouvoir sur les humains, ni ne peuvent contrôler notre destin ; toute superstition est inutile.

Les hiboux

En beaucoup d'endroits, les hiboux sont considérés comme sages, mais dans les villages d'Asie du Sud, les gens conçoivent beaucoup de superstitions à leur sujet. Premièrement : ils sont assimilés à la mort. On croit que si on entend un hibou dans le noir au moment de la pleine lune, une sorcière est proche et quelqu'un dans la maison va mourir ; c'est pourquoi on tente d'empêcher les hiboux de nidifier près des maisons.

Une autre croyance est que, du fait que les hiboux ont de grands yeux qui leur permettent de voir la nuit, manger des yeux de hiboux améliorera la vue. C'est pourquoi une énorme quantité de hiboux sont tués tous les ans au Bangladesh et ailleurs, mettant ainsi l'espèce en danger.

La Genèse nous apprend que tous les oiseaux sont bons et ont leur place dans la création divine. Les hiboux sont utiles parce qu'ils régulent les populations de souris, de campagnols, de taupes, de serpents, de rats et d'insectes, aidant ainsi les hommes à préserver la nature. Nous ne devrions pas les effrayer ou les massacrer, mais les traiter en amis.

Les corbeaux

En Asie du Sud, les corbeaux et les corvidés en général sont perçus négativement et réputés nuisibles à cause de leur croassement, alors que les coucous sont bien considérés à cause de leur joli chant. Mais les corbeaux sont des oiseaux très intelligents, avec un rôle utile dans la création de Dieu. Ils mangent certains des nuisibles qui endommagent les récoltes, et ce sont des nécrophages, qui contribuent à débarrasser la terre de ce qui est mort et qui pourrit. Le Coran reconnaît aussi l'utilité des corbeaux : il enseigne que c'est un corbeau qui apprit à l'humanité la méthode correcte pour enterrer les cadavres (*al-Mā'ida* 5.30-31). À l'époque du Déluge, nous lisons dans la Genèse que Noé chercha à savoir quel était le niveau des eaux à l'aide d'un corbeau. De même que c'est lui qui a donné un refuge aux animaux et qui a pris la responsabilité de leur survie, de même aujourd'hui nous devons veiller au bien-être des animaux.

> **Les perroquets**
> L'astrologie liée aux psittacidés est répandue au Bangladesh, comme en bien d'autres lieux de l'Asie du Sud. Les astrologues qui se basent sur les perroquets, typiquement, s'assoient sous un banian feuillu sur un marché ou au bord de la route, et des gens frustrés, sans emploi ou malheureux, viennent les trouver. Ils se servent des perroquets pour leur dire la bonne aventure, mais ces astrologues trompent les pauvres. Ainsi que la Genèse nous l'enseigne, comme les autres oiseaux les perroquets ne sont que des créatures de Dieu. Ils n'ont pas le pouvoir de prédire l'avenir. Le Coran en est d'accord, seul Dieu, qui est omniscient, connaît le sort de ses créatures, parce qu'il détient les clefs des éléments invisibles du monde (*al-An'ām* 6.59 ; *az-Zumar* 39.46). Selon le Coran, aucun humain, pas même le Prophète, ne peut dire l'avenir (*al-An'ām* 6.50), bien que la sourate *Āl 'Imrān* 3.49 affirme que Jésus le Messie connaissait ce qui était entreposé dans les maisons des gens et ce qu'ils avaient mangé.

D'. Genèse 1.24-31 – Le sixième jour : La terre est remplie d'humains et d'animaux vivants

> Dieu dit : Que la terre produise des êtres vivants selon leurs espèces : bétail, bestioles, animaux sauvages, chacun selon ses espèces ! Il en fut ainsi. Dieu fit les animaux sauvages selon leurs espèces, le bétail selon son espèce, et toutes les bestioles de la terre selon leur espèce. Dieu vit que cela était bon. (1.24-25)

Le sixième jour, Dieu remplit la terre ferme qui est apparue au troisième jour. Comme au cinquième jour, nous avons les mots de création (*bara'*) et de bénédiction (*b-r-k*) ; mais ils n'arrivent pas avant les versets 27-28 – la création spéciale de l'être humain à l'image et à la ressemblance de Dieu. Notre attention ayant été attirée vers la première apparition du *nephesh chayyah*, elle l'est pareillement vers l'apparition encore plus importante de l'humanité dans le monde de Dieu.

Les « êtres vivants » du verset 24 sont *nephesh chayyah*, comme les oiseaux et les monstres marins du cinquième jour. Elles comprennent tout le règne animal : le bétail, les reptiles, les insectes et les animaux sauvages, etc. Comme les jours précédents, les créatures apparaissent simplement sur la parole souveraine de Dieu.

Ayant commencé avec les fondements de la création, maintenant, enfin, nous en atteignons le couronnement : la création de l'humanité. Relevons que l'« homme » n'est pas le seul produit du sixième jour de la création mais qu'il/elle a été créé/e avec les autres animaux. C'est de là que nous apprenons que, bien que l'« homme » soit la plus grande création de Dieu, il/elle partage une relation avec le monde animal. Ici, le terme hébreu traduit par « humains » est 'adam, et il doit être considéré comme l'homme et la femme constituant ensemble l'humanité. Le mot 'iysh, employé en Genèse 2.23, désigne l'être humain mâle.

> Dieu dit : Faisons les humains à notre image, selon notre ressemblance, pour qu'ils dominent sur les poissons de la mer, sur les oiseaux du ciel, sur le bétail, sur toute la terre et sur toutes les bestioles qui fourmillent sur la terre. Dieu créa les humains à son image : il les créa à l'image de Dieu ; homme et femme il les créa. (1.26-27)

La création de l'humanité occupe sept des trente et un versets de Genèse 1. C'est non seulement cette longueur qui attire l'attention, mais aussi quelques aspects exclusifs. Premièrement, il y a eu sept occurrences de l'expression « qu'il y ait... et il en fut ainsi », mais ici, Dieu annonce son intention avant de créer. Deuxièmement : Dieu utilise la première personne du pluriel : « **Faisons** les humains à **notre** image (hébr. *na'aseh adam be-tselmenou*), selon **notre** ressemblance (hébr. *kidmoutenou*). » Troisièmement, non seulement Dieu bénit les humains mais il leur parle. La veille, Dieu a béni les créatures aériennes et maritimes mais sans leur parler directement (comparer les v. 22 et 28). Quatrièmement, ce jour se termine avec Dieu voyant que ce qu'il a accompli n'est pas seulement « bon » mais « très bon ».

Il n'est pas surprenant que ces versets aient suscité bien des débats au fil des siècles. Ils nous emmènent au cœur même de la compréhension des êtres humains et de leur relation avec Dieu. Nous allons étudier trois questions fondamentales avant de nous attarder sur la bénédiction divine au verset 28.

1) La question sur Dieu : Pourquoi parle-t-il au pluriel ?

Depuis les Pères de l'Église, beaucoup de chrétiens ont considéré cela comme la première allusion à la Trinité[23] : Dieu parle de lui-même au pluriel pour révéler que, en un seul Dieu, des personnes multiples sont présentes (voir aussi Ps 2.7 ; És 48.16). Ils disent que Dieu parlait à Jésus le Messie, ou bien que c'était une concertation entre les trois personnes de la Trinité. Mais nous nous souvenons que le concept du Dieu saint en trois Personnes est ici une fleur non éclose, et que c'est un mystère pour nous. Le Nouveau Testament va commencer

---

23. Par exemple Justin Martyr (100-165), Irénée, Tertullien, Augustin, *Cave of Treasures*.

à ouvrir le bouton de rose pour nous (p. ex. Mt 3.16-17 ; 28.18-20 ; Mc 1.9-11), mais il ne sera pas complètement ouvert tant que nous n'aurons pas vu notre Seigneur en gloire (1 Co 13.11-12).

Une autre possibilité est que ce « nous » serait simplement un pluriel de majesté, comme on le voit de temps à autre ailleurs dans l'Écriture (p. ex. Gn 3.22 ; 11.7 ; És 6.8). Dans le Coran, Dieu parle souvent à la première personne du pluriel, et les commentateurs s'accordent à penser que cela est un indice de majesté et non de pluralité numérique. Le Coran récuse la notion de Trinité, et les docteurs musulmans pensent tous que « nous » est employé pour faire passer la notion de la grandeur de Dieu.

Quoi que l'on conclue sur cet usage du pluriel, il est important de relever que c'est Dieu lui-même qui parle de ce qu'il projette de faire. C'est le premier des six endroits où, en Genèse 1 – 11, nous lisons les pensées de Dieu (voir aussi Gn 2.18 ; 3.22 ; 6.6 ; 8.21 ; 11.7), et il y en a trois qui emploient la première personne du pluriel. Ce verset indique donc que Dieu commence une partie essentielle de son plan de création.

La tradition juive, y compris Philon et le Midrash, propose plusieurs interprétations différentes : la plus courante et la plus pertinente pour notre contexte, c'est que Dieu s'adresse à sa cour céleste. Les commentateurs juifs recourent à cette idée pour débattre du problème du libre arbitre : comment un Dieu bon et omnipotent peut-il créer un être qui peut choisir de faire le mal, et va le faire ? *Genèse Rabbah* dit que les anges sont impliqués dans le débat sur cette question (voir p. 48-49). Le Coran va dans le sens de cette interprétation juive (*al-Baqara* 2.30-32, cité p. 48). Quand Dieu annonce aux anges son intention de créer l'humanité, ils contestent sa volonté de créer un être qui va susciter des troubles, et Dieu répond d'abord en affirmant son omniscience et ensuite en démontrant que les humains seront supérieurs aux anges à certains égards. Nous examinerons cette histoire importante plus profondément dans notre commentaire sur Genèse 2.19-20. Ici, notons que le Coran explore des questions analogues à celles des rabbins juifs d'autrefois.

Les cultures du Proche-Orient antique croyaient en des assemblées divines constituées par les dieux principaux du panthéon, et dans l'Ancien Testament il y a un certain appui à l'idée d'une cour céleste (cf. És 6 ; Jb 1 ; 1 R 22.14 ; Dt 33 ; Ex 15.11). Toutefois, les commentateurs chrétiens rejettent généralement l'idée que Genèse 1.26 puisse faire allusion à ce genre d'idée. En remontant à Irénée (mort en 202) et Tertullien (mort en 240), ces deux Pères de l'Église ont argumenté que le Dieu omnipotent n'avait besoin de consulter personne (És 40.14). Dire que Dieu a réclamé l'avis des anges va complètement à l'encontre de la doctrine biblique. Ces auteurs réfutent aussi la possibilité que « notre image » puisse se référer à l'image des anges. Genèse 1.27 emploie le singulier (*son* et non *leur*) image et ressemblance, et il répète que c'est l'image de Dieu lui-même. Certains chrétiens diront que l'humanité est créée à l'image de la deuxième personne de la Trinité, Jésus le Messie.

2) La question sur l'humanité : Quel est le sens d'« image de Dieu » ?

Genèse 1.26 est un cas de parallélisme hébraïque, c'est-à-dire que « image » et « ressemblance » sont quasiment synonymes et sont utilisés pour décrire la nature humaine en rapport avec Dieu. Ces concepts ne se trouvent pas dans le Coran ; le récit coranique[24] de Dieu annonçant la création d'Adam au conseil angélique emploie le terme *khalīfa* – quelqu'un qui fait office de représentant ou de chargé de mission pour quelqu'un d'autre. Nous avons déjà noté l'idée que le *khalīfa* devait remplacer les djinns sur terre, mais une vision plus habituelle est qu'Adam sera globalement le représentant de Dieu lui-même. Cette idée traduit clairement au moins en partie celle de l'« image de Dieu » ici dans la Genèse.

LE TITRE DE *KHALIFA*

Beaucoup de gens, lorsqu'ils lisent le terme de *khalīfa* dans la sourate *al-Baqara* 2.31, comprennent que Dieu a mandaté Adam comme représentant de sa domination sur la terre, et ils en trouvent confirmation dans le commandement donné aux anges de s'incliner devant lui. Bien que les musulmans considèrent Adam comme un prophète, beaucoup étendent le titre et la responsabilité de *khalīfa* à tous les humains. Néanmoins, *khalīfa* a aussi été utilisé pour les chefs musulmans, en commençant par Abou Bakr, qui a pris la place de Mohammed, le prophète de l'islam, dans la conduite de la communauté musulmane.

Le Coran utilise aussi l'expression de « vicaire [*khalīfa*] sur la terre » pour le roi David (*Ṣād* 38.26). Le contexte est celui de Dieu conférant à David la responsabilité de juger les hommes. L'emploi du titre pour les chefs musulmans successifs n'a donc rien de surprenant. Il y a eu beaucoup de califes (*khalīfa*) dans l'histoire, chacun revendiquant d'être le chef

---

24. Sourate *al-Baqara* 2 ; voir p. 48.

légitime de la *umma* mondiale. Il y a des *hadith* qui peuvent être interprétés comme le fait que le *khalīfa* doit provenir de la tribu des Qurayshites à laquelle appartenait le Prophète Mohammed. La plupart des sunnites ne l'ont pas interprété de cette manière ; et les shi'ites croient que seul quelqu'un issu de *ahl al-bayt* (la famille du Prophète) était digne d'hériter le titre.

Historiquement, l'autorité d'un *khalīfa* a généralement été fondée sur la proclamation des croyants. En Asie du Sud, certains musulmans considéraient les chefs moghols comme les *khalīfa* légitimes, mais d'autres ratifiaient le courant ottoman. Une raison majeure du différend est la conviction qu'il ne peut pas y avoir deux *khalīfa* en même temps. Depuis la chute de l'Empire ottoman au début du XXe siècle, nombreux sont les musulmans qui rêvent d'un nouveau Califat régi par la justice et la paix. Parmi les exemples de candidats à ce titre, il y a le chef des Ahmadiyya Mirja Ahmed, et le leader de l'État islamique Abou Bakr al-Baghdadi. Avant d'être interdite au Bangladesh, l'organisation internationale *Ḥizb ut-Taḥrīr* (Parti de la Libération) a mené une campagne pour renverser la tradition démocratique et pour la remplacer par son propre Califat.

En résumé, on peut dire que, parmi les musulmans, le terme *khalīfa* a été utilisé surtout par une classe de gens particulière, généralement politique. Tout le monde n'est pas *khalīfa*, et même Mohammed n'a pas revendiqué ce titre. Si les musulmans ordinaires du Bangladesh s'approprient le titre, ils le comprennent au sens où cela signifie qu'ils sont les esclaves de Dieu (bn. *Allahar Banda* ; ar. *'abd Allah*) plus que ses représentants. Pour le Bangladais du peuple, *khalīfa* ne renvoie pas à un chef islamique, mais à un artisan talentueux, et même à un bon tailleur.

Certains musulmans s'imaginent que l'expression de la Genèse « image de Dieu » sous-entend que les êtres humains ressemblent à Dieu et que donc Dieu a un corps physique, ce qui serait blasphématoire. Il est vrai que certains interprètes bibliques ont suggéré un sens physique à l'image (Gn 5.3 pouvant être considéré comme utilisant l'expression de cette façon), mais le fait que Dieu soit Esprit (Jn 4.24) rend cette interprétation hasardeuse. Origène (vers 182-253), un des Pères de l'Église, fait ce commentaire :

> S'imaginer que c'est l'être corporel qui a été fait à l'image et à la ressemblance de Dieu, c'est laisser supposer que Dieu lui-même

est corporel et possède une forme humaine ; une telle idée de Dieu est de toute évidence une impiété[25].

Le Coran, comme la Bible, comporte des passages évoquant des parties du corps de Dieu (p. ex. sa face, Gn 32.30 ; comparer *al-Baqara* 2.272 ; *al-An'ām* 6.52), mais les interprètes du Coran y voient des métaphores plutôt que des descriptions littérales. Les religions abrahamiques peuvent avoir des divergences de détails, mais elles sont unanimes pour dire que Dieu n'a pas de corps et qu'on ne peut ni ne doit faire des statues ou autres idoles pour le représenter (Lv 4.15-31 ; cf. sourate *Luqmān* 31.13).

Peut-être la meilleure façon de saisir « l'image et la ressemblance de Dieu » consiste-t-elle à se demander ce que cela signifie dans le contexte de Genèse 1. Premièrement : considérons la parole humaine. Par sa parole, Dieu a tout fait advenir par mode de création. *Via* l'ordre verbal de Dieu, de la nourriture est donnée aux humains (Gn 1.29-30). Si on regarde les ressemblances et les différences entre la parole de Dieu et celle des humains, on comprend à la fois le potentiel et les limites de chacune. Nous ne pouvons pas ordonner que quelque chose soit créé, mais nous pouvons communiquer entre nous et, ce qui est sidérant, nous pouvons communiquer avec Dieu. La faculté de parler est un des éléments fondamentaux qui distinguent l'homme de l'animal, et elle nous permet d'être en relation avec Dieu.

Deuxièmement, parlons de la domination. Du fait que les humains ont reçu la domination sur les animaux, leur tâche est importante (v. 28). Les peuples de l'Antiquité considéraient le soleil et la lune comme des dieux ; la Genèse récuse cela, disant qu'ils ne règnent que sur le « jour » et la « nuit » (1.17)[26]. Mais l'humanité, faite à l'image de Dieu, se voit conférer l'autorité pour régner sur tous les animaux du monde. C'est-à-dire que nous ne sommes pas seulement créés pour être en lien avec Dieu mais pour œuvrer avec Dieu afin d'administrer le monde. L'expression « image de Dieu » décrit notre relation non seulement à Dieu mais à l'ensemble du vivant (voir aussi Ps 8.4-7).

Aussi bien dans la Genèse que dans le Coran, il y aura un lien entre langage et domination. On peut dire que c'est le langage qui équipe les humains pour leur fonction. Dans la Genèse, Dieu donne à Adam la responsabilité de nommer les animaux (Gn 2.19-20). Dans le Coran, Dieu enseigne les noms à Adam (*al-*

---

25. Origène, *Homélies sur la Genèse*, Sources Chrétiennes, introduction de Henri de Lubac, SJ, traduction et notes de Louis Doutreleau, SJ, Paris, 1943, p. 57, 59.
26. Le terme hébraïque est différent (*m-sh-l* en 1.18 et *r-d-h* en 1.26, 28), mais le sens est le même.

Baqara 2.31). Dans les deux cas, la connaissance des noms est une marque de la capacité humaine à exercer l'autorité au sein de la création.

Des récits du Proche-Orient ancien comme les épopées égyptiennes et assyriennes parlent de rois faits à l'image de Dieu, de sorte que ce sont ces personnages remarquables qui règnent. Dans la Genèse, Adam n'est que le premier être humain, et il est clair que la responsabilité de vivre en tant qu'« image » de Dieu est pour chacun. On pourrait dire que Dieu nous a donné le statut de rois de la création. Dieu a conféré même aux gens ordinaires de la valeur, de l'honneur et l'égalité.

LES SOUFIS ET L'IMAGE DE DIEU

Au Bangladesh, les soufis sont très attachés à la notion d'« image de Dieu ». Ils ont un dicton : « autant d'hommes, autant de dieux ». C'est-à-dire que Dieu s'est d'une certaine façon dissimulé en chaque être humain. Il s'ensuit que si nous servons les humains, nous servons Dieu en eux.

Il y a quelques années, pendant le mois bengali de *Kartik*, moi, Anwarul, j'ai assisté à la fête de la pleine lune organisée par les disciples de la communauté soufie Chistiya. Après le dîner spécial, une ambiance magique fut instaurée et une sensation de paix et de bonheur envahit mon âme. Avec beaucoup d'émotion, le *murshid* (maître) partagea cette histoire :

> Avant la création de l'humanité, Dieu ordonna aux anges de faire un corps à Adam à partir de l'argile. Les anges le façonnèrent sous la forme de créatures familières : oiseaux, animaux, et autres êtres vivants. Puis Dieu leur dit de le regarder et de faire Adam selon sa forme à lui !

Puis, prenant son *ektara* (instrument de musique), il chanta ce chant du Fakir Lalon Shah :

> Par compassion, Lui, Adam, à son image le fit –
> N'ordonna-t-il point aux anges de se prosterner ?
> Dérouté comme un pécheur semblable à Azazel,
> L'esprit vacille en voyant ceci.
> Vois Adam et Adam tu vois
> Les animaux peuvent-ils connaître son cœur ?
> Lalon dit : la religion, c'est connaître Adam.

Ayant achevé le chant et posé son *ektara*, il raconta le hadith : « Dieu fit Adam à son image ».

> Après avoir dit au revoir aux disciples, je me dis que les Baul cherchent aussi le *moner manush* : l'être idéal ou « humain du cœur », qu'on pourrait traduire par le « divin bien-aimé ». Le *moner manush* ne sera trouvé ni sur terre ni au ciel mais bien en eux-mêmes. Dans les communautés des Baul comme dans celles des fakirs, les gens croient que l'amour humain est la voie vers l'amour divin. La Bible se démarque de cela parce que le portrait de l'humanité dans la Genèse est certes que nous sommes admirablement faits à l'image de l'amour de Dieu, mais que nous sommes terriblement corrompus par la chute.

Enfin, attardons-nous sur la question du libre arbitre. La ressemblance à Dieu comporte une dimension morale. Par nature, tous les humains sont comme Dieu en ce qu'ils sont des êtres personnels ayant une conscience de soi et une intelligence ; et, nous le verrons en Genèse 2 et 3, ils ont aussi le choix. À eux de décider s'ils vont obéir à Dieu pour être l'image de sa bonté.

La création des humains à l'image de Dieu donne une base essentielle pour la venue de son Fils éternel dans la chair d'un homme. La Bible révélera l'absolue nécessité d'un humain qui soit parfaitement « à l'image et à la ressemblance de Dieu » (cf. 2 Co 4.4 ; Col 1.15). Cette nécessité a été comblée en la personne de Jésus le Messie, *rūḥ-ullah* (« l'Esprit de Dieu », comme dans la sourate *an-Nisā'* 4.171). En lui, Dieu a revêtu la forme humaine – celle de sa propre image. Jésus le Messie n'est pas seulement le parfait *khalīfa* – le pur représentant de Dieu – mais Dieu lui-même, se tenant près de nous là où nous sommes.

3) La question du genre : Quelle est la signification de « mâle et femelle » ?

Les animaux doivent presque tous avoir été mâle et femelle, mais ce n'est que dans le cas des humains que « homme et femme » est indiqué (v. 27) ; et il semble que « mâle et femelle » soit un parallèle poétique de l'« image de Dieu ». Pourquoi en serait-il ainsi ?

Au fil des siècles, les commentateurs sont revenus vers ce verset en cherchant à comprendre la relation entre hommes et femmes dans leur époque et dans leur culture et ailleurs dans la Bible[27]. C'est le fondement indispensable, et le

---

27. Un passage du Nouveau Testament dont on a souvent compris qu'il enseignait l'infériorité des femmes par rapport aux hommes est 1 Corinthiens 11.2-16. Comme ce passage fait référence à l'« image de Dieu », même les plus patriarcaux des commentateurs ont été forcés de reconnaître l'égalité fondamentale des femmes et des hommes en Genèse 1.27. Entre autres exemples connus, Augustin, *De Trinitate*, 12.7 ; Thomas d'Aquin, *Summa Theologica*

prisme au travers duquel il faut considérer les conceptions du genre : l'homme comme la femme sont à égalité à l'image de Dieu. Dieu a créé ce qu'on appellerait aujourd'hui une « société égalitaire », toute l'humanité étant à égalité de dignité avec Dieu pour roi. Ensemble, l'homme et la femme devaient assumer leurs responsabilités bénies de fécondité et de domination. Ils étaient des partenaires égaux pour engendrer des enfants, et leur responsabilité était partagée pour prendre soin du monde.

C'est parce que ce partenariat a gravement dérapé (cf. Gn 3) que nous avons besoin de Genèse 1.27. Les répercussions de la chute ont tellement affecté nos mentalités que nous devons le souligner à nouveau. *Hommes et femmes sont conjointement, à égalité, faits à l'image de Dieu.* L'histoire et ce que nous observons nous-mêmes le soulignent à nouveau : hommes et femmes doivent œuvrer ensemble pour que la société prospère. Nous avons besoin d'hommes et de femmes travaillant côte-à-côte comme socle aussi bien de la famille que de la vie sociale. Le poète national du Bangladesh, Kaji Najrul Islam (1899-1976) l'écrit dans son poème « Nari » (« Femmes ») :

> Je chante le chant de l'égalité ;
> dans mon idée la différence de genre est fondamentalement une
> >trivialité.
> Tout ce qui est grand dans le monde,
> toutes les œuvres, bienfaisantes et bonnes,
> sont à créditer pour moitié aux femmes, et seulement pour moitié
> >aux hommes.
> Tout le vice ou le mal dans le monde,
> la souffrance et les larmes qui coulent,
> pour moitié sont de la faute des hommes,
> l'autre moitié seulement étant à imputer aux femmes.

Dieu les bénit ; Dieu leur dit : Soyez féconds, multipliez-vous, remplissez la terre et soumettez-la. Dominez sur les poissons de la mer, sur les oiseaux du ciel et sur tous les animaux qui fourmillent sur la terre. (1.28)

La toute première parole de Dieu aux humains est une bénédiction ! C'est la deuxième bénédiction divine de la Genèse, et la comparaison avec le verset 22 fait ressortir que Dieu parle à l'homme et à la femme à qui il vient juste de

---

1.93 ; Jean Calvin, *Commentaires de Jehan Calvin sur le Nouveau Testament, tome 3 : Sur les Épitres de S. Paul aux Romains, Corinthiens, Galatiens et Éphésiens*, Paris, Ch. Meyrueis, 1854-1855, p. 429.

donner l'être. Mais la bénédiction n'est pas seulement un don, c'est aussi une responsabilité. Ils ont un double mandat : procréer, et dominer.

Procréation : Soyez féconds, multipliez-vous

La fécondité, ou la reproduction, est une bénédiction de Dieu seul. Elle ne peut provenir d'une observance religieuse, ni d'un saint, ni d'un *pir*, ni d'un gourou, ni même d'un pasteur chrétien. Dieu veut que la terre prospère en étant remplie d'humains. Voici encore un contraste avec d'autres textes anciens qui considèrent la surpopulation humaine comme un problème. Par exemple, *L'épopée d'Atrahasis*[28] à Babylone dit que la surpopulation a rendu l'humanité trop bruyante, et que cela a été la cause du Déluge.

La Genèse perçoit la multiplication comme une bénédiction : Dieu aime les gens plus que nous ne nous aimons nous-mêmes ! Il y a quelques années, au Bangladesh, la surpopulation était considérée comme un frein. Aujourd'hui, c'est une bénédiction plutôt qu'un problème. La population formée joue un rôle important dans le développement économique du pays. Nous allons même jusqu'à exporter des penseurs importants et des travailleurs dans d'autres pays, et leur activité sert le monde tout en soutenant l'économie du pays. Dieu aime les enfants, et il nous a ordonné de procréer. Jésus le Messie a accepté les enfants orphelins et les a accueillis en ces termes : « Quiconque accueille en mon nom un enfant comme celui-ci m'accueille moi-même » (Mt 18.5).

Le nom que Jésus le Messie nous a dit d'utiliser pour Dieu est « Père » (Mt 6.9). On peut voir ici dans la Genèse l'intention de Dieu d'être père de ce qu'il a créé. Les humains étaient censés construire une famille avec laquelle Dieu souhaitait vivre ; pas seulement quelques individus dans l'espace réduit du jardin d'Éden, mais une multitude d'individus sur toute la terre.

Les enfants peuvent être spirituels aussi bien que biologiques. Encore aujourd'hui, le désir de Dieu est que par Jésus, le serviteur à qui il a donné l'onction (Messie signifie « oint »), il soit notre Père. Éphésiens 1.3-10 nous dit que Dieu est le Père de tous ceux qui sont recréés à travers le Messie. Même avant que le monde fût créé, il nous a choisis comme enfants d'adoption par son Fils unique, Jésus (v. 4-5). Telle est la bénédiction de la grâce de Dieu (v. 6). Dieu élabore une famille pour remplir la terre entière à sa gloire.

---

28. Voir https://www.ancient.eu/article/227/the-atrahasis-epic-the-great-flood--the-meaning-of/.

TOUS LES HUMAINS DOIVENT-ILS PROCREER ?

Certains couples mariés ne parviennent pas à avoir des enfants, mais le commandement d'être fécond signifie-t-il que tous les humains doivent se marier et avoir des enfants s'ils le peuvent ? La doctrine biblique est que, bien que le mariage soit la norme, Dieu appelle certains à s'en abstenir afin de le servir (voir 1 Co 7). L'exemple le plus notoire est Jésus le Messie qui n'était pas marié. C'est pourquoi le christianisme a développé une grande tradition de gens célibataires qui ont servi Dieu et les autres : les missionnaires, les prêtres, les moines et les religieuses.

L'islam n'a pas de moines. D'ailleurs, un célèbre hadith dit que l'homme satisfait la moitié de sa religion quand il se marie (*Al-Muj'am Al-Awsat* 992), et avoir des enfants est considéré comme très important. Bien que le Coran rende hommage à certains moines chrétiens, il rejette clairement le monachisme[1].

À l'inverse, certains Baul sont des ascètes et ne font pas d'enfants. Ils pratiquent la relation sexuelle en retenant leur semence. Lorsqu'Anwarul se renseigna sur le sujet auprès d'un gourou, la réponse fut qu'ils considèrent la semence comme la *nūr* (« lumière ») qui ne doit pas être donnée à une partenaire pendant la relation sexuelle cosmique. La femme désire obtenir la *nūr*, et le partenaire mâle la retient. S'il échoue, cela signifie qu'il a échoué dans son parcours mystique intérieur. Les croyants héritiers de l'ascétisme des Baul peuvent être réticents à se marier ou à élever des enfants. Cela est contraire à l'enseignement de la Bible. Comme les musulmans le savent aussi, Dieu lui-même est la *nūr*, et Jésus le Messie est la *nūr* venue jusqu'à nous. Certains Baul ne se marient et n'ont d'enfants qu'avec la permission de leur gourou. Les croyants au Messie n'ont pas besoin de ce type de permission, parce que Dieu nous a déjà ordonné d'être féconds et de nous multiplier (Gn 1.28) et nous savons que les enfants sont un cadeau de Dieu (Ps 127.3).

---

1. "*Lā rahbāniyya fī al Islām*," *Musnad* Aḥmad Ibn Hanbal ; cf. Sourate al-Ḥadīd 57.27.

La domination : Régner sur tous les êtres vivants

La domination implique la responsabilité. Dieu a mandaté l'humanité pour soumettre (hébr. *kabash*) et dominer (hébr. *radah*, également employé au v. 26) la création : c'est-à-dire que les humains doivent en avoir la maîtrise et ensuite la gouverner. Il est important de faire attention à ces deux mots – *kabash* seul pourrait nous donner à penser que la création doit être à notre service, mais *radah* nous rappelle que l'image de Dieu détient la responsabilité de la terre sous l'autorité de Dieu et en tant que son représentant. Dieu veille sur son monde en nous y plaçant afin de prendre soin de la terre et de ses créatures et, en ce sens, nous sommes les serviteurs de la création (1.26 ; 2.15 ; Ps 8.5-7). Le terme coranique *khalīfa* (*al-Baqara* 2.30) soutient la notion de l'humanité comme administratrice du monde de Dieu.

Depuis la chute, dans ce monde pécheur et brisé, cette fonction d'administrateur est un grand défi. Notre tentation est de nous concentrer sur la soumission de la terre, en exploitant égoïstement ses ressources, en délabrant la création, en détruisant sa riche biodiversité, et en nous détournant de notre mandat d'« image de Dieu ». En tant que ses enfants, les croyants ont la responsabilité particulière de « gouverner » en œuvrant au bien de toute la création, et pas seulement pour eux-mêmes. Ceux qui exploitent la création de Dieu et portent atteinte à la nature n'accomplissent pas la bénédiction.

Si on unifie ce double mandat, on voit que l'intention de Dieu est que l'humanité vive dans la solidarité afin de prendre soin de l'environnement qu'il a créé. Il n'est donc pas étonnant que la Genèse soit organisée selon les *towledah* – selon la fécondité de l'humanité – et qu'elle s'intéresse à la famille. L'histoire qui commence avec la bénédiction de la fécondité du premier couple conduit à l'appel d'un couple stérile (Gn 11.30) dont sera issue une famille bénie et féconde (Gn 49.1-28).

> *Dieu dit : Je vous donne toute herbe porteuse de semence sur toute la terre, et tout arbre fruitier porteur de semence ; ce sera votre nourriture. À tout animal de la terre, à tout oiseau du ciel, à tout ce qui fourmille sur la terre et qui a souffle de vie, je donne toute herbe verte pour nourriture. Il en fut ainsi. Dieu vit alors tout ce qu'il avait fait : c'était très bon. Il y eut un soir et il y eut un matin : le sixième jour. (1.29-31)*

En tant que père, Dieu pourvoit à la nourriture de ses enfants. *Enuma Elish* dit que les humains sont créés pour nourrir les dieux. La Bible et le Coran réfutent tous les deux ce concept. Dieu n'a besoin de rien : c'est lui qui pourvoit à tous nos besoins, et non l'inverse (voir aussi Ac 17.25). En islam, l'un des quatre-vingt-dix-neuf noms de Dieu est *ar-Razzāq*, Celui qui donne. Dieu fournit même la nourriture pour les animaux (sourate *Hūd* 11.6 ; cf. Gn 1.30 ; Jb 38.41).

À partir de ces versets, il semble que les humains et les animaux aient été végétariens à l'origine. Après le Déluge, la nouvelle génération reçoit la permission de manger de la viande (Gn 9.3-4). Le Coran proclame que Dieu pourvoit :

> C'est Lui qui a assujetti la mer pour que vous mangiez une chair fraîche [issue] d'elle et en tiriez des joyaux que vous portez, pour que vous y voyiez le vaisseau y voguer et que vous y recherchiez [un peu] de Sa faveur. Peut-être serez-vous reconnaissants (sourate *an-Naḥl* 16.14).

A'. Genèse 2.1-3 – Jour 7 : Dieu et l'achèvement de la création

> *Ainsi furent achevés le ciel et la terre, et toute leur armée. Le septième jour, Dieu avait achevé tout le travail qu'il avait fait ; le septième jour, il se reposa de tout le travail qu'il avait fait. Dieu bénit le septième jour et en fit un jour sacré, car en ce jour Dieu se reposa de tout le travail qu'il avait fait en créant.*

Cette section de la Genèse (1.1-2.3) a commencé avec l'Esprit de Dieu planant au-dessus du *tohu va-bohu* – le chaos profond et ténébreux du commencement du temps (Gn 1.2). Elle se termine avec la création accomplie, et avec Dieu contemplant le magnifique ordonnancement de ce qu'il a créé. Les six jours d'activité ne sont pas complets sans ce septième jour de paix parfaite ; c'est un tableau de la perfection finale de la nouvelle création dans le Messie (Hé 4.4-9).

Le Coran mentionne fréquemment que Dieu a créé le ciel et la terre en six jours (*al-A'rāf* 7.54 ; *Yūnus* 10.4 ; *Hūd* 11.7 ; *al-Furqān* 25.59) « puis s'assit en majesté sur le Trône » (*al-Ḥadīd* 57.4). Cependant, il ne détaille pas le septième jour, qui est si particulier ici. La Genèse insiste pour dire que la création n'a pas été achevée en six jours, mais en sept jours. C'est ce qui est souligné par la septuple structure sémantique de Genèse 1.1-2.3 (voir p. 62), par la triple répétition de « septième », et par le fait que 2.1-3 comporte trente-cinq (5 x 7) mots en hébreu.

Même dans la traduction, on peut discerner le caractère poétique de ces trois versets, avec leurs agencements d'idées et leurs répétitions sémantiques. En hébreu, on observe particulièrement ceci :

- Le triple usage de *kl* aux versets 1 et 2 – « et furent achevés » (*waykoullou*) « et tout » (*wekal*) et « et acheva » (*waykal*), ce qui souligne le parfait achèvement de la création.

- La ressemblance entre le mot traduit par « septième » (*shebiy'iy*) et le mot traduit par « se reposa » (v. 2-3 *shabath*), où l'on voit l'origine du mot « shabbat » ou « sabbat ».
- L'emploi fréquent de la lettre *shin* (avec le son *s* ou *ch*) : elle apparaît une fois au verset 1 mais ensuite 12 fois aux versets 2 et 3.

Ces trois versets ont été récités tous les septièmes jours depuis des millénaires, la forme poétique contribuant à la mémoire, et les sons sifflants apaisant l'âme au moment où elle se prépare au repos.

Le mot traduit par « repos » (*shabbath*) ne signifie certainement pas que Dieu se reposa parce qu'il était fatigué. L'auteur de la Genèse aurait pu recourir à un mot suggérant le besoin de repos et de délassement (*nuwach*), mais il savait que Dieu ne se fatigue pas (p. ex. És 40.28 ; voir aussi sourates *al-Baqara* 2.255 ; *Qāf* 50.38). À l'inverse, *Enuma Elish* et d'autres épopées antiques mettent en scène des humains créés pour servir les dieux quand ils sont las. *Shabbath* serait mieux traduit par « cessation » ; c'est-à-dire qu'après s'être occupé du *tohu va-bohu*, le chaos et les ténèbres des premiers versets, Dieu s'installe désormais dans la paix de son œuvre achevée. Dieu bénit et sanctifie ce jour pour les générations futures.

Ce septième jour n'est pas une journée vide passée à ne rien faire, mais un jour de bénédictions spéciales. Il est « saint » (hébr. *qadowsh*). Cela est la seule occurrence de la racine très importante, *q-d-sh* en Genèse 1 – 11. Son sens littéral est une chose qui est mise à part, séparée du commun, et elle est là pour désigner la pureté tout à fait particulière de Dieu. Lorsque le septième jour[29] est sanctifié, il est mis à part par Dieu et pour Dieu. En temps voulu, le commandement sera donné aux *Bani Isra'il* que toutes leurs familles ainsi que les gens qui les servent et vivent avec eux, et même les animaux, respectent ce jour particulier en cessant leur travail ordinaire pour adorer Dieu (Ex 20.8-11 ; Dt 5.12-15). C'est une part de la bénédiction de Dieu pour le monde qu'il a créé. Il a fait les êtres humains de telle sorte qu'ils se portent mieux s'ils ont un jour par semaine pour se ressourcer.

L'observance du septième jour par les *Bani Isra'il* inaugurait un mode de vie qui marquait leur différence par rapport aux autres nations. D'autres peuples, comme les Babyloniens, avaient des jours spéciaux qui étaient néfastes pour telle ou telle activité. Les Israélites ne considéraient pas le Shabbat comme « inopportun » mais comme un signe de leur relation particulière à Dieu

---

29. Les Hébreux n'avaient pas de noms pour les jours de la semaine, contrairement aux noms bangladais qui sont basés sur des corps célestes : *Shoni* (Saturne), *Robi* (une divinité solaire), *Shom* (une divinité lunaire), *Mongol* (Mars), *Budh* (Mercure), *Brihospati* (Jupiter) et *Shukro* (Vénus). On les désignait seulement comme le premier jour, le deuxième jour, etc.

(comparer Ex 31.12-17 à Éz 20.12-20). Ce signe est transmis aux disciples de Jésus le Messie parce que, par le salut de Dieu, ils participeront aussi au repos sabbatique final (Hé 4.4, 9).

Le Coran proclame le sabbat comme un jour saint pour les *Bani Isra'il*, mais il n'ordonne pas un jour de repos hebdomadaire pour les musulmans. Il reconnaît la gravité pour les *Bani Isra'il* de profaner le Shabbat, disant que Dieu maudit les violateurs du Shabbat et qu'ils deviennent « des singes abjects » (*al-Baqara* 2.65) ou « des singes et des porcs » (*al-Māʾida* 5.60). Il y a désaccord quant à savoir si ces descriptions sont littérales ou métaphoriques[30], mais il est clair que le Shabbat est une des lois les plus importantes pour les *Bani Isra'il*.

Pour les musulmans, le vendredi est un jour spécial et un jour de prière, mais ce n'est pas un jour de repos. Selon certaines traditions islamiques, le vendredi est le meilleur jour sur lequel le soleil se lève ; le jour où Adam fut emmené au paradis et en sortit, et le jour où il mourut ; et ce sera le jour de la résurrection. Pour les humains, c'est le meilleur jour pour mourir.

Réflexion théologique

Il est certain que Genèse 1.1 - 2.3 est le *bourgeon théologique* à partir duquel la suite de la Bible va s'épanouir. Au milieu des combats quotidiens que nous affrontons, nous sommes appelés au repos du septième jour ; et cela pour contempler la gloire de la création et du créateur qui a tout fait et tout ordonné. C'est là que nous avons un aperçu de l'amour de notre créateur : il était présent au tout début avec son Esprit, et par sa parole il a créé toutes choses. Il est le Dieu unique créateur et il a toute autorité. Même le premier bourgeon pour comprendre la notion merveilleuse de la Trinité est visible dans ces chapitres d'ouverture.

En contemplant la création, nous voyons que ce Dieu unique est aussi bon, et que tout ce qu'il fait est bon et beau. Et nous, les humains, nous sommes la plus grande merveille de la création ! Tant de choses ont été faites pour nous et nous ont été données. Quelle bonté que celle de notre Dieu !

> *tout don excellent, tout présent parfait, vient d'en haut ; il descend du Père des lumières, chez qui il n'y a ni changement ni éclipse.* (Jc 1.17)

Le Coran lui aussi appelle les gens à contempler la création comme un signe de la miséricorde divine (p. ex. *an-Naḥl* 16.79 ; *al-Jāthiya* 45.3-5). Toujours et

---

30. Par exemple, at-Ṭabarī les considère comme une métaphore, tandis qu'az-Zamakhsharī les considère comme littérales. Pour davantage de détails, voir Reynolds, *Qur'an and the Biblical Subtext*, p. 107.

encore, il nous appelle à être attentifs aux bons soins que Dieu le créateur nous prodigue, et il nous incite à nous rappeler toutes ses bénédictions et à l'en remercier (voir en particulier la sourate *ar-Raḥmān* 55).

Genèse 1.1-2.3 nous entraîne plus loin : le sabbat n'est pas seulement un appel à contempler le créateur et à lui rendre grâce, mais à partager quelque chose que fait le créateur. Il jouit du sabbat, et nous devons en jouir avec lui. Comment est-ce possible ? On en a un indice dans la nature même de l'être humain : cette mystérieuse « image et ressemblance de Dieu » qui distingue l'humanité de toutes les autres créatures. Nous ne sommes pas seulement des *khalīfa*, pour administrer la création de la part du créateur ; nous sommes aussi, d'une manière qui n'est pas encore révélée, plus ou moins comme le créateur.

Rien que l'idée que nous sommes en quelque sorte comme Dieu est *la « grand-mère » de ce qui fait de nous des scientifiques* : de cette pâte humaine viendra le scientifique qui a été fait pour être relié à Dieu. C'est aussi le sol capable de produire une Écriture qui soit à la fois humaine et divine, et *la graine* d'où grandira toute l'histoire du péché humain et de la rédemption divine. C'est parce que nous sommes, à certains égards, comme Dieu, que nous pouvons étudier son univers et que nos intelligences peuvent produire les mathématiques et la logique qui le décrivent si puissamment, et prédire ce qui peut y survenir. C'est parce que nous sommes à l'image de Dieu que nous est donnée la tâche de gouverner la terre et que nous avons besoin de la connaissance scientifique pour l'accomplir efficacement. C'est parce que nous sommes à l'image de Dieu que le Saint-Esprit peut entrer en partenariat avec des auteurs humains pour susciter l'Écriture. Mais c'est aussi parce que nous sommes à l'image de Dieu que nous avons le choix moral qui nous rend capables de pécher.

Nous pourrions nous rappeler la réflexion juive sur *bereshit* (« au commencement »), qui note que la sagesse est appelée le *reshit*, le commencement, en Proverbes 8 (voir p. 31). Les Juifs sont susceptibles de considérer cette sagesse comme la Torah, et ce n'est pas loin de la notion islamique du Coran qui serait préexistant et incréé. Mais les disciples de Jésus le Messie considéreront que la sagesse préexistante est le Logos, la Parole éternelle de Dieu qui est venue en Jésus le Messie. C'est parce que les êtres humains sont faits à l'image de Dieu que sa Parole peut nous parvenir dans la chair d'un homme, et pas seulement en paroles humaines.

Dans les Proverbes, la Sagesse dit :

> Lorsqu'il installa le ciel, j'étais là…
> …lorsqu'il traça les fondations de la terre,
> j'étais à ses côtés comme un maître d'œuvre,

> je faisais jour après jour ses délices,
> > jouant devant lui en tout temps,
> > jouant avec le monde, avec sa terre,
> > > et trouvant mes délices parmi les humains (Pr 8.27, 29-31).

Ici, l'insistance ne porte pas seulement sur une maîtrise partagée de la création, mais sur la joie. Il est notable que l'accent n'est pas mis sur la splendeur de la création mais sur les délices qui se déversent sur l'humanité en tant que couronnement de la création de Dieu. Avant de prendre connaissance de l'irruption du péché au chapitre 3, nous sommes appelés à nous souvenir que la création de l'humanité par Dieu est bonne. L'amour et la providence de Dieu pour nous jaillissent de la joie et non de la contrainte. Nous sommes destinés à faire partie du monde magnifique, ordonné, de ce septième jour béni et saint, en total contraste avec le *tohu va-bohu* du temps vide et chaotique d'avant que la lumière ne se mette à briller.

Et nous ?

Nous sommes la joie de Dieu ; mais comme Genèse 3-11 nous le montrera, nous péchons et nous le faisons souffrir[31]. Quelquefois, on dirait que l'humanité cherche à recréer le *tohu va-bohu* ! Comment faudrait-il que nous vivions afin de nous inscrire dans le monde joyeux de notre Dieu au lieu de contribuer au chaos et à la vacuité engendrés par le péché humain ? Genèse 1.1-2.3 nous appelle à vivre comme créatures de Dieu dans son monde, à reconnaître l'image de Dieu en tout humain, et à faire confiance au seul vrai Dieu et à lui seul.

Vivre comme créatures de Dieu dans le monde de Dieu

> *Ô Humain, demeure avec gratitude sur la terre de Dieu*
> > *Là où les fruits regorgent, là où coulent de douces rivières,*
> *Ton Dieu est grâce !*
> (Nuzrul Islam, *Bangla Ghazal*)

Le poète nous rappelle que Dieu pourvoit pour nous et pour les animaux grâce aux plantes qu'il a créées (voir aussi Ps 104.21 ; 145.15 ; 147.9). Avant qu'il ait créé les animaux et les humains, Dieu avait créé un écosystème pour leur bien-être. C'est au sein de ce système que les gens et les animaux peuvent prospérer, et c'est sur ce système que les humains ont à exercer leur mandat.

---

31. Voir le commentaire sur Genèse 6.6.

Si nous comptons manger, il nous faut prendre la précaution de rassembler du grain, investir en le plantant dans la terre, et travailler à entretenir les plantes et leur environnement. Telle est la politique d'investissement de Dieu pour l'humanité, et si nous nous y conformons, les plantes se multiplieront, ainsi que les animaux et les humains qui en dépendent. Mais si nous n'avons aucun égard pour l'ensemble de l'écosystème, le bon environnement est dégradé et toutes les créatures souffrent – et nous serons la cause de leur destruction.

Au Bangladesh, nous souffrons des conséquences de la déforestation et des gaz à effet de serre, qui contribuent aux tsunamis, aux inondations et aux sécheresses, sources de beaucoup de souffrances. Nombre de ces problèmes ont pour cause les interventions humaines hors du Bangladesh, mais nous avons aussi notre part de responsabilité. En raison de notre négligence, des espèces sont en voie d'extinction au Bangladesh. Il y a cinquante-quatre espèces endémiques de poissons d'eau douce qui ont été déclarées menacées dans la zone de Chalan Beel[32]. Douze sont en grand danger. Treize espèces de mammifères sur quatre-vingt-neuf sont déjà éteintes au Bangladesh, notamment le rhinocéros nilgai, le loup indien, le gaur, le cerf des marais et le buffle des eaux sauvages. Genèse 1.1-2.3 nous incite à prendre soin de toutes ces créatures dans notre pays natal du Bangladesh que Dieu nous a confié.

Reconnaître l'image de Dieu en toute personne

> Un jour, M. Farouk voyageait avec un missionnaire dans le Bangladesh rural. Le bus était bondé, au point qu'un mendiant était obligé de s'appuyer sur le siège du missionnaire. Cela étant considéré comme malséant dans la culture bangladaise, M. Farouk demanda au mendiant d'aller plus loin. Après être descendu du bus, le missionnaire prit M. Farouk à part et lui dit : « Vous avez mal traité ce mendiant. Dieu a fait ce frère et moi-même tous les deux à son image. Jacques nous dit dans l'Injil que nous n'avons pas de distinction à faire entre un riche et un pauvre ou à déprécier une personne par rapport à son habillement [Jc 2.8-9]. Favoriser un riche, c'est un péché. » En entendant cela, M. Farouk alla chercher le mendiant et lui demanda pardon de l'avoir mal traité et ils finirent

---

32. Chalan Beel est une vaste zone humide du Bangladesh. Quarante-sept rivières et cours d'eau y coulent, d'où sa richesse florale et faunistique. Toutefois, peu à peu, la surpêche commerciale et le recours excessif aux pesticides ont porté atteinte à la réserve de poissons et autres formes de vie. A cause de l'envasement, la zone s'est réduite de 1 085 km^2 à 26 km^2.

par devenir amis. Le mendiant était stupéfait d'un tel honneur, au point de vouloir en savoir plus et d'accepter le Messie comme son Seigneur et Sauveur.

Dieu a créé tous les humains à son image et à sa ressemblance, et cela signifie que les croyants doivent s'associer à toute personne et la respecter. Ailleurs, la Bible précise l'importance d'un égal traitement des gens de tout arrière-plan et de toute condition : Juifs et païens, esclaves et hommes libres, riches et pauvres, hommes et femmes (Ga 3.28 ; Jc 1.9-11).

Nous avons une bonne coutume dans notre culture : lorsque quelqu'un touche accidentellement quelqu'un d'autre avec son pied, il demande immédiatement pardon et lui offre un geste de paix. Notre société témoigne du respect pour tout être humain. Cela dit, il y a aussi des superstitions et des tabous culturels qui peuvent nous amener à éviter les gens ou à les traiter comme des inférieurs ou des supérieurs. Parfois, les hommes traitent les femmes comme des inférieures. Souvent, malgré l'enseignement islamique évoquant une seule *umma* (communauté), les gens se conforment à ce qui ressemble davantage au système de castes hindou, où les Brahmanes des castes supérieures ne se mêlent pas avec les castes inférieures que sont les Dalits, qui sont même intouchables[33].

Du fait que le système de castes est profondément intégré dans la culture indienne, les hindous qui sont devenus musulmans après l'arrivée de l'islam au XIIe siècle en ont importé des aspects dans leur vie de musulmans, et une grande part de cela persiste. De la même manière que les Dalits sont traités comme des intouchables, les musulmans ont leurs éléments de classes inférieures qu'ils qualifient d'« *Atraf* ». Les familles d'*Ashraf* (honorable) et les clans des Sayed, Bhuya, Pathans et Talukdar, bien qu'ils se considèrent comme musulmans, regardent les tisserands, les marins, les pêcheurs, les potiers, les transgenres, les artistes populaires, les chanteurs, les Baul et les travailleurs du sexe avec aussi peu d'estime que les intouchables Dalit. Comme dans le système de castes hindou, les classes inférieures n'ont pas le droit de manger ou de se marier avec ceux des classes aisées. Bien que les musulmans n'aient aucune distinction de classe à faire puisqu'ils font leurs prières côte-à-côte à la mosquée, les mariages ne sont pas arrangés en dehors de la classe sociale d'une personne. L'union d'une

---

33. Récemment, à Uttarkhand, en Inde, un hindou de basse caste a été expulsé et battu à mort pour avoir mangé à la table d'une réception de mariage. Voir https://www.bbc.com/bengali/news-48334923.

fille de classe élevée avec un garçon de basse classe pourrait même justifier un « crime d'honneur »[34].

Ces valeurs sociales sont en opposition aux valeurs bibliques. Les *Bani Isra'il* ont reçu des lois diététiques et matrimoniales pour les empêcher de tomber dans l'idolâtrie, mais ils ont reçu l'interdiction de considérer tout groupe familial comme inférieur[35]. Jésus le Messie a rejeté les inégalités de son époque. Il a frayé avec des Samaritains, il a choisi des pêcheurs parmi ses disciples, et il a mangé avec ceux qui étaient considérés comme des pécheurs par les gens pieux, donnant ainsi l'exemple pour ses disciples. Genèse 1.1-2.3 nous dit pourquoi il a agi ainsi : tous les individus sont précieux pour Dieu, parce que tous sont faits à son image.

Faire confiance au seul vrai Dieu

Genèse 1.1-2.3 balaye toutes nos craintes des choses créées dans l'univers, et nous enseigne que nous pouvons nous en remettre au créateur. Tous sont sous la main de Dieu, et Dieu est bon. Tout ce qu'il a fait est bon, et il bénit ses créatures et leur donne le nécessaire.

Les étoiles ne peuvent guider notre destinée. Nous n'avons pas à craindre les djinns, ni les fées, ni d'autres esprits associés à des choses créées comme les arbres, les mers ou les animaux parce que ces esprits n'existent même pas. Certes, la Bible reconnaît l'existence d'esprits malins, mais elle nous montre aussi qu'ils s'enfuient au seul nom de Jésus le Messie (Mc 9.38 ; Ac 16.18). Genèse 1 fait table rase de toute notre idolâtrie, de toutes nos superstitions et de toutes nos craintes, et nous appelle à nous en remettre au Dieu unique et vrai et à lui seul.

Le Coran dit lui aussi que nous devrions ne chercher aucun autre secours que notre créateur (deux mots sont employés : *wali* – protecteur ou gardien – ; et *anṣar* – aide ; p. ex. sourates *al-Baqara* 2.107 ; *al-'Ankabūt* 29.22). Toutefois, beaucoup de musulmans soufis au Bangladesh recherchent l'aide de leurs *pirs* (chefs). Ils ne les considèrent pas comme des hommes ordinaires mais, de même que de nombreux hindous voient leurs gourous comme la présence même de Vishnou, les *pirs* sont considérés comme des intermédiaires entre leurs disciples et Dieu. Même si le *pir* en interdit la pratique, les disciples du *pir* vont se prosterner devant

---

34. Le crime d'honneur est une pratique que l'on rencontre dans des pays allant de l'Asie du Sud jusqu'en Afrique, et il est perpétré pour laver la honte d'une famille offensée. Le crime d'honneur est illégal dans la plupart de ces pays, mais les filles sont souvent poussées au suicide. La religion associée à la culture joue un rôle dans cette pratique.
35. Dt 7.3-4 ; 14.20-31 ; cf. Dt 10.17-20. Sur le partage de la nourriture avec les personnes d'autres religions, voir aussi Ida Glaser, *Dieu et les religions. Pour des relations justes et respectueuses entre chrétiens et autres croyants*, trad. Sonia Artiguebert, Marne-la-Vallée, Éditions Farel, 2008, p. 241-258.

lui, et même vénérer sa tombe après sa mort[36]. C'est pourquoi on entend des gens qui crient vers le *pir* Bador depuis le fleuve en pleine tempête de mousson quand, comme sur le lac de Galilée, une tempête d'après-midi soudaine agite les vagues et que leurs bateaux commencent à couler. Beaucoup de camions et de cars, dont les passagers espèrent une traversée sûre des fleuves, ont une prière à un *pir* soufi ou à un gourou brahmane peinte sur leurs côtés.

Les lecteurs de Genèse 1 savent que le créateur des mers est celui qui apaise le *tohu va-bohu* de toutes nos tempêtes (voir aussi Ps 107.29). De même que Dieu a commandé aux eaux en Genèse 1.6-8, Jésus le Messie a calmé les eaux du lac de Galilée par une seule parole (Mt 8.23-27 ; Mc 4.35-41 ; Lc 8.22-25). Les croyants n'ont aucun besoin de faire appel à un être humain autre que le Messie.

Le sabbat fait partie de notre confiance en Dieu

Nous ne sommes pas obligés de travailler tout le temps mais nous pouvons croire avec confiance que, si nous observons le sabbat, Dieu ne manquera pas de nous bénir. Le sabbat n'est pas un fardeau fastidieux mais un don généreux de Dieu. Nous ne devons pas craindre que l'interruption de notre travail interrompe nos rentrées d'argent. Dieu a béni ce jour et donc si nous respectons son commandement, il nous assurera le nécessaire.

Observer le sabbat fait partie de la condition d'être à l'image de Dieu. Il a arrêté de travailler, alors nous devons faire de même. Les commandements d'Exode 20.8-11 et Deutéronome 5.12-15 insistent bien sur le fait que toute la maisonnée, y compris les serviteurs et les animaux, *Ashraf* et *Atraf*, doivent se reposer. C'est un commandement universel parce que, tous ensemble, nous sommes faits à son image.

Le sabbat nous rappelle aussi que nous sommes des créatures qui ont besoin de vivre selon la nature que Dieu nous a donnée. Il nous faut marquer des pauses régulières pour rester en forme et pour effectuer notre travail dans la création de Dieu. Rabindranath Tagore a écrit dans son poème, « Repos » :

> *Le repos est la part du travail, il est fermeture*
> *Comme la paupière qui appartient à l'œil*

Concrètement, en quel jour devrions-nous observer le sabbat ? Les Juifs respectent le samedi, le septième jour, mais les disciples de Jésus le Messie

---

36. Ils justifient cette vénération en faisant remarquer que le Coran parle des anges appelés à se prosterner devant Adam dans pas moins de sept sourates : *al-Baqara* 2.34 ; *al-A'rāf* 7.11-12 ; *al-Qiṣaṣ* 28.33 ; *al-Isrā'* 17.61-62 ; *al-Kahf* 18.50 ; *Ṭā Hā* 20.115-116 ; *Ṣād* 38.71-78.

respectent le dimanche parce que Jésus le Messie s'est relevé d'entre les morts pour revenir à la vie le premier jour de la semaine. Au Bangladesh, il est difficile de respecter le sabbat, que ce soit le samedi ou le dimanche, parce que c'est le vendredi qui est notre jour de repos. Toutefois, la Genèse ne parle que du « septième jour », et il y avait diverses façons de compter les jours dans l'Antiquité ; c'est pourquoi il n'est pas indispensable de réfléchir sur la nécessité d'observer le sabbat tel jour particulier. De toute façon, il est impossible à quiconque d'observer le même jour à la même heure puisque la terre tourne. En pratique, les adeptes de Jésus le Messie autour du globe observent leur sabbat le vendredi, le samedi ou le dimanche, en fonction de leur contexte.

En tant que citoyens bangladais loyaux, nous devons nous conformer au modèle hebdomadaire ayant le vendredi comme jour de repos, mais nous pouvons aussi faire mémoire de la résurrection du Seigneur le dimanche. Mais surtout, nous devons garder à l'esprit que l'institution du sabbat n'est pas une loi restrictive mais un don de Dieu. Ainsi que Jésus le Messie nous l'a enseigné : « Le sabbat a été fait pour l'homme, et non l'homme pour le sabbat » (Mc 2.27). En résumé, le choix du jour importe peu, mais il faut prendre un repos un jour par semaine.

Si donc nous ne travaillons pas pendant le sabbat, qu'allons-nous faire ? L'enseignement de Jésus le Messie selon lequel il a été créé pour le bien-être des humains signifie que nous pouvons faire de bonnes actions ce jour-là (Mc 3.4). Mais, par-dessus tout, c'est un jour pour adorer Dieu pour sa bonté et son amour inébranlable (Ps 135.1-7).

Dieu lui-même nous a montré comment garder le sabbat. Avant que l'univers fût créé, l'Esprit de Dieu était là, tournoyant au-dessus du chaos (Gn 1.2). Pendant six jours, Dieu a travaillé pour mettre de l'ordre à partir du chaos et, le septième jour, il a déclaré que tout son travail était « bon », il l'a béni et l'a sanctifié. Aujourd'hui, nous vivons dans un monde souillé par le péché et la chute. Jamais nous ne pouvons être à la hauteur de la pureté créatrice de Dieu, mais nous pouvons nous livrer à notre travail consistant à apporter la lumière de l'ordre divin dans le *tohu va-bohu* de notre monde moral et spirituel. Pendant le sabbat, nous pouvons prendre le temps de contempler la sainteté de Dieu et le laisser nous sanctifier. Nous pouvons nous joindre au créateur en nous réjouissant de la perfection de sa création, nous pouvons méditer pour savoir en quoi cette création reflète la perfection de celui qui l'a faite, nous pouvons penser à l'avance au temps où, avec toute la création, nous serons renouvelés, et nous préparer à revenir vers le *tohu va-bohu* du monde afin de le servir, non seulement comme son *khalīfa*, mais comme son image.

3

Les commencements de la vie humaine et du péché
Genèse 2.4 – 4.26

Les *towledah* des cieux et de la terre

En Genèse 1, nous avons appris comment les cieux et la terre furent créés. Qu'a-t-il résulté des cieux et de la terre ? Ce premier *towledah* couvre trois chapitres très importants. Le chapitre 2 nous parle de la création des êtres humains, mâle et femelle, et d'un lieu spécial pour qu'ils y vivent. Le chapitre 3 nous parle de la première désobéissance à Dieu et de ses terribles conséquences. Le chapitre 4 nous parle des deux fils d'Adam et Ève, du meurtre du plus jeune frère et des descendants de l'aîné.

L'accent constant porte sur la relation entre les êtres humains et Dieu, et cela est souligné par l'apparition du nom personnel de Dieu par rapport à l'alliance, YHWH (souvent rendu par « Seigneur » ; bn. *mabud*). Il est fréquemment utilisé en association avec le terme employé en Genèse 1, *Elohim*, que nous traduisons par Dieu ou *Allah* (en bengali ou en arabe), dans le titre composé, YHWH Élohim, « le Seigneur Dieu ». Cela indique que Dieu, le créateur tout-puissant de Genèse 1, est aussi le Dieu personnel de l'alliance qui sera révélé au moment où le *bourgeon de la théologie* s'ouvrira, plus tard, dans la Torah.

Il y a tant de notions passionnantes dans ce *towledah* que nous aborderons chaque chapitre séparément. Cela dit, il y a une structure générale à ce *towledah*. D'une part, il présente une narration en continu que nous suivrons dans le commentaire – chaque partie de la narration est finement élaborée. D'autre part, il y a des thèmes qui reviennent partout et une structure en chiasme pour l'ensemble.

    A. Création du premier homme (2.4-7)
      B. Vie de bénédiction en Éden (2.8-14)
        C. L'homme placé en Éden (2.15)
          D. Interdiction de l'arbre de la connaissance du bien et du mal (2.16-17)
            E. Homme, animaux, femme : noms et nudité (2.18-25)
              F. Serpent, femme et homme : tentation (3.1-5)
                G. Désobéissance et appel à rendre compte (3.6-13)
              F'. Retombées sur le serpent, la femme et l'homme (3.14-19)
            E'. La femme et l'homme : noms et vêtements (3.20-21)
          D'. Accès interdit à l'arbre de vie (3.22)
        C'. L'homme expulsé d'Éden (3.23-24)
      B'. Vie de violence hors d'Éden (4.1-24)
    A'. Naissance de Seth (4.25-26)

À partir de cette structure, nous pouvons voir plusieurs éléments. Premièrement : au centre de ce tableau se trouve le récit de l'origine de la désobéissance humaine, qu'on appelle souvent la chute. Deuxièmement : cela ne parle pas seulement de la relation détériorée entre les humains et Dieu, mais aussi des relations détériorées au sein de l'humanité ainsi qu'entre l'humanité et le règne animal. Troisièmement : nous apprenons que non seulement les humains ont changé, à la suite de leur désobéissance, mais que le monde entier a changé, et que nous vivons dans un monde différent à cause de la chute. Il sera remarquable de comparer le monde déchu qui est décrit en Genèse 4 (B') et le monde immaculé du jardin d'Éden au chapitre 2 (B).

Enfin, nous voyons ici les thèmes qui se prolongent dans toute la narration : la création, la bénédiction, le bien et le mal, la vie et la mort, les hommes et les femmes, les animaux et l'exil hors d'Éden. Les thèmes que nous trouvons ici se répéteront dans tout le récit de la Genèse ; par exemple l'intérêt pour le sol ('*adamah*) et la terre ('*erets*) apparaît en 2.4, 5, 6, 7, 9, 19, ensuite en 3.17-19 et 4.2, 3, 10, 12, 14. La bonne relation que les humains ont avec la terre au chapitre 2 fera un rude contraste avec la malédiction qui frappera le sol au chapitre 4. Un exemple moins évident, ce sont les métaux du sol : 2.12 décrit les pierres et métaux précieux en Éden, et 4.22 mentionne les débuts de la métallurgie et de la fabrication d'outils – peut-être pour cultiver le sol, mais peut-être aussi pour faire des armes afin de tuer des hommes. Ce genre de détails nous rappelle le potentiel de mal et aussi de bien lorsque les humains utilisent la création de Dieu.

Genèse 2.4-25 – Le jardin, les humains et les animaux

Notre terre du Bangladesh est belle, fertile et bien arrosée, mais peut-elle produire assez de riz, de fruits et de légumes pour nourrir toute notre énorme population ? Jusqu'où peuvent nous entraîner les progrès de l'agriculture et quel travail commun les êtres humains du monde entier doivent-ils entreprendre pour nourrir tous leurs peuples ? Genèse 2.4-25 nous présente une terre fertile tout juste créée. Adam s'est vu confier cette terre qui devait produire des fruits et des récoltes au moyen de l'agriculture et il a été gratifié d'une partenaire parfaite pour l'aider. Comment s'étonner que le jardin d'Éden ait stimulé l'imagination des gens au cours des siècles ! Comment s'étonner que les gens se demandent toujours si nous pouvons ou non revenir à cet état édénique !

Voilà la généalogie du ciel et de la terre, quand ils furent créés.
Au jour où le Seigneur Dieu fit la terre et le ciel (2.4)

Les biblistes se demandent si nous sommes en présence d'une introduction à un second récit, différent, de la création, ou bien si c'est l'introduction d'une nouvelle partie d'un récit unique. Nous avons déjà noté que le terme *towledah* signifie que notre génération provient d'une génération précédente. En conséquence, on peut dire que Genèse 2 est le prolongement du chapitre 1. Genèse 1 donne une perspective cosmique racontant aux lecteurs la création du ciel et de la terre ainsi que la situation générale des humains dans l'univers. Genèse 2 s'intéresse ensuite aux humains dans leur environnement et à leur relation avec Dieu, avec le sol, avec les animaux et avec leurs congénères. La seconde description de la création (Gn 2.4-25) ne dit rien qui contredise la première description (Gn 1.1-2.3) ; on dira plutôt que les deux récits sont complémentaires.

Les mondes derrière et devant le texte

Diverses cultures et nations ont eu leurs propres récits des origines de la création. Ces récits décrivent la nature des humains, en quoi ils dépendent du monde et en quoi le monde dépend d'eux. Dans le monde actuel, nous avons la médecine, la psychologie, les sciences religieuses et la sociologie pour étudier les dimensions physique, mentale, spirituelle et sociale de l'humanité ; Genèse 2 va présenter toutes ces dimensions à sa façon. Nous avons aussi les sciences physiques, agricoles et environnementales pour étudier comment les humains sont en lien avec la nature ; pareillement, Genèse 2 va commencer à traiter cette question.

Comme en Genèse 1, la méthode de Genèse 2 consiste à utiliser des idées qui étaient courantes dans le monde antique, mais pour y recourir très différemment. C'est là qu'on voit la trace de l'inspiration divine chez les auteurs de l'Écriture. Genèse 1 et 2 ont remis en cause certaines notions du monde antique ; de même certaines de nos idées à nous vont être remises en cause par notre lecture de cette section.

L'épopée d'Atrahasis à Babylone montre les dieux en train de creuser des canaux d'irrigation, puis créant les humains afin qu'ils travaillent pour eux. La Genèse montre des fleuves entourant le jardin d'Éden, le tout donné par Dieu seul, mais les humains auront la tâche de cultiver le sol. Aujourd'hui, comment voyons-nous la relation entre ce que Dieu nous a donné et nos responsabilités d'humains ? *L'épopée d'Atrahasis* parle de sept couples tirés de l'argile et du sang d'une déesse. La Genèse ne parle que d'un seul couple recevant la vie par le souffle ou esprit de Dieu, sans aucune notion de Dieu ayant du sang physique qui puisse être versé. Aujourd'hui, reconnaissons-nous à la fois notre double nature spirituelle et physique, ainsi que les implications sur notre relation entre nous et avec le seul vrai Dieu ?

La création à partir de la poussière des humains vivifiés par le souffle de Dieu a aussi des parallèles dans les mythes de création égyptiens, où le dieu de la fertilité à tête de bélier, Khnoum, crée les humains et les animaux sur son tour de potier en utilisant de l'argile du Nil. Sa compagne Héket, déesse à tête de grenouille pour les femmes enceintes et la fertilité, donne ensuite le souffle de vie aux créatures[1]. Comme nous l'avons vu à plusieurs reprises, le récit de la création selon Genèse 2 récuse ces notions polythéistes. Le Seigneur Dieu n'a nul besoin de partenaire dans son œuvre de création !

Le Nouveau Testament

Le Nouveau Testament évoque Genèse 2.4-25 pour instruire les croyants sur les intentions de Dieu lorsqu'il les créa, et pour décrire comment sera la nouvelle création lorsque le Jugement dernier aura enlevé tout péché. Il donne aussi cet avertissement : le péché mène à la mort (Jc 1.15 ; cf. Gn 2.17). Comme le dit un proverbe bangladais : « Le péché ne pardonnera pas à son père. »

---

1. Voir https://carnet-dhistoire.fr/egypte/dieux-egyptiens/.

La vision du mariage et du genre en Genèse 2 sous-tend la conception biblique des relations homme-femme. Jésus le Messie cite Genèse 2.24 pour enseigner la nature et la permanence du mariage selon l'intention de Dieu (Mt 19.5 ; Mc 10.7), et l'apôtre Paul y recourt pour mettre en garde contre l'union sexuelle en dehors du mariage (1 Co 6.16). Sa doctrine sur les relations entre mari et femme (Ép 5.21-33) ainsi que sur les hommes et les femmes dans l'Église (1 Co 11.3-15) est aussi fondée sur Genèse 2.

Le mariage est aussi utilisé dans la Bible comme image de la relation entre Dieu et les croyants. Les *Bani Isra'il* sont qualifiés de jeune épouse de Dieu (Jr 2.2), mais hélas, c'est une épouse infidèle (p. ex. Jr 2.32 ; Os 1.2 ; Éz 16 ; 23). La vision triomphante de la nouvelle création en Apocalypse 21 montre la communauté croyante comme la mariée de Jésus le Messie, préparée par lui pour une vie commune éternelle (Ap 21.2, 9). La mariée est décrite comme une cité – la nouvelle Jérusalem – en des termes qui font écho au jardin d'Éden. Il y a des pierres précieuses (Ap 21.11, 19-21), la lumière de Dieu lui-même (21.22-23), et des eaux abondantes (22.1). La meilleure nouvelle est que les gens verront à nouveau la face de Dieu (Ap 22.4), et que cela sera permanent. L'arbre de vie n'est plus inaccessible, mais il est librement accessible à tous les peuples (Ap 22.2). C'est la bénédiction finale que Genèse 1 – 11 permet d'espérer.

Le Coran

Le Coran a beaucoup à nous dire sur Adam et sa femme, les premiers humains, et, comme on pouvait s'y attendre, il y a à la fois des ressemblances et des dissemblances avec la Genèse. Le récit est l'objet d'allusions en de nombreux endroits, les références principales se situant dans les sourates *al-Baqara* 2 et *al-A'rāf* 7. Dans chaque cas, un aspect différent de l'histoire est utilisé pour développer la thèse du Coran, et les interprètes ont à travailler pour réunir toutes les références s'ils veulent produire un récit cohérent.

Quant à la création de l'homme et de la femme, nous lisons seulement que Dieu les fit à partir d'un type de terre (elle est décrite différemment en différents endroits) et que Dieu insuffla son esprit (*rūḥ*) (*al-Ḥijr* 15.29 ; *as-Sajda* 32.9), et que Dieu fit le couple à partir d'un seul être (*nafs*) (*an-Nisā'* 4.1). Il n'y a aucune indication du nom de la femme, et souvent on sait seulement qu'elle est active parce que les verbes sont conjugués à la forme duelle (l'arabe n'a pas uniquement le singulier et le pluriel, mais aussi le duel qui indique que deux entités sont engagées dans une action). Toutefois, la tradition islamique, aussi bien les *tafsir* que les *hadiths*, fournissent des détails qui sont semblables au récit de la Genèse, y compris l'idée que la femme (nommée *Hawwa*) a été faite de la côte de l'homme.

Comme nous l'avons vu dans notre commentaire sur Genèse 1.26-27, le Coran désigne Adam comme un *khalīfa* sur la terre, c'est-à-dire le représentant ou lieutenant de Dieu (sourate *al-Baqara* 2.30). Le récit d'*al-Baqara* (voir p. 48) indique le statut supérieur d'Adam au travers de l'histoire de Dieu demandant aux anges de se prosterner devant lui. Lorsqu'ils refusèrent, Dieu enseigna quelques noms à Adam, et cette connaissance supérieure les persuada de s'incliner. Cet incident est lié à la rébellion de Satan (*Iblis* ou *Shayṭān*). Satan refuse de se prosterner, affirmant sa supériorité sur les humains, et cela est perçu comme le moment où il chute, et comme le début d'un antagonisme avec les humains qui durera jusqu'au Jugement dernier. Cet antagonisme est, en conséquence, la cause de la première tentation, Dieu plaçant l'homme et sa femme dans le jardin d'Éden et leur interdisant de toucher un certain arbre, et Satan les persuadant de désobéir. Dieu leur rappelle ensuite la prohibition de l'arbre, ils se repentent et sont pardonnés. L'histoire se termine avec Dieu qui les envoie tous les trois – Adam, Ève et Satan – en bas sur la terre, là où Adam et Ève et leurs descendants recevront des indications qu'il leur faudra suivre, Satan étant leur ennemi juré qui tentera de les empêcher de suivre ces indications.

Il y a des ressemblances et des différences évidentes entre cela et la Genèse, et nous en explorerons la signification aux endroits appropriés dans le commentaire. Nous nous intéresserons aussi aux diverses questions d'interprétation et à des détails supplémentaires des autres sourates à mesure que nous progresserons.

D'autres éléments apparaissent dans le Coran et la tradition islamique qu'on ne trouve pas dans la Bible. La tradition donne à Adam le titre de *Safiy Allah*, « élu de Dieu ». La croyance veut qu'il ait construit un lieu de culte sur le site où Abraham allait ultérieurement construire la Ka'aba (*al-Baqara* 2.125-127) ; on dit que la Pierre noire date de cette époque-là. Bien que le Coran ne l'appelle pas prophète (*nabī*) ni messager (*rasūl*), les commentateurs depuis at-Ṭabarī l'ont considéré comme le premier prophète, et une tradition dit qu'il a reçu dix *ṣuḥūf* ou pages de l'Écriture. Ainsi, bien qu'Adam, dans le Coran, soit le premier homme, il est aussi, en tant que prophète, dans une catégorie différente des autres humains. C'est pourquoi il ne symbolise pas forcément le reste de l'humanité au sens où le fait Adam tel qu'il apparaît dans la Bible. Quoi qu'il en soit, la comparaison entre les récits bibliques et coraniques sur Adam met en évidence certaines différences profondes entre les conceptions biblique et coranique de la nature humaine, ainsi que leurs points communs.

Le monde du texte

Structure et genre

Genèse 2.4-25 dispose les cinq premiers éléments du chiasme des *towledah* :

    A. Création du premier homme (2.4-7)
        B. La beauté et la bénédiction en Éden (2.8-14)
            C. L'homme placé en Éden (2.15)
                D. Interdiction de l'arbre de la connaissance du bien et du mal (2.16-17)
                    E. Homme, animaux, femme : noms et nudité (2.18-25)

On note que les éléments A-D évoquent deux fois les eaux, l'installation des humains sur la terre et l'arbre de la connaissance du bien et du mal. C'est l'une des nombreuses constructions narratives qui montrent avec quelle minutie l'auteur a structuré son œuvre[2] :

    P. (2.4b-6) Une vapeur arrose la terre
        Q. (2.7-8) Dieu place l'homme en Éden
            R. (2.9) L'arbre de la connaissance du bien et du mal
    P'. (2.10-14) Des fleuves arrosent le jardin
        Q'. (2.15) Dieu installe l'homme en Éden
            R'. (2.16-17) L'arbre de la connaissance du bien et du mal

Le genre est essentiellement de la narration en prose. Le texte se répartit en plusieurs sections brèves qui s'écoulent ensemble en un récit continu, et qui se prolongera aux chapitres 3 et 4.

COMMENTAIRE

A. Genèse 2.4-7 – La création du premier homme

> *Telles sont les origines*
> *des cieux et de la terre,*
> *quand ils furent créés,*
> *lorsque l'Éternel Dieu fit*
> *la terre et les cieux.*

---

2. Pour approfondir sur la question des structures narratives en Gn 2–4, voir Wenham, *Genesis 1–15* sur ces chapitres, et *Rethinking Genesis 1–11*, p. 18-34.

> *Or aucun arbrisseau des champs n'était encore sur la terre, et aucune herbe des champs ne germait encore ; car l'Éternel Dieu n'avait point fait pleuvoir sur la terre, et il n'y avait point d'homme pour cultiver le sol ; Mais une vapeur montait de la terre, et arrosait toute la surface du sol. Et l'Éternel Dieu forma l'homme de la poussière de la terre, et souffla dans ses narines une respiration de vie ; et l'homme devint une âme vivante. (OST)*

Genèse 2.4 est un court poème structuré en chiasme :

A. les cieux
    B. et la terre
        C. quand ils furent créés
        C'. lorsque l'Éternel Dieu fit
    B'. la terre
A'. et les cieux

C'est la première apparition des onze *towledah* de la Genèse[3] – le mot traduit par « généalogie » ou « générations ». Comme nous l'avons dit, ce mot inaugure une nouvelle section. Il nous rappelle ce qui s'est passé dans la section précédente, et il nous dit ce qui en ressort. Le poème revient sur la création du ciel et de la terre, et il souligne que c'est le Seigneur Dieu qui les a faits. Ce n'est pas une généalogie qui expliquerait comment un dieu et une déesse auraient donné naissance au monde. C'est le récit disant que le Dieu unique crée par sa seule parole. Genèse 2.4 voit aussi la première utilisation de l'expression Seigneur Dieu, YHWH Élohim (voir p. 97 pour la signification).

Genèse 2.5-6 décrit un environnement primitif, c'est-à-dire la phase pré-agricole de la terre. Deux choses sont nécessaires pour que la terre soit productive : l'eau, et les humains. Au verset 6, Dieu apporte l'eau. À cette première étape, il n'y avait pas de pluie, mais la vapeur de la terre arrosait le sol. Peut-être était-ce comme la saison hivernale au Bangladesh où une brume épaisse recouvre tout à la surface ou près de la surface et imprègne le sol d'humidité. Nous avons lu que, au troisième jour, Dieu créa la verdure (Gn 1.11-12). Ici, le narrateur parle des plantes qui ont besoin d'être cultivées par l'homme. On observe un partenariat remarquable : la terre avec tout ce qui est sur elle dépend de ce que seul le créateur peut fournir, mais elle a aussi besoin que les humains y jouent leur rôle.

Dieu crée les humains en deux étapes. Premièrement, il forme (hébr. le verbe *yatsar*) l'homme (*'adam*) de la poussière du sol (*'adamah*). *Yatsar* est le verbe employé pour un potier qui façonne l'argile. Deuxièmement : Dieu insuffle la vie dans son corps de sorte qu'Adam devient un être vivant (*nephesh chayyah*),

---

3. Genèse 2.4 ; 5.1 ; 6.9 ; 10.1 ; 11.10, 27 ; 25.12, 19 ; 36.1, 9 ; 37.2.

expression-clef employée fréquemment au cours de Genèse 1 – 11. Une image semblable est employée en 1 Corinthiens 15.45-52 lorsqu'est décrit Jésus le Messie comme le nouvel Adam qui non seulement devient un être vivant mais comme l'Esprit donneur de vie.

Le verset 7 comporte plusieurs mots significatifs. *Nephesh*, traduit ici par « être », est traditionnellement rendu par « âme ». Cependant, *nephesh* évoque généralement la vie d'un individu ou l'individu lui-même. Le mot traduit par « homme » est *'adam* : il ne signifie pas « homme mâle » mais « être humain », même si dans la Genèse il est aussi employé comme le nom propre du premier être humain, qui se trouve être mâle. Le mot *'adam* est lié au mot *'adamah*, le « sol » d'où il a été tiré.

Bien que le corps humain soit constitué des mêmes éléments que la terre (c'est vrai *stricto sensu* : la plupart des éléments chimiques de la terre se retrouvent dans le corps humain), la vie qui nous rend humains vient de Dieu. En Genèse 1, on lit que la différence entre les humains et les animaux est que seule l'humanité a été créée à l'image et à la ressemblance de Dieu (1.26). Ici, en Genèse 2, ce qui distingue l'humanité est lié au souffle de Dieu. Ailleurs, l'image du souffle est utilisée pour montrer que, constamment et exclusivement, nous dépendons de Dieu pour notre vie (Jb 27.3). Si Dieu retire le souffle d'une personne ou d'un animal, ils meurent (Ps 104.29-30).

CORPS ET ÂME

Une manière de concevoir la création des humains en deux phases consiste à dire que Dieu a fait le corps d'abord comme résidence de l'âme. Certains font une distinction supplémentaire entre « âme » et « esprit ». Certains ont considéré que l'« âme » ou « esprit » est bon/ne et que le « corps » est soit mauvais, soit sans importance. D'autres s'intéressent davantage à s'occuper du corps que de l'âme. À partir de Genèse 2.7, on ne peut pas dire que le corps soit impur et que l'âme ou esprit soit pur/e, et il n'est même guère facile de séparer l'âme du corps. C'est la conjonction des deux qui fait l'être vivant. Cela dit, nous lisons ailleurs dans la Bible que le corps humain est transitoire (même si nous aurons un nouveau corps lors de la résurrection) et que ce qu'on pourrait appeler l'« âme » perdurera après la mort du corps physique. L'apôtre Paul énonce cela en disant que le corps est comme une « tente » dans laquelle habite « le vrai moi » (2 Co 5.1).

L'hébreu *nephesh* se traduit par *psychê* en grec et *nafs* en arabe. Il y a de gros débats sur la *nafs* dans la littérature musulmane, et notamment parce que le Coran semble parler de trois types différents de *nafs* humaines (*Yūsuf* 12.3 ; *Ghāfir* 40.1-2 ; *al-Fajr* 89.22-23). Nous regarderons cela de plus près quand nous commenterons Genèse 4.

Les soufis citent souvent Hazrat Ali, le dernier des califes droitement guidés de l'islam, qui dit : « *Man a'rafa, nafsahu, faqad a'rafa Rabbahu* » (« Quiconque connaît son *nafs* connaît son Seigneur ») ! Ils assimilent la *nafs* dans le corps humain à un oiseau emprisonné dans une cage. Le grand soufi du XIe siècle Imam al-Ghazali a écrit un célèbre poème qui fut trouvé sous sa tête après sa mort.

Je suis un oiseau, ce corps est ma cage
Mais je me suis envolé pour le laisser en souvenir de moi.

Un hadith compare aussi la *nafs* à un oiseau. Quand on l'interrogea sur le verset coranique : « ceux qui ont été tués dans le chemin d'Allah [...] sont vivants auprès de leur Seigneur » (*Āl 'Imrān* 3.169), Mohammed, le prophète de l'islam, répondit : « Les âmes des martyrs vivent dans les corps d'oiseaux verts qui ont leur nid dans les chandeliers suspendus au trône du Tout-Puissant. Ils mangent les fruits du paradis où ils le veulent puis vont nicher dans ces chandeliers » (*Sahih Muslim*, 1887).

La secte Baul au Bangladesh reprend cette notion dans une autre direction, pensant que le divin bien-aimé (Dieu) peut se trouver logé dans le corps humain. Le corps, dit-elle, est un microcosme de l'univers, contenant mystiquement l'univers entier. À la mort, l'âme quitte le corps et devient comme un oiseau. Le célèbre poète baul, Lalon Shah (1774-1890), symbolisait son âme comme un « oiseau inconnu » ; il voulait la conserver à jamais dans la cage de son corps et donc rester immortel.

"Khachar vitor Achin pakhi komne ase jai"?
Ami Dorte Parle Mono Beri Ditam Pakhir Pai?"

(« L'oiseau inconnu dans la cage, comment y entre-t-il et en
    sort-il ?
    L'attraper, je le ferais si je pouvais, et je mettrais la
    chaîne de mon esprit sur ses pattes. »)

La Genèse ne décrit pas l'âme comme étant emprisonnée dans un corps méprisable ; au contraire, Dieu a créé le corps, et il est donc bon. En opposition au gnosticisme grec de son temps, l'apôtre Paul parle de la résurrection du corps et non de l'évasion de l'âme hors du corps ; il va même jusqu'à qualifier nos corps de temples, où Dieu réside par son Esprit (1 Co 6.19-20).

Le Coran et la tradition musulmane s'accordent à dire que Dieu a fait Adam à partir de la terre avant de lui insuffler la vie. Cependant, la notion que nous sommes faits « à l'image de Dieu » ne s'y trouve pas, si ce n'est dans la pensée soufie[4].

B. Genèse 2.8-14 – La beauté et la bénédiction de l'Éden

> Le Seigneur Dieu planta un jardin en Éden, du côté de l'est, et il y mit l'homme qu'il avait façonné. Le Seigneur Dieu fit pousser de la terre toutes sortes d'arbres agréables à voir et bons pour la nourriture, ainsi que l'arbre de la vie au milieu du jardin, et l'arbre de la connaissance de ce qui est bon ou mauvais. (2.8-9)

Le premier jardinier, ce fut Dieu ! On peut se le figurer comme un Père céleste, concevant un jardin – non pas par pure injonction divine mais avec beaucoup de soin et d'attention – avant d'y placer affectueusement son enfant (cf. Lc 3.38), Adam !

« Éden » est manifestement un lieu précis, fait de la poussière de la terre poussiéreuse que Dieu vient de créer. Le mot *Éden* signifie « plaine » ou « steppe » en assyrien ; c'est pourquoi beaucoup y voient un terrain plat. En hébreu, il signifie « délice » ou « plaisir », ce nom nous rappelant ainsi qu'il devait être splendide. « En Éden, du côté de l'est », pourrait signifier qu'Éden était à l'est de la région, ou que le jardin était dans la partie orientale d'Éden. Le jardin semble avoir eu de l'eau en abondance, contrairement à la terre antique de Canaan où les habitants avaient à creuser laborieusement des puits afin d'en tirer de l'eau pour eux et pour leurs animaux.

Le terme arabe pour « jardin » est *janna*, et le mot bangladais est *began*, les deux ressemblant au mot hébreu employé dans ces versets : *gan*. Dans la traduction en grec ancien, la Septante, Éden est appelé *paradis*. Ce mot est traduit par « paradis » dans le Nouveau Testament (Lc 23.42 ; 2 Co 12.4). Le texte bangladais *Kitabul Mukaddos* dit *paramdesh*, le « lieu des bénédictions ». Le terme vient de l'ancien persan *ferdous*, qui évoque un parc royal ou un jardin fermé, souvent divisé en quatre parties.

Le jardin était rempli de plantes magnifiques, et il y avait abondance de nourriture. Au centre, il y avait deux arbres spéciaux. En fait, on ne sait rien d'eux à part leurs noms ; plus tard, on découvrira que l'arbre de vie signifie la vie sans

---

4. Voir commentaire sur Genèse 1.26-27 ci-dessus.

la mort[5] (Gn 3.22 ; cf. Ap 2.7 ; 22.2, 14), et que l'arbre de la connaissance du bien et du mal signifie quelque chose qui mène à la mort (Gn 3.3, 17). Toutefois, la connaissance du mal n'est pas la même chose que le mal. Il y avait une possibilité de mal ; mais le mal n'était pas encore présent au jardin d'Éden. Au contraire, ces arbres confirment l'excellence de la création originelle de Dieu : ils sont « bons » (cf. Gn 1.4, 10, 12, 18, 21, 25, 31).

Le Coran aussi parle de Dieu qui place les premiers humains dans un jardin (*al-Baqara* 2.35 ; *al-A'rāf* 7.19 ; *Ṭā Hā* 20.117). Ici, le jardin est simplement appelé *al-janna* – littéralement « le jardin ». Seul un arbre est précisément nommé dans le jardin, l'arbre de l'immortalité, *shajarat al-khuld* (*Ṭā Hā* 20.120), que Dieu interdit à Adam et à sa femme. Il n'y a aucune mention de l'arbre de la connaissance du bien et du mal dans le Coran.

L'expression *jannat 'adan* n'apparaît qu'une fois dans le Coran, dans la sourate *at-Tawba* 9.72 où elle décrit un lieu magnifique et bien arrosé promis aux croyants et aux croyantes. Selon al-Bayḍāwī, *'adan* signifie « demeure définitive ». Il y a plusieurs autres termes pour désigner le jardin céleste dans le Coran, et certains érudits disent qu'ils décrivent différents niveaux de ciels davantage qu'ils ne sont des descriptions différentes du même lieu. Dans cette conception, *jannat 'adan* est au quatrième ciel. La sourate *al-Furqān* 25.15 mentionne *jannat al-khulidīn*, « le jardin éternel » promis aux *muttaqīn* (justes). La sourate *al-An'ām* 6.127 parle de *dar as-salām*, une « maison de paix » en présence de *rabbihim* (leur Seigneur), la notion de « maison » étant répétée dans la sourate *as-Sajda* 32.19, où les justes vivront dans *jannat al-māwā*, « le jardin du refuge ». La sourate *al-Kahf* 18.107 mentionne *jannat al-firdūs*, « le jardin du paradis ». Qui n'aspirerait pas à entrer dans un tel jardin ?

La localisation d'Éden est une question très débattue au Bangladesh et ailleurs. Nous voulons en savoir plus sur le Paradis parce que nous voulons y aller, et nous voulons savoir comment y aller. La Genèse laisse clairement entendre qu'Éden était sur terre, mais le Coran n'indique pas son emplacement, et les commentateurs coraniques ne s'accordent même pas quant à savoir s'il était sur terre ou au ciel. La plupart s'accordent à penser avec Maulana Faridpuri qu'il était en dehors de la terre et que les humains en ont été descendus pour venir sur terre (sourate *al-Baqara* 2.36)[6]. Un autre argument est que là, il n'y aura pas la chaleur du soleil (*Ṭā Hā* 20.118-119), et nous saurons combien les humains souffrent de la chaleur du soleil sur cette terre. Inversement, Maulana

---

5. L'arbre de vie apparaît dans de nombreuses autres traditions antiques.
6. Voir, par exemple, *Tafsirul Baizabi* sur ce verset.

Les commencements de la vie humaine et du péché : Genèse 2.4 – 4.26   109

Akram Khan dit que le nom *paradis* suppose que le jardin était sur terre[7]. Il ajoute qu'Adam était mandaté pour être *khalīfa* sur cette terre et que le mot arabe traduit par « descendre » (*habaṭa*) peut aussi vouloir dire « partir, être expulsé, aller d'un lieu à un autre » aussi bien que descendre du ciel sur la terre. Le Coran parle de *ihbiṭu miṣran* – « aller en Égypte » – (sourate *al-Baqara* 2.61) mais cela ne signifie pas que l'Égypte était au ciel.

> *Un fleuve sortait d'Éden pour arroser le jardin, et de là il se divisait en quatre bras. Le nom du premier est Pishôn ; c'est celui qui contourne tout le pays de Havila, où l'on trouve l'or – et l'or de ce pays est bon. Là se trouvent aussi le bdellium et la pierre d'onyx. Le nom du deuxième fleuve est Guihôn ; c'est celui qui contourne tout le pays de Koush. Le nom du troisième fleuve est le Tigre ; c'est celui qui coule à l'est de l'Assyrie. Le quatrième fleuve, c'est l'Euphrate.* (2.10-14)

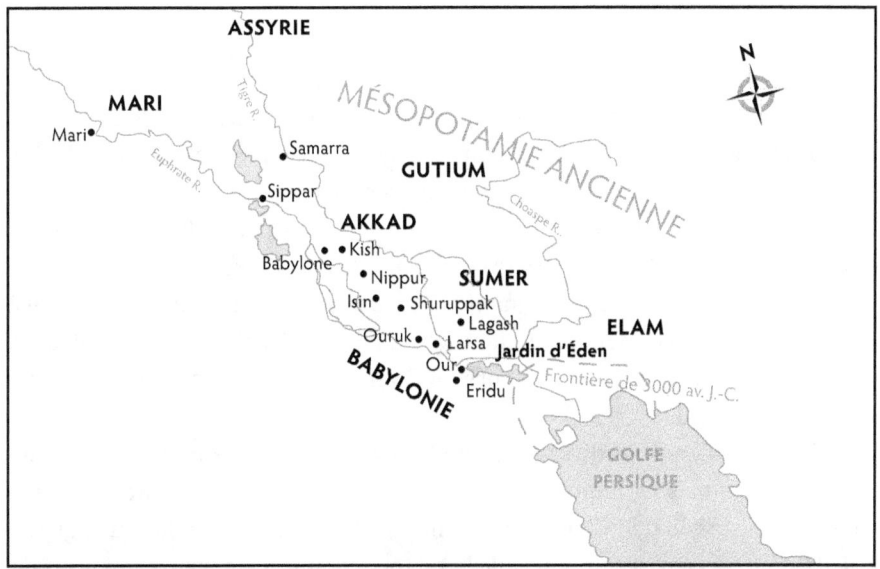

Figure 3 – Emplacement conjectural du Jardin d'Éden

Le beau jardin est riche de pierres et de métaux précieux ; il est également bien approvisionné en eau. Ici, le narrateur commence par utiliser le mot « fleuve » (hébr. *nahar*). L'eau qui est celle du sol, celle de la terre, a donné quatre fleuves ! Cela rappelle les quatre quartiers des jardins murés de la Perse antique, qui

---

7. Khan, *Qur'an Sharif*, vol. 1, p. 85 ; aussi http://bn.wikisource.org/wiki/, pdf/102

étaient irrigués par quatre branches d'une source d'eau au centre ; mais les détails géographiques laissent à penser qu'il s'agissait d'un lieu réel et non mythique.

Les fleuves devraient nous aider à situer le jardin d'Éden, mais si le Tigre et l'Euphrate sont bien connus, les noms de Pishôn et Guihôn compliquent l'affaire. Le Pishôn n'est mentionné nulle part ailleurs dans l'Ancien Testament. Havila, le lieu qu'il alimente en eau, signifie « région des sables ». Ailleurs dans la Bible, Havila est une partie de l'Arabie du sud-est (Gn 10.7, 29 ; 25.18 ; 1 S 15.7 ; 1 Ch 1.9, 23), de sorte que le Pishôn a pu être en Arabie. Mais certains ont pensé qu'il pouvait être en Inde – Josèphe pensait que ce pouvait être le Gange. Le Guihôn était une source à Jérusalem (1 R 1.44 ; 2 Ch 32.30), mais les Juifs n'ont pas occupé Jérusalem avant l'époque de David ; il est donc improbable que ce soit le fleuve de Genèse 2. Dans l'Ancien Testament, Koush désigne habituellement l'Éthiopie (p. ex. És 20.3 ; Jr 46.9), mais Genèse 10.8 fait de Koush le père de Nemrod, le bâtisseur de Ninive. Donc, le Guihôn a pu être le Nil, mais il aurait pu aussi se trouver en Assyrie.

Le Pishôn et le Guihôn ont pu avoir disparu, devenant peut-être les lits asséchés qui sont identifiables sur les images satellite, ou ayant disparu au gré de bouleversements géologiques. On peut voir des changements analogues dans les fleuves du Bangladesh. Il fut un temps où ce pays comportait plus de sept cents rivières. Pourtant, la plupart de ces rivières ne sont plus, largement à cause des effets du changement climatique provoqué par les humains, par des constructions anarchiques de barrages et par des dépôts de limon dans les lits de ces rivières. À la suite d'un tremblement de terre d'une magnitude de 7,5 le 2 avril 1762, le soulèvement tectonique sur la faille de Madhupur au Bangladesh a entraîné le détournement du cours du Brahmapoutre, ce grand fleuve d'Asie centrale et du Sud.

Tout ce qu'on peut dire, c'est que la Genèse situe Éden quelque part en Mésopotamie, mais ses limites ne sont pas claires. Elles ont pu être circonscrites à une zone voisine du Golfe Persique, à moins qu'elle ne se soit étendue du Gange au Nil. Il est intéressant de noter ici que le Nil tout comme le Gange sont tenus pour sacrés depuis longtemps et que des milliers d'Hindous essayent de s'y purifier de leurs péchés jusqu'aujourd'hui. Là encore, la Genèse conteste ces rites : comme tout le reste, les fleuves sont la création de Dieu. Ce n'est pas une source d'eau particulière qui peut nous donner la guérison et l'absolution ; seul le Dieu qui nous a faits, nous et les fleuves, peut y pourvoir (voir 2 R 5.9-15 ; Jn 5.1-5 ; 9.1-2 ; Ac 22.16 ; Ép 5.26).

C. Genèse 2.15 – Les humains placés en Éden

> *Le Seigneur Dieu prit l'homme et le plaça dans le jardin d'Éden pour le cultiver et pour le garder.*

Le cadre est installé : la terre est arrosée, l'être humain est fait, le jardin est préparé, et nous avons été informés sur les deux arbres qui vont avoir de l'importance dans la suite du récit. Maintenant, nous revenons à l'événement du verset 8 et nous nous concentrons sur l'être humain qui a été placé dans cet environnement parfait. Dieu a créé son enfant spirituel pour vivre une relation bénie avec lui et pour jouir des multiples richesses du jardin ! Mais cet enfant n'a pas été créé pour rester assis à ne rien faire, à grignoter, à rigoler et à s'amuser. La responsabilité dévoilée au verset 5 est redite et expliquée au verset 15. La tradition juive relève que l'*adam* a reçu du travail avant même de recevoir de la nourriture. Les fruits du jardin ne lui sont pas tombés tout prêts dans la bouche. Il mange en fonction du travail qu'il produit. La Genèse brise la fausse idée que le travail serait la malédiction et le châtiment de Dieu à cause du péché (3.16-19) : le travail a existé avant la chute. À l'inverse, le Coran ne mentionne aucunement le travail dans son jardin, et c'est une raison de penser que ce jardin n'est pas sur terre.

Le verset 15 prolonge les bénédictions de la domination et de la nourriture de 1.28-31, et il souligne les responsabilités environnementales induites. Les deux obligations d'Adam sont, en hébreu, *'abad* et *shamar*. Le sens littéral de *'abad* est « travailler » ou « servir » – c'est la même racine que « serviteur/ esclave » (ar. *'abd*). Beaucoup de musulmans ont des noms qui commencent par *'abd al-*, « serviteur/ esclave de… », et la seconde partie est un nom de Dieu. Ainsi, par exemple, 'Abd ar-Rahmān est le serviteur du Miséricordieux. Ici, l'être humain est le serviteur de la terre. *Shamar* est le verbe traduit par « garder » dans nombre d'injonctions bibliques à respecter les commandements de Dieu. Son sens élémentaire est « garder » ou « protéger ». Quel peut bien être le danger dans un jardin aussi parfait, se demande-t-on ? S'agit-il de tailler les arbres ou de désherber les plantes, voire de s'assurer que les animaux ne mangent pas toute la récolte ? On ne nous en dit rien, mais il est clair qu'existe la responsabilité de veiller sur la terre, et qu'Adam doit rester vigilant et vérifier que tout va bien.

Ces obligations peuvent aussi être symboliques. La Torah nous dit en trois endroits que ces deux tâches sont en rapport avec le travail des Lévites dans le tabernacle (Nb 3.7-8 ; 8.26 ; 18.5-6). Les Lévites doivent « accomplir le service » et « être responsables » pour le grand prêtre, les autres prêtres et Lévites, et « garder » tout ce qui est dans le tabernacle ainsi que tous ceux qui y viennent. Il ne s'agit pas seulement de sécurité physique mais aussi de s'assurer que les lois de sainteté sont correctement respectées. Dans le tabernacle, Dieu donne aux hommes une nouvelle chance de réussir là où Adam a échoué : servir et garder, dans un lieu de beauté où ils rencontrent Dieu. Pour en revenir à Genèse 2, nous saisissons que c'est parce que l'*adam* est d'abord le serviteur de Dieu qu'il est aussi le serviteur de la terre ; et, pour protéger la terre, il doit garder les commandements de Dieu. Lorsqu'il sert quelqu'un d'autre que Dieu, et qu'il viole un commandement, il n'est pas le seul à souffrir ; il perd le jardin d'Éden, et toute la terre en pâtit.

D. Genèse 2.16-17 – L'arbre de la connaissance du bien et du mal

> Le Seigneur Dieu donna cet ordre à l'homme : Tu pourras manger de tous les arbres du jardin ; mais tu ne mangeras pas de l'arbre de la connaissance de ce qui est bon ou mauvais, car le jour où tu en mangeras, tu mourras.

C'est le premier commandement de Dieu à l'*adam*. Mais de quel type de commandement s'agit-il ? Premièrement, Dieu lui dit de manger selon ses désirs ; mais ensuite on voit que cette liberté est assortie d'une condition, et qu'y désobéir mène à la mort. Cela rappelle Jésus le Messie quand il dit que le commandement de Dieu, c'est la vie éternelle ; ce qui suppose que si on le rejette, cela entraîne la mort (Jn 12.50).

Un seul arbre est interdit : l'arbre de la connaissance du bien et du mal. Le Coran renferme une condition semblable, mais c'est l'arbre de l'éternité ou de la vie éternelle, *shajarat ul-khuld* (sourates *al-Aʿrāf* 7.20 ; *Ṭā Hā* 20.120) qui est prohibé, et le châtiment de la désobéissance n'est pas la mort. On devient plutôt *ẓālimun*, injuste, ou malfaisant (sourate *al-Aʿrāf* 7.19).

Le Coran considère la mort comme inévitable et intégrée au plan originel de Dieu (*Āl ʿImrān* 3.185 ; *al-Anbiyāʾ* 21.35 ; *al-ʿAnkabut* 29.57-58). Il ne lie pas le péché et la mort comme le fait la Genèse, mais il dit aux lecteurs que Dieu a créé la mort et la vie comme une épreuve (*al-Mulk* 67.2). Comme nous le verrons, la plupart des interprétations islamiques du Coran n'admettent pas que la désobéissance d'Adam ait eu des effets dramatiques sur le monde ou sur les futures générations. Dans la Genèse, la désobéissance va avoir de terribles conséquences. La Genèse va progressivement révéler que la séparation d'avec Dieu signifie la mort. Cela sera d'abord montré comme la mort spirituelle, lorsqu'Adam et Ève sont exilés du jardin et interdits d'accès à l'arbre de vie. La mort physique viendra plus tard.

Bien que cette interdiction de l'arbre de vie puisse apparaître comme un défaut d'amour de la part du Père céleste, c'est en réalité une marque de cet amour. Bientôt, nous verrons comment il met en œuvre son plan pour la nouvelle création, où « au vainqueur [sera donné] de manger de l'arbre de la vie » (Ap 2.7 ; 22.2, 14). Dieu veut la vie pour ses enfants. Aucun parent ne veut que son enfant meure. Ce qu'il y a de plus lourd à porter en ce monde, c'est le corps mort de son enfant ! Donc, de même que nous mettons nos enfants en garde contre le danger, Dieu met en garde ses enfants contre le fruit à ne pas manger. Toute bonne chose comporte sa part de risque. Par exemple, l'électricité et l'énergie nucléaire sont utiles à la croissance de la civilisation, mais leur mauvais usage est fatal. Si Adam et Ève étaient restés conscients de l'amour de leur Père céleste, nul doute qu'ils lui auraient obéi !

E. Genèse 2.18-25 - Homme, animaux, femme : noms et nudité

Le texte évolue maintenant vers ce qui paraît être un nouveau sujet. Nous avons vu l'abondance et l'avertissement solennel, mais nous ne trouvons, dans l'immédiat, rien de plus sur les arbres. Premièrement : Dieu fournira à l'homme quelque chose dont il a besoin parallèlement à son besoin de nourriture.

> *Le Seigneur Dieu dit : Il n'est pas bon que l'homme soit seul ; je vais lui faire une aide qui sera son vis-à-vis. Le Seigneur Dieu façonna de la terre tous les animaux de la campagne et tous les oiseaux du ciel. Il les amena vers l'homme pour voir comment il les appellerait, afin que tout être vivant porte le nom dont l'homme l'appellerait. L'homme appela de leurs noms toutes les bêtes, les oiseaux du ciel et tous les animaux de la campagne ; mais, pour un homme, il ne trouva pas d'aide qui fût son vis-à-vis. (2.18-20)*

La bénédiction de la multiplication féconde de Genèse 1.28 est sur le point de s'accomplir ; mais d'abord il nous faut un couple et une union hétérosexuelle. Genèse 1 redit que la création est bonne, et même *très* bonne. Ce qui frappe, à l'inverse, c'est que Dieu énonce ici qu'il n'est « pas bon » de vivre seul. C'est là le deuxième aperçu de la pensée de Dieu : l'intention du Père céleste est que l'humanité vive dans la communauté (ar. *ummah*). Le Père aimant voit que son enfant a besoin d'un vis-à-vis, et que la création a besoin des femmes !

Une aide qui convienne (hébr. *'ezer neged*) évoque une personne qui est différente de l'*adam* mais qui peut œuvrer en partenariat avec lui. Comme en 1.27, rien ne laisse entendre un statut inférieur : au contraire, le mot *'ezer* est employé ailleurs pour Dieu lui-même comme aide de son peuple (p. ex. Ps 121.2). En recherchant cette aide, Dieu montre à l'*adam* les animaux et les oiseaux. Comme l'homme, les êtres vivants sont façonnés (hébr. *yatsar*) de la poussière (hébr. *'aphar*, v. 7), mais il n'est pas dit que le Seigneur leur ait insufflé le souffle de vie. Il y a une certaine similitude entre les humains et les animaux, mais aucun animal ne peut être le partenaire qu'il faut à Adam. Aujourd'hui, les gens trouvent un certain compagnonnage avec les animaux de compagnie, mais ceux-ci ne sauraient remplacer les êtres humains dans nos vies. La Genèse dépeint cela de manière réaliste : les animaux sont amenés vers Adam, à qui est confiée la tâche de les nommer ; or, pas un seul n'est trouvé qui serait une aide adéquate.

Ce récit ne se réduit pas à faire un constat négatif pour ainsi préparer la voie de la création de la femme. La désignation des animaux est lourde de sens en elle-même. Dans la Bible, comme dans beaucoup d'endroits du monde aujourd'hui, donner un nom est une marque d'autorité. Dans une famille musulmane bangladaise, seule une personne d'âge mûr tel qu'un parent ou un grand-parent peut organiser la *'aqiqa*[8] et lancer des invitations pour donner un nom à un enfant. Ici, donc, donner des noms est pour l'*adam* le premier acte d'autorité sur les animaux. C'est aussi la première trace d'exercice du langage humain. L'inspiration et la sagesse nécessaires pour nommer les animaux font partie de ce que signifie « être à l'image de Dieu ». On se souvient que, au chapitre 1, Dieu a nommé des parties de sa création (1.5, 8, 10), mais il n'a pas nommé les étoiles, les plantes ni les animaux. Cela, c'était la part de l'homme dans l'ordonnancement du monde fait par Dieu !

Les interprètes juifs et chrétiens ont consacré beaucoup d'attention à la désignation des animaux, y voyant une clef de compréhension de la dignité humaine, allant jusqu'à impliquer que l'*adam* avait non seulement des aptitudes données par Dieu mais aussi une nature semblable à Dieu. Au temps de Mohammed, Adam était décrit dans les écrits chrétiens comme un être considérable et glorieux, renvoyant à la gloire supérieure de Jésus le Messie, le « second Adam »[9]. Par contraste, le Coran énonce que Dieu a enseigné à Adam les noms (*al-Baqara* 2.31). C'est la connaissance des noms par Adam qui persuade les anges qu'ils doivent se prosterner devant lui, et les commentateurs s'accordent pour dire que la connaissance des noms équipe Adam pour sa tâche de *khalīfa*.

Le verset 20 est la première occurrence d'« Adam » sans l'article défini. Nous passons de « l'*adam* » comme humanité en général au nom propre d'Adam, le premier humain mâle.

> *Alors le Seigneur Dieu fit tomber une torpeur sur l'homme, qui s'endormit ; il prit une de ses côtes et referma la chair à sa place. Le Seigneur Dieu forma*

---

8. La *'aqiqa* est le sacrifice cérémoniel d'un animal et du nom donné à un enfant, habituellement sept jours après la naissance de l'enfant.
9. Voir, par exemple, le texte syriaque *La Caverne des trésors*.

> *une femme de la côte qu'il avait prise à l'homme, et il l'amena vers l'homme. L'homme dit : Cette fois c'est l'os de mes os, la chair de ma chair. Celle-ci, on l'appellera « femme », car c'est de l'homme qu'elle a été prise. (2.21-23)*

Pour concevoir une partenaire qui convienne à Adam, Dieu le plonge dans un profond sommeil (hébr. *tardemah*) ou, peut-être, une transe. (Le même mot sera employé pour Abraham en Genèse 15.12). Ensuite, il prend une partie du côté de l'homme, ou une côte, et non de la poussière à partir de laquelle il avait créé aussi bien l'homme que les animaux. Donc, l'aide a réellement été faite à partir d'un morceau d'Adam. Il existe une longue tradition disant qu'il s'agit là d'une importante indication de l'égalité et de la solidarité de l'homme et de la femme[10]. On dit souvent que, Ève ayant été faite du côté d'Adam plutôt que de son pied ou de sa tête, l'homme n'a pas à dominer sur la femme, ni elle sur lui.

Le Coran ne donne pas de détails sur la création de la femme, se contentant de dire : « Hommes, soyez pieux envers votre Seigneur qui vous a créés à partir d'une personne (*nafs*) unique dont, pour elle [*nafs* est féminin], Il a créé une épouse » (*an-Nisā'* 4.1). Les auteurs féministes d'aujourd'hui font fortement remarquer que rien n'indique que la femme ait été créée à partir de l'homme ou inversement, l'homme de la femme ; ce verset pouvant être lu comme enseignant l'égalité mâle/femelle[11]. Toutefois, la tradition islamique, y compris beaucoup de commentaires, suit généralement la notion selon laquelle Ève a été faite de la côte d'Adam, et elle en tire quelques conclusions importantes. Dans le hadith, Mohammed, le prophète de l'islam, dit : « Traitez aimablement les femmes, car la femme a été créée d'une côte. » Une version plus longue indique que cela concerne la relation matrimoniale :

> Une femme est comme une côte ; la femme est créée à partir d'une côte, une côte courbe. Si vous essayez de la rendre droite, elle cassera ; cette cassure est le divorce. (Muslim, Livre 8, Hadith 3467, cf. Bukhari vol. 4, Livre 55, Hadith 548 ; Tirmidhi, vol. 2, Livre 8, Hadith 118).

En Genèse 2, Dieu fait à Adam le merveilleux présent d'une aide ; ce présent est issu d'Adam, pour qui elle a été faite (v. 22). Le Père céleste présente une épouse à son fils spirituel, et inaugure ainsi l'institution du mariage pour l'humanité.

---

10. Il y a aussi une longue tradition de l'utilisation de ce texte pour prouver le contraire. Voir « Et nous ? » p. 122.
11. Par exemple, Wadud, *Qur'an and Women*, p. 17-20.

Lorsqu'Adam se réveille, dans un bref poème il reconnaît en elle ce à quoi il a aspiré, disant qu'enfin voici quelqu'un qui est exactement comme lui : *c'est l'os des os-miens, la chair de la chair-mienne* (2.23). Le dernier mot de chaque membre de ce verset se termine avec le suffixe possessif *-i*, indiquant la similarité avec Adam. L'hébreu pour « os » peut signifier non seulement cette partie du corps mais aussi l'« essence » ou le « moi » (p. ex. Jg 9.2 ; 1 Ch 11.1). C'est dire si l'égalité entre les deux sexes est bien plus que biologique : la femme est une partenaire complémentaire et est semblable à Adam parce qu'elle aussi est faite à l'image de Dieu.

Adam dit : « elle sera appelée » *femme* (hébr. *'ishshah*) parce qu'elle a été « prise d'un homme (hébr. *'iysh*) ». C'est différent des noms donnés aux animaux. Premièrement : le texte ne dit pas qu'il lui donne un nom, comme les animaux s'en sont vu attribuer un aux versets 19 et 20. Il y a une différence entre « être appelée » et « être nommée ». Deuxièmement : le nom dont il l'appelle n'est que la forme féminine de sa propre désignation. L'ordre chiastique des sept mots montre que l'homme et la femme sont le reflet l'un de l'autre : « Celle-ci sera-appelée *'ishshah* car d' *'iysh* a-été-prise celle-ci. » Plus tard, il lui donnera un nom (Gn 3.20).

Tout cela signifie que, ici dans le chapitre 2, l'« humain » reconnaît l'« humaine » comme un être complètement semblable à lui-même. Il faudra attendre la chute pour qu'il prenne la position d'autorité consistant à lui donner un nom.

Le Coran ne donne rien qui ressemble au poème de reconnaissance d'Adam au verset 23, mais il précise cependant que mâle et femelle sont d'une nature similaire et qu'ils sont faits pour vivre ensemble :

> C'est Lui qui vous a créés à partir d'une personne unique dont Il a tiré son épouse afin que cette personne se trouvât en sécurité auprès d'elle. (sourate *al-A'rāf* 7.189)

Le verbe arabe *yaskun* évoque le repos ou le fait de vivre en paix. La Bible et le Coran s'accordent tous deux que mâle et femelle sont de la même espèce, égaux aux yeux de Dieu, et créés pour vivre ensemble dans son monde.

> *C'est pourquoi l'homme quittera son père et sa mère et s'attachera à sa femme, et ils deviendront une seule chair. (2.24)*

La Genèse continue en précisant ce que signifie vivre ensemble. C'est la définition fondamentale que la Bible donne du mariage. Certes, Adam et Ève n'avaient pas de parents, et donc ce verset est tourné vers l'avenir, mais son positionnement à ce point du récit de la création est très important. Comme l'a enseigné Jésus le Messie, il montre que le mariage n'est pas une institution humaine que l'on peut rompre à volonté : il reflète notre nature même, tels que Dieu nous a créés (Mt 19.4-6 ; Mc 10.5-9). Il y a de multiples lois sur le mariage et la sexualité dans la Torah, qui indiquent comment ces sujets doivent être régulés et ce qui doit intervenir lorsque les choses tournent de travers. Ici, nous avons la description de ce que devrait être la relation conjugale.

Le mariage est décrit en trois parties : quitter ses parents, être attachés, et devenir une seule chair. Quitter ne signifie pas forcément quitter littéralement le foyer parental, mais cela signifie assurément qu'une nouvelle unité familiale prend le pas sur l'ancienne. Le premier devoir de l'homme n'est plus envers ses parents mais envers sa femme (cf. 1 Co 7.2-5). S'attacher l'un à l'autre signifie qu'on est véritablement unis. Cette union est permanente et le couple doit se serrer les coudes (voir aussi Pr 5.18). Devenir une seule chair fait intervenir l'union sexuelle, mais l'unité du mari et de la femme est bien plus que cela : ils doivent être unis consciemment et s'appartenir indissociablement comme les diverses parties du corps humain. Dans le Nouveau Testament, cette relation est décrite en termes très imagés en Éphésiens 5.21-33.

Il est consternant que la société contemporaine ne soutienne pas cette conception du mariage qui nous est donnée dans la Genèse. De nombreuses définitions du mariage ne reflètent pas les principes fondamentaux que voici :

Premièrement : le mariage est monogame. Bien que plusieurs personnages bibliques importants comme Abraham, Jacob, David et Salomon aient eu plus d'une femme, telle n'est pas la norme biblique. D'ailleurs, les récits bibliques de tous ces mariages montrent combien de problèmes sont susceptibles d'émerger dans une famille polygame. Le Nouveau Testament précise bien que les conducteurs d'Églises doivent être monogames (1 Tm 3.2). À l'inverse, le Coran donne une permission conditionnelle jusqu'à quatre épouses, avec une permission supplémentaire d'union sexuelle avec des concubines esclaves (sourates *an-Nisā'* 4.3-13 ; *al-Baqara* 2.187). Au Bangladesh, certains croyants ont plus d'une femme avant de devenir chrétiens. Dans ce cas, on conclut que le mari n'a pas besoin de divorcer de ses femmes mais qu'il doit continuer de prendre soin d'elles ; cependant, il ne doit être ni pasteur ni diacre (1 Tm 3.1, 12).

Deuxièmement, le mariage est hétérosexuel et entre êtres humains. La Bible considère comme fautive toute union sexuelle en dehors du mariage hétérosexuel (Lv 18.22 ; 20.13). Le viol, la prostitution, l'union pré- ou extra-maritale et l'union homosexuelle sont proscrits de la vie du croyant. Ici, l'islam est d'accord même si, comme parmi les chrétiens, il y a des gens qui reconsidèrent la conception traditionnelle, notamment par rapport à l'homosexualité. Il y a des questions importantes à soulever sur notre rapport à la sexualité dans notre monde déchu, mais Genèse 2.24 nous permet de distinguer entre ce que nous étions lors de la création et ce que nous avons pu devenir dans ce monde perverti. Aucun tribunal humain ne saurait modifier ce pour quoi Dieu nous a créés.

Troisièmement, le mariage est permanent. Même si la Bible reconnaît que les mariages peuvent échouer et même si elle a des lois qui traitent de ce genre de situation (Dt 24.1), elle ne considère pas le mariage comme un contrat auquel on puisse mettre fin mais comme une union à vie. Dieu hait le divorce (Mt 19.8 ; Ml 2.16). La tradition musulmane de même, ainsi que l'énonce le célèbre hadith :

> *Le plus détestable de tous les actes permissibles devant Dieu est le divorce. (Sunan Abi Dawud, 2170-2171)*

Ainsi, la loi islamique décourage le divorce, mais c'est un fait qu'elle aborde le mariage comme un contrat auquel le mari peut mettre un terme[12], et elle précise les conditions du divorce. Dans le chiisme duodécimain, il y a aussi une institution appelée *nikāḥ muta'a* (mariage temporaire) par laquelle un mariage peut être contracté pendant une durée déterminée, ne fût-ce qu'un jour. Les musulmans sunnites considèrent ce type de mariage comme de l'adultère, comme un acte de luxure sous couvert religieux, et il est donc prohibé selon leur jurisprudence.

Quatrièmement, l'unité est à tous les niveaux. Mari et femme sont non seulement censés procréer mais adorer et œuvrer ensemble dans l'accomplissement de leurs tâches en ce monde. Aussi bien dans l'Ancien que dans le Nouveau Testaments, les croyants sont censés épouser quelqu'un qui soit croyant aussi, de sorte qu'ils puissent adorer Dieu ensemble (voir 1 R 11.4 ; 2 Co 6.14). Mais que se passe-t-il lorsque l'un croit en Jésus le Messie mais pas le conjoint ? Au Bangladesh, il y a beaucoup de gens parmi les chrétiens d'arrière-plan musulman dont le conjoint ne croit pas en Jésus. Dans ce contexte, l'apôtre Paul conseille que, si le conjoint non-croyant accepte la prolongation du mariage, le couple ne doit pas divorcer : le partenaire incroyant peut venir à la foi par le témoignage du partenaire croyant (1 Co 7.12-15). La situation peut être délicate, et le conjoint incroyant peut ne pas être une bonne aide, mais il faut, avec amour, porter cette souffrance dans le mariage.

Cinquièmement, la relation maritale passe avant toute autre relation familiale. Dans le sous-continent indien, on attend souvent des hommes qu'ils donnent la priorité à leur mère sur leur femme, cela étant fondé sur le célèbre hadith :

> *Un homme vint trouver le Prophète et demanda : « Ô Messager de Dieu ! Qui parmi le peuple est le plus digne de ma bonne compagnie ? »*

---

12. Dans la loi islamique familiale, il est également possible pour la femme de demander à un tribunal d'amener son mari à divorcer d'elle.

> *Le Prophète dit : « Ta mère. » L'homme dit : « Qui ensuite ? » Le Prophète dit : « Ensuite ta mère. » L'homme demanda encore : « Qui ensuite ? » Le Prophète dit : « Ensuite ta mère. » L'homme demanda encore : « Qui ensuite ? » Le Prophète dit : « Ensuite ton père »* (Abi Dawud, Livre 42, Hadith 5120 ; Bukhari vol. 8, Livre 73, Hadith 2 ; Muslim, Livre 32, Hadith 6180).

À partir de Genèse 2.24, on peut considérer cela comme une priorité erronée après le mariage, mais il faut noter que le texte ne peut signifier qu'il faut carrément abandonner les parents, car la Bible nous ordonne d'honorer nos parents (Ex 20.12 ; Lv 19.3), et il est demandé aux croyants d'assister leurs parents dans leurs vieux jours (Mc 7.9-13 ; 1 Tm 5.3-8). Au Bangladesh, il est courant pour un couple de vivre avec la famille du mari, mais il y a aussi des groupes matriarcaux dans lesquels le couple habite avec la famille de la femme. Le texte enseigne-t-il que c'est ce dernier modèle qui est correct ? À la lumière de beaucoup de mariages patriarcaux que l'on voit dans la Genèse, cela semble peu probable. Dans certains cas, il peut s'avérer nécessaire de partir du foyer parental pour mettre l'accent sur le couple, mais Genèse 2.24 parle davantage des relations que des arrangements à conclure.

Il faut relever que cette description du mariage n'implique pas que tout le monde doive se marier. Jésus le Messie ne s'est jamais marié, et il a dit que certains reçoivent le don du célibat afin de mieux servir Dieu (Mt 19.11-12). Tout à l'inverse, Mohammed a condamné le célibat en disant : *Lā rahbāniya* (« pas de monachisme » ou « pas de célibat »), et la sourate *al-Ḥadīd* 57.27 est souvent lue comme voulant dire que ce que les moines chrétiens ont inventé et qui ne venait pas de Dieu, c'était le célibat. La plupart des musulmans considèrent donc que le mariage est *farḍ* (obligatoire) pour ceux qui sont éligibles et peuvent se permettre d'entretenir une épouse. Toutefois, certains ordres soufis, peut-être sous l'influence chrétienne, ont pratiqué le célibat (voir aussi p. 85).

Le premier couple humain a vécu harmonieusement dans le couple, avec les animaux et avec le créateur.

> *Ils étaient tous les deux nus, l'homme et sa femme, et ils n'en avaient pas honte. (2.25)*

Le mot pour « nu » est l'hébreu *'arowm*. C'est un jeu de mots avec Genèse 3.1 où il est dit du serpent qu'il est *'aruwm* (« rusé », « astucieux »). Adam et Ève n'étaient pas rusés en Genèse 2. Avant de manger le fruit du bien et du mal, ils ne connaissaient que le bien, ils n'avaient donc aucune honte l'un devant l'autre. Peut-être était-ce l'innocence de l'enfance et peut-être étaient-ils inconscients de leur sexualité ; ou, plus probablement, ils ne connaissaient que la beauté et la transparence du mariage tel que Dieu le concevait. C'est le point culminant de la description des premiers humains, et c'est aussi la première chose qui changera après la chute lorsque, comme le Coran le dit aussi, la nudité sera perçue comme honteuse (Gn 3.7 ; cf. Gn 9.22-23 ; Ex 20.26 ; sourate *Ṭā Hā* 20.121).

Réflexion théologique

Le *bourgeon de la théologie* commence à se déployer, nous montrant un Dieu qui non seulement pourvoit aux besoins de l'humanité et nous assigne une tâche, mais qui donne aussi un avertissement et une interdiction. L'humain, qui a été fait à l'image de Dieu, a le choix. Contrairement aux autres créatures, nous avons le potentiel de connaître, voire de pratiquer le mal, mais aussi d'être reconnaissants pour la bonté de la création. En conséquence, même si Dieu bénit, nous voyons bien la possibilité de perdre la bénédiction et de récolter la mort (v. 17) et la honte (v. 25). Cela est fondamental quant à la conception biblique du monde : les humains ont des comptes à rendre à Dieu. Ils peuvent faire entrer la honte et la mort dans son monde, qui est beau, et il les jugera. Néanmoins, ce chapitre renvoie à Dieu comme YHWH Élohim, le Seigneur Dieu, nous rappelant la relation spéciale avec Dieu qui apparaîtra plus explicitement dans les alliances à venir (Gn 9 ; Gn 15 ; Ex 3). Bien que les humains ne soient que de simples créatures, le Seigneur de l'alliance veut être en communion avec eux.

Ce chapitre est également une importante *grand-mère des sciences*. Quand Adam nomme les animaux, c'est une section importante de l'ADN qui a abouti à la science moderne. Au Moyen-Âge, les chrétiens européens croyaient qu'ils pouvaient tirer instruction de Dieu à partir du « livre de son verbe » comme du « livre de ses œuvres ». Autrement dit, ils pouvaient apprendre de la nature aussi bien que de la Bible. Comme Adam avait nommé les animaux, ils avaient à cœur de recueillir des informations sur les animaux, et des « bestiaires » magnifiquement illustrés trônaient à côté des bibles dans les bibliothèques des monastères. Ces livres donnaient les noms des animaux en diverses langues. Pourquoi ? Parce que les gens savaient que beaucoup des difficultés qu'ils avaient en agriculture et par rapport aux animaux étaient dues à la chute et qu'ils voulaient revenir à l'Éden. Ils pensaient que s'ils pouvaient trouver les noms originaux donnés par Adam, cela leur restituerait la domination qu'Adam avait eue sur la création. Ils collectionnaient aussi les plantes et leur donnaient un nom, et ils les disposaient en jardins botaniques conçus sur le modèle des jardins « paradisiaques » perses, allant parfois jusqu'à dire explicitement qu'ils « reconstituaient l'Éden »[13].

En Europe, à l'époque de la Réforme, alors que le peuple commençait à lire la Bible de plus près, on se rendit compte qu'il n'était pas possible d'en revenir à l'état et au langage d'avant la chute. L'histoire de Babel (Gn 11.1-11), disait-on, montrait que les langues avaient été perdues. Toutefois, les individus qui avaient été rachetés par Jésus le Messie étaient, croyait-on, recréés à l'image de Dieu. De sorte qu'ils pouvaient faire l'équivalent de nommer les animaux par eux-mêmes. C'est-à-dire qu'ils pouvaient étudier le monde et lui donner des noms – classifications, descriptions et explications. Même l'invention d'instruments d'observation tels que les microscopes et les télescopes est bien dans la mentalité de la Réforme ; on pensait qu'Adam avait une vue parfaite et donc que microscopes et télescopes aideraient les gens à voir ce que voyait Adam. Ainsi, le récit d'Adam donnant des noms aux animaux contribua aux débuts de la zoologie, de la botanique et de la physique.

L'histoire d'Adam et les noms fait aussi ressortir l'une des différences les plus marquantes entre la Genèse et le Coran. Dieu a-t-il enseigné les noms à Adam, comme le dit le Coran, ou bien Dieu a-t-il confié à Adam la tâche de donner des noms aux animaux, comme le dit la Genèse ? La connaissance est-elle une chose qui doit être donnée aux humains, ou bien est-ce une chose qu'ils ont à trouver par eux-mêmes ? On pourrait aller voir ce qu'ont donné les développements de la science, de la philosophie et de la théologie dans l'islam et dans le christianisme, mais cela nous entraînerait trop loin du texte de la Genèse. Ici, relevons que cette différence constitue le *terreau des Écritures*. On peut considérer l'une des réponses comme le terreau qui donne naissance à la notion coranique d'Écriture, et l'autre comme le terreau qui donne naissance à la notion biblique d'Écriture. La notion coranique est que Dieu a envoyé un ange pour apprendre le Coran à Mohammed, le prophète de l'islam, tandis que la notion biblique est que Dieu a donné à des hommes choisis la mission de produire de l'écriture sous sa supervision.

Les *idées germinales significatives qui grandiront* au fil de notre lecture comprennent les débuts de l'agriculture, de la loi donnée par Dieu et de l'importance de la communauté humaine. Cette dernière est centrée sur l'institution fondamentale du mariage, qui va devenir une pierre d'angle pour toutes les sociétés humaines. En Genèse 3, nous verrons comment tout part de travers dans ces domaines-là.

---

13. Voir Harrison, *Fall of Man*.

Et nous ?

Genèse 2 nous montre une part des intentions de Dieu pour le monde et de notre rôle dans ce monde d'êtres « faits à l'image de Dieu ». Dans la précédente section « Et nous ? », nous avons réfléchi sur notre relation avec le monde créé et avec tous les autres humains (ch. 2, p. 91-96). Ici, nous en apprenons davantage sur notre relation à Dieu et sur les relations homme-femme, surtout dans le mariage.

La communion avec Dieu. Genèse 2 parle du premier humain soigneusement formé et recevant la vie du souffle du Seigneur Dieu. C'est le créateur tout-puissant qui veut aussi la communion d'alliance, en créant son enfant spirituel, en préparant une belle demeure, et en l'y plaçant. Il parle directement à l'humain, lui confie une responsabilité et lui donne un avertissement indispensable. Il l'encourage ainsi à se servir de ses talents, et finalement il lui offre une partenaire idéale. C'est le genre de relation à Dieu auquel nous devrions aspirer ; nous la goûtons par le Messie, et nous l'attendons pour l'éternité.

La relation homme-femme. En Genèse 1.26-27, l'homme et la femme ont un statut égal : ensemble ils ont été créés à l'image et à la ressemblance de Dieu. Dans la nouvelle création en Christ, il y a aussi l'égalité (Ga 3.28). La Bible réfute le concept que les femmes seraient les *choron dasi*[14] de leur mari ou de leur gourou. Elles sont les égales de leur gourou et de leur mari parce que tous ont été créés à l'image de Dieu.

Mais comment cela s'accorde-t-il au récit de Genèse 2 qui parle de la création distincte de la première femme à partir du côté du premier homme, pour être son aide ? Il y a extrêmement longtemps que des gens se servent de ce récit pour soutenir que les femmes sont inférieures. Ils seraient en désaccord avec notre lecture de Genèse 2.21-25. L'homme ayant été fait en premier, disent-ils, il est donc plus important. La femme a été faite pour l'homme, disent-ils, il est donc l'humain originel et elle n'est qu'un être dérivé. Nous disons : « Non. Ils ont été faits ensemble mâle et femelle, et Genèse 2 nous donne des détails sur ce fait. » Elle est son aide, disent-ils, elle doit donc faire ce qu'il lui dit de faire. Nous disons : « Non. *L'aide* n'est pas un être inférieur mais une personne au même niveau que l'homme. » il lui a donné un nom, disent-ils, et cela prouve son autorité sur elle. Nous disons : « Non. Ici, il la reconnaît ; ce n'est qu'après la chute qu'il va lui donner un nom. » En réalité, nous verrons que toutes les notions sur l'inferiorité de la femme ont leurs racines dans les conséquences de la chute ; il n'est donc pas étonnant que, dans notre monde déchu, les gens se fourvoient de

---

14. *Choron dasi* évoque une « assistante du Baul » qui sert son partenaire Baul masculin pour qu'il atteigne sa plénitude divine. L'expression évoque aussi la femme dévouée d'un musulman qui croit, selon les hadiths, que le ciel se trouve sous les pieds de son mari.

cette manière sur l'Écriture[15]. Dans nos mariages, nous espérons que le Saint-Esprit nous guide vers la joyeuse reconnaissance de l'autre comme partenaire égal/e, comme avant la chute.

Le Coran ne donne pas de détails sur la création séparée de l'homme et de la femme. Il dit seulement que l'un a été fait à partir de l'autre – ce qui peut signifier que l'homme a été tiré de la femme ou l'inverse. Certains auteurs musulmans disent alors que la Bible opprime les femmes mais que le Coran leur donne un statut égal. Pourtant, la loi islamique ne donne pas un statut égal à la femme dans des domaines comme le témoignage en justice, la législation sur l'héritage et le divorce[16]. La fille reçoit la moitié de l'héritage d'un fils. Un seul témoin femme n'est pas suffisant pour servir de preuve : il en faut au moins deux. D'après la *sharī'a*, le droit de divorcer est prioritairement donné à l'homme et non à la femme. Pourquoi en est-il ainsi ? L'une des raisons est que la législation coranique a été donnée dans l'Arabie du VIIe siècle, où les modèles post-chute sur l'inégalité des femmes étaient très forts, jusqu'au point où on pratiquait les infanticides des filles. Le Coran a interdit des inégalités aussi terribles (sourate *an-Naḥl* 16.58-59) et a amélioré la situation du VIIe siècle, mais nous tenons à dire que ce n'est pas suffisant. Nous devons asseoir nos conceptions de la valeur et du statut des humains sur les intentions de Dieu pour la création : à savoir, la pleine égalité qui est visible en Genèse 1 et 2 et que désignent les brèves mentions coraniques sur la création de l'homme et de la femme. Cela n'a rien à voir avec l'inégalité sous-tendue par la législation coranique[17].

Il est très important de faire la distinction entre le « ce que nous devrions être » de Genèse 2 et le « ce que nous sommes devenus après la chute » en Genèse 3 et 4. Ceux qui croient en Jésus le Messie se rappellent qu'ils vivent dans le monde postérieur à la chute, mais qu'ils sont aussi recréés à l'image de Jésus le Messie, qui est la véritable image de Dieu. En conséquence, l'état de perfection de Genèse 2 est ce à quoi nous aspirons et ce que nous voulons atteindre, mais nous avons à vivre avec la réalité que nous ne sommes pas encore dans cet état de perfection et que le monde qui nous entoure considère l'état « déchu » comme normal.

---

15. Voir aussi Glaser et John, *Partners or Prisoners*, ch. 4.
16. Les principales références coraniques de ces lois se trouvent dans les sourates *al-Baqara* 2.226-237, 282 ; *an-Nisā'* 4.7-13 ; *aṭ-Ṭalāq* 65.1-7.
17. Il existe un mouvement important parmi les musulmans contemporains qui interprètent les versets législatifs au prisme des versets sur l'égalité créationnelle. Voir, p. ex., Ali, *Sexual Ethics and Islam*.

Genèse 3.1-24 : la chute de l'humanité

Dieu a créé le monde parfait. Il y avait une bonne entente entre le Père céleste et les humains, ses enfants spirituels. Ils vivaient en harmonie entre eux et avec les animaux, avec tout ce qu'il faut pour se nourrir dans un magnifique environnement sans pollution. Mais le monde que nous voyons aujourd'hui n'est pas comme ça ! Genèse 3 nous explique pourquoi. Le texte fait le diagnostic de nos problèmes humains et il nous dit que notre maladie est mortelle. La situation parfaite allait connaître une fin brutale, non par ordre de Dieu mais parce que les humains allaient y mettre fin. La terre et tout ce qu'elle contient n'allaient plus jamais être comme avant.

Dieu a mandaté les humains pour qu'ils règnent sur toute la création. Au lieu de cela, ils ont écouté l'une des créatures, le serpent, et ils ont désobéi au commandement de Dieu. L'attention est attirée par le fait que l'auteur n'utilise pas le terme « péché » (hébr. *chatta'ah*) avant 4.7, et que le résultat de la désobéissance est qualifié de « mort ». En avançant dans le chapitre 5, on verra que la condition pécheresse contamine la descendance, et que tous sauf un meurent. Ici, en Genèse 3, nous avons un autre commencement : celui de la révolte contre Dieu, dans ce que les théologiens ont appelé « la chute ».

Les conséquences de la chute sont énoncées de manière éloquente dans les versets 14-19. Elles nous aident à comprendre bien des problèmes de ce monde. L'aversion des humains pour les serpents, la souffrance des femmes lors de l'accouchement, la domination des hommes sur les femmes, l'invasion des mauvaises herbes dans les cultures, la production de céréales qui devient pénible (Gn 3.17-19) : tout cela résulte du péché. Mais, au milieu de tout cela, nous voyons des signes d'espérance de la grâce de Dieu envers ses enfants insoumis.

Les mondes derrière et devant le texte

Le péché d'Adam et Ève est une base importante de la théologie biblique sur ce qui s'est détraqué dans le monde et comment y remédier. Dans le Nouveau Testament, le récit de Genèse 3 est utilisé pour nous dire ceci : « vous étiez morts dans vos fautes » (Ép 2.1 ; cf. v. 2-9), ce qui implique qu'on ne peut se sauver soi-même et qu'un rédempteur est indispensable[18]. Jésus le Messie est évoqué

---

18. Les traditions juives et chrétiennes ont diverses façons de décrire ce qui s'est déréglé en Éden. Par exemple, les Juifs ne parleraient pas de « chute » mais du péché d'Adam et Ève comme révélateur de l'« inclination mauvaise » qui lutte en nous tous, aboutissant aux tristes situations des versets 14-19. Voir Patmore, Aitken et Rosen-Zvi, sous dir., *Evil Inclination*.

comme le second Adam qui a pris sur lui notre mort parce que nous sommes « en Adam » : il transmet sa vie de ressuscité à tous ceux qui l'acceptent (Jn 5.24-25).

Le monde antique, comme celui d'aujourd'hui, avait des idées assez différentes sur ce qui était allé de travers dans le monde. Actuellement, il est de bon ton d'accuser les politiciens, les puissances coloniales et les riches de tous les problèmes des pauvres. Dans le contexte du monde antique, les récits fournissaient des raisons très différentes aux problèmes du monde. Ils étaient causés essentiellement par la concurrence entre différents dieux ou bien par les êtres humains qui n'accomplissaient pas les bons rituels pour satisfaire les dieux. Chez les musulmans bangladais, beaucoup de problèmes sont attribués au *kismet* (la fatalité), ou à la vie simplement sous le contrôle de Dieu. D'autres problèmes sont suscités par Satan ou par les djinns, ou peut-être comme châtiment à cause de la désobéissance des humains.

Toutes ces perceptions ont en commun la notion que les humains se débattent dans un univers de puissances invisibles. En Genèse 3, nous voyons cela chez le serpent et chez les keroubim – le tentateur de l'humanité et les serviteurs de Dieu qui montent la garde autour des humains. Il faut que nous en sachions davantage sur ces symboles et sur leur relation avec la conception musulmane des anges, des djinns et de Satan.

Satan et le serpent

Les chrétiens et les musulmans du Bangladesh sont informés sur Satan, mais au moment où la Genèse a été écrite, la notion de Satan n'avait pas encore été révélée aux *Bani Isra'il*. Il y a peu de références dans l'Ancien Testament aux puissances spirituelles mauvaises. Il y a beaucoup de choses sur Satan dans le Nouveau Testament – Apocalypse 12.9 et 20.2 en parlent comme du « serpent ancien » ; c'est dire si le serpent de Genèse 3 est depuis longtemps perçu comme un symbole ou un vecteur de Satan[19]. Il n'est pas étonnant que, au moment où le Coran raconte l'histoire de la première tentation, le serpent ait été complètement remplacé par Satan. La littérature islamique ajoute diverses histoires sur la manière dont Satan est entré dans le jardin ; par exemple, il a pris la forme d'un serpent, ou il s'est déguisé en ange et a tenté un paon pour qu'il l'emmène dans

---

19. Les serpents apparaissent aussi en Nombres 21, là où les enfants d'Israël (*Bani Isra'il*) sont châtiés par une invasion de serpents et secourus en regardant un serpent d'airain fabriqué par Moïse. Celui-ci deviendra le symbole de Jésus le Messie sur la croix (Jn 3.14).

le jardin, lui promettant la vie éternelle[20]. Cela nous rappelle ce qui est dit dans le Nouveau Testament : Satan se déguise en ange de lumière (2 Co 11.14).

Dans le Proche-Orient ancien, les gens associaient les serpents à la sagesse, à la fertilité et à la mort, aussi les adoraient-ils. Le culte des serpents existait en Asie, en Égypte, en Canaan et en Mésopotamie. La Genèse dit que le serpent était attirant et doté d'une certaine sagesse, mais il est également dangereux au point que l'écouter mène à la mort. Il semble que l'auteur de la Genèse ait utilisé le symbole le plus approprié pour le tentateur archétypal qui existait dans son contexte[21].

Nous continuons d'observer le culte des serpents dans le sous-continent indien aujourd'hui. La déesse-serpent *Manasa Devi* est populaire au Bengale et en Assam, et les dévots apportent des offrandes de lait aux serpents dans son temple. Une épopée classique bien connue au Bangladesh, *Manasa Mangal* (Biprodas Pipalai, 1545) lui rend hommage. C'est une déesse de la fertilité et elle est adorée pour éviter les morsures de serpents pendant la saison des pluies où les serpents sont le plus actifs.

Au niveau populaire, beaucoup de Bangladais partagent certaines des superstitions relatives aux serpents ; par exemple, ils pensent qu'ils peuvent devenir riches en trouvant un bijou caché dans un serpent et que celui-ci améliorera leur vie de couple et les protégera des morsures de serpents. Ce que dit la Genèse du serpent, c'est que c'est un animal sous le contrôle de Dieu et sous son jugement, et cela vaut pour nous comme pour le monde antique : elle remet les serpents à leur place et nous dit que nous ne devons ni les adorer ni les exterminer[22].

Satan, les anges et les humains

Le Coran emploie les termes *Shayṭān* et *Iblis* pour désigner l'ennemi spirituel de l'humanité, probablement à partir, respectivement, de l'hébreu *satan* et du grec *diabolos*. *Shayṭān* est un djinn déchu, originellement fait de feu (sourates *al-A'rāf* 7.12 ; *al-Ḥijr* 15.26). Comme nous l'avons vu, il est parmi les anges à qui Dieu a prescrit de s'incliner devant Adam, et il refuse. Dieu émet jugement de cette rébellion originelle, et *Shayṭān* devient l'ennemi juré de Dieu et de l'humanité.

---

20. *Kasasul Ambiya*, 43.
21. Certains ont proposé qu'un serpent qui apparaît dans *L'épopée de Gilgamesh* et mange la plante de la vie, empêchant ainsi Gilgamesh d'atteindre l'immortalité, soit le modèle du serpent de Genèse 3. C'est possible, mais les deux récits sont tout à fait différents (voir Goldingay, *Genesis*, p. 74 ; Wenham, *Genesis 1-15*, p. 72-73.
22. Les musulmans bangladais tuent les serpents alors que certains hindous les adorent.

Dieu lui permet de rester sur la terre pour éprouver les humains. Cette histoire est un élément important de la vision coranique du monde, et elle se répète fréquemment dans le Coran (sourates *al-Baqara* 2.34 ; *al-A'rāf* 7.11 ; *al-Ḥijr* 15.29 ; *al-Isrā'* 17.61 ; *al-Kahf* 18.50 ; *Ṭā Hā* 20.116 ; *Ṣād* 38.71-85). Cependant, cette histoire ne figure aucunement dans la Bible, et Genèse 3 n'en a aucune trace. Un peu d'histoire nous aidera à comprendre cela.

Le terme hébreu *satan* signifie « adversaire, ennemi », et on l'emploie pour les adversaires dans, par exemple, 1 Samuel 29.4 et 1 Rois 11.14. En Job 1 et 2, on rencontre « le satan » – un ennemi particulier – qui apparaît au milieu de la cour céleste. Il ne semble pas particulièrement maléfique, et il est explicitement soumis aux ordres de Dieu. Il apparaît à nouveau en 1 Chroniques 21.1 et Zacharie 3.1-2. Rien de cela ne nous renseigne sur ce qu'il est. Toutefois, il y a deux passages prophétiques qu'on interprète souvent comme des allusions à sa « chute » : les poèmes sur le roi de Tyr en Ézéchiel 28.11-19 et sur l'« astre du jour » ou « astre brillant » (en latin, *lucifer*, « porteur de lumière »), un nom donné au roi de Babylone en Ésaïe 14.12. Les deux décrivent un personnage qui occupait une position très élevée mais qui a été jeté aux abîmes. Dans leurs contextes, les deux renvoient à des dirigeants terrestres réels ; néanmoins, il y a des aspects dans les deux passages qui ont été interprétés comme une allusion à la chute d'Adam ou d'un être spirituel. Pendant la période intertestamentaire, ces passages ont contribué au développement de nombreuses traditions sur Satan, parallèlement à des récits sur d'autres êtres spirituels, tant angéliques que démoniaques[23].

Le Nouveau Testament considère Satan/ le Diable comme l'adversaire spirituel de Dieu et de l'humanité, qui a été vaincu par la mort et la résurrection de Jésus le Messie et qui sera jugé au dernier jour. Entre-temps, il y a une guerre spirituelle contre lui dans laquelle les croyants doivent jouer leur rôle (p. ex. Mt 4.1-11 ; Jn 8.44 ; Ép 2.2 ; 1 P 5.8-9 ; 1 Jn 3.8-10 ; Ap 12.7-12 ; 20.1-10). Cependant, le Nouveau Testament est remarquablement discret sur l'origine de Satan ou sur son rapport avec les anges. Les anges luttent contre Satan en Jude 9 et en Apocalypse 12.7, et il y a des références aux anges rebelles en 2 Pierre 2.4 et Jude 6, mais il n'y a pas d'équivalence établie entre Satan et les anges déchus.

Nous croyons que la Bible nous dit tout ce que nous avons besoin de savoir sur ces puissances spirituelles et qu'il y a certaines choses sur elles que nous n'avons pas à savoir. Les avertissements sur le temps que l'on perd avec les fables et les superstitions en 1 Timothée 4.1, 7 ; 2 Timothée 4.3-4 et Tite 1.14 laissent entendre qu'il pourrait même être dangereux pour nous d'en débattre.

---

23. Pour en savoir plus sur l'histoire de ces récits, voir Carman, « Falling Star and the Rising Son », p. 221-231 ; et Patmore, *Adam, Satan, and the King of Tyre*.

Certes, mais les humains sont curieux. Au fil du temps, la tradition chrétienne en a rajouté sur toutes ces notions et a réécrit l'histoire d'Adam et Ève dans la perspective de Jésus le Messie étant le « second Adam ». Le texte syriaque, *La Caverne des trésors* 2.1-3.2, et le livre arménien *Vie d'Adam et Ève*, 12.1-14.3[24] racontent l'histoire des anges à qui est ordonné de se prosterner devant Adam, et du refus de Satan, soit parce qu'il avait été fait avant Adam, soit parce que Satan était fait de feu et d'esprit alors qu'Adam était fait de poussière. C'est l'histoire à laquelle le Coran se réfère quand il présente son récit sur Adam, les anges et Iblis avec « *wa iḏ* », « et lorsque... » (*al-Baqara* 2.34).

Keroubim et montures ailées

En Genèse 3.24, on parle des « keroubim » (singulier hébr. *keruwb*) qui doivent garder le jardin d'Éden et empêcher les humains d'y retourner. Nous apprenons ailleurs dans la Bible que ce sont des êtres ailés, qui font partie de l'armée céleste, qui sont sous la dépendance de Dieu, et décrits en Ézéchiel 1.10-11. Des êtres ailés apparaissent souvent dans le monde mésopotamien « derrière le texte », et des taureaux et des lions ailés en pierre qui gardaient les entrées des temples et des palais en Babylonie et en Assyrie peuvent encore être observés aujourd'hui.

Les keroubim ne sont pas assimilés aux anges dans l'Ancien Testament, mais dans la théologie chrétienne traditionnelle, ils ont été considérés comme le deuxième rang le plus élevé d'une hiérarchie céleste qui en compte neuf, et ce genre de notion se prolonge dans la pensée islamique.

L'arabe *karūbīm* n'est pas employé pour les anges dans le Coran, mais al-Bayḍāwī l'emploie pour les anges de rang suprême, notamment ceux qui entourent le trône de Dieu dans *Ghāfir* 40.7 et *al-Ḥāqqa* 69.17-18. Pareillement, les keroubim dans la vision d'Ézéchiel entourent et soutiennent le trône de Dieu (Éz 1.5-28).

---

24. Ce texte date probablement du 1er siècle apr. J.-C., et des versions en existent en plusieurs langues. Pour une analyse des aspects qui nous concernent, voir Anderson, « *Exaltation of Adam and the Fall of Satan* », p. 105-134.

Les commencements de la vie humaine et du péché : Genèse 2.4 – 4.26   129

Figure 4 *al-Burāq*[25]

Certains commentateurs du Coran considèrent *al-Burāq*, une créature ailée à face humaine et à corps chevalin, comme un *karib*. Cette créature est censée avoir transporté Mohammed, le prophète de l'islam, pendant le *mirāj* (le voyage nocturne de Jérusalem jusque dans les cieux ; voir *al-Isrā'* 17.1). En Asie du Sud, les portraits d'*al-Burāq* sont très populaires.

---

25. Reproduction d'une miniature moghole du XVIIe siècle.

Le monde du texte

Structure et genre

Ce chapitre constitue la section centrale du chiasme des *towledah* des cieux et de la terre (voir p. 98) :

    C. L'homme placé en Éden (2.15)
        D. Interdiction de l'arbre de la connaissance du bien et du mal (2.16-17)
            E. Homme, animaux, femme : noms et nudité (2.18-25)
                F. Serpent, femme et homme : tentation (3.1-5)
                      G. Désobéissance et appel à rendre compte (3.6-13)
                F'. Retombées sur le serpent, la femme et l'homme (3.14-19)
            E'. La femme et l'homme : noms et vêtements (3.20-21)
        D'. Accès interdit à l'arbre de vie (3.22)
    C'. L'homme expulsé d'Éden (3.23-24)

À partir de cette structure, on peut immédiatement voir que Genèse 3 parle entièrement du jardin d'Éden et pourquoi l'humanité ne vit plus dans cet endroit beau et sûr.

Dans l'élément E, on voit que la dernière main est mise à l'ordre de la création : Dieu au-dessus de tous, l'homme et la femme œuvrant en-dessous de Dieu et jouissant de sa création, et veillant sur les animaux qui sont en-dessous d'eux. L'homme et la femme sont partenaires, sans honte et sans besoin de cacher même leurs parties intimes à l'autre ou à Dieu. La partie centrale, de F à F', va inverser cet ordre, car c'est un animal qui prend la première place, la femme qui l'écoute, l'homme qui mange, et c'est seulement ensuite que Dieu revient dans le récit. Le mâle et la femelle couvrent leurs parties intimes, se cachent de Dieu et l'un de l'autre, puis commencent à s'accuser mutuellement. La dernière partie du chapitre (éléments E', D' et C') développent les conséquences de ce retournement : la relation changée entre l'homme et la femme, la perte de l'arbre de vie et, finalement, la perte d'Éden. Le point de basculement, le noyau de tout le chiasme, c'est la désobéissance humaine aux versets 6-13, et au centre de ces versets se trouve l'appel de Dieu à ses enfants qui, effrayés, se cachent : « Où es-tu ? » (v. 9).

COMMENTAIRE

F. Genèse 3.1-5 - Le serpent, la femme et l'homme : la tentation

> Le serpent était le plus avisé de tous les animaux de la campagne que le Seigneur Dieu avait faits. Il dit à la femme : Dieu a-t-il réellement dit : « Vous ne mangerez pas de tous les arbres du jardin ! (3.1)

Dans la Genèse, le serpent (hébr. *nachash*) n'est pas Satan, mais une créature astucieuse ou rusée (hébr. *'aruwm*). Ce n'est qu'un animal créé par Dieu, mais ayant le pouvoir de la parole. Le point important est que les êtres humains étaient censés dominer sur les animaux mais, au lieu de réprimander le serpent, Ève l'écoute, et Adam se contente de regarder.

L'erreur fondamentale qu'Ève a faite, c'est de s'engager dans une conversation avec le serpent. Elle aurait pu éviter la tentation en quittant immédiatement cet endroit. Il ne s'agissait pas d'une tentation issue d'un être spirituel puissant ni d'une tromperie insurmontable. Le serpent ne pouvait pas les forcer à manger du fruit défendu (ar. *ḥaram*), pas plus qu'il ne peut nous forcer à pécher aujourd'hui. Leur nature bénie à l'image de Dieu leur donnait le pouvoir d'obéir à Dieu, mais ils ont choisi le contraire. Le témoignage de la confiance et de l'obéissance à Dieu de la part de l'humanité en Genèse 2 devient le témoignage de la désobéissance et du châtiment.

En demandant à la femme : « Dieu a-t-il réellement dit… ? », le serpent sème la confusion dans l'esprit de la femme concernant la parole de Dieu. Le serpent insinue que Dieu ne prend pas vraiment soin d'eux et dit que s'ils mangent du fruit, ils deviendront comme Dieu. La femme pense que peut-être Dieu ne les a pas bien traités et ne leur a pas dit la vérité.

Le Coran donne peu de détails sur la tentation et il ne sépare pas les rôles d'Adam et de sa femme. La plupart des commentateurs disent que *Shayṭān* leur a susurré des paroles à tous les deux[26].

> La femme dit au serpent : Nous pouvons manger du fruit des arbres du jardin. Mais quant au fruit de l'arbre qui est au milieu du jardin, Dieu a dit : « Vous n'en mangerez pas, vous n'y toucherez pas, sinon vous mourrez ! » Alors le serpent dit à la femme : Pas du tout ! Vous ne mourrez pas ! Dieu le sait : le jour où vous en mangerez, vos yeux s'ouvriront et vous serez comme des dieux qui connaissent ce qui est bon ou mauvais. (3.2-5)

---

26. Les exemples précoces sont 'Abd Allah Ibn Mas'ūd, l'un des compagnons du prophète (594-653 apr. J.-C.) et le commentateur classique Ibn 'Abbās (619-687 apr. J.-C.).

La femme porte uniquement son attention sur l'arbre interdit, au lieu de s'intéresser à tous les fruits délicieux que Dieu a donnés, et elle a amplifié le commandement de Dieu en disant que Dieu leur a interdit même d'y toucher. Puis le serpent instaure le doute. Il l'assure qu'elle ne mourra pas mais qu'elle deviendra comme Dieu – il prétend qu'il sait mieux que la parole de Dieu. C'est là un stratagème maléfique. Ils vont faire l'expérience du mal, et non de la connaissance de Dieu. Dieu les avait déjà créés à son image et à sa ressemblance et, dans les aspects les plus importants, lui désobéir va les rendre, eux et leurs descendants, moins semblables à lui et pas plus semblables à lui.

En continuant notre lecture, nous constaterons qu'ils ne sont pas morts physiquement dans l'immédiat (Gn 5.5), on peut donc se demander si le serpent n'avait pas raison. Mais nous verrons qu'ils vont être immédiatement expulsés d'Éden, c'est-à-dire qu'ils vont être séparés de Dieu et de la communion avec lui, et cela les place sur la voie de la mort. La séparation d'avec Dieu, c'est la mort spirituelle ou la mort tout court. Ils sont morts spirituellement même si leurs corps restent en vie pendant quelque temps. Si nous obéissons à quelqu'un, nous devenons son esclave (cf. Rm 6.16). Si nous écoutons le tentateur, nous sommes asservis à nos désirs coupables et au tentateur lui-même.

À qui la femme va-t-elle obéir ? À elle de décider si elle va accepter la parole de Dieu ou celle du serpent. Le serpent dit qu'elle pourrait connaître le bien et le mal (3.5). Comme en Genèse 4.1-2, où le mot est utilisé sur la relation entre mari et femme, « connaître » n'est pas une simple théorie. Donc, « connaître ce qui est bon ou mauvais » signifie qu'on vit l'expérience. Elle pourrait être « comme Dieu ». Quelle tentation !

G. Genèse 3.6-13 – Désobéissance et appel à rendre des comptes

> La femme vit que l'arbre était bon pour la nourriture et plaisant pour la vue, qu'il était, cet arbre, désirable pour le discernement. Elle prit de son fruit et en mangea ; elle en donna aussi à son mari qui était avec elle, et il en mangea. (3.6)

Maintenant, on voit ce qui se passe dans la tête d'Ève : l'arbre sollicite son appétit physique pour la nourriture, son amour de la beauté et son désir de connaissance au niveau divin. Quel mélange détonant ! Il rappelle « la convoitise de la chair, la convoitise des yeux et l'orgueil de la vie » que dénonce l'apôtre Jean en 1 Jean 2.16 (Colombe).

Donc, elle se décide. Elle prend le fruit et le mange.

Mais son mari ? Où est-il passé ? Il est « avec elle », pas très loin. Le Seigneur ne se mêle pas de la mettre en garde quand elle est tentée : c'est la responsabilité de son mari. Non seulement il n'est pas à la hauteur de la tâche, mais il mange lui-même du fruit ! Il est déraisonnable de se reposer sur l'idée égocentrique que, lorsqu'on est tenté, Dieu doit faire un rappel pour nous avertir. Il a déjà été clair sur ce que nous avons à faire et à ne pas faire ; la responsabilité de nos échecs nous incombe.

Le Coran dit lui aussi que le tentateur a séduit le couple et qu'ils ont mangé, mais il y a deux différences importantes. Premièrement : bien que les commentateurs musulmans disent que c'est Ève qui a été abordée par Satan, le Coran met Adam et Ève dans le même sac dans les sourates *al-Baqara* 2 et *al-A'rāf* 7 ; *Ṭā Hā* 20.120 laisse entendre que c'est Adam qui fut tenté. Il y a un débat continuel à ce sujet parmi les commentateurs du Coran. At-Ṭabarī (mort en 923) et al-Qurṭubī (mort en 1230) interprètent *al-Baqara* 2.35-36 ainsi : Ève a mangé la première ; mais le commentateur moderne at-Ṭāhir ibn 'Ashūr interprète le même passage comme enseignant qu'Adam a mangé en premier. Ce débat exerce une influence sur les convictions quant aux relations entre les deux sexes.

Deuxièmement : le discours du tentateur est différent dans les deux livres. Dans la Genèse, le serpent sème le doute sur la fiabilité et la bonté de Dieu. Dans le Coran, Satan assure que manger du fruit leur permettra de vivre à jamais, et qu'il est un bon conseiller (*al-A'rāf* 7.20-22 ; *Ṭā Hā* 20.120). Les commentateurs musulmans suggèrent que la tentation n'était pas une révolte contre Dieu mais une séduction pour leur faire croire qu'ils vivraient pour toujours au paradis sans avoir à passer par l'épreuve de la vie terrestre. Satan les a persuadés que c'est ce qui plairait à Dieu. En bref, ils n'ont pas désobéi délibérément à Dieu, mais on les a dupés afin qu'ils croient qu'ils faisaient quelque chose de bien. Cette différence est lourde de conséquences sur notre manière de concevoir la nature humaine.

QUEL ÉTAIT CE FRUIT DÉFENDU ?

Le fruit défendu n'est identifié ni dans la Genèse ni dans le Coran, mais les commentateurs respectifs ont, au cours de l'histoire, été très curieux à cet égard. Alors que la Genèse parle de deux arbres (l'arbre de la connaissance du bien et du mal, et l'arbre de vie), le Coran n'en mentionne qu'un : l'arbre de[1] l'immortalité (*shajara al-khuld*), et c'était cela qui était interdit (ar. *shajara al-mamnū'*). Il y a aussi le mystérieux *sidrah al-muntahā* (l'arbre *lote* de la frontière la plus lointaine) dans la sourate *an-Najm* 53.14, près duquel le prophète Mohammed est censé avoir rencontré l'ange Gabriel pendant le *mirāj* (le voyage nocturne). Il est situé près du jardin, et nul ne peut l'approcher. Il y a beaucoup d'interprétations de cet arbre. La plus proche de « l'arbre de la connaissance du bien et du mal » est qu'il marque les limites de la connaissance humaine (Yusuf Ali), mais le Coran ne lie pas cet arbre au récit d'Adam et Ève.

Le fruit interdit apparaît trois fois dans le Coran (*al-Baqara* 2.35-38 ; *al-A'rāf* 7.19-23 ; *Ṭā Hā* 20.120-122), mais ni la Genèse ni le Coran ne nous disent de quel arbre il s'agit. (On ne sait pas davantage ce qu'était l'arbre *lote*. Il apparaît comme un arbre mystique dans d'anciennes légendes, et il est identifié à des arbres différents dans des pays différents.)

La plupart des chrétiens suivent la tradition qui veut que le fruit défendu soit une pomme, mais cela n'a aucun fondement scripturaire. D'autres proposent que ce soit une grenade, une caroube, une poire ou un champignon. Le Talmud[2] suggère des raisins, du blé ou des figues. Pour ces dernières, cela repose sur le fait que le figuier est mentionné en Genèse 3.7. L'argument en faveur du blé (hébr. *chittah*) est qu'il est proche du mot *chatta'ah* qui signifie « péché » (cf. ar. *khatah*). Dans la littérature bangladaise islamique populaire, le fruit interdit est traditionnellement appelé *gondhom*, un terme emprunté au persan signifiant « blé », très usité à la fois chez les enseignants soufis et sunnites orthodoxes dans leurs prêches religieux. Le blé a la forme du sexe féminin et certains soufis prétendent que c'est après la relation sexuelle que le couple fut expulsé du jardin. Le ciel, disent-ils, n'est pas le lieu pour jouir du désir sexuel mais pour vivre en relation étroite avec Dieu, celui qui les aime et qu'ils aiment. Cela s'apparente à ce que Jésus le Messie répond aux sadducéens dans la Bible en disant que, dans l'au-delà, les individus vivront comme les anges (Lc 20.34-36). La différence est que l'interprétation soufie voit le jardin comme le ciel, alors que l'Éden de la Genèse est sur terre, là où les humains ont reçu la bénédiction de la procréation. La Genèse ne permet aucunement de penser que le péché originel ait été l'acte sexuel.

Aussi intéressantes que soient ces spéculations, la Genèse ne donne tout simplement pas la définition botanique du fruit ; il faut donc en conclure que cela n'a aucune importance. Manger du fruit défendu ne symbolise aucun type de péché en particulier ; au contraire, cela symbolise exactement ce que la Genèse dit qu'il symbolise. Il s'agit du choix offert par Dieu qui mène à l'expérience du discernement du bien et du mal lorsque les humains font passer leur orgueil et leur plaisir par-dessus l'amour de Dieu, et décident qu'ils vont remplacer sa seigneurie par la leur.

---

1. « jujubier », trad. Blachère.
2. *Berachos* 40a ; *Sanhedrin* 70a.

Leurs yeux à tous les deux s'ouvrirent, et ils surent qu'ils étaient nus. Ils cousirent des feuilles de figuier pour se faire des pagnes. (3.7)

Le serpent (*nachash*) dit à la femme que leurs yeux s'ouvriront et qu'ils seront comme Dieu (Gn 3.1-5). Il ne leur dit pas que de cette connaissance surgira la peur (*yare'*) et la honte. Après avoir mangé le fruit interdit, leurs yeux s'ouvrent véritablement. Ils en viennent à prendre conscience de quelque chose dont ils ne s'étaient pas aperçus auparavant. Au lieu de voir la gloire de Dieu, ils voient leur propre nudité (*'eyrom*). Ils « connaissent » le mal par leur propre expérience, et toute la culpabilité, l'affliction, la honte et la détresse qui vont avec.

La première conséquence du péché, c'est de se cacher l'un de l'autre

À cause de la honte de leur nudité, ils cousent des pagnes faits de feuilles de figuier pour se couvrir. C'est un vêtement très provisoire ; aussi Dieu, par amour pour ses enfants et par envie de couvrir leur honte, les revêtira ensuite d'habits faits de peaux de bêtes, une protection bien meilleure contre l'environnement hostile hors du jardin d'Éden (Gn 3.21).

Le Coran dit lui aussi que la nudité du couple est devenue apparente, qu'ils se sont couverts de feuilles de figuiers et que Dieu leur a donné ensuite des habits (*al-A'rāf* 7.22-26). Parmi les interprétations, il est dit que leur nudité résultait de la perte des vêtements célestes qu'ils avaient portés auparavant[27] et que la nudité suppose non seulement la nudité physique mais une déviance morale[28].

La deuxième conséquence du péché, c'est la peur

> *Alors ils entendirent le Seigneur Dieu qui parcourait le jardin avec la brise du soir. L'homme et sa femme allèrent se cacher parmi les arbres du jardin pour ne pas être vus par le Seigneur Dieu. Le Seigneur Dieu appela l'homme ; il lui dit : Où es-tu ? Il répondit : Je t'ai entendu dans le jardin et j'ai eu peur, parce que j'étais nu ; je me suis donc caché. Il reprit : Qui t'a dit que tu étais nu ? Aurais-tu mangé de l'arbre dont je t'avais défendu de manger ? L'homme répondit : C'est la femme que tu as mise auprès de moi qui m'a donné de l'arbre, et j'ai mangé. Alors le Seigneur Dieu dit à la femme : Pourquoi as-tu fait cela ? La femme répondit : C'est le serpent qui m'a trompée, et j'ai mangé. (3.8-13)*

La présence aimante de Dieu était là dans le jardin, même après leur transgression, mais désormais ils ont peur. Dieu ne les avait pas créés comme des robots ou des marionnettes, ni comme des esclaves : dans le jardin, ils pouvaient jouer comme des enfants. Ils pouvaient prendre leurs propres décisions. Mais ils avaient peur, et c'est pourquoi ils se sont cachés.

Et pourtant, Dieu était toujours là. Rien ne dit que Dieu parcourant le jardin était quelque chose d'inhabituel. La présence de Dieu (hébr. *paniym*, qui signifie « face, visage ») n'a pas quitté les humains depuis le commencement au jardin d'Éden, et c'est un thème important dans tout l'Ancien Testament[29], aboutissant à la présence singulière de Dieu en Jésus le Messie et en le Saint-Esprit dans le Nouveau Testament.

Dieu ne se limite pas à être présent : il parle à ses enfants désobéissants. Ici, on remarque son amour authentique pour les pécheurs. Il leur donne l'occasion de se repentir et de continuer à vivre en sa présence. Mais ils ne se sont pas repentis.

La troisième conséquence du péché : se cacher de Dieu

Au chapitre 2, Adam était heureux de parler avec Dieu. Désormais, le joyeux compagnonnage avec Dieu est brisé, il essaye donc d'éviter le contact avec Dieu – un signe avéré de mort spirituelle. Évidemment, il est impossible de se dissimuler de Dieu. Dieu sait où ils sont et les appelle.

---

27. Ashraf Ali Thanvi, *Boyanul Qur'an*.
28. Ibn Abbās, voir *The Encyclopaedia of the Qur'an*, p. 548.
29. Voir p. ex. Gn 18.1 ; Ex 24.10 ; 33.11 ; 33.19-23 ; És 6.1 ; Am 7.7.

Cela tourne à la scène de tribunal, avec Dieu en juste juge. Il sait exactement ce qui s'est passé et pourquoi, mais il interroge les accusés et leur donne l'occasion de dire la vérité et de se repentir. « Où es-tu ? » résonne dans tous les siècles jusqu'à nous tous, alors que nous essayons de dissimuler ce dont nous avons honte aux autres, à Dieu et jusqu'à nous-mêmes.

Adam, en tant que premier créé, est le premier questionné. Il admet s'être caché parce qu'il a honte et qu'il est nu, et il reconnaît avoir mangé du fruit défendu, mais il rate l'occasion de confesser son péché au juge qui l'aime. Auparavant, Adam avait dit d'Ève, sa partenaire : « Cette fois, c'est l'os de mes os, la chair de ma chair » (Gn 2.23). Et voici qu'il accuse sa femme pour ce qu'il a fait et qu'il accuse Dieu de l'avoir créée pour être son aide (3.12). Dieu s'adresse ensuite à Ève et, comme Adam, elle admet avoir mangé du fruit mais sans en accepter la responsabilité. Elle accuse le serpent – l'un des animaux sur lesquels ils étaient censés avoir une autorité commune.

Ici, le Coran diverge nettement d'avec la Genèse. Aussi bien dans la sourate *al-Baqara* 2 que dans la sourate *al-A'rāf* 7, Dieu ne les appelle pas tant à rendre compte de leur faute qu'il ne leur rappelle qu'ils n'auraient pas dû manger l'arbre de ce fruit. C'est comme si Satan leur avait fait oublier les prescriptions de Dieu ou qu'il les avait vraiment persuadés qu'ils faisaient quelque chose de juste et bon en mangeant ce fruit. On peut en déduire qu'Adam et sa femme ont commis une grave erreur mais qu'ils n'ont pas vraiment voulu désobéir à Dieu – le vrai méchant, c'est Satan. Adam et sa femme ne se cachent pas, et ils ne s'accusent pas l'un l'autre. Dès que Dieu les rend lucides, ils se repentent et recherchent l'absolution. Dieu leur donne ensuite des paroles qui leur permettent de prier pour le pardon (*al-Baqara* 2.37 ; *al-A'rāf* 7.23) ; et il leur pardonne.

Certes, ce qui ressort du Coran est ce que nous devons faire quand nous prenons conscience de notre péché. Nous devrions vouloir obéir à Dieu, et être catastrophés lorsque nous nous rendons compte que Satan nous a égarés, nous repentir et rechercher le pardon. Mais le faisons-nous ? La Genèse nous raconte une histoire différente : nous voulons n'en faire qu'à notre tête, nous sommes vraiment à blâmer lorsque nous péchons, et nous ne voulons pas nous repentir. C'est pourquoi être guidé ne suffira jamais – nous avons besoin de Dieu pour nous reconstruire et nous restaurer dans la relation avec lui.

À QUI LA FAUTE ?

C'est l'homme seul qui a reçu l'interdiction ; seule la femme a été confrontée au tentateur ; la femme et l'homme ont mangé tous les deux ; mais qui est fautif ? Les interprètes considèrent depuis longtemps la femme comme le problème, pas seulement parce qu'elle a cédé au tentateur mais aussi parce qu'elle est celle qui a tenté l'homme. Les femmes ont donc été considérées comme faibles, dangereuses et faciles à tromper. Le Coran met Adam et sa femme dans le même sac : c'est à Adam que Dieu donne l'interdiction mais, ensuite, il n'y a aucun indice de rôles séparés dans la tentation et la désobéissance. Néanmoins, les commentateurs du Coran, eux aussi, ont traditionnellement recouru à des aspects de la version biblique du récit pour accuser la femme.

La vraie question est celle-ci : que dit vraiment le texte ? En Genèse 3.12, la première réaction d'Adam à l'accusation de Dieu consiste à accuser la femme, et ensuite, évidemment, la femme accuse le serpent. Dieu n'est impressionné par l'excuse ni de l'un ni de l'autre et les appelle tous les deux à rendre compte de leur propre faute. L'homme autant que la femme sont fautifs.

Dans le Nouveau Testament, dans un passage qui interdit à la femme de prendre une autorité indue[1] sur l'homme, 1 Timothée 2.13-14 fait observer que c'est Adam qui a été créé en premier et que c'est Ève qui a été trompée, et non Adam. Il est dit qu'Ève a été trompée aussi en 2 Corinthiens 11.3. Mais est-ce que cela rend les femmes plus fautives et sujettes à l'erreur et au péché que les hommes ? Ailleurs, l'apôtre Paul affirme que c'est « en Adam » – à cause de son péché – que tous les humains meurent spirituellement (1 Co 15.22), et l'épître aux Romains donne une longue explication sur les incidences du péché d'Adam sur toute l'humanité (Rm 5.12-19). On voit que le Nouveau Testament reconnaît les rôles différents joués par Adam et Ève, mais il reconnaît aussi que les deux sont en tort. On pourrait même soutenir qu'Ève est moins à blâmer qu'Adam parce qu'elle a été trompée, alors que lui, il a mangé en sachant parfaitement que ce qu'il faisait était mal.

En revenant au texte pour entendre l'opinion de Dieu sur ce sujet, rappelons-nous que Dieu a fait l'homme et la femme ensemble, en tant que partenaires à la fois égaux et différents. La femme était censée aider l'homme, non l'entraver, et l'homme était censé tout quitter pour ne faire qu'un avec sa femme au lieu de se cacher d'elle. Le désir même de trouver l'un meilleur que l'autre va contre le plan de Dieu pour l'humanité.

1. Le verbe grec *authentein* n'est employé qu'à cet endroit dans le Nouveau Testament. Il est généralement traduit par « avoir autorité », mais il ne s'agit pas du terme plus commun, *exousia*, qui est traduit par « autorité » ailleurs. Il faut probablement comprendre « être autoritaire » ou « dire aux hommes ce qu'ils doivent faire » (Parole de Vie).

F'. Genèse 3.14-19 - Retombées sur le serpent, la femme et l'homme

À cause du péché d'Adam, une malédiction s'est abattue sur le sol et l'ensemble de la création en a été affecté. La rébellion d'Adam et Ève contre l'autorité et la bienveillance de Dieu le créateur n'a pas fait qu'affecter leur relation spirituelle avec lui et leurs relations personnelles et sociales mutuelles ; elle a aussi touché leur environnement économique et matériel (voir aussi Jr 12.4 ; Rm 8.20).

Le serpent

> Le Seigneur Dieu dit au serpent :
>
> Puisque tu as fait cela,
>   tu seras maudit entre toutes les bêtes
> et tous les animaux de la campagne,
>   tu te déplaceras sur ton ventre
> et tu mangeras de la poussière
>   tous les jours de ta vie.
> Je mettrai de l'hostilité entre toi et la femme,
>   entre ta descendance et sa descendance :
> celle-ci t'écrasera la tête,
>   et tu lui mordras le talon. (3.14-15)

Il a été la plus avisée des créatures, désormais le serpent va devenir un reptile répugnant qui rampe sur la terre. À ce point, la question se pose : à l'origine, le serpent avait-il des pattes et marchait-il debout ? Comme pour beaucoup de nos questions, il n'y a pas de réponses dans le texte. On ne nous parle que du châtiment du serpent, pas de ce qu'il était à l'origine.

« Manger de la poussière » est un symbole d'humiliation (Mi 7.17 ; És 65.25), mais la poussière est aussi un symbole de mort car, après la mort, le corps retournera à la poussière (Gn 3.19). En réalité, la poussière ne sert pas de pitance au serpent même si immanquablement de la poussière s'infiltre dans sa bouche quand il rampe. La malédiction prononcée sur le serpent préfigure le sort final de *Shayṭān* (Ap 20.10 ; Éz 28.18-19).

Dans la littérature chrétienne, depuis longtemps Genèse 3.15 est interprété comme une espérance messianique. De la poussière de la malédiction émerge un *bourgeon théologique* ahurissant : la promesse de la victoire finale pour la semence de la femme. Mais qui est cette « semence », cette descendance ? Les personnes sont au singulier, renvoyant clairement à un individu. En poursuivant la lecture, on pourra remarquer à quelle fréquence les généalogies de la Genèse indiquent des « filles » non nommées, et qu'une grande attention est donnée au choix des mères pour la lignée d'Abraham. Cependant, aucune de leurs « semences », pas même Joseph, ne réussira à résister à toutes les tentations, encore moins à vaincre le tentateur !

Au Bangladesh, on voit que le nom d'un fils ou d'une fille est généralement associé au nom du père. La Bible identifie les gens par la lignée paternelle plus que par la lignée maternelle. Aussi, la question-clef est-elle : « Qui sera identifié par sa mère ? » Il ne va y avoir qu'une personne qui aura une mère et pas de père : Jésus le Messie, que le Coran appelle *'Isa ibn Maryam*, Jésus fils de Marie (sourate *Maryam* 19.34). Le Nouveau Testament le souligne, car il évoque sa naissance virginale qui accomplit la prophétie d'Ésaïe 7.14 (Mt 1.18-25 ; Lc 1.26-2.7 ; cf. sourates *Āl 'Imrān* 3.45-47 et *Maryam* 19.16-33), et sa naissance à partir de la semence d'une femme (Ga 4.4).

C'est pourquoi de nombreux commentateurs chrétiens qualifient cette promesse de « proto-évangile », la première annonce de l'Évangile. L'histoire du salut, disent-ils, commence en Genèse 3.15. Jésus le Messie est celui qui va vaincre *Shayṭān*, le péché et la mort sur la croix (Lc 10.17-20 ; Col 1.13 ; 1 Jn 3.8 ; Ap 17.7-12).

On se souvient que le Coran fait aussi le portrait de *Shayṭān* comme l'ennemi de l'humanité (*al-Baqara* 2.36 et de nombreux autres textes). D'après la doctrine du Nouveau Testament, *Shayṭān* est sous le contrôle suprême de Dieu et il finira par être vaincu après la seconde venue de Jésus le Messie. Au Jugement dernier, il sera jeté en enfer. Le Coran dit aussi que *Shayṭān* est sous le contrôle suprême de Dieu et qu'il finira par être vaincu, mais il ne dit pas comment, et il ne parle pas d'un rédempteur qui puisse porter nos péchés (sourates *al-An'ām* 6.164 ; *al-Isrā'* 17.13-15).

La femme

> À la femme, il dit :
>
> Je multiplierai la peine de tes grossesses.
>   C'est dans la peine que tu mettras des fils au monde.
> Ton désir se portera vers ton mari,
>   et lui, il te dominera. (3.16)

Contrairement au serpent, ni la femme ni l'homme ne sont maudits. Mais, contrairement aux femelles des animaux, les femmes endureront désormais des souffrances en donnant naissance (3.16 ; cf. 1 Tm 2.15). La racine hébraïque employée ici (*'-ts-b*) peut exprimer non seulement la douleur physique mais aussi l'angoisse mentale, renvoyant peut-être à l'angoisse de porter puis d'élever des enfants.

Il faut remarquer ici la grâce au milieu du jugement : en dépit de son péché et de la venue de la mort, l'espèce humaine va se perpétuer. La femme va continuer à désirer (*teshuwqah*) son mari, même si on se demande si c'est vraiment bon quand on sait que le désir naturel s'est souvent mué en quelque chose de plus sinistre. Il y a un désir qui est bon, c'est celui de la maternité, mais ce désir ne peut être satisfait sans le concours de l'homme. On se souvient que, au chapitre 2, l'homme avait besoin de la femme ; ici, au chapitre 3, c'est la femme qui a besoin de l'homme. Malheureusement, alors que la relation originelle était un partenariat équitable, le résultat du péché est un déséquilibre des pouvoirs. Dans tous les âges, les épouses seront dominées par leurs maris, pas seulement sur le plan sexuel mais dans d'autres domaines de la vie.

Ce terme de « désir » n'apparaîtra que deux autres fois dans l'Ancien Testament. En Genèse 4.7, c'est le désir du péché pour Caïn, mais dans le Cantique des cantiques 7.10, c'est le désir de l'homme pour la femme qu'il aime. Cela donne à penser que le « désir » en Genèse 3.16 inclut les aspirations conflictuelles que vivent tant de femmes dans une société de domination masculine. Le désir d'être mariée et de porter des enfants, le sentiment d'infériorité et de dépendance des hommes, l'envie de dominer et de diriger ces hommes, l'incapacité à échapper à des relations offensantes, etc., tout cela a de quoi déformer la belle relation homme-femme que Dieu a créée, et les femmes peuvent être aussi pécheresses dans la quête de leur désir que les hommes dans l'exercice de leur pouvoir.

La notion de la femme comme « champ de labour de son mari » qui doit jouer un rôle passif en satisfaisant le désir sexuel de son mari et en portant ses enfants à contre-cœur est la manifestation de la mort spirituelle qui a suivi la chute. Hélas, c'est bien ainsi que nombre de maris musulmans interprètent la sourate *al-Baqara* 2.223. La militante des droits humains, Nadia Murad, lauréate du Prix

Nobel de la Paix, a dénoncé l'État islamique qui, dans ses camps de prisonniers, se servait des femmes comme esclaves sexuelles et les violait régulièrement[30]. Ces exactions nous rappellent ce qui se passait avant le Déluge où les hommes prenaient n'importe quelle femme qu'ils désiraient (Gn 6.2). Ce comportement viole complètement les lois islamiques relatives aux prisonniers de guerre et va totalement à l'encontre de l'enseignement biblique. Même dans le mariage, on ne doit pas traiter les femmes comme cela. Ceux qui ont la vie nouvelle dans le Messie entretiendront l'égalité avec leur femme et traiteront toutes les femmes avec respect, car elles sont faites à l'image de Dieu.

L'homme

> À l'homme, il dit :
>
> Puisque tu as écouté ta femme et que tu as mangé de l'arbre dont
> je t'avais défendu de manger,
> la terre sera maudite à cause de toi ;
> c'est avec peine que tu en tireras ta nourriture tous les jours de ta
> vie.
> Elle fera pousser pour toi des épines et des chardons,
> et tu mangeras l'herbe de la campagne.
> C'est à la sueur de ton visage que tu mangeras du pain,
> jusqu'à ce que tu retournes à la terre,
> puisque c'est d'elle que tu as été pris ;
> car tu es poussière,
> et tu retourneras à la poussière. (3.17-19)

La terre est maudite à cause du péché des humains. En conséquence, l'homme ne tirera sa nourriture qu'« avec peine », et des plantes épineuses croîtront en même temps que les récoltes. Là encore, le jugement et la grâce s'entremêlent. Adam devra travailler dur et longtemps, mais Dieu continuera de pourvoir généreusement, et les plantes nourrissantes continueront à pousser.

Finalement, Adam et Ève et tous leurs descendants verront le résultat du péché : la mort physique. Le corps qui a été tiré de la terre (2.7) y retournera. L'origine du corps de l'homme et source de sa subsistance est devenue le symbole de sa mort. Le Coran reconnaît la mort comme la destinée de toute l'humanité,

---

30. Jason Burke, « Nobel peace prize goes to campaigners against sexual violence », *The Guardian*, vendredi 5 octobre 2018, https://www.theguardian.com/world/2018/oct/05/denis-mukwege-nadia-murad-nobel-peace-prize-2018.

mais il ne fait pas le rapprochement entre péché et mort qui est développé dans la Bible (sourate *Āl-'Imrān* 3.185).

La Bible montre avec clarté que les retombées du péché décrites en Genèse 3.14-19 se prolongent aujourd'hui. Les relations disloquées continuent entre Dieu et l'humanité, entre l'humanité et les animaux, entre les hommes et les femmes, et entre les humains et la terre elle-même d'où ils tirent leur subsistance. Le Nouveau Testament le résume ainsi : « tous meurent en Adam » (1 Co 15.22 ; cf. Rm 5.12). Le salaire du péché, c'est la mort (Rm 6.23) et la sentence de mort se transmet à toute l'humanité.

E. Genèse 3.20-21 - La femme et l'homme : noms et vêtements

> *L'homme appela sa femme du nom d'Ève (« Vivante »), car elle est devenue la mère de tous les vivants. (3.20)*

Voici un sujet qui capte notre attention : la sentence de mort est suivie par une espérance de vie. Adam appelle sa compagne Chavvah (« Ève »), un nom apparenté au verbe « vivre » (hébr. *chayah*), car elle va devenir la mère de tous les vivants (*kol-haï*). Le nom indique que la femme et l'homme constituent ensemble l'humanité. « Adam » nous rappelle le sol (*'adamah*) duquel il a été tiré, et « Chavvah » nous rappelle le souffle de vie (*nishmat chayyim*) qui a fait de lui un être vivant (2.7). Cependant, c'est aussi l'indication qu'il prend l'autorité sur elle, comme l'implique Genèse 3.16. Ève est un nom qui convient bien, mais on peut aussi le lire comme un nom par lequel l'homme définit le rôle de la femme et assoit son autorité sur elle. Quel contraste avec la joyeuse reconnaissance de cette femme comme partenaire égale en Genèse 2.23 !

Le Coran ne mentionne pas le nom de la partenaire d'Adam, mais son nom arabe, *Hawwa*, est bien connu dans les hadiths et en d'autres endroits de la littérature islamique. Parmi ses personnes féminines, le Coran n'en nomme qu'une seule : Marie, la mère de Jésus le Messie. C'est d'après elle que la sourate 19 est appelée *Maryam*.

> *Le Seigneur Dieu fit à l'homme et à sa femme des habits de peau, dont il les revêtit. (3.21)*

Bien que les humains soient incapables de dissimuler leur péché ou de couvrir leur honte, leur Père aimant leur fait des habits de peaux et il vêt le couple fautif. Le Coran reprend le même scénario : Adam et Ève prennent conscience de leur nudité et se font des vêtements avec des feuilles célestes. Puis ils sont envoyés hors du jardin et Dieu leur fournit de nouveaux vêtements extraordinaires (*al-A'rāf* 7.22-26). La principale leçon que le Coran tire de cela, c'est qu'on doit se couvrir. Les versets suivants (27-31) donnent à supposer que les Mecquois adoraient nus et que les musulmans ne doivent jamais les imiter. Dans la Torah, le Seigneur exige des prêtres qu'ils se vêtent correctement dans le tabernacle, y compris les sous-vêtements pour les couvrir quand ils montent les escaliers (Ex 28).

Le Coran ne nous dit pas de quoi étaient faits ces vêtements, ni d'où ils provenaient. En précisant que c'étaient des peaux, la Genèse fait comprendre qu'il a fallu que Dieu tue un animal. Dans la Torah, il n'était pas suffisant que les prêtres portent les bons vêtements ; ils devaient aussi être purifiés, sanctifiés par le sang des sacrifices (Ex 29).

Nous pouvons donc lire ce verset comme la première mention d'une effusion de sang comme couverture de l'impureté et de la honte résultant du péché. Cela préfigure non seulement les sacrifices de la Torah mais aussi le sacrifice parfait de Jésus le Messie sur la croix. Pour restaurer la communion avec Dieu, un sacrifice est indispensable. L'humanité ne peut couvrir ses péchés avec de bonnes actions ou des mérites ; il faut qu'il y ait une expiation pour couvrir son péché, et seul Dieu peut le faire. L'apôtre Paul exhorte les croyants au Christ à se revêtir du Seigneur Jésus le Messie (Rm 13.14). Les croyants ont des parures de justice données par Dieu qui leur permettent de vivre dans sa présence (És 61.10).

D'. Genèse 3.22 : Accès interdit à l'arbre de vie

> *Le Seigneur Dieu dit : L'homme est devenu comme l'un de nous pour la connaissance de ce qui est bon ou mauvais. Que maintenant il ne tende pas la main pour prendre aussi de l'arbre de la vie, en manger et vivre toujours !*

Dieu parle à nouveau à la première personne du pluriel[31]. De nouveau, nous est donné un aperçu de ses pensées divines. Cette fois, le discours de Dieu pour lui-même[32] nous montre la raison du jugement qui s'annonce. Les versets 14-19 annonçaient le châtiment du péché, mais l'expulsion hors du jardin est différente : elle a pour but d'empêcher l'accès à l'arbre de vie et donc à l'immortalité sur terre. Le problème est que les humains sont devenus « comme Dieu ». Ils ont déjà été faits à l'image de Dieu, mais ils ont essayé de soutirer encore plus de liberté à leur créateur, perdant ainsi celle qu'il leur avait déjà accordée.

---

31. Voir commentaire sur Genèse 1.26-27.
32. Une autre possibilité est que le « nous » inclue les keroubim du verset 24. « Comme nous » ferait donc intervenir l'immortalité partagée par Dieu et par les anges.

Les commencements de la vie humaine et du péché : Genèse 2.4 – 4.26   145

En Genèse 6.1-7, Dieu limite la durée de vie, et en Genèse 11.5-9, il limite la communication : dans les deux cas, Dieu limite le mal que les humains peuvent commettre. Cela suggère la raison de l'interdiction d'accès à l'arbre de vie : l'expérience de la connaissance du mal a donné aux humains un pouvoir dévoyé qui va mettre en danger la création, et ce pouvoir doit être limité.

C'. Genèse 3.23-24 - L'homme expulsé d'Éden

> *Le Seigneur Dieu le renvoya du jardin d'Éden, pour qu'il cultive la terre d'où il avait été pris. (3.23)*

Avant la chute, Adam devait surveiller et entretenir un jardin beau et agréable (2.5, 15). Après la chute, c'est le même travail. La différence en dehors d'Éden est que le travail va être dur (3.17-19). Comme en 2.5,15, le verbe pour « cultiver » signifie « travailler » ou « servir » (hébr. *'-b-d*, comme l'arabe *'-b-d*). Les êtres humains sont faits pour servir.

> *Après avoir chassé l'homme, il posta, à l'est du jardin d'Éden, les keroubim et l'épée flamboyante qui tournoie, pour garder le chemin de l'arbre de la vie. (3.24)*

L'arbre de vie est le symbole de leur bénédiction d'antan. L'humanité est désormais coupée de la présence rapprochée de Dieu et donc coupée de la vie. Cependant, être coupé de l'arbre de vie peut être interprété comme une grâce : ils ne vivront pas éternellement dans cette condition de péché.

Les keroubim, gardiens des lieux saints, ont été mis en place pour empêcher tout retour en arrière (cf. Ex 37.7-9 ; 1 R 6.33-37 ; Éz 1.4-16 ; 10.5). Avec l'épée flamboyante, ils barrent tout accès à l'arbre de vie. Auparavant, il revenait aux humains de garder le jardin (Gn 2.15) : ironiquement, après la chute, le même verbe pour « garder » est employé pour les keroubim. Les humains sont les malfaiteurs contre qui le jardin doit être défendu ! Les keroubim sont des gardes et ils sont le signe et le sceau de la mort spirituelle que connaît le couple depuis le jour où il a mangé de l'arbre défendu.

Ici, la Genèse ne dit rien du serpent : on ne sait pas s'il a été banni du jardin ou non. Il disparaît tout simplement de l'histoire. À l'inverse, le Coran affirme que Dieu a banni *Shayṭān* en même temps que les humains[33] (sourates *al-A'rāf* 7.13-24 ;

---

33. Il y a plusieurs légendes islamiques sur la manière et le moment où les humains sont venus sur terre. Selon une version populaire, Adam se pose sur le « Pic d'Adam » sur l'île de *Sarandib* (Sri-Lanka) et sa femme arrive près de Djedda, le port voisin de La Mecque. Adam

Al-Ḥijr 15.35-37 ; *Ṣād* 38.77-81). Cela est perçu comme un sursis demandé par *Shayṭān*, ce qui diffère son Jugement dernier. Pendant ce sursis, Dieu lui permettra de tenter les humains. Le rôle de *Shayṭān* dans la création consiste à être l'ennemi du genre humain, et il ne lui sera pas permis de retourner vers le jardin paradisiaque (*al-Baqara* 2.36-39 ; *Ṭā Hā* 20.123).

Il est remarquable que, dans le Coran, *Shayṭān* soit deux fois « jeté » : une fois après avoir refusé de se prosterner devant Adam, et à nouveau quand il est envoyé sur terre avec Adam et Ève (*al-Baqara* 2.38 ; cf. *al-A'rāf* 7.13, 24). Cela souligne que *Shayṭān* a été déchu de son statut parmi les djinns et aussi de sa situation dans les cieux. Contrairement à ce qui est dit dans la Bible, Adam et Ève se repentent et sont pardonnés (*al-Baqara* 2.37 ; *al-A'rāf* 7.23 ; *Ṭā Hā* 20.122), de sorte que leur « descente » n'est pas une déchéance de statut mais, selon la plupart des commentateurs, l'exécution du plan originel de Dieu pour les placer sur la terre.

Réflexion théologique

Genèse 3 est généralement compris comme un enseignement sur la nature humaine, mais c'est aussi un épanouissement supplémentaire du *bourgeon de la révélation* sur Dieu. Nous voyons un Dieu qui permet la tentation et qui permet aux humains d'y être confrontés. Il ne nous force pas à lui obéir, mais il nous place devant un choix. Nous voyons un Dieu qui vient chercher les humains comme un berger à la recherche de son mouton perdu, puis leur demander des comptes. Il ne nous laisse pas dans notre péché, mais nous défie avec ses questions : « Où es-tu ? », « Qu'as-tu fait ? » Nous observons un Dieu qui ne se laisse pas abuser par nos excuses et nos tentatives de fuir nos responsabilités. Il insiste pour que nous assumions la responsabilité, puisque nous sommes faits à son image, celle de décider de ce que nous avons à faire. Nous voyons un Dieu qui énumère les conséquences de la désobéissance : il limite la capacité de nuisance des humains, et il nous laisse en vivre les retombées. Pourtant, nous commençons aussi à apercevoir un Dieu qui trouve le moyen de nous bénir par-delà nos choix mauvais et coupables : d'une façon ou d'une autre, la semence de la femme triomphera, et Dieu vêt ses enfants nus avant de les expédier en dehors du jardin.

---

reste à *Sarandib* pendant 200 ans, séparé de sa femme et faisant pénitence, et ensuite l'ange Gabriel les réunit sur le Mont Arafat, à côté de La Mecque, d'où ils retournent à *Sarandib*. Il y a aussi des histoires sur l'expulsion du serpent hors des cieux ainsi que du paon qui assistait Satan quand il tenta Adam et Ève. Voir *Kasasul Ambiya*, p. 49-51.

Ce chapitre nous donne aussi un aperçu des *problèmes que la science tente de résoudre* depuis leur commencement. Toutes les bénédictions de la fécondité vont être douloureuses. L'agriculture cesse d'être facile ; il faut des outils pour nettoyer les ronces, les chardons et les terrains pierreux et peu fertiles. Il y aura beaucoup de souffrance dans le travail et la mise au monde des enfants ; alors on cherchera des moyens de combattre cette souffrance. Il y aura du conflit entre les humains et certains animaux, il y aura des gens qui chercheront à les domestiquer et à les exploiter. La paix, la beauté, la stabilité d'Éden a été perdue ; on cherchera donc à maîtriser le monde matériel afin de retrouver cela. Pourtant, Genèse 3 comporte aussi cet avertissement : la science (qui signifie littéralement « connaissance ») ne peut jamais, par elle-même, atteindre un tel but, parce que la racine du problème n'est pas le monde matériel. Tant que le péché humain n'aura pas été traité, on ne peut s'attendre à résoudre les problèmes de la dissension, de la souffrance et de la pénurie.

Ce chapitre est l'un des plus importants pour préparer le terreau et la semence pour la suite de la Bible. Le terreau est le triste fait du besoin de révélation. À l'intérieur d'Éden, les êtres humains étaient en contact direct avec Dieu et n'avaient nul besoin de la médiation d'un prophète ou de l'Écriture, car ils le connaissaient personnellement. À l'extérieur d'Éden, cette communion a été rompue, et il faut que quelque chose soit fait pour que les gens puissent connaître Dieu.

Le thème séminal principal est la réalité de la condition pécheresse des humains. La manière exacte dont le péché se transmet au cours des âges est un débat séculaire tant chez les Juifs que chez les chrétiens, mais tous s'accordent pour dire que Genèse 3 rend compte d'un problème humain fondamental. L'humanité innocente et bonne qui était la création originelle de Dieu a utilisé sa liberté pour désobéir à son créateur, et le résultat a été tragique. Au début, la tentation est venue de l'extérieur, mais les humains ont laissé les pensées rebelles s'infiltrer en eux-mêmes. Contrairement au Coran, la Genèse se livre à une analyse fine de ce qui se passe dans nos âmes rebelles quand elle décrit la progression d'Ève depuis le moment où elle voit le fruit, jusqu'à en apprécier l'apparence, à en désirer les effets, à choisir de le manger et à le donner à son mari (3.6). Depuis lors, le péché, tel que Genèse 4.7 le décrit, est resté à la porte de notre être. Bref, nous sommes « tombés », nous sommes « déchus ». C'est le récit de base pour ce qui est devenu progressivement la doctrine chrétienne du « péché originel »[34].

---

34. La théorie du péché originel est que tout humain né de la descendance d'Adam a une nature pécheresse. En conséquence, cette théorie dit que nous ne sommes pas des pécheurs

En poursuivant notre lecture dans Genèse 1 – 11, nous verrons la montée en puissance du péché à mesure que les effets de la chute se font sentir. Genèse 12 inaugure alors le plan de Dieu pour remédier à cette déchéance, et tel est le thème essentiel de la suite de la Bible. Les musulmans croient généralement que la désobéissance d'Adam selon le Coran n'a pas conduit à une « chute » de l'humanité ; Adam et Ève se sont repentis et ont été pardonnés, et donc leur péché n'a pas pu affecter leurs descendants. Le Coran insiste sur le rôle de *Shayṭān* : c'est lui qui est tombé, qui est « déchu », et c'est lui qui est responsable de la désobéissance. La plupart des commentateurs musulmans croient que les prophètes ne peuvent pécher (*dhanb*) et qu'Adam était un prophète ; ils qualifient donc l'acte d'Adam de petite erreur – *ẓallatu Adam* ou « dérapage » d'Adam.

Cette différence est l'un des désaccords les plus sensibles entre musulmans et chrétiens. Si nous ne sommes pas déchus, la rédemption n'est pas possible. Autrement dit, si nous ne sommes pas déchus, il n'est rien vers quoi nous puissions être restaurés. Si nous ne sommes pas spirituellement morts, mais seulement faibles et ignorants, comment donc pourrions-nous être rendus spirituellement vivants ? Et, de fait, Genèse 3 contient un germe d'espérance de rédemption et de vie spirituelle : le germe de la promesse au verset 15, qu'on appelle le *protoévangile*, la pré-annonce de l'Évangile, son commencement.

Bien que l'islam n'ait pas de doctrine du péché originel et de la chute, il y a moult indications de la condition pécheresse de l'humanité dans le Coran et dans la littérature islamique. Dans le hadith de *al-Tirmidhi Ḥasan*, il est dit que tout enfant d'Adam est un pécheur et ferait bien de se repentir. Nous en voyons tous la réalité. Le poète bengali Kazi Nazrul Islam écrit dans son poème « *Pap* » (« Le péché ») :

> *Nous sommes pécheurs : mesure le péché des autres à l'aune de ton propre péché.*

Une histoire particulièrement intéressante que certains associent à la sourate *al-An'ām* 6.125, parle d'anges faisant deux opérations à cœur ouvert[35] sur Mohammed, le prophète de l'islam, l'une avant son voyage mystique dans les

---

uniquement parce que nous péchons, mais que nous le sommes en fonction de notre nature pécheresse depuis la naissance.

35. Les spécialistes de l'islam débattent du nombre de fois où le Prophète a dû être purifié. Ils ont repéré quatre moments possibles : à l'âge de 4 ans alors qu'il tétait encore sa mère Halima, à l'âge de 10 ans à La Mecque, à l'âge de 40 ans dans la caverne de Hira, et pendant le *mirāj*, le voyage nocturne.

cieux et l'autre quand il avait 6 ans. Un morceau de chair noire fut coupé[36] et son cœur fut lavé avec de l'eau de Zam Zam puis remis dans sa position originelle, plein de foi et de sagesse[37]. Cela semblerait indiquer que même les plus grands prophètes ont besoin que leur cœur soit divinement purifié du péché. Ce n'est pas loin de la notion biblique que tous les humains ont le cœur corrompu par le péché, et que nous avons donc besoin d'être purifiés par le sang du Messie. Une grande différence est que l'opération angélique paraît avoir été réservée au seul prophète alors que le sang du Messie est pour tous ceux qui croient.

Il y a aussi un germe d'espérance. Au cours des millénaires, les humains ont tenté de retrouver le chemin de retour vers le jardin – vers les bénédictions de la vie avec Dieu. Nous avons vu quelques indices d'espoir, notamment dans la promesse que la tête du serpent serait écrasée (3.15), et dans le vêtement offert par le Père à ses enfants désobéissants (3.21). Pourtant, on ne sait pas si Adam et Ève se repentiront par la suite, ou si l'humanité recevra une deuxième chance.

À partir de cette question de germe, de diverses manières, aussi bien le Coran que la Bible en viendront à voir en Jésus le Messie le second Adam, qui a été humble là où Adam a été orgueilleux, et qui a été obéissant là où Adam a été désobéissant. Le Coran a la hardiesse de parler de la naissance miraculeuse de Jésus le Messie par la parole de Dieu directement créatrice, qui est semblable à la création d'Adam (sourate *Āl-'Imrān* 3.47). Le Nouveau Testament montre Jésus le Messie, serviteur obéissant, quittant sa position auprès de Dieu pour le bien de l'humanité, puis mourant et se relevant pour la gloire. De même que la désobéissance d'Adam a conduit à la mort pour tous, l'obéissance du Messie ouvre la voie de la vie pour tous (Ph 2.5-11 ; Rm 5.12-21 ; 1 Co 15.21-22, 45).

Et nous ?

Le chemin était gardé. Ils ne pouvaient pas revenir. Leurs enfants non plus. Si nous ne sommes pas encore convaincus que nous ne reviendrons pas, l'histoire de Noé soulignera le message, au moment où le monde est défait et refait à cause du péché. Même si nous recevons la vie spirituelle nouvelle par le Messie, nous devons vivre avec les effets de la chute, dans notre travail sur terre et dans nos relations hommes-femmes. Et les tentations du serpent sont toujours devant nous.

---

36. Ibn Ḥajar, *Fatḥ al-Bari*. Le théologien sunnite Taqī ad-Dīn Subkī (1284 – 1355) écrivit que Dieu a créé un morceau de chair dans le cœur de chaque homme qui reçoit tout ce que *Shayṭān* met à sa portée. Cette chair fut retranchée du cœur du prophète de sorte que, après l'opération, il ne reçoive plus la pensée maléfique de *Shayṭān*.
37. Voir *Bukhārī*, vol.5, Livre 58, Hadith 227 ; *Muslim* Livre 1, Hadiths 310-311.

Vivre avec le péché, la honte et la tentation

Comment nous arrangeons-nous avec notre péché et notre honte ? Essayons-nous de couvrir notre honte avec de vaines feuilles de figuier, à nous cacher de Dieu et de l'autre, à refuser les reproches pour les problèmes dans lesquels nous avons une part ? Est-ce que nous nous persuadons que nous ne sommes pas vraiment pécheurs mais que nous essayons constamment de plaire à Dieu ? Ou bien nous repentons-nous sincèrement ? Dans ce cas, comment pouvons-nous savoir que Dieu nous a pardonné ? Et qu'est-ce qui nous fait penser qu'il doit nous pardonner ? Genèse 3 et la comparaison avec le Coran nous défie avec toutes ces interrogations. Il est important de les intégrer dans notre étude de Genèse 4 à 11, mais nous pouvons aussi les soulever régulièrement en vivant dans ce monde hors d'Éden.

Dans ce monde, nous aurons toujours des tentations. Fréquemment dans la Bible, nous voyons les *Bani Isra'il* être tentés et, trop souvent, capitulant et violant l'alliance avec Dieu. À cause de cette désobéissance, Dieu les punit de multiples fois et finit par les exiler dans une terre étrangère. Comme eux, même en tant que croyants, nous serons tentés. Comment pouvons-nous résister à la tentation si Adam et Ève n'ont pas pu le faire dans leur environnement si parfait ?

Premièrement : la tentation n'est pas le péché. Jésus le Messie lui-même a été tenté par *Shayṭān* (Mt 4.1-11 ; Mc 1.12-13 ; Lc 4.1-13), mais il n'a pas péché. En tant que second Adam, il n'a pas donné prise au tentateur comme le premier Adam et Ève le firent. Si nous sommes en lui, nous avons la puissance du Saint-Esprit pour nous aider à lutter contre *Shayṭān*.

Deuxièmement : nous ne sommes pas sans secours. Le serpent n'a pas pu les obliger à manger du fruit *haram*, et *Shayṭān* ne peut pas davantage nous forcer à pécher. Un chant populaire bangladais dit : *Jemne nachai, temni nachi potulerki Dush* (« Nous sommes comme des marionnettes dans la main du marionnettiste, et donc nous dansons selon sa volonté »), ce qui veut dire qu'on ne peut pas nous accuser de nos actes. Cela reprend la solution d'un des premiers débats islamiques sur le libre arbitre qui sera par la suite rejeté par les musulmans plus orthodoxes. Les groupes adverses sont appelés les Jabariyya (*jabar* signifie « pulsion ») et les Qadiriyya (*qadr* signifie « volonté » ou « pouvoir »). Les Jabariyya insistaient tellement sur la puissance de Dieu qu'ils affirmaient que toutes les actions venaient de Dieu, de sorte que nous ne sommes pas responsables de ce que nous faisons. Les Qadiriyya soutenaient que, les humains étant jugés selon leurs actes, nous devons y avoir quelque responsabilité. Historiquement, c'est ce dernier groupe qui s'est imposé, mais le fatalisme des Jabariyya n'a aucunement disparu de la mentalité populaire. Lorsque les musulmans récitent le « *amanu bi-llāhi* » *kalimat* (la confession de foi « je crois en Dieu »), ils comprennent de diverses manières la clause : « et dans son *qadr* sur toutes choses bonnes et mauvaises ».

La Genèse dit bien que Dieu en tant que créateur a un grand pouvoir, mais elle affirme aussi que les humains ont un libre arbitre, étant faits à l'image de Dieu. C'est le désir de Dieu que nous soyons capables de choisir le bien, ce qui signifie que nous pouvons aussi choisir le mal. Nous ne sommes pas des pantins. Nous pouvons commettre le péché ou nous en abstenir. Adam a accusé Ève et Ève a accusé le serpent, et les deux avaient tort. Quand on pèche, on ne peut pas accuser l'autre ou *Shayṭān* ; et il est certain qu'on ne peut accuser Dieu. Les êtres humains sont responsables de leurs péchés !

Troisièmement : comme Ève, il nous est possible de nous éloigner et de ne pas écouter le serpent. Dans le Nouveau Testament, Jacques écrit : « opposez-vous au diable, et il vous fuira » (Jc 4.7). Si nous n'écoutons pas le tentateur, et si nous refusons de faire ce qu'il dit, il s'enfuira. La clef de cela, dit Jacques, c'est l'humilité et la soumission à Dieu. Si nous sommes orgueilleux et que nous croyons savoir mieux que Dieu, comme Ève nous serons des cibles faciles pour le tentateur. Si nous ne voulons pas nous soumettre à Dieu, c'est à *Shayṭān* que nous nous retrouverons soumis.

L'une des raisons pour lesquelles ces choses sont importantes, c'est qu'elles affectent notre façon d'élever nos enfants. Les musulmans sunnites orthodoxes croient que l'on naît sans péché et que les enfants n'ont pas à être tenus pour responsables de leurs actes avant 6 ans. La Bible enseigne que nous sommes tous nés en dehors d'Éden, que nous sommes solidaires dans les conséquences du premier péché, et que nous sommes tous responsables devant Dieu dès le début de notre vie. À nous de vérifier si nous suivons la mentalité de notre société ou celle de la Bible. Nous devons nous rappeler que nos enfants sont faits à l'image de Dieu, de sorte qu'ils peuvent choisir leur comportement ; mais aussi qu'ils font partie de ce monde déchu, et donc qu'ils ont besoin du salut. La nature pécheresse est latente même à un âge précoce chez chaque enfant. Cela ne signifie pas qu'il ne faille pas aimer ses enfants. Au contraire, il faut les aimer comme Jésus le Messie les aime (Mt 19.14 ; Lc 18.16) ; mais cet amour donnera une place à la discipline ainsi qu'à l'instruction et aux attentions.

Vivre comme homme et femme

À cause de la chute, le partenariat parfait et l'égalité des sexes entre homme et femme ont été compromis. L'homme et la femme se cachent l'un de l'autre et ils s'accusent mutuellement. Le travail qu'ils devraient partager devient compartimenté : aux femmes d'élever les enfants et aux hommes de pourvoir aux besoins matériels. L'équilibre du pouvoir se décale aussi, les femmes dépendant des hommes et les hommes dominant les femmes et prenant autorité sur elles. La Bible présente de nombreux récits sur les femmes et les hommes qui nous aident à comprendre les problèmes et à envisager des pistes d'avenir[38]. La Torah énonce aussi des lois sur le mariage, le viol et le divorce qui protègent les individus des pires incidences de la chute (p. ex. Ex 20.14 ; Lv 20.10-21 ; Dt 22.15-30 ; 24.1-3. Mais si, comme les musulmans le croient, il n'y a pas eu de chute, c'est qu'au moins une partie du déséquilibre des rôles et de la domination masculine doivent être ce que Dieu a fait, et on ne peut que réguler cela afin que la domination soit responsable. Les exemples bons et mauvais devraient suffire à montrer aux gens ce qu'il convient de faire.

La Bible nous montre que les exemples et les lois ne suffisent pas. Nous sommes déchus ; nous avons véritablement besoin de rédemption. La bonne nouvelle, c'est que celle-ci nous est offerte. Jésus le Messie n'a cessé de contester les divisions des rôles et l'accusation des femmes à son époque (p. ex. Lc 7.36-50 ; 8.42-48 ; 10.36-42 ; 21.1-4 ; Jn 4.4-27 ; 8.1-11), et c'est la mort et la résurrection de Jésus qui ouvre la voie à des cœurs transformés.

Dans la « nouvelle création » qui intervient par l'union avec le Messie, la lutte pour la domination réciproque n'a plus cours. Un mariage inspiré par la Bible est constitué d'équilibre, Jésus le Messie étant le chef de l'homme et de la femme réunis. Le mari doit satisfaire les besoins sexuels de sa femme, et la femme pareillement (1 Co 7.3). Mais dans le monde de la chute, on parvient mal à combler les attentes de l'autre, et les dissensions éclatent. Si elles se prolongent, les enfants en souffrent et les voisins ne se laisseront pas évangéliser par cette famille. L'apôtre Paul donne un bon conseil : si nous sommes en colère, il faut éviter de pécher en réglant le problème avant le coucher du soleil (Ép 4.26). Sinon, le couple ne s'accordera pas dans ses intentions de prières, et Dieu ne les agréera pas (Mt 18.19).

Il y a une belle illustration dans l'épître de Paul aux Éphésiens (5.21-33) : mari et femme sont comme la tête et le corps, de sorte que l'une ne survit pas sans l'autre et que chacun doit placer au-dessus de soi-même l'intérêt de l'autre (v. 21). Il est important de relever que, bien que Dieu soit la tête de Jésus le Messie (1 Co 11.3), on sait que Jésus le Messie et Dieu sont à égalité de statut. Pareillement, même si le mari est la tête de la femme, ils sont à égalité de statut. Éphésiens ne prescrit pas de différences de valeur ou de rôle pour le mari et la femme ; il admet le schéma culturel de son époque, mais en faisant passer la

---

38. Parmi les livres utiles qui explorent cette question, signalons Evans, *Women in the Bible*, et Glaser et John, *Partners or Prisoners ?*

relation de l'état de domination lié à la chute au nouveau modèle d'amour selon la nouvelle création. Jésus le Messie et son corps sont un, et il a sacrifié sa vie pour le corps que constituent les croyants. De même, nous devons suivre certaines des structures de notre propre culture mais, même dans ce cadre, un mari doit aimer sa femme comme son propre corps et doit être prêt à se sacrifier pour elle.

Vivre hors d'Éden

Au cours des siècles, on a essayé de revenir en Éden. Les textes qui y sont relatifs nous rappellent la conception symétrique des jardins paradisiaques persans, souvent entourés de murs et divisés en quatre parties. Dans la période abbasside, les chefs musulmans construisirent des jardins édéniques dans la zone entre le Tigre et l'Euphrate. La ville originelle de Bagdad, cité du calife al-Mansour, fondée en 762, était appelée la *Madinat al-Salaam*, la Cité de la Paix, en référence à la description du paradis dans les sourates *al-An'ām* 6.127 et *at-Tawba* 9.72. Les cultures et les parcs qui l'entouraient étaient irrigués par un vaste réseau qui rappelait aussi les fleuves d'Éden. Tout cela fut dévasté pendant l'invasion mongole de 1256-1258.

Le Coran décrit le paradis comme un lieu sous lequel coulent des rivières, et il en mentionne quatre (d'eau, de lait, de miel et de vin ; *Muḥammad* 47.15) et quatre jardins (*ar-Raḥmān* 55.46, 62). Bagdad était répartie en quatre secteurs, et les chefs islamiques ont continué à édifier des paradis terrestres. Dans le sous-continent indien, on les appelait *tchar bagh* (quatre jardins) ; ce sont la *Humayun Tomb* à Delhi, le *Taj Mahal* à Agra, le *Baghe Babur* à Kaboul, le *Shalimar Bagh* à Srinagar et les jardins des *Jahangir Tombs* à Lahore. Un autre jardin célèbre est le *Tchaharbagh* à Ispahan en Iran, construit par le Shah Abbas le Grand en 1596. Pendant à peu près la même période, les chrétiens européens recherchaient aussi l'Éden. En essayant de suivre l'exemple d'Adam dans les noms donnés aux animaux[39], ils construisirent des jardins dans le style *tchar bagh* pour abriter leurs collections scientifiques. Le jardin botanique d'Oxford fut l'un des premiers, et un des premiers catalogues était intitulé *Adam en Éden, ou le paradis de la nature*[40].

Aujourd'hui, beaucoup d'entreprises et de projets écologiques utilisent le nom d'« Éden » dans leurs titres, soit parce qu'il s'agit de rétablir la terre dans son état virginal, soit pour persuader leurs clients que leurs produits leur donneront le goût du paradis. On essaye de trouver de meilleurs moyens de travailler la

---

39. Voir Réflexion théologique sur Genèse 2 p. 120.
40. William Coles, *Adam in Eden, or Nature's Paradise*, Londres, imprimé par J. Streater pour Nathaniel Brooke, 1657.

terre afin de produire de l'alimentation avec aussi peu de peine et de mauvaises herbes que possible.

Comme nous l'avons vu dans notre étude de Genèse 1, il est juste de faire tout ce qu'on peut pour prendre soin de la terre, et à partir de Genèse 2, nous avons appris l'importance de notre rôle d'agriculteurs. Cependant, la Bible ne nous laisse aucun espoir de supprimer de nos champs le dur labeur ni la réalité des plantes nuisibles. Même si nous effectuons des recherches pour contourner la réalité de la peine au travail, on peut finir par susciter de nouveaux problèmes ; par exemple, les méthodes chimiques pour anéantir les espèces nuisibles ont souvent entraîné des dommages contre l'environnement ainsi que sur notre santé. Par Jésus le Messie, le Nouveau Testament nous donne la victoire sur *Shayṭān* ainsi que des relations humaines renouvelées tout de suite, mais l'espoir du complet renouveau de l'environnement est une chose que toute la création attend (Rm 8.22-23).

En lisant avec envie ce qui est dit de la beauté d'Éden, nous pouvons nous projeter vers les nouveaux cieux et la nouvelle terre à la fin des temps, où tout redeviendra bon (Ap 21-22). Mais en regardant cette terre, nous partageons la souffrance de Dieu en considérant les dégâts qu'a produits le péché humain[41]. Si l'Éden était en Mésopotamie, il a certainement été perdu ! Depuis fort longtemps cette région a été le théâtre de conflits entre des forces rivales, et actuellement sa beauté naturelle est dévastée par les guerres. Ainsi, le poète bengali Kazi Nazrul Islam écrit dans « Shat-il-Arab » :

> *Pour toujours couvertes de gloire et de sainteté,*
> *tes plages sacrées, Shat-el-Arab,*
> *sont baignées d'horreur, du sang des combattants*
> *de multiples races et couleurs.*
> *Éparpillés sur ces sables reposent les os d'Arabes,*
> *d'Égyptiens, de Turcs, de Grecs et de bédouins,*
> *de femmes aussi, vaillantes et hardies,*
> *qui combattaient en larmes, sans se soucier du danger*[42].

La guerre récente entre l'État islamique et ses adversaires pour prendre possession de ces zones remet fortement en mémoire ce poème qui a été écrit il y a environ un siècle. Comme il est tragique que certains des combattants aient pu se laisser persuader que tuer et être tué est la voie du paradis ! Prions pour

---

41. Voir commentaire sur Genèse 6.6.
42. Kazi Nazrul Islam, « Shat-el-Arab », trad. en anglais par Syed Sajjad Husain, https://www.icnazrul.com/index.php/nazrul-s-work/poems/36-poetry-lyrics/47-shat-il-arab

que le créateur soit honoré sur la terre dévastée où a dû se situer le récit sur Éden, et aussi sur toute la terre hors d'Éden !

Genèse 4 – Les fils d'Adam et Ève : Caïn, Abel et Seth

Le portail a été fermé et il est gardé par d'impressionnants êtres ailés et par une épée flamboyante : aucun retour possible. Que va-t-il se passer désormais, hors de ce beau jardin d'Éden ? Genèse 4 nous montre que Dieu n'a pas cessé de veiller et de bénir, mais nous montre aussi le développement des conséquences du péché de Genèse 3. Le récit de Genèse 4 commence par l'espoir : la bénédiction de la fécondité sur la création n'est pas perdue. Des enfants sont nés, et ils rendent hommage à leur créateur en apportant des sacrifices. L'un des sacrifices est agréé par Dieu. Hors d'Éden, il y a un nouveau commencement, une possibilité pour les humains de servir Dieu et d'avoir la communion avec lui dans leur nouvel environnement.

Mais nous allons vite être déçus. Le péché va s'aggraver, et il sera jugé. Le premier emploi biblique du mot « péché » (hébr. *chatta'ah*) apparaît au verset 7 de ce chapitre. Le péché d'Adam a ouvert la voie du péché de son fils premier-né. Le premier meurtre ne tarde pas à suivre les sacrifices et c'est le meurtre terrible d'un frère. Il préfigure les luttes entre fratries au cours des âges : Isaac contre Ismaël (21.8-21) ; Jacob contre Ésaü (cf. 25.19-34 ; 27.1-45) ; la rivalité entre Rachel et Léa (29-30) ; et la persécution de Joseph par ses frères (37.1-35) – tout cela rien que dans le livre de la Genèse. Cela rappelle la lutte de succession entre le cinquième empereur moghol, Shah Jahan (1628-1658) et ses quatre fils. Finalement, le troisième fils, Aurangzeb, tua ses frères et se proclama empereur.

La structure des *towledah* des cieux et de la terre (voir ch. 3, p. 98) nous invite à comparer la vie hors d'Éden à la vie en Éden décrite en Genèse 2.

- Genèse 2 s'intéressait à l'installation des premiers humains sur la terre.

    Genèse 4 s'intéresse aux premières naissances humaines. C'est la toute première généalogie mais, jusqu'aux deux derniers versets, c'est une triste généalogie parce qu'il s'agit d'une lignée complètement balayée au moment du Déluge.

- Genèse 2 décrivait l'environnement parfait du jardin d'Éden, avec sa terre fertile, ses arbres, ses animaux et ses riches minéraux.

    Genèse 4 décrit l'usage normal et l'usage excessif de la terre et de ses fruits, animaux et minéraux en dehors d'Éden.

- Genèse 2 relatait l'institution du premier couple, le masculin et le féminin étant parfaitement complémentaires et exempts de honte.

    Genèse 4 va décrire un mariage polygame et une violence croissante dans les relations humaines.

- Genèse 2 contient l'avertissement disant que le péché apportera la mort.

    Genèse 4 évoque la première mort et aussi les premières naissances.

Le chapitre commence avec Adam (v. 1) et se termine avec Enosh (v. 26), dont le nom signifie aussi « homme mortel ». Il y a d'autres endroits dans l'Ancien Testament où les deux termes (*adam* et *enosh*) sont utilisés en parallèle (p. ex. Ps 8.4). Ensemble, les deux noms font ressortir que cette vie hors d'Éden est la condition humaine déchue. Une caractéristique frappante est que, jusqu'au verset 16, le chapitre emploie YHWH constamment pour Dieu, attirant notre attention vers l'engagement de son alliance envers l'humanité.

Les mots derrière et devant le texte

Naissance, sacrifice, jalousie, meurtre, exil, vengeance et familles, cités et civilisations en construction : toutes ces préoccupations de Genèse 4 caractérisaient le monde antique, et nous les retrouvons dans le monde d'aujourd'hui, y compris le Bangladesh.

Les *naissances* sont importantes mais, comme dans les temps de l'Ancien Testament, et aussi au Bangladesh, il y a beaucoup de femmes stériles qui aspirent à enfanter. Des femmes stériles de toutes conditions se rendent sur les tombes de saints soufis afin de prier pour des enfants vivants par la médiation de saints morts. On peut comparer cela aux portraits de femmes stériles dans l'Ancien Testament. Dans la Genèse, Sarah était stérile jusqu'à ce que Dieu lui accorde le fils promis, Isaac. Plus tard, Rachel, la femme de Jacob, voit qu'elle ne porte pas d'enfant et dit à Jacob : « Donne-moi des fils, sinon je vais mourir ! » (Gn 30.1). Évidemment, Jacob se fâche et reconnaît son impuissance : « Suis-je donc à la place de Dieu, qui t'empêche d'avoir des enfants ? » (Gn 30.2). Anne, la mère de Samuel, montre de manière éloquente ce que ressent une femme stérile quand elle réclame un enfant à Dieu (1 S 1.11-16). Elle ne demande pas au prêtre Éli mais à Dieu lui-même parce qu'elle sait que, ainsi que l'écrit le psalmiste, seul Dieu peut donner des enfants (Ps 113.9 ; 127.3-5). C'est très pertinent pour aujourd'hui. Il faut croire que des femmes stériles doivent s'appuyer sur Dieu et résister à la tentation de prier un saint mort ou vivant, tout comme les croyantes d'antan devaient résister à la tentation de prier d'antiques dieux de la fécondité.

Les *sacrifices*, dans le monde antique qui est derrière le texte, étaient offerts aux dieux ; il n'est donc pas surprenant que l'une des premières choses que l'on ait faites dès la sortie d'Éden ait consisté à offrir des sacrifices. Depuis l'époque de Moïse, les Juifs ont entretenu la communion avec Dieu par les sacrifices d'animaux, décrits avec force détails dans la Torah. Dans le monde d'aujourd'hui, les adeptes de diverses religions sacrifient beaucoup d'animaux pour chercher la réconciliation avec Dieu. Les musulmans sacrifient des animaux tous les ans, en souvenir du sacrifice d'Abraham, le père de la *ummah*. Cela dit, le Coran stipule bien que ce n'est pas la viande qui touche Dieu mais la piété, *taqwa* (al-Ḥajj 22.37). En un sens, l'Ancien Testament s'accorde avec cela : les sacrifices sans un cœur droit déplaisent à Dieu (Os 6.6).

Le Nouveau Testament révèle le sens de tous ces sacrifices d'animaux en nous montrant le vrai sacrifice qui donnera et garantira la communion avec Dieu. Il confirme que le sang des animaux ne peut laver le péché (Hé 10.4) et démontre que tous les sacrifices acceptables renvoient au sacrifice unique du Messie sur la croix. C'est à cause de cela que les croyants ont une relation réconciliée avec Dieu. Ils n'ont pas besoin d'argent pour financer des sacrifices d'animaux : l'amour de leur Père céleste a payé le prix entier en Jésus le Messie.

Le *meurtre*. Au Bangladesh, on dit : *Edeshe nun ar khun sosta* (« Dans notre pays, le sel et le sang ne sont pas chers »). Tous les jours, nous lisons des comptes-rendus de meurtres en Asie du Sud et dans le monde entier. Comme l'a dit Rabindranath Tagore, l'écrivain et philosophe indien : « La terre est ivre de violence – en perpétuel conflit. »

En 1971, le Bangladesh vécut un épouvantable génocide commis par l'armée pakistanaise, et les agressions politiques n'ont pas cessé. On se souvient parfaitement de l'assassinat de Bangabandhu (le père de la nation), le Sheikh Mujibur Rahman en 1975. En remontant bien plus haut dans l'histoire, on trouve le meurtre de ses frères par l'empereur moghol Aurangzeb – un génocide familial pour un avantage politique.

Aujourd'hui, des femmes sont assassinées par leur mari, des fœtus de filles sont tués dans le ventre maternel, et des groupes djihadistes tentent de supprimer leurs opposants. Comme Caïn, ces meurtriers se sentent justifiés dans leurs actes, et ils ne s'en repentent donc pas. Certains, comme Lémek, sont fiers de leur comportement violent et veulent se venger de leurs adversaires soixante-dix-sept fois ! Cette situation tragique est le reflet de la situation au temps de Noé.

Genèse 4 analyse le problème de la violence dans le monde hors d'Éden. Jésus le Messie nous donne l'espoir que sa venue mettra un terme à ce péché (Mt 24.27).

Le Nouveau Testament

Comme nous le verrons dans l'alliance que Dieu passe avec les descendants de Noé en Genèse 9.5-6, le meurtre est perçu comme une exaction terrible dans toute la Bible (p. ex. Ex 20.13 ; 21.12-14 ; Nb 35.6-34 ; Jc 5.6 ; Ap 21.8). Dieu hait la violence, surtout le meurtre au nom de la religion, de la race ou de la caste. Dans le Nouveau Testament, Jésus le Messie va à la véritable racine du problème, expliquant que le meurtre, comme les autres péchés, vient du cœur. La colère, dit-il, est la voie qui mène au meurtre – les deux procèdent du même parcours (Mt 5.21-26). Cela nous rappelle la question de Dieu à Caïn : « Pourquoi es-tu fâché ? » (Gn 4.6). On peut aussi trouver la réponse à la question de Caïn : « Suis-je le gardien de mon frère ? », dans la réponse de Jésus le Messie à la question du spécialiste en religion : « qui est mon prochain ? » (Lc 10.25-37). La parabole du Bon Samaritain nous dit que non seulement nous devons prendre soin de nos frères, mais aussi de ceux que nous considérons comme nos ennemis.

Le Nouveau Testament évoque explicitement Caïn et Abel en plusieurs endroits. En 1 Jean 3.12-13, Caïn est l'exemple de ce que ne doivent pas être les croyants. L'apôtre dit qu'il « était du Mauvais » et qu'il a tué son frère parce que ses œuvres étaient mauvaises et que celles de son frère étaient justes. Hébreux 11.4 recourt à Abel comme exemple de ce que les croyants doivent être. Il a offert le sacrifice par la foi, il a donc plu à Dieu et a donc été compté comme juste. Il a été tué, mais sa foi nous parle encore ; on se souvient de son sang qui crie depuis la terre après sa mort (Gn 4.10).

On pourrait penser à partir de 1 Jean 3.12-13 et Hébreux 11.4 que le monde se divise entre ceux qui sont comme Caïn et ceux qui sont comme Abel, mais le Nouveau Testament comporte aussi des allusions à l'histoire de Caïn et Abel qui remettent en cause cette vision de l'humanité. La parabole de Jésus le Messie sur le fils obéissant et celui qui ne l'est pas (Mt 21.28-32) et sa parabole la plus célèbre, celle du Fils prodigue, avec le père qui l'attend et le fils aîné (Lc 15.11-32), ne nous permet pas d'étiqueter un fils comme « bon » et l'autre comme « mauvais ». Dans chaque cas, celui qui commence « mal » finit par se conformer à la volonté de son père, alors que l'autre, qui semble « bon », finit par faire honte à son père. À certains égards, nous sommes tous comme Caïn, et nous avons besoin de pardon et de rédemption si nous voulons ressembler à Abel. L'auteur de l'épître aux Hébreux se souvient du sang d'Abel, et il s'en sert pour illustrer le pouvoir du sang versé, celui de Jésus le Messie, qui ouvre pour tous la voie du retour dans la présence de Dieu (Hé 12.24).

Le Coran

La sourate *al-Mā'ida* 5.27-32 est la seule à parler des « deux fils d'Adam ».

> Communique-leur, selon la vérité, l'histoire [*nabâ'*] des deux fils d'Adam, quand ils offrirent une oblation et que celle de l'un fut acceptée tandis que celle de l'autre ne le fut point ! Celui-ci cria [alors à son frère] : « Je te tuerai ! » [Mais son frère] répondit : « Allah n'accepte que [l'oblation] des Pieux. Assurément, si tu portes la main sur moi, tu me tueras, [car] moi, je ne porterai point la main sur toi pour te tuer. Je crains Allah, Seigneur des Mondes. Je veux que tu confesses ton crime contre moi et que tu sois parmi les Hôtes du Feu. C'est là la 'récompense' des Injustes. » Le meurtre de son frère lui ayant été suggéré par son âme, [le fils d'Adam] tua donc [son frère] et il se trouva au nombre des Perdants. [Comme il ne savait comment faire disparaître le cadavre,] Allah fit surgir un corbeau qui gratta la terre afin de lui faire voir comment ensevelir la dépouille de son frère. « Malheur à moi ! », s'écria [le meurtrier]. « Je ne suis [même] pas capable d'être comme ce corbeau et d'ensevelir la dépouille de mon frère ! » et il fut parmi ceux que hante le remords.

Les fils ne sont pas nommés, mais la littérature islamique les connaît comme Qābīl et Hābīl. Le recours que fait le Coran à ce récit est semblable à certaines utilisations qu'en fait le Nouveau Testament, mettant en garde contre la jalousie et le meurtre, et impliquant que les croyants devraient être comme Abel et non comme Caïn. Cependant, il voit seulement le sang d'Abel désignant la gravité du meurtre, sans mentionner le sacrifice de Jésus le Messie.

Le récit coranique se concentre sur les pensées et les actes meurtriers de Caïn et sur sa conversation avec Abel avant de le tuer. Il fait intervenir des dimensions que l'on trouve dans la littérature juive et chrétienne préislamique davantage que la Bible. Par exemple, le dialogue entre Caïn et Abel a des parallèles dans la littérature syriaque, notamment la *Vie d'Abel* écrite par Symmache vers la fin du Ve siècle. Caïn apprenant à enterrer son frère en observant un corbeau en train d'en enterrer un autre peut être comparé à ce récit rabbinique :

> *Adam et sa femme étaient assis en train de se lamenter sur lui, ne sachant que faire du corps, car ils ne savaient pas faire un enterrement. Alors, survint un corbeau dont l'ami était mort ; il le prit et l'enterra*

sous leurs yeux. Alors, Adam dit : « *Je ferai comme le corbeau et, prenant le cadavre d'Abel, il creusa la terre et l'y cacha* » (*Pirke Rabbi Eliezer*[43], 21 ; cf. *al-Mā'ida* 5.31).

La sourate *al-Mā'ida* est médinoise tardive. La tradition islamique voit l'occasion de la révélation du passage sur Caïn et Abel comme un complot juif contre la vie du prophète Mohammed, et le Coran fait suivre le récit de lois sur le meurtre. La Mishna, le recueil central de la Torah orale chez les Juifs, se sert aussi de l'histoire de Caïn et Abel pour débattre du meurtre, et le Coran s'en inspire directement :

> C'est à cause de ce crime que Nous décrétâmes, pour les Fils d'Israël, que quiconque tuerait une personne (*nafs*) sans que celle-ci ait tué ou [semé] scandale sur la terre, [serait jugé] comme s'il avait tué les Hommes en totalité. [En revanche, Nous décrétâmes que] quiconque ferait revivre [une personne serait jugée] comme s'il avait fait revivre les Hommes en totalité. Nos Apôtres sont ensuite venus à eux avec les Preuves mais, en vérité, beaucoup parmi eux après [cette venue] furent certes des Impies (*musrif*) sur la terre (sourate *al-Mā'ida* 5.32 ; cf. Mishna *Sanhedrin* 4.5).

Cela suppose un avertissement adressé aux Juifs : s'ils tuent Mohammed, le prophète de l'islam, ils seront punis par Dieu comme s'ils l'avaient tué lui mais aussi sa descendance.

Le monde du texte

Structure et genre

La structure générale et le genre littéraire de Genèse 4 relèvent de la généalogie. Cela commence par la généalogie de l'humanité et suit un modèle que l'on retrouvera plusieurs fois dans la Genèse : la généalogie de la lignée qui n'aboutira pas aux *Bani Isra'il* est énoncée avant celle qui aboutira aux *Bani Isra'il*. Genèse 4 fait donc la liste des descendants de Caïn qui seront effacés lors du Déluge, et elle nous prépare à la généalogie suivante, celle des fils de Seth en

---

43. Cette source rabbinique atteignit sa forme présente après l'époque du prophète Mohammed ; il n'est donc pas certain que cette histoire soit antérieure au Coran. Toutefois, la question de savoir comment Caïn fut enterré est attestée au moins aussi loin que *Genèse Rabbah*.

Genèse 5. Comme tant de généalogies de la Genèse, elle comporte des récits et des poèmes – dans ce cas, le récit des deux premiers frères, et le poème de Lémek :

> Généalogie : les deux premiers fils d'Adam et Ève (4.1-2a)
>> Récit : l'histoire des deux fils et pourquoi Abel n'eut pas de descendants (4.2b-16)
>>> Généalogie : les descendants de Caïn (4.17-22)
>>>> Poème : Lémek et ses femmes (4.23-24)
>>> Généalogie : Seth, le troisième fils d'Adam et Ève, et son fils Enosh (4.25-26)

Tout le récit de Caïn et Abel (v. 1-17) montre à quel point l'auteur utilise le nombre 7. Il y a 7 occurrences d'« Abel » et de « frère », et 14 de « Caïn ». Dans la liste des descendants de Caïn, c'est le septième descendant, Lémek, qui retient le plus l'attention.

COMMENTAIRE

Genèse 4.1-2a : Le commencement de la généalogie

> L'homme eut des relations avec Ève, sa femme ; elle fut enceinte et mit au monde Caïn. Elle dit : J'ai produit un homme avec le Seigneur. Elle mit encore au monde Abel, son frère.

Adam et Ève étaient encore aux bons soins de Dieu même en dehors d'Éden. « Avoir des relations » restitue le verbe hébraïque « connaître » qui n'est pas une simple figure de style. Le Seigneur les bénit en rendant fructueuse leur union sexuelle.

Ève exprime sa joie à la première naissance : « avec [l'aide du] Seigneur (hébr. *'eth-yhwh*) j'ai obtenu (*qanah*) un homme (*'iysh*) » et elle nomma son fils « Caïn » (hébr. *Qayin*), qui résonne comme l'hébreu *qanah*, « obtenir ». La phrase est étrange et difficile à traduire : *qanah* est surtout employé pour des achats, et *'eth* a divers sens possibles. Mais on voit bien que cette naissance est particulière et qu'Ève reconnaît la réalité que les enfants sont des dons de Dieu seul (Ps 127.3 ; cf. Ps 128). Le narrateur réfute l'idée que les dieux de la fécondité comme Baal pourraient donner des enfants.

Le nom du deuxième fils, Abel (hébr. *Hebel*), signifie un souffle, fugace ou sans importance. Cela témoigne probablement de la vie fugace d'Abel et renvoie à la brièveté et à la fragilité de la vie humaine (cf. Ps 39.5).

On se demande ce que deviendront ces deux fils. Est-ce que l'un des deux sera la « semence » qui écrasera la tête du serpent ? Quel type de parents Adam et Ève seront-ils ? Élèveront-ils leurs enfants pour aimer et servir le Seigneur, ou bien transmettront-ils leur rébellion pécheresse ? On ne tardera pas à le découvrir.

Genèse 4.2b-16 – Récit : Le récit des fils et pourquoi Abel n'a pas de descendants

Le récit des deux frères est en chiasme :

A. Récit de Caïn et Abel, en présence de Dieu (4.2b-5)
    B. Dialogue entre Dieu et Caïn (4.6-7)
        C. Caïn et Abel seuls : le meurtre ! (4.8)
    B'. Dialogue entre Dieu et Caïn (4.9-14)
A'. Récit des actions de Dieu qui affectent Caïn (4.15-16)

La structure montre bien l'accent mis sur l'acte effroyable qu'est le meurtre, le fait de l'implication de Dieu, et l'importance du dialogue entre Dieu et Caïn. Le récit a aussi des caractéristiques structurelles qui font écho au chapitre 3, faisant ainsi ressortir que le péché de Caïn découle du péché de ses parents. Le schéma général de la tentation, de la chute, du dialogue entre Dieu et le péché, le châtiment par l'exil, et la modération de la protection divine est répété. On constate aussi que, alors que Dieu semble s'être absenté au moment où Caïn parle à Abel et le tue, il semble également être absent au moment où Ève parle avec le serpent et avec son mari au moment de manger le fruit. Dieu donne aux humains tout le nécessaire pour résister à la tentation, mais ensuite il les laisse faire leurs propres choix.

Il est intéressant de comparer cela avec le récit du Coran. Le Coran n'évoque aucun dialogue avec Dieu – seulement un dialogue entre Abel et Caïn. Nous prenons conscience que, dans la Genèse, Abel ne dit rien : seul son sang crie du sol après sa mort. On peut dire que ce récit de la Genèse n'est pas tant l'histoire de Caïn et Abel que l'histoire de Dieu et de Caïn, le pécheur.

A. Récit de Caïn et Abel, en présence de Dieu

> *Abel devint berger de petit bétail et Caïn cultivateur. Après quelque temps, Caïn apporta du fruit de la terre en offrande au Seigneur. Abel, lui aussi, apporta des premiers-nés de son petit bétail avec leur graisse. Le Seigneur porta un regard favorable sur Abel et sur son offrande ; mais il ne porta pas*

> *un regard favorable sur Caïn ni sur son offrande. Caïn fut très fâché, et il se renfrogna. (4.2b-5)*

Les deux premières professions furent berger et cultivateur. Caïn cultivait la terre comme son père, Adam, qui avait été mandaté pour travailler le sol puis condamné à peiner lors de ce travail. À l'inverse, Abel était un berger. À cette époque, la permission de manger de la viande n'avait pas encore été accordée ; alors pourquoi élevait-il des moutons ? Peut-être ses parents lui avaient-ils raconté comment Dieu avait tué un animal pour les revêtir de sa peau, et peut-être avait-il eu envie de prendre soin des animaux.

Ce qui se produit ensuite, c'est le sacrifice. Les sacrifices sont une expression de la religion aussi loin qu'on remonte dans l'histoire. Le texte ne dit nullement que Dieu ait ordonné à Caïn et Abel d'apporter un sacrifice ; au contraire, c'est volontairement qu'ils ont offert des sacrifices en rapport avec leurs vocations.

Les sacrifices étaient des *minchah*, offrandes, et ce terme est généralement un don offert à un supérieur. Dans la Torah, *minchah* évoque des offrandes de céréales par opposition à des sacrifices d'animaux (Lv 2), même si ailleurs le mot peut inclure des sacrifices d'animaux (p. ex. 1 S 2.16-17, 29). Dans la Genèse, il est employé pour des dons offerts à des gens ou bien à Dieu – pour la réconciliation entre frères en 32.13-19, ou pour s'attirer la faveur d'un gouvernant en 43.11. On peut en conclure que l'objet des offrandes consistait à gagner les faveurs de Dieu et à se réconcilier avec lui après l'expulsion d'Éden.

Le texte ne permet pas de savoir comment Dieu a agréé le sacrifice d'Abel. Une possibilité est qu'il ait répondu par le feu, comme on le lit ailleurs (Gn 15.17 ; Lv 9.24 ; Jg 6.21 ; 1 R 18.38 ; 1 Ch 21.26 ; 2 Ch 7.1). Certains spécialistes islamiques vont dans ce sens et voient la fumée du feu comme un signe d'acceptation[44] ; mais la Genèse ne nous en dit absolument rien. Ce qui importe, ce n'est pas comment Dieu a accepté l'offrande, mais le fait qu'il l'ait acceptée, et qu'il l'ait fait savoir. Qui plus est, ce n'est pas seulement le sacrifice qui est accepté, comme les dieux mésopotamiens auraient accepté une offrande de nourriture : c'est la personne qui est acceptée avec son sacrifice. En réalité, le texte met la personne en premier : « Le Seigneur porta un regard favorable sur Abel et sur son offrande. » C'est vraiment une bonne nouvelle ! Même en dehors d'Éden, il est possible pour des êtres humains d'être agréés par Dieu.

---

44. *Kasasul Ambiya* dit qu'une flamme blanche sans fumée vint des montagnes et que la chair du sacrifice d'Abel fut entièrement brûlée (p. 61) ; et *Bayunul Qur'an* dit que la fumée du sacrifice d'Abel monta verticalement et que la fumée du sacrifice de Caïn alla vers le bas, ce qui témoigne respectivement de l'agrément et du rejet.

Mais Caïn et son offrande ne furent pas agréés. Quelle pourrait être sa réaction ? On se souvient de celle d'Adam et Ève quand ils furent mis en face de leur désobéissance : la honte et la fuite de la responsabilité. La réaction de Caïn est semblable. Il est irrité, ce qui suppose qu'il accuse quelqu'un d'autre pour ce qui s'est passé. Sa « face tombe », ce qui traduit la honte.

POURQUOI DIEU A-T-IL AGRÉÉ LE SACRIFICE D'ABEL ET NON CELUI DE CAÏN ?

C'est une question que tout le monde se pose, et elle sous-tend le récit coranique dans la sourate 5. Le Coran donne une réponse simple : les actes d'Abel étaient justes et non ceux de Caïn. Dans la Genèse, la colère de Caïn fait comprendre que c'était aussi son interrogation : il trouvait que Dieu n'était pas juste.

« Dieu aimerait-il les bergers et non les paysans ? », se demandera-t-on. Préfère-t-il les sacrifices d'animaux à ceux de céréales ? Sous la loi mosaïque, il y a des règles à la fois pour les offrandes carnées et pour les offrandes végétales (p. ex. Lv 1-7) ; il semble donc improbable que ce soit la bonne réponse. Plus tard, la Bible enseignera que l'effusion de sang est nécessaire à la purification du péché (Hé 9.1-22 ; Lv 4, 5 et 16 ; cf. 1 Jn 1.7), mais comment Caïn ou Abel l'auraient-il su ?

Genèse 4.3-4 dit que Caïn offrit une partie de sa récolte et qu'Abel offrit des agneaux premiers-nés avec leurs meilleures parties. Il semblerait qu'Abel offrit le meilleur de sa production alors que Caïn n'offrit ni les prémices ni la meilleure partie de sa récolte, mais le texte ne permet pas d'en être certain. Ce n'est qu'avec la suite du texte qu'on voit le problème de Caïn : il s'énerve, il n'écoute pas Dieu, et il essaye de restaurer sa position en tuant son frère. On devine que quelque chose de ces attitudes résidait dans son offrande : il ne voulait pas vraiment plaire à Dieu mais il essayait de se faire un nom, voire de montrer qu'il valait mieux que son frère. Ce n'est pas qu'il avait le mauvais rituel, mais la mauvaise disposition.

Les traditions juive, chrétienne et islamique ont toutes développé des récits à l'appui de cette idée. Une version typique de la tradition islamique est que Caïn et Abel avaient chacun une sœur jumelle. Sous la direction de Dieu, Adam dit à Caïn d'épouser la jumelle d'Abel, et à Abel d'épouser celle de Caïn, mais Caïn refuse parce que sa propre jumelle, Aklima, est plus belle. Adam conseille à ses fils de faire des sacrifices pour découvrir la volonté de Dieu. Caïn offre une gerbe de son plus mauvais blé, alors qu'Abel offre son meilleur agneau. La motivation de Caïn consiste à désobéir à son père et à mépriser les injonctions de Dieu, et son offrande témoigne de son orgueilleux irrespect. Il est évident que Dieu va le rejeter ! (Voir *Tofsirul Baizawi* sur la sourate *al-Mā'ida* 5.27).

Le Nouveau Testament dit lui aussi que c'est l'attitude de Caïn qui ne convenait pas (1 Jn 3.12). Pour en revenir à la Genèse, on voit bien que cela est dans le texte parce que, dans chaque cas, l'individu est mentionné avant le sacrifice (Gn 4.4-5). Cela veut dire que Dieu a de la considération pour Abel et pas pour Caïn, et que c'est pour cela qu'il agrée le sacrifice d'Abel et pas celui de Caïn. Plus loin que le rite, il discerne la foi dans un cœur et la haine dans l'autre.

Si telle est la réponse évidente à partir du texte, pourquoi dépenser autant d'encre et de salive à débattre de cette question ?

- Est-ce que, comme Caïn, nous douterions de la justice de Dieu ? Pensons-nous que YHWH serait peut-être comme les dieux mésopotamiens qui ont chacun leurs petits protégés ? La suite de Genèse 1 – 11 nous assure que le créateur n'est pas comme eux, mais qu'il est saint et juste.

- Voulons-nous savoir comment juger les autres et leurs sacrifices ? Genèse 4 nous montre que nous ne pouvons voir que les actes extérieurs : seul Dieu connaît le cœur des gens. C'est Dieu qui évalue si les gens sont acceptables, et nous devrions l'en laisser juge.

- Voulons-nous savoir comment nous-mêmes serions agréés par lui ? Voilà la question qui importe. La Genèse nous donne quelques indications, mais nous devrons lire la suite de la Bible pour trouver quels sacrifices sont acceptables et pourquoi.

B. Dialogue entre Dieu et Caïn

> *Le Seigneur dit à Caïn : Pourquoi es-tu fâché ? Pourquoi es-tu renfrogné ? Si tu agis bien, ne relèveras-tu pas la tête ? Mais si tu n'agis pas bien, le péché est tapi à ta porte, et son désir se porte vers toi ; à toi de le dominer ! (4.6-7)*

De même que Dieu a parlé à Adam et Ève de leur désobéissance, il parle à Caïn de son problème. Il lui donne une chance de rectifier son attitude et de se faire accepter. Dieu le Père aime Caïn et veut l'agréer !

Dieu commence par demander à Caïn de réfléchir aux raisons de sa colère, ce qui est assurément le premier pas pour résister à la tentation de la violence. La question retentit jusqu'à nous par-delà les siècles : « Pourquoi es-tu fâché ? » Peut-être y avait-il un sentiment d'injustice, et à coup sûr de la jalousie. La question suivante est de savoir pourquoi il est renfrogné, ce qui peut être un signe de honte. On peut supposer que cela était dû à la crainte de perdre sa prééminence dans la famille. Il est l'aîné, mais c'est à son jeune frère que va la préférence. Comme nous le verrons, il n'avait pas tort de craindre d'être perdant.

Le verset 7 montre que cette colère était superflue et inutile. Superflue parce qu'il y avait pour lui un moyen d'être agréé, et inutile parce qu'il ne pouvait pas être agréé avant d'« agir bien ». Notre traduction parle de « relever la tête », ce qui laisse entendre que Caïn avait une possibilité de retrouver son statut de frère aîné. Malheureusement, rien ne permet de penser que Caïn ait tenu compte de ces questions.

Ensuite, Dieu avertit Caïn de ce qui le menace. C'est la première fois qu'est employé le mot « péché » (hébr. *chatta'ah*). C'est comme une bête sauvage qui attend devant une porte close. (Le verbe *ravats* [« être tapi »] est souvent utilisé pour un animal.) Dieu a ordonné aux humains de dominer sur les animaux (Gn 1.26, 28), et maintenant il pousse Caïn à dominer le péché.

Il y a un mythe mésopotamien sur les démons qui traînent autour des portes d'entrée pour tendre un piège à leurs victimes. Dans le Nouveau Testament, le même type d'image est employé pour *Shayṭān* quand nous lisons : « Votre adversaire, le diable, rôde comme un lion rugissant, cherchant qui dévorer » (1 P 5.8). On imagine donc le péché en embuscade devant le cœur de Caïn, attendant le moment de se jeter sur lui. Toutefois, le « péché » n'est pas un démon mais le mal dans le cœur humain. Le constat du Coran est que la *nafs* de Caïn – son âme, un aspect de lui-même – est semblable à l'image de la Genèse (*al-Mā'ida* 5.30). En Genèse 3, la tentation vient de l'extérieur d'Adam et Ève ; désormais, hors de l'Éden, le péché vient de l'intérieur de l'être humain.

Les mots employés pour « désir » et « dominer » sont les mêmes qu'en 3.16. Là, la femme désire son mari et son mari la domine. Ici, le péché désire Caïn, et Caïn doit dominer le péché. Ensemble, ces deux versets donnent une image forte de la fracture tragique, entre les humains et dans l'être intérieur des humains, qui découle de la première insubordination.

C. Caïn et Abel seuls : le meurtre !

> *Caïn parla à Abel, son frère ; comme ils étaient en pleine campagne, Caïn se jeta sur Abel, son frère, et le tua. (4.8)*

Caïn ne répond rien à Dieu. Il préfère parler à son frère. Il ne cherche même pas à maîtriser son péché. Il lui ouvre son cœur et, comme un animal en embuscade, il se jette sur lui et le bat. Poussé par la honte, se sentant offensé, la colère alimentant une haine jalouse, il attaque son frère Abel et le tue (à comparer à Mt 5.21-26). C'est Dieu qui rejette son sacrifice, mais c'est sur son frère que se déchaîne sa colère. Peut-être pense-t-il que se débarrasser de son frère va lui faire retrouver la place d'honneur dans sa famille. Il ne sait pas à quel point il se trompe !

Littéralement, le verset 8 commence ainsi : « Caïn dit à son frère » ; mais on ne sait pas ce qu'il lui dit. La tradition juive spécule sur ce qui a pu être dit, et certaines traductions font suivre cela de : « Allons dans les champs. »

Le Coran ne restitue aucun discours de Dieu, mais il va directement vers Caïn qui dit à son frère : « Je vais te tuer. » C'est ensuite Abel qui parle à Caïn, le prévenant que Dieu n'agréera que ceux qui ont la *taqwā* (*al-Mā'ida* 5.27 ; cf. *al-Ḥajj* 22.34-37). La *taqwā* (traduite ici par « oblation », souvent traduite par « piété ») est un thème central du Coran, et son sens est très débattu dans la tradition islamique. Cela signifie : se détourner des idolâtries de toutes sortes, garder Dieu présent à l'esprit en tout temps, et lui être complètement soumis. Al-Bayḍāwī dit de ce verset que ce ne sont ni la chair ni le sang du sacrifice qui vont jusqu'à Dieu, mais la *taqwā* : la sincérité et l'intention du cœur.

B'. Dialogue entre Dieu et Caïn

> *Le Seigneur dit à Caïn : Où est Abel, ton frère ? Il répondit : Je ne sais pas. Suis-je le gardien de mon frère ? Alors il reprit : Qu'as-tu fait ? Le sang de ton frère crie de la terre jusqu'à moi. Maintenant, tu seras maudit, chassé de la terre qui a ouvert sa bouche pour recevoir de ta main le sang de ton frère. (4.9-11).*

Caïn n'avait pas répondu à Dieu, mais Dieu reparle à Caïn. De même qu'il avait mis Adam et Ève à l'épreuve en Genèse 3, il le fait ici pour Caïn. Comme en Éden, mais cette fois hors d'Éden, Dieu interroge le pécheur, le pécheur répond, et Dieu prononce la sentence. Dieu avait demandé à Adam : « Où es-tu ? » (Gn 3.9). Il demande à Caïn : « Où est Abel, ton frère ? » Comme Adam, Caïn ne reconnaît pas son péché, il se contente de mentir : « Je ne sais pas. » Il n'a aucune crainte de Dieu et ainsi, sarcastique, il retourne le propos et interroge Dieu : « Suis-je le gardien de mon frère ? » (Gn 4.9). Le premier mensonge dont on ait connaissance est aussitôt suivi de la première question adressée à Dieu. Caïn ne veut pas répondre à Dieu : il pense que c'est Dieu qui devrait lui répondre ! Et il esquive toute responsabilité quant à son frère. L'état de péché de Caïn est encore plus grave que celui de son père.

En Genèse 1 à 3, Dieu, l'homme, la femme et même le serpent sont tous des locuteurs. En Genèse 4, Abel ne dit rien jusqu'à ce que son sang crie. C'est une métaphore, un symbole de l'âme qui hurle son droit à vivre. La Torah enseigne clairement que la vie est dans le sang (Lv 17.11). Le verbe employé pour crier (*tsa'aq*) est très fort. Il traduit un sentiment de détresse absolue, comme un homme qui crie de faim ou une fille qui crie au viol. Dieu entend les appels de détresse de son peuple (Ex 22.22-23). Au verset 10, « sang » est un pluriel en hébreu. C'est à partir de là que les rabbins tirent la notion citée dans le Coran que tuer un homme revient à en tuer plusieurs. Ils font observer que tous les humains qui seraient descendus d'Abel ont été tués eux aussi quand lui-même l'a été.

L'épître aux Hébreux comparera le cri du sang d'Abel au cri du sang de Jésus le Messie, qui a été versé pour le pardon de tous nos péchés, y compris le meurtre (Hé 12.24). Le cri des sangs des trois millions de martyrs de la lutte de libération de 1971 a inspiré les combattants de la liberté au Bangladesh pour la continuation de la tâche qu'ils n'avaient pas terminée. Le sang du Christ crie en faveur de la paix et du pardon pour le monde entier !

> *Quand tu cultiveras la terre, elle ne te donnera plus sa force. Tu seras errant et vagabond sur la terre. (4.12)*

Caïn ne retrouva pas son statut de premier-né dans sa famille en tuant son frère. Il fut au contraire éloigné de la famille, et la place d'Abel fut reprise par un autre fils (Gn 4.25). C'est le premier exemple d'une rivalité dans une fratrie et le transfert des droits de l'aîné vers un fils plus jeune sera un schéma qui se répétera dans la Genèse : on le verra entre Isaac et Ismaël, Jacob et Ésaü, Joseph et ses frères, ainsi qu'Éphraïm et Manassé. Le châtiment sera une intensification de la sentence contre Adam en Genèse 3.17-19. Il sera encore plus dur pour Caïn de faire des récoltes. Quel contraste avec l'abondance d'Éden ! Alors qu'Adam n'avait pas été maudit mais seulement la terre, c'est désormais Caïn qui est maudit. Alors qu'Adam et Ève avaient été expulsés d'Éden, Caïn est expédié encore plus loin et il ne pourra s'installer dans aucune contrée.

QUI CAÏN A-T-IL ÉPOUSÉ ?

Tout Bangladais qui lit la Genèse cherche à savoir qui Caïn a épousé. On sait que Caïn avait un frère, mais voilà que ce frère est mort ; et, même s'il avait une sœur, on sait que l'union entre frères et sœurs est proscrite. Nous ne sommes pas les premiers à soulever ces questions.

La solution la plus répandue est qu'Adam a eu des fils et des filles autres que ceux qui sont désignés (Gn 5.4) ; donc Caïn aurait pu épouser une sœur. Les traditions musulmane et chrétienne laissent toutes entendre qu'Ève a porté beaucoup d'enfants. La tradition fait remarquer que, dans les premières années, le mariage avec des proches parents était la seule façon d'établir l'espèce humaine et que les lois sur la prohibition du mariage entre proches parents n'avaient pas encore été données. De plus, la consanguinité n'était pas encore un problème puisque la lignée génétique était encore pure. C'est pourquoi la prohibition du mariage incestueux n'a été promulguée que plus tard (Lv 18.6-18).

À partir du mot traduit par « encore » en Genèse 4.2, la tradition juive propose qu'aussi bien Caïn qu'Abel étaient nés avec des sœurs jumelles et qu'ils avaient épousé réciproquement leurs jumelles afin que les relations maritales soient aussi éloignées que possible. La tradition islamique comporte des récits analogues.

Une autre possibilité est qu'Adam et Ève n'aient pas été les seuls humains que Dieu avait créés. Mais alors, il faudrait soulever des questions supplémentaires. Comment la « chute » de Genèse 3 s'applique-t-elle à toute l'humanité ? Adam et Ève sont-ils représentatifs de toute l'humanité et, dans ce cas, de quelle manière ?

Les premiers commentateurs s'intéressent aux détails légaux et recourent à la question de la femme de Caïn comme l'occasion de réfléchir à la prohibition ultérieure des relations de proximité, et des circonstances dans lesquelles elles auraient été admissibles. Les lecteurs d'aujourd'hui s'intéressent davantage aux questions scientifiques et historiques. Toutefois, pour en revenir à la Bible, on s'aperçoit qu'il n'y a aucune réponse à la question – ni dans la Genèse, ni ailleurs. Ici, la Genèse ne s'intéresse pas à ces détails littéraux et légaux mais à la nature des humains et à la nature de Dieu. Néanmoins, la question de savoir qui ont pu être les mères dont les ovules engendrent la lignée familiale va devenir très importante à mesure que nous avancerons dans la Genèse. Les mères ne sont pas nommées dans les généalogies de Genèse 5, 10 et 11 mais, à partir de la promesse d'une descendance faite à Abram (12.1-3), le récit tournera souvent sur le fait de s'assurer que la promesse s'accomplit par les bonnes mères[1].

1. Voir commentaire sur Genèse 11.30.

Comme bien souvent, il y a une réfutation implicite des cultes de fécondité. Les adorateurs du Baal antique, et même les adorateurs de la déesse de Kali dans le sous-continent indien, croyaient que le sacrifice de sang humain ou animal pouvait apporter la purification et améliorer la fertilité du sol.[45] Non seulement Caïn ne sera pas récompensé d'avoir versé le sang innocent dans la terre, mais lui et le sol vont être maudits par Dieu.

> *Caïn dit au Seigneur : Ma faute est trop grande pour être prise en charge. Tu me chasses aujourd'hui de cette terre ; je serai caché, tu ne me verras plus, je serai errant et vagabond sur la terre ; et si quelqu'un me trouve, il me tuera. (4.13-14)*

Caïn ne se repent pas de son péché ; tout ce qui le préoccupe, c'est son châtiment. Il ne saisit pas que Dieu est omniprésent et qu'il n'est donc pas possible de se soustraire au regard de Dieu. Loin de la présence de Dieu, Caïn redoute la présence des autres humains. Henri Blocher cite le proverbe latin : *Homo homini lupus* (« L'homme est un loup pour l'homme »). Caïn a dévoré son frère et maintenant il se rend compte qu'il a déclenché quelque chose de terrible. D'autres pourraient le dévorer, et il est terrifié.

Cela indique qu'il y avait d'autres gens sur terre, et c'est ce sur quoi on se fonde pour penser qu'Ève avait d'autres enfants que ceux qui sont mentionnés dans ce chapitre.

A'. Récit des actions de Dieu qui affectent Caïn

« Le Seigneur lui dit : Alors, si quelqu'un tue Caïn, on le vengera sept fois. Et le Seigneur mit un signe sur Caïn pour que ceux qui le trouveraient ne l'abattent pas » (4.15).

---

45. https://www.britannia.com/topic/sacririce-religion/blood-offering, consulté le 2 février 2020.

Comme cela se produira dans l'alliance avec la descendance de Noé en Genèse 9, Dieu promet de protéger la vie du pécheur (cf. 3.21 ; 9.6, 11). C'est la grâce miraculeuse de YHWH, le Dieu de l'alliance. Il n'aime pas seulement la victime innocente mais aussi le meurtrier. Quiconque tuera Caïn sera puni au septuple. Le mot traduit par « punir » est employé pour le meurtre de représailles en Exode 21.20-21. Sept est un nombre parfait, la septuple punition signifie donc un jugement divin complet (cf. Pr 6.31).

Dieu a mis un signe sur Caïn (*'owth*, également utilisé pour les signes d'alliance en Gn 9.13 ; 17.11) pour attester de sa promesse et avertir de potentiels ennemis. Le parallèle avec les signes d'alliance ultérieurs témoigne que ce n'est pas un signe stigmatisant mais un signe de la grâce protectrice de Dieu. Nous est rappelée la providence de Dieu quand il procure des peaux pour Adam et Ève en 3.21. Même quand Caïn s'égare loin de Dieu, il porte la marque de la seigneurie divine, comme un esclave marqué porte le signe de son propriétaire.

Caïn ne comprend pas qu'il mérite la mort, comme l'expliquera plus tard la loi de Genèse 9.5. Il ne saisit pas que Dieu, dans sa miséricorde, lui donne le temps de se repentir. C'est le dernier échange entre Caïn et Dieu, et Caïn a lamentablement refusé de comprendre ce que Dieu voulait lui dire. Puis il fuit loin de la présence du Seigneur et s'installe dans le pays de Nod, à l'est d'Éden (4.16).

Caïn quitte la présence de Dieu (hébr. *panè yhwh*, « la face du Seigneur ») pour aller dans le territoire de Nod (« vagabondage », « errance »). On se demande à quelle distance Dieu éloigne Caïn et à quelle distance Caïn abandonne Dieu. On ne sait pas où se trouve Nod, mais l'expression « à l'est d'Éden » nous rappelle le jardin perdu. Caïn va désormais se construire sa vie à lui séparément de Dieu. Mais le lecteur sait que la protection divine s'étend jusque dans la contrée de l'errance sans but : il n'y a aucun lieu au monde qui échappe à la sûre protection de Dieu.

Genèse 4.17-24 – Généalogie : Les descendants de Caïn et le développement de la civilisation

> Caïn eut des relations avec sa femme ; elle fut enceinte et mit au monde Hénoch. Il se mit ensuite à bâtir une ville et appela cette ville du nom d'Hénoch, son fils. (4.17)

Caïn eut des relations sexuelles avec sa femme. L'auteur de la Genèse ne donne pas le nom de la femme mais il se concentre sur les descendants de Caïn, leurs talents et leurs métiers. Caïn essaye de compenser sa désespérance en bâtissant une civilisation à Nod, le lieu éloigné de Dieu (le narrateur fait comprendre que c'était une civilisation sans Dieu). Caïn bénéficiait de la protection de Dieu mais il tenait à se constituer sa propre sécurité et à conjurer son errance. Il donne à sa ville le nom de son fils Hénoch.

Le nom Hénoch (hébr. *Chanowk*) pourrait provenir du cananéen *ḥanaku* (« vassal »), de l'hébreu *ch-n-k* (« consacrer », « faire la dédicace ») ou de l'égyptien *ḥnk* (allusion à une offrande faite au moment où est posée la pierre de fondation d'un bâtiment)[46]. Les deux dernières acceptions permettent de penser que cela a quelque rapport avec un nouveau commencement. Caïn inaugure un mode de vie en dehors de Dieu, une sécurité en dehors de Dieu, et une forme d'enracinement en dehors de Dieu. Cela va à l'encontre du désir de Dieu, qui souhaitait vivre avec son peuple même en dehors d'Éden !

> *D'Hénoch naquit Irad ; Irad engendra Mehouyaël, Mehouyaël engendra Metoushaël, et Metoushaël engendra Lémek. Lémek prit deux femmes : le nom de l'une était Ada et le nom de l'autre Tsilla. (4.18-19)*

Il y aura un autre Hénoch dans la ligne bénie de Seth, un tout autre Hénoch qui marchera avec Dieu (5.21-24). L'Hénoch qui est le fils de Caïn a un fils nommé Irad. Comme tous les noms de ces deux versets, la signification de « Irad » est incertaine. Certains voient un rapport avec les mots arabes pour « oiseau », « âne sauvage », « force » ou « cabane de roseaux », mais d'autres pensent que c'est le nom d'un lieu ou que cela vient de l'hébreu *'iyr* (ville). On a le tableau d'un monde qui se développe et devient complexe, et la description de la famille de Lémek va le confirmer.

Les noms ouvrent de nombreuses possibilités sur les langues d'où ils proviennent ainsi que sur leurs significations, mais il semble que les gens n'étaient pas complètement athées. Le nom du fils d'Irad se termine en *el*, le nom d'un dieu cananéen et d'un dieu mésopotamien. *El* sera aussi employé par Abraham et ailleurs dans l'Ancien Testament pour Dieu le créateur unique et véritable, généralement avec une qualification adjointe (p. ex. Gn 14.22 ; 17.1 ; 33.20). Méhouyaël peut avoir deux sens opposés, soit « Dieu frappe », soit « Dieu donne la vie ». Métouchaël peut signifier « homme du dieu Shaël » ou « homme du Shéol » (le domaine des morts)[47]. Lémek peut provenir du mot sumérien *lumga* (le dieu tutélaire de la musique), de l'akkadien *lumakku* (une classe sacerdotale) ou bien s'apparenter à l'arabe *ylmk* (un jeune vigoureux).

---

46. Ici et ailleurs, nos interprétations des noms proviennent de Douglas, *New Bible Dictionary*, et de Hess, Wenham et Westermann.
47. Cf. Mathusalem ; voir commentaire sur Genèse 5.21.

Lémek est de la septième génération à partir d'Adam *via* la lignée de Caïn. Ce Lémek sera très différent de Lémek, le fils de Mathusalem, qui appellera son fils Noé dans l'espérance de la miséricorde divine (5.28-31). Le Lémek de la lignée de Caïn sera un tueur et aussi le premier polygame mentionné dans la Bible, puisqu'il a deux épouses. La polygamie va à l'encontre de la conception du mariage selon Dieu[48]. Donc, Lémek viole la règle édictée par Dieu sur le mariage et sera l'héritier de son ancêtre en vivant séparé de Dieu.

> *Ada mit au monde Yabal : c'est lui le père de ceux qui habitent dans des tentes et ont des troupeaux. Le nom de son frère était Youbal : c'est lui le père de tous ceux qui jouent de la lyre et du chalumeau. Tsilla, de son côté, mit au monde Toubal-Caïn, qui forgeait tous les outils de bronze et de fer. La sœur de Toubal-Caïn était Naama. (4.20-22)*

Les enfants de Lémek inaugurent les arts et la technique. « Père » doit ici s'entendre métaphoriquement comme « précurseur » et non comme ancêtre au sens littéral. Le narrateur reste muet sur la position de Dieu sur cette créativité. Cependant, même si la civilisation de Caïn sera balayée pendant le Déluge, le développement des arts, des talents et de la technique se poursuivra. On se rappelle que les humains avaient la tâche de soumettre la terre et de nommer les animaux, et on peut en conclure que la créativité fait partie de notre être créé à l'image de Dieu bien que, on le sait, les résultats puissent être utilisés soit de manière dévoyée, soit pour la gloire de Dieu.

Le nom d'Ada peut signifier « beauté » ou « parure », et ses fils étaient les précurseurs des bergers nomades et des musiciens. Le sens de Yabal et Youbal est incertain, mais ces deux noms peuvent être liés à l'hébreu *y-b-l* (« apporter ») ou à *yobel* (« corne de bélier »). Le second renverrait aux ovins élevés par les peuples nomades ainsi qu'à la corne de bélier comme instrument de musique.

« Tsilla » peut provenir de mots comme « ombre » ou « cymbale », et son fils fut l'ancêtre des forgerons. « Toubal-Caïn » est inhabituel, étant composé. « Caïn » est peut-être la préservation du nom de son ancêtre, mais il peut aussi signifier « forgeron » ou « artisan ». « Toubal » peut renvoyer aux gens qui allaient devenir marchands de métaux mentionnés en Ézéchiel 27.13 ; Toubal-Caïn aurait donc été un forgeron.

La Genèse ne nous dit pas ce que Toubal-Caïn a fait avec le bronze et le fer. Il a pu faire des armes, mais il a pu faire aussi des outils. Certaines traditions voient en lui le premier chimiste et mineur. Le bronze et le fer sont considérés

---

48. Voir commentaire sur Genèse 2.23-24.

aujourd'hui comme des indicateurs importants de l'évolution humaine, l'Âge du Bronze ayant démarré en différents endroits entre 4000 et 3500 av. J.-C., et l'Âge du Fer vers 1200 av. J.-C. Le narrateur peut vouloir nous amener à penser que Toubal-Caïn travaillait avec ces deux métaux et que le travail du fer s'est perdu à cause du Déluge ; mais il est plus probable qu'il faut lire cela comme le début de la métallurgie qui préfigure toutes les métallurgies ultérieures.

La sœur de Toubal-Caïn est Naama (v. 22). On n'apprend rien sur elle, mais la tradition dit qu'elle deviendra la femme de Noé. On retient deux significations opposées pour son nom : que ses actes étaient agréables (*ne'emim*) ou qu'elle chantait (*man'emeth*) dans le cadre d'un culte idolâtre (*Gen Rab* XXIII.3). Le Coran reprendra l'idée que la femme de Noé était une incroyante (*at-Taḥrīm* 66.10), mais la tradition islamique lui donne le nom de Waliyah ou Amzura et non Naama. Amzura est également nommée dans les *Jubilés* (IIe siècle av. J.-C.) où elle n'est pas la sœur de Toubal-Caïn mais la cousine de Noé.

Poème : Lémek et ses femmes

> Lémek dit à ses femmes :
>
> Ada et Tsilla, écoutez-moi !
> > Femmes de Lémek, prêtez l'oreille à ma parole !
> J'ai tué un homme pour ma blessure
> > et un enfant pour ma meurtrissure.
> Si Caïn doit être vengé sept fois,
> > Lémek le sera soixante-dix-sept fois ! (4.23-24)

Le chant de Lémek est parfois qualifié de « Chant du glaive »[49]. Il ne compte que vingt et un mots, et sa brièveté le rend à la fois facile à retenir et fort. C'est une tragique description du cœur de la nouvelle communauté des rejetons de Caïn. Rien de comparable au poème d'Adam en 2.23 !

Lémek est un homme qui se vante auprès de deux femmes. Quel contraste avec Adam qui reconnaît en Ève son unique partenaire parfaite ! Comme pour souligner l'aspect lamentable de la polygamie, Lémek exprime sa supériorité sur ses femmes. Comme dans le poème d'Adam, chacune des propositions du premier vers se termine par le suffixe *-i* (première personne du singulier), mais là où Adam reconnaît que sa femme est sa semblable, Lémek souligne que ses femmes doivent être à son service. Il veut apparaître meilleur qu'elles, et il veut qu'elles sachent qu'il est capable d'être violent et qu'il se servira de ce pouvoir.

---

49. Voir aussi Introduction p. 20.

Est-ce que cela rendait ces épouses heureuses d'appartenir à un homme puissant, ou est-ce qu'elles avaient peur de ce qu'il pourrait leur faire si jamais elles lui déplaisaient ? Nous n'en savons rien mais, comme toute bonne poésie, elle attise nos émotions quand nous la lisons, et on s'affole en imaginant une population mondiale de maris cruels.

Lémek est fier d'être un meurtrier comme Caïn son ancêtre. De nouveau, chacune des deux propositions parallèles dans le deuxième vers se termine par *-i* (moi, complément). Le meurtre de Lémek est complètement centré sur lui-même, et il semble qu'il n'ait pas de conflit intérieur. Quelqu'un l'a blessé, donc il l'a tué. On en déduit qu'il est pire que Caïn et qu'il pense qu'être plus violent est une chose dont on doit se vanter. Le dernier vers dit explicitement qu'il veut multiplier le péché de Caïn.

Pire encore, il semble que Lémek s'érige en juge à la place de Dieu, et même au-dessus de Dieu. Là où Dieu aurait fait fondre une septuple vengeance sur le meurtrier de Caïn, Lémek dit qu'il exercera soixante-dix-sept fois la vengeance. Non seulement Lémek se vante de ce qu'il peut faire, mais il dit qu'il peut faire plus de dix fois ce que Dieu peut faire !

Contrastant avec la vantardise terroriste de Lémek, Jésus le Messie dit à son disciple Pierre qu'il devra pardonner « soixante-dix fois sept fois » (Mt 18.22). Il n'est pas douteux que Pierre se souvenait des soixante-dix-sept vengeances de Lémek. Aux yeux de Dieu, pardonner soixante-dix fois sept fois vaut mille fois mieux que tuer ne serait-ce qu'une fois. Sur la croix, Jésus le Messie a pris toute notre violence sur lui, au point que même les cruels Lémek de ce monde auront la possibilité de se repentir et de pardonner.

Genèse 4.25-26 – Généalogie : Le troisième fils d'Adam et Ève, et son fils Enosh

> *L'homme – Adam – eut encore des relations avec sa femme ; elle mit au monde un fils et l'appela du nom de Seth (« Attribué »), car, dit-elle, Dieu m'a attribué une autre descendance à la place d'Abel, que Caïn a tué. (4.25)*

Abel, le deuxième fils d'Adam, a été tué. Ce verset est le seul indice de ce que ce deuil signifiait pour Ève. Le premier événement survenu hors d'Éden fut la bénédiction des enfants, mais l'événement suivant fut la perte tragique de l'un de ces enfants sous la main de l'autre. Ici, au verset 25, Ève reconnaît à nouveau qu'un enfant est un don de Dieu, et on comprend que ce troisième fils est plus ou moins le remplaçant d'Abel. Le nom de Seth (hébr. *Sheth*) signifie littéralement « compensation, mis à la place ». Seth a été mis à la place du fils assassiné afin que le plan de Dieu puisse se poursuivre. Au même moment, on peut en déduire que sa naissance a dû être d'un grand réconfort pour ses parents meurtris. Caïn ne retrouvera jamais son statut de premier-né : celui-ci est attribué à Seth.

Seth est le seul enfant d'Adam qui, hormis Caïn et Abel, soit mentionné nommément. Le Coran ne parle aucunement de lui, mais la Genèse lui donne clairement de l'importance. En Éden, Dieu a promis que quelqu'un viendrait délivrer les humains du pouvoir du serpent (Gn 3.15). Abel étant mort, et la lignée de Caïn étant pervertie, le Sauveur viendra de la lignée de Seth. Dieu a projeté un Rédempteur, et ce projet continue à avancer.

> *De Seth aussi naquit un fils qu'il appela du nom d'Enosh. C'est alors que l'on commença à invoquer le nom du Seigneur (yhwh). (4.26)*

Ce verset laisse entendre que Seth était un homme pieux et que, à l'inverse de Caïn, il a élevé son fils Enosh dans la connaissance de Dieu. Le terme 'enowsh est traduit par « homme » en plusieurs endroits, comme dans le Psaume 8.5 ; mais ici il pourrait provenir de la racine hébraïque 'anash signifiant « frêle » ou « fragile ». Le Psaume 8.5 réunit ces deux notions, car il montre que l'homme est si fragile qu'il est étonnant que Dieu se soucie de lui. La lignée de Caïn ne ressentait pas le besoin de Dieu, mais peut-être qu'Enosh, le fils de Seth, avait conscience de sa faiblesse et de son besoin de Dieu.

Il semble aussi que, à cette époque, on connaissait le nom divin personnel de YHWH. Comment le connaissait-on ? Pourquoi était-il inconnu à l'époque de Moïse au point qu'il ait dû être révélé au buisson ardent (Ex 3.14-15) ? On ne le dit pas, mais ce verset nous donne encore une lueur d'espoir sur le fait que ces humains déchus seront admis dans l'alliance d'amour de Dieu, et que la naissance de Seth marquera le commencement d'une nouvelle humanité qui n'aura pas de fin.

Donc, bien que la Genèse reste assez discrète sur Seth, les traditions juive et chrétienne ont vu en lui un croyant authentique, comme Abel, son frère aîné. Bien que Seth ne soit pas mentionné dans le Coran, la tradition islamique le considère généralement comme le deuxième prophète, à la suite d'Adam son père, et il est dit que 50 pages de l'Écriture lui ont été données[50]. On dit qu'il a reçu la sagesse, y compris la connaissance du temps, la vision du Déluge à venir et la révélation de la prière nocturne.

Seth a également joué un rôle dans le soufisme. Par exemple, pour Ibn 'Arabi, sa caractéristique majeure est qu'il a été donné à Adam comme un cadeau, afin

---

50. Seth est considéré comme étant dans la lignée généalogique avec Adam, dont il est dit qu'il a reçu 10 pages (*ṣuḥuf*), Enosh, qui a reçu 30 pages, et Abraham, qui a reçu 10 pages.

d'apaiser son chagrin après la perte d'Abel. Ibn 'Arabi dit que les dons de Dieu sont porteurs de révélation, c'est pourquoi Seth montre aux croyants qu'ils doivent demander à Dieu la connaissance et la révélation. Les traditions juive et chrétienne ne voient ni l'une ni l'autre Seth comme un prophète mais, du IIe siècle au IVe siècles, il y eut une secte égyptienne gnostique[51] qui prétendait détenir une connaissance spéciale qui avait été révélée à Seth. Cela pourrait être à l'origine des traditions islamiques.

Ce que la Genèse nous révèle néanmoins, c'est que Seth, comme tous les descendants d'Adam, est né hors d'Éden à cause du péché d'Adam ; mais il a invoqué Dieu[52], et d'autres l'ont imité. Genèse 1 – 11 parle des commencements, et ici on a le commencement de la notion importante de gens qui « invoquent le nom du Seigneur ».

Jusque-là, l'histoire a concerné Dieu qui prend l'initiative de s'adresser aux hommes. Dans le jardin d'Éden, ils étaient en communication directe avec Dieu. En dehors d'Éden, Dieu n'est pas limité mais les gens n'ont pas conscience de la proximité de sa présence. Il accepte le sacrifice d'Abel et il vient s'adresser à Caïn, mais il semble difficile aux hommes de s'approcher de lui. On constate cependant que les gens commencent à pouvoir s'adresser à lui. On relève plusieurs choses, qui toutes seront ensuite développées dans la Bible :

1. « Invoquer » signifie « crier fort », ce n'est pas une prière silencieuse. Cela ne signifie pas une prière rituelle ou formelle, mais cela signifie plutôt un cri du cœur humain vers le Dieu de l'alliance. Cela peut aussi signifier que les gens commençaient à parler aux autres du Seigneur, tout comme l'Église allait annoncer aux autres nations la bonne nouvelle, de très longues années plus tard.

2. Cela laisse entendre que les descendants de Seth ont démarré quelque chose que les descendants de Caïn n'ont pas démarré : les gens pieux étaient très différents des autres. La Genèse nous parlera plus tard de la séparation de la communauté du peuple de Dieu par rapport aux autres peuples, et ce sera un thème important dans les dernières sections de la Torah. Par exemple, on peut comparer les séparations de Seth et Caïn, Abraham et Loth, Jacob et Ésaü, des *Bani Isra'il* et des nations païennes.

---

51. Les Séthiens. Voir *Neander's Church History*, vol.2, p. 115.
52. Telle est l'interprétation chrétienne la plus répandue de cette expression. Certaines traditions juives ont une vision plus négative, voyant dans « l'invocation » non une prière positive mais une profanation du Nom du Seigneur. Elles perçoivent Enosh comme un homme faible qui incite les autres à l'idolâtrie.

3. Cela témoigne d'un élan vers cette communication avec Dieu qui avait été perdue lorsqu'Adam et Ève étaient partis d'Éden. Voilà une bonne nouvelle ! Plus tard, des gens « invoquent le nom du Seigneur » lorsqu'ils l'adorent et lui rendent hommage (Gn 12.8 ; 13.4 ; 21.33 ; 26.25 ; 1 R 18.24 ; Ps 116.17). Les patriarches ont rendu un culte sincère à Dieu bien avant que les lois et les sacrifices aient été prescrits. Ils n'avaient besoin ni de prêtres ni de rituels (Ac 7.2-53). Pareillement, depuis la mort de Jésus le Messie sur la croix, les croyants n'ont plus besoin de prêtres ni de sanctuaires. Par le Saint-Esprit, ils peuvent adorer Dieu n'importe où en esprit et en vérité (Jn 4.19-24). Dieu est avec eux, comme il a été avec les patriarches, et où qu'ils aillent.

Réflexion théologique

Genèse 1 et 2 nous montrent la création de Dieu, belle et harmonieuse ; Genèse 4 nous montre une part de l'affreuse cacophonie engendrée par le péché humain. Sa place dans le chiasme de Genèse 2 – 4 (voir p. 98) fait ressortir le contraste entre les mondes hors d'Éden et en Éden. Théologiquement, on pourrait dire que Genèse 4 n'est qu'un ensemble de questions. Le chapitre fait surgir les questions vraiment importantes que nous devrions nous poser dans notre monde déchu. Dans certains cas, il oriente vers la réponse ; dans d'autres cas, il nous laisse sur notre faim. À cet égard, *il sème les graines de nombreux thèmes qui se développeront dans la suite de la Bible.* Cette réflexion théologique va parcourir certaines de ces questions.

Dieu va-t-il continuer à nous bénir en dehors d'Éden ?

Oui ! Il a prolongé les bénédictions de la création en donnant des enfants à Adam et Ève.

Est-il possible de plaire à Dieu en dehors d'Éden ?

Oui ! Il a agréé Abel et son sacrifice.

Que pouvons-nous faire pour plaire à Dieu et lui être agréables ? Qu'est-ce qu'un sacrifice acceptable ?

Genèse 4 nous donne de l'espoir, mais sans nous donner de réponse claire. D'après le récit coranique de Caïn et Abel, la réponse semble être que nous pouvons plaire à Dieu en étant des gens bien – en étant des *muttaqīn* (des gens qui pratiquent la *taqwā*), dont les sacrifices sont acceptés. Mais comment peut-on être bon comme Abel au lieu d'être mauvais comme Caïn ? La Bible contient beaucoup d'histoires avec deux frères. Souvent, les frères se battent, mais en général il n'est pas si facile de voir qui est le « bon » et qui est le « méchant ». En Luc 15.11-32, l'histoire de deux frères racontée par Jésus le Messie l'illustre bien : un frère apparaît comme le méchant qui part de la maison pour dilapider son héritage, mais il se repent, revient à la maison et est bien reçu par son père. L'autre passe pour le bon, il reste au domicile et travaille pour son père, mais ensuite il s'oppose à lui et refuse d'accueillir son frère qui revient. Il y a de l'espoir pour la personne qui reconnaît qu'elle est comme « Caïn », et il y a du danger pour la personne qui se prend pour « Abel ». Certes, il faut prier pour être orienté dans le droit chemin, mais le monde ne se divise pas simplement entre les Abel et les Caïn, c'est-à-dire les bons et les méchants.

Comment vivre en paix avec nos frères en dehors d'Éden ?

Genèse 4 nous dit que c'est une question très importante : nous sommes responsables de nos frères. Il y a une manière de voir si je suis quelqu'un de bien ou non. On ne peut pas toujours dire ce que Dieu pense des gens, mais on peut observer comment on se traite mutuellement. Quand on n'est pas en communion avec Dieu, on n'est pas en communion avec ses frères, et de terribles conflits surgissent. Genèse 4 nous dit aussi que vivre ensemble est difficile : l'histoire de Caïn et Abel est notre premier aperçu de la vie hors d'Éden, et depuis, on se bat et on s'entre-tue.

Comment comprendre nos propres tendances au mal ?

Genèse 4 nous dit que quelque chose qui s'appelle le péché (hébr. *chatta'ah*) est tout proche de nous, et qu'il veut nous régir. Il attend que nous lui laissions juste une petite chance, mais nous ne savons pas encore ce qu'il est au juste. Il paraît très différent du serpent qui a tenté Ève : ce serpent était extérieur à elle, il lui parlait, alors que le « péché » est dans Caïn, cherchant à se rendre maître de lui. Le Coran reconnaît aussi qu'il y a quelque chose en Caïn qui le pousse à pécher – sa *nafs*. La racine du mal est dans sa nature humaine, jusque dans son moi. Les gens d'Asie du Sud désignent six ennemis (en sanscrit, *sarad ripu*) qui nous entravent et empêchent nos bons moi de briller. Ce sont le *kama* (la concupiscence), le *krodha* (la colère), le *lobah* (l'avidité), le *moha* (la tromperie), le *mada* (l'ignorance) et le *matsarya* (la jalousie). Tous les êtres humains peuvent reconnaître cette lutte intérieure.

Comment Dieu agit-il envers nous quand nous péchons ?

Genèse 4 nous montre que le péché a de graves conséquences et en même temps nous donne de l'espoir. Les conséquences sont le châtiment et, finalement, la mort. L'espoir est que Dieu parle au pécheur, lui offre une voie de repentance et lui donne une punition moindre que ce qu'il mérite même s'il ne se repent pas. C'est l'une des différences les plus évidentes entre le Coran et la Genèse. Dans le Coran, Abel est celui qui parle à son frère et le met en garde contre le péché. Dans la Genèse, Dieu ne parle pas à Abel le bon mais à Caïn le pécheur. Dieu s'occupe si bien du pécheur qu'il va lui parler directement !

Le péché peut-il être pardonné ?

Cette question est soulevée dans le discours de Caïn en 4.13, qui est habituellement traduit : « Mon châtiment est trop grand pour être supporté » (Segond 1910). En hébreu, trois mots suffisent : *gadowl avoni minneso*, littéralement : « grand mon mal plus que supporter ». *avoni* peut renvoyer au châtiment de Caïn, mais il peut aussi renvoyer à sa culpabilité ou à son péché. Il se peut que Caïn ne supporte pas sa culpabilité ou son péché, mais quelqu'un d'autre le pourrait-il ? Dieu peut-il supporter le péché ? Caïn demande-t-il si oui ou non Dieu peut supporter son péché ? *Genèse Rabbah* répond à cette question en faisant dire à Caïn que, puisque Dieu peut supporter tout l'univers, peut-être peut-il aussi supporter le péché de Caïn. Cela nous amène à la question suivante.

Le péché doit-il être châtié ?

La réponse est oui. En Genèse 4, Dieu punit Caïn et le protège mais, comme Adam et Ève, il est néanmoins délogé de son lieu et de la proche présence de Dieu (hébr. *paniym*, « face »). Dieu peut permettre à celui qui pèche de rester sur terre, mais le péché est si grave qu'il ne saurait permettre à cet individu de demeurer devant sa face. Alors, Dieu pourrait-il « porter », pour ainsi dire, le péché de Caïn, de sorte que Caïn n'ait pas à en être châtié ? Cela nous ramène à la question de ce qui serait un sacrifice acceptable et nous renvoie aux sacrifices édictés dans la suite de la Torah, au tabernacle, au temple et enfin au sacrifice de Jésus le Messie.

Le récit coranique n'aborde pas la question de savoir si le péché doit rester impuni ou non. Il aborde plutôt le jugement, aussi bien dans ce monde que dans l'au-delà. Dans l'au-delà, Caïn subira le feu du jugement (*al-Mā'ida* 5.29). Pour ce monde, il y a la législation sur le meurtre qui suit le récit (v. 32-34). Le meurtre est strictement prohibé, mais il y a des forfaits qui doivent être punis de mort. Cela soulève l'importante question de la façon dont les humains doivent administrer les crimes qui sont commis parmi eux. La Genèse va commencer à aborder cette question après le Déluge (Gn 9.5-6). Jusqu'à quel point Dieu peut supporter nos péchés, et jusqu'où nous pouvons supporter les péchés commis dans nos sociétés, ces questions sont liées ; mais elles ne sont pas identiques.

Et la repentance ?

Genèse 4 montre parfaitement que Caïn ne se repentit pas de la colère contre son frère. Il regretta d'avoir été puni et reconnut qu'il avait péché, mais il ne semble pas qu'il ait changé d'avis sur le fond de sa colère et de sa jalousie. Le Coran nous montre Caïn regrettant de ne pas savoir comment enterrer son frère mais, comme dans la Genèse, rien ne permet de croire qu'il s'est vraiment repenti de ce qu'il a fait. Cela soulève la question de notre mode de repentir, de ce dont nous devons nous repentir et de la manière dont notre état d'esprit doit changer.

Quels sont les effets à long terme du péché et du conflit ?

Genèse 4 nous donne un triste tableau de Caïn et de ses descendants. Certes, ils ont bâti des cités et développé la culture, mais Caïn est exilé, et ses descendants continuent à propager la violence. Le premier conflit familial en génère d'autres, et la violence engendre la violence. Dieu a de la patience sur des générations mais, finalement, la lignée de Caïn sera anéantie dans le Déluge. Cependant, malgré cela, il y a de l'espoir. Il y a l'espoir de lois pour limiter les effets de la méchanceté meurtrière en Genèse 9 et de l'engagement de Dieu à ne plus jamais exterminer l'humanité.

Dans la sourate *al-Mā'ida* 5.32-34, le Coran évoque un effet à longue portée de l'histoire de la loi juive : l'histoire de Caïn et Abel est la base des lois de la *Mishna* sur le meurtre. En outre, le Coran utilise aussi le récit pour avertir ceux qui sont hostiles à Mohammed, le prophète de l'islam, et qui cherchent à le tuer. Donc, l'histoire devient un exemple paradigmatique de jalousie et de meurtre, et un avertissement pour les générations futures.

Le Nouveau Testament lui aussi se sert du récit comme avertissement et comme exemple : nous ne devons pas être comme Caïn le meurtrier (1 Jn 3.12). Ce verset est dans le contexte d'un autre type d'espoir, qui répond à la question : « Dieu peut-il supporter nos péchés ? » « Oui ! », dit l'apôtre Jean. Comment Dieu peut-il supporter notre péché ? La réponse est que Jésus porte nos péchés sur la croix :

> *Il est lui-même l'expiation pour nos péchés ; non pas seulement pour les nôtres, mais aussi pour ceux du monde entier.* (1 Jn 2.2)

L'autre endroit où le Nouveau Testament se réfère explicitement à l'histoire de Caïn et Abel est dans l'épître aux Hébreux, où nous lisons que le « sang de l'aspersion [de Jésus] parle mieux que celui d'Abel » (Hé 12.24). Là encore, il y a un lien entre le sacrifice et notre salut, et entre notre salut et notre manière d'agir. Ce qui nous amène à notre question finale.

Quel est le rapport entre le sacrifice et le contrôle de la **nafs** *pécheresse (moi) ?*

La maîtrise de la *nafs* pécheresse rend-elle une personne bonne, de sorte qu'elle puisse offrir un sacrifice acceptable, ou est-ce un sacrifice acceptable qui rend une personne plus ou moins bonne de sorte qu'elle puisse maîtriser la *nafs* pécheresse ? Est-il même concevable que la *nafs* pécheresse change ?

La Torah donne beaucoup de détails sur les sacrifices que Dieu agrée, mais la Bible nous enseigne aussi que les sacrifices en eux-mêmes ne sauraient résoudre le problème de notre péché. Ce n'est pas le sang des animaux ni la pureté rituelle qui nous rendent acceptables ou saints (hébr. *qadowsh*, gr. *hagios*, ar. *quddus*). Parce que Dieu est saint, il veut que nous soyons saints (Lv 11.44 ; 1 P 1.16). Les sacrifices de la Torah renvoient tous au sacrifice parfait de Jésus le Messie par qui Dieu lui-même porte nos péchés. Selon 1 Jean, nous ne recevons pas le pardon en nous efforçant d'être comme Abel le juste ; au contraire, nous devenons saints en acceptant le sacrifice parfait de Jésus le Messie, et nous saurons qui lui appartient en voyant qui aime son prochain. La personne qui a sincèrement accepté le sacrifice expiatoire ne sera pas l'esclave du péché, de la *nafs* jalouse et meurtrière en elle.

Tous les sacrifices ordonnés dans la Torah sont, disent les prophètes, inutiles s'ils ne nous mènent pas à la communion avec Dieu, nous rendant ainsi miséricordieux envers nos congénères[53]. Dieu nous a montré le bon chemin : celui de la communion avec Dieu et avec nos frères, pratiquer la justice, aimer la droiture et marcher humblement avec Dieu (Mi 6.8). Dans l'Évangile selon Matthieu, Jésus le Messie cite le livre d'Osée : « Je veux la compassion et non le sacrifice » (Mt 9.13) ; et l'apôtre Paul incite ses lecteurs à s'offrir en sacrifice vivant, ce qui est le culte véritable qui plaît à Dieu (Rm 12.1-2).

---

53. Voir notamment Amo 5.21-24 et Osée 6.6.

Le poète national bangladais, Kazi Nazrul Islam, reconnaît aussi que ce qui importe, c'est un cœur droit, et que Dieu nous veut, nous, pas nos rites. Son poème, « Martyrs Eid », appelle les musulmans à s'abstenir de sacrifice animal et, à la place, à sacrifier leur *nafs* pécheresse. Voici ce qu'il écrit à ceux qui sacrifient des animaux comme offrande rituelle pour commémorer le consentement d'Abraham à suivre l'injonction divine de sacrifier son fils, pendant le Eid ul Aḏha, la fête du sacrifice :

> *Vous avez englouti de la nourriture comme des cochons,*
> *Vous êtes devenus gras, affreux et stupides.*
> *Alors, maintenant, offrez-vous vous-mêmes en sacrifice,…*
> *de grâce, n'offrez à Dieu aucun animal en sacrifice.*
> *Ce serait en vain,*
> *et vous resteriez plus vils*
> *que les bêtes que vous exécutez.*
> *Mettez plutôt à mort les bêtes*
> *qui hantent votre cœur.*
> *Cela donnera un répit aux animaux,*
> *et ce sera un acte noble de votre part*[54].

Et nous ?

À l'intérieur du jardin d'Éden, la terre était féconde ; à l'extérieur, même un dur labeur ne produisait que de faibles récoltes (v. 12). À l'intérieur, c'était une demeure sûre dans la présence de Dieu ; à l'extérieur, les gens deviennent des errants perpétuels (v. 14). À l'intérieur, la sécurité ; à l'extérieur, le danger (v. 8, 14).

Nous vivons dans le monde imparfait de Genèse 4, mais nous pouvons accepter Jésus le Messie comme le sacrifice parfait de Dieu pour nos péchés. Mais ensuite, comment vivrons-nous ? Nous poserons-nous les questions qui sont soulevées par l'histoire de Caïn et Abel, ou sommes-nous, comme les descendants de Caïn, plus intéressés par la construction de villes, la fabrication d'outils, la musique et la vengeance ? Les villes, les outils et la musique ne sont bien sûr pas des choses mauvaises ; mais, lorsqu'ils deviennent notre priorité et qu'ils s'accompagnent d'un désir de nous vanter et de nous donner de l'importance, ils deviennent des idoles. (Nous en dirons plus sur ce danger aux chapitres 10 et 11.)

---

54. Kazi Nazrul Islam, "The Martyr's Eid," Original: "Shohidi Eid"; Traduction anglaise : Kabir Chowdhury https://www.poetrynook.com/poem/martyrs-eid.

À l'intérieur du jardin, il y avait une relation parfaite entre les humains et le reste de la création : les humains prenaient soin de la terre et vivaient en harmonie avec les animaux. À l'extérieur du jardin, les humains cultivaient aussi la terre et prenaient soin des animaux, mais seul Abel comprenait vraiment ce que signifiait faire son travail pour le Seigneur. Allons-nous reconnaître que tout ce que nous avons et faisons vient de Dieu, et lui rendrons-nous tous les fruits de notre travail, pour sa seule gloire ?

À l'intérieur du jardin, étaient la paix et la bénédiction. À l'extérieur, il y avait jalousie, colère, concurrence et vengeance. Allons-nous chercher à vivre en harmonie avec Dieu et avec nos congénères ? Allons-nous nous réjouir quand d'autres sont bénis, et maîtriser notre irritation et notre honte quand nous sommes offensés ? Allons-nous admettre que nous sommes « les gardiens de nos frères » ?

À l'intérieur du jardin, il y avait une relation parfaite entre l'homme et la femme : tout était prêt pour les bénédictions de la vie de famille. À l'extérieur, il y avait toujours la bénédiction de la procréation, mais il y avait aussi le meurtre entre frères, la polygamie et les maris qui fanfaronnaient devant leurs femmes. Ceux d'entre nous qui sont mariés vivent-ils dans la fidélité et le respect mutuels avec le conjoint ?

Et que dire de nos familles ? Arriverons-nous à élever nos enfants pour qu'ils s'aiment les uns les autres, coopèrent ensemble sans être jaloux et sans se battre entre eux ? Pouvons-nous élever des Seth et non des Caïn ? Dans nos communautés du Bangladesh, beaucoup sont en situation minoritaire. Quelquefois, nous n'avons pas la possibilité de vivre avec d'autres croyants pour adorer le Seigneur avec eux ; aussi, ce que nous faisons dans nos familles est un exemple très important pour nos enfants[55].

Genèse 4 nous dit que rien de tout cela ne sera facile à l'extérieur d'Éden. Bien que croyants, nous avons à écouter l'interpellation divine : « Pourquoi es-tu fâché ? Pourquoi es-tu renfrogné ? » Comme Caïn, nous devons résister au péché en dominant notre *nafs*. Cela signifie que les croyants se considèrent comme morts à leurs mauvais désirs. Les morts ne peuvent être tentés. Nous n'y arriverons pas par nous-mêmes, mais seulement par la mort et la résurrection du Messie ainsi que par la puissance du Saint-Esprit (voir Rm 6-8).

---

55. Daniel et ses amis à Babylone (Dn 1-6) et Naaman le Syrien (2 R 5.1-19) sont des exemples bibliques de disciples fidèles dans des situations de minorité.

4

Les commencements de la mort et de la vie nouvelle
Genèse 5.1 – 6.8

Le *towledah* d'Adam

Les généalogies ont une influence immense sur notre conception du monde. « Jusqu'à la quatorzième génération », voilà une expression bien connue chez les Bengalis. On croit que ceux qui peuvent se souvenir de leur lignée jusqu'à quatorze générations seront bénis par leurs ancêtres, et lorsque quelqu'un prononce une bénédiction ou une malédiction, il la prononce pour quatorze générations. Les jours de pluie ou les nuits de pleine lune, les anciens du village, qu'ils soient musulmans ou hindous, racontent aux jeunes générations des histoires sur leur héritage familial.

Les généalogies ne font pas que nous parler de nos origines : elles ont aussi de l'influence sur nos vies. En Asie du Sud, le système de castes, qui est en place depuis l'ère védique, est fondé sur la généalogie, et il détermine parfois la profession de la génération suivante. Les vocations sont souvent déterminées par l'arrière-plan généalogique, et les villages sont souvent nommés en fonction de cela ; par exemple, Jelepara (Village du Pêcheur), Village de la Barque, Village du Forgeron ou Sayeed Barih (la Maison de la famille Sayeed).

Nos généalogies ne sont pas seulement des listes de noms : elles renferment des récits transmis au fil des générations en orientant notre pensée sur ce que nous sommes et sur ce à quoi nous sommes destinés. Nos ancêtres étaient-ils pieux, et si oui, le sommes-nous et enseignons-nous cette voie à nos enfants ? Nos ancêtres étaient-ils des malfrats ? Et sommes-nous alors en grand danger de l'être, et nos enfants suivront-ils cette pente ? Les généalogies de la Genèse sont elles aussi bien plus que des listes de noms. Elles nous donnent des aperçus sur certains des ancêtres, et elles amènent à des récits qui représentent un gros défi pour leurs descendants et pour nous aujourd'hui.

Le *towledah* d'Adam commence avec les noms du chapitre 5 et se poursuit jusqu'à l'introduction du récit du Déluge au chapitre 6.1-8. Pareillement, le *towledah* de Noé va raconter au lecteur l'histoire familiale de Noé et de ses trois fils et il se terminera par un défi et une histoire triste (Gn 9.18-29). Le *towledah* des fils de Noé commence avec la Table des Nations en Genèse 10, puis se poursuit avec l'histoire dérangeante de Babel en 11.1-9, qui elle-même débouche sur la recension de la lignée de Sem.

On voit que les généalogies de la Genèse sont soigneusement attachées et reliées les unes aux autres et que chacune soulève des interrogations pour les générations qui suivent. Genèse 10 sera interrompue par certains détails sur Nemrod et soulève ainsi la question de ce qui se passe lorsque les gens font de leur territoire une base de puissance expansionniste. C'est ce à quoi s'intéresse l'épisode de Babel. De même, le *towledah* d'Adam est interrompu par certains détails sur Hénoch qui marcha avec Dieu et fut le seul à ne pas mourir, soulevant ainsi la question de savoir si la vie éternelle serait possible sur terre même en dehors d'Éden. Genèse 6.1-8 répond à cela par un « non ! » retentissant. La famille humaine est devenue si corrompue que Dieu va limiter la durée de vie encore davantage et, en fait, anéantir toute l'humanité et recommencer.

Toutefois, comme nous l'avons vu plusieurs fois, les choses ne sont pas désespérées. Le *towledah* d'Adam donne plein de signes que Dieu continuera à trouver le moyen de faire grâce à sa création et à ses créatures. L'épisode sinistre de Genèse 6.1-8 est éclairé par un formidable aperçu dans le cœur même de Dieu, et il se termine avec cette déclaration magnifique : « Noé trouva grâce aux yeux du Seigneur. » Le *towledah* a commencé par une bénédiction (*berakah*, 5.2) et il se termine par la grâce (*chen*, 6.8).

Les mondes derrière et devant le texte

Tout comme dans le monde antique, les individus d'aujourd'hui aiment raconter l'histoire de leurs parents, grands-parents et ancêtres. Au Bangladesh, nos noms disent notre histoire. Certains ont des noms de famille qui racontent l'histoire de la famille de leur père, ou parfois les gens prennent le nom attribué à leur père comme signe de leur origine. Chez les musulmans, les noms arabes sont donnés en même temps que les noms bengalis. Dans les cultures arabes, les noms comportent généralement *bin/ibn* (fils de) ou *bint* (fille de). C'est ainsi que le célèbre commentateur du Coran, largement connu comme 'Ibn Kathīr,' avait comme nom complet Abū al-Fiḍā' 'Imād ad-Dīn Ismā'īl bin 'Umar bin Kathīr al-Qurashī al-Buṣrāwī. Au Bangladesh, un *pir* peut ajouter des titres à son nom pour identifier son *tapiqa* (chemin). Le nom et le titre complets du *pir* bangladais Khwaja Yunus Ali était Oli Allah Gauchol Azom, Pir des Pirs, ami de Khaja Mohammed Yunus Ali, de Enayetpuri Nokshabondi Mujaddei (le Vénérable).

Des histoires islamiques et des « histoires des prophètes » comportent de nombreux détails généalogiques autres ; les *Sīrah* (histoires de la vie de Mohammed le prophète de l'islam) comportent de nombreuses généalogies, et des gens dans beaucoup de pays musulmans sont fiers de porter le nom de Saïd, ce qui signifie qu'ils sont les descendants du prophète Mohammed.

Mais le Coran n'a pas de généalogies. Pourquoi cela ? Contrairement à la Bible, le Coran se présente comme un livre descendu directement du ciel, et il s'intéresse peu à la manière dont les différents personnages qu'il évoque sont reliés les uns aux autres. Il nous dit qu'Abraham était le père d'Isaac et Ismaël, et que Jacob et Joseph descendent d'Isaac, mais il ne dit absolument rien de l'histoire des humains ni de leurs liens entre eux. Certes, il donne des listes de noms, mais ce sont des listes de prophètes.

Du monde antique « derrière » la Genèse, plusieurs listes de noms ont survécu. Il fut un temps où les érudits pensaient que celles-ci pouvaient être en lien avec les généalogies de la Genèse, mais une étude plus approfondie a montré que non. Les listes de l'Antiquité donnent des noms de rois – la plus connue est une liste de rois mésopotamiens avant et après le Déluge[1] – et elles ne sont souvent pas reliées entre elles. De plus, ces listes fonctionnent à l'envers et non à l'endroit : elles partent de la personnalité la plus récente pour remonter à la plus ancienne. Elles étaient rédigées pour assurer la légitimité du potentat en fonction. Il semble que le monde d'alors n'était pas si différent de celui d'aujourd'hui : on écrivait l'histoire en tenant la chronique des puissants davantage qu'on ne gardait la trace des relations familiales.

Donc, on apprend qu'il n'était pas inhabituel pour les gens de tenir une liste de leurs prédécesseurs mais que les généalogies de la Genèse ont des objectifs différents de ces listes et des listes de prophètes du Coran. Telle est, nous l'avons dit, la manière de faire de l'histoire dans la Genèse, et cela vaut aussi dans quantité d'autres endroits de la Bible.

L'histoire biblique ne se réduit pas à évoquer l'envoi de théories de prophètes par Dieu, ni à tenir la chronique des rois et des dirigeants. C'est l'histoire de la façon dont les humains se sont multipliés sous la bénédiction divine. À chaque génération, elle tient compte des grands nombres d'êtres humains qui sont venus au monde, mais elle se focalise sur une lignée particulière. Le plan de

---

1. Jacobsen, « Sumerian King List », *Assyriological Studies*, p. 11.

Dieu consistait à accroître et à préserver les descendants d'Adam et à utiliser une lignée particulière de ces descendants pour faire venir Jésus le Messie, qui sera le Sauveur.

Aussi, en abordant le texte du *towledah* d'Adam, allons voir au-delà de la liste de noms pour jeter un coup d'œil à l'histoire du monde dans l'optique de Dieu.

Le monde du texte

Structure et genre

Le *towledah* d'Adam peut être vu comme un chiasme triste. Il commence avec la création bonne des humains et avec la bénédiction des enfants d'Adam ; il se termine par la détérioration de la création bonne de Dieu, et par la décision divine d'anéantir ces enfants. Entre-temps, il y a une triste litanie de décès. Sans cesse, est martelé, huit fois : « puis il mourut ». Aucune autre généalogie biblique n'ayant ce martèlement emphatique, certains l'ont appelée la généalogie de la mort. Ce chapitre fait ressortir que nous mourons tous, et que la mort est le résultat du péché. Toutefois, si on est attentif à la structure en chiasme, on verra que, bien que ce *towledah* conduise au jugement qu'est le Déluge, la mort n'en est pas le cœur. Il y a de l'espoir et il y a de la vie au point central du chiasme.

    A. Création et bénédiction de l'homme et de la femme (5.1-2)
        Le premier descendant d'Adam sera comme lui (5.3)
           B. Espoir en Seth (5.3)
               C. Vie et mort de Seth, Enosh, Caïnân, Mahalaléel, Yéred (5.4-20)
                  D. Hénoch marche avec Dieu et ne meurt pas (5.21-24)
               C'. Vie et mort de Mathusalem, Lémek (5.25-27)
           B'. Espoir en Noé (5.28-32)
    A'. Relations entre les filles bonnes d'Adam et les hommes forts qui ont mal tourné (6.1-5)
        Les descendants d'Adam sont voués à la destruction (6.5-8)

Au sein de cette structure, il y a une structure généalogique récurrente. Les lecteurs découvrent quatre choses sur chaque ancêtre : son nom, son âge à la naissance de son premier fils, la durée de vie qui lui reste ensuite et, à une exception près, son âge quand il meurt. Bien que la naissance d'un seul enfant soit rapportée, on nous dit qu'il y avait beaucoup plus de fils et de filles. En lisant ce chapitre et en s'interrogeant sur les individus nommés, on constate l'importance d'un schéma régulier. Ainsi allait la vie, et tel est le schéma auquel on s'attendra pour les générations à venir. On remarque aussi qu'à chaque génération, seul un nom est conservé. Ce n'est pas, contrairement à Genèse 10, une liste générale de toute l'humanité mais l'histoire particulière de la Genèse. Cette généalogie va quelque part. Les personnes non-nommées sont importantes pour Dieu, mais elles ne sont pas intégrées dans l'histoire particulière contée par la Genèse.

Sur les gens qui sont nommés, on sait d'ailleurs peu de choses, et leurs noms sont difficiles à comprendre, au point que la plupart des commentaires n'en proposent pas de signification. Certaines sont repérables dans les langues de la Mésopotamie antique. Certaines sont à mettre en rapport avec des mots hébreux, et nous pensons que ceux-là sont particulièrement intéressants parce que l'auteur hébreu a certainement été conscient de ces rapports. Certains de ces noms sont *théophoriques* – du grec *theophoros*, « porteur de dieu » – au sens où ils renferment le nom d'un dieu. Le chapitre précédent parle de Mehouyaël et de Metoushaël, dont les noms sont liés à El, le dieu suprême des Cananéens, dont le nom sera utilisé pour désigner Dieu, le seul vrai créateur. Plus loin dans la Genèse, on en a encore des exemples avec Éliézer, le serviteur d'Abraham (15.2), Ismaël (16.11), Betouel (22.22-23), etc. L'arabe comporte beaucoup de noms théophoriques, aussi bien de l'époque préislamique que postislamique ; par exemple, 'Abd Allah, Sayf Allah, 'Ubayd Allah, etc. Ces noms sont très courants au Bangladesh et dans les communautés musulmanes du monde entier. Les Bengalis étant des gens qui s'intéressent beaucoup aux noms, nous regarderons les sens possibles des noms dans ce chapitre, mais le lecteur doit garder à l'esprit que la plupart des interprétations sont conjecturales[2].

COMMENTAIRE

A. Genèse 5.1a - Création et bénédiction de l'homme et de la femme

> *Voici le livre de la généalogie d'Adam.*

Nous avons noté en introduction que c'est le seul endroit où la Genèse ajoute *cepher* (« livre » ou « page ») au terme *towledah*, et cela soulève certaines questions intéressantes sur de possibles sources écrites de la Genèse. Ce verset soulève aussi des questions historiques et théologiques. Par exemple, « Adam » est ici le mot hébreu *'adam* qui signifie « être humain » ou « de la terre », tout

---

2. Ici et ailleurs, nos interprétations des noms s'appuient sur Hess, *Studies in the Personal Names of Genesis 1-11* ; sur Douglas, *New Bible Dictionary*, ainsi que sur Wenham et Westermann.

en étant le nom du premier homme. Cela veut-il dire que Genèse 5 présente une troisième façon de décrire les origines humaines ? Nous disposions de la vision générale de Genèse 1 qui nous parle de la place des êtres humains dans la création divine. Nous avions ensuite le récit détaillé de Genèse 2 – 4, qui nous parle des relations entre Dieu et les humains, entre la terre et les humains, entre les animaux et les humains et entre les humains eux-mêmes. Ce troisième récit décrit comment les gens sont liés les uns aux autres sur le plan générationnel.

Un autre débat intéressant vient des anciens érudits juifs qui demandent : « Cela veut-il dire qu'Adam avait un livre ?[3] » Est-ce un livre qui appartenait à Adam voire un livre écrit par Adam plutôt qu'un livre écrit sur Adam ? Dieu a-t-il donné à Adam une liste de ses descendants ? Cette idée indiquerait que Dieu connaissait tous les individus qui allaient descendre d'Adam. Ou bien le *cepher* renvoie-t-il à toute la Torah et pas seulement à Genèse 5.1 – 6.8 ? Cela indiquerait que la Torah était dans l'Esprit de Dieu depuis le commencement. Ces questions sont avant tout théologiques, et il est intéressant de les voir reprises dans une part de la pensée islamique. Premièrement : il y a la tradition islamique disant qu'Adam était un prophète. Certains disent qu'il a reçu dix *ṣuḥūf*[4] de Dieu, ce qui pourrait être le reflet de ce débat juif ; deuxièmement : il y a l'idée que les descendants d'Adam étaient déjà dans son anatomie avant qu'il ait été placé dans le jardin d'Éden (*al-A'rāf* 7.172). Cela pourrait être lié à la notion juive selon laquelle Dieu connaissait à l'avance la lignée d'Adam. Troisièmement : il y a la croyance que les saints livres sont descendus d'un livre céleste préexistant (*umm al-kitab*, la mère du livre ; sourates *az-Zukhruf* 43.3-6 ; *ar-Ra'd* 13.39, ou *lawḥ al-maḥfūẓ*, la tablette éternelle, *al-Burūj* 85.21-22), qui pourrait être liée à la notion juive de Torah préexistante.

---

3. Talmud, *Avodah Zarah* 5a.
4. Les musulmans croient que quatre livres célestes ont été révélés : la Torah de Moïse, les Psaumes de David, le Nouveau Testament (*Injil*) de Jésus le Messie, et le Coran de Mohammed le prophète de l'islam. A côté de ces quatre livres, les traditions mentionnent 100 *suhuf* (pages) révélées à quatre prophètes : dix à Adam, cinquante à Seth, dix à Abraham et trente à Hénoch.

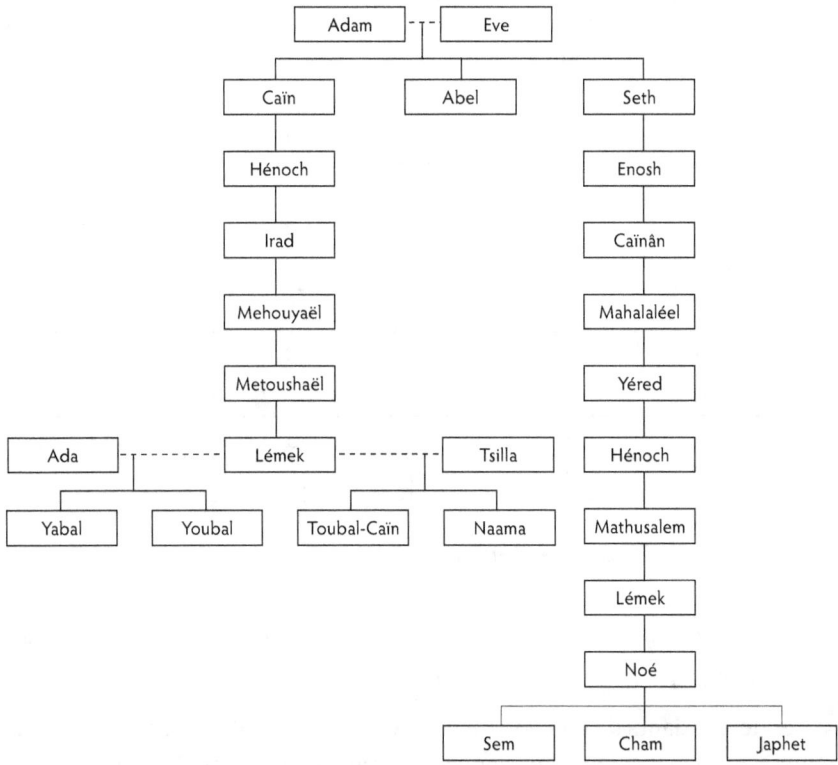

Figure 5 – L'arbre généalogique d'Adam

> *Le jour où Dieu créa les humains, il les fit à la ressemblance de Dieu. Homme et femme il les créa, il les bénit et les appela du nom d'« humains » – Adam – le jour où ils furent créés. (5.1b-2)*

Les versets 1-2 donnent le cadre en rappelant la création et la bénédiction des humains en Genèse 1 et 2. Nous sont rappelés les objectifs de Dieu et sa création parfaite d'hommes et de femmes à son image et à sa ressemblance. Ayant lu les chapitres 3 et 4, nous savons que les choses ont mal tourné parce que les humains ont transformé leurs attributs d'image de Dieu d'une manière qui sert fort peu cette image. Les descendants de Caïn ont rendu les choses pires, mais nous nous souvenons que le sacrifice d'Abel a été agréé et que, désormais, il y a un nouveau fils pour le remplacer. On se demande : « Que va-t-il advenir ensuite à l'image de Dieu et à la bénédiction originelle ? »

Nom	Âge à la naissance du premier fils	Années restantes	Longévité totale
Adam	130	800	930
Seth	105	807	912
Enosh	90	815	905
Caïnân	70	840	910
Mahalaléel	65	830	895
Yéred	162	800	962
Hénoch	65	300	365
Mathusalem	187	782	969
Lémek	182	595	777
Noé	500	450	-

Figure 6 – Généalogie d'après Genèse 5

> *Adam vécut cent trente ans, puis il engendra un fils à sa ressemblance, selon son image, et il l'appela du nom de Seth. (5.3)*

Les descendants d'Adam seront à sa ressemblance. De même que Dieu créa l'homme à son image parfaite, de même Adam a un fils, Seth, à son image. Nous savons qu'Adam est devenu pécheur, aussi n'espérons-nous pas que l'image d'Adam soit parfaite. Toutefois, comme nous l'avons lu, la naissance de Seth est aussi l'époque où on a commencé à invoquer le Nom du Seigneur. On a ici l'espoir d'une lignée selon Dieu pour remplacer la lignée impie de Caïn. Voici un nouveau commencement, un nouveau départ en dehors d'Éden.

B. Genèse 5.4-5 – Espoir en Seth

> *Les jours d'Adam, après qu'il eut engendré Seth, furent de huit cents ans ; il engendra des fils et des filles. La totalité des jours qu'Adam vécut fut de neuf cent trente ans ; puis il mourut.*

Le chapitre 5 compte dix générations d'Adam *via* Seth, jusqu'à Noé. Ainsi, l'ultime chapitre de la biographie d'Adam n'est pas la lignée impie de Caïn mais la lignée pieuse de Seth. La littérature islamique soutient que Seth naquit quand

Adam avait plus de cent ans et que, avant sa mort, Adam fit de Seth son héritier en tant que prophète et guide[5].

Le passage se termine avec la mort physique d'Adam. On aurait pu penser que le serpent avait raison quand il avait dit qu'Adam et Ève ne mourraient pas après avoir mangé le fruit défendu (Gn 3.4). Le lecteur les avait vus bannis d'Éden et de la présence de Dieu et il avait saisi que quelque chose avait mal tourné spirituellement. Mais les siècles ont passé, et ils semblent avoir échappé à la mort physique. Mais là, on découvre que, bien que Dieu leur ait accordé énormément de temps sur terre et les ait bénis en leur donnant des descendants fidèles au Seigneur ou non, la mort physique les atteint, et qu'elle atteindra leurs descendants. Comme le dira l'apôtre Paul bien plus tard, « tous meurent en Adam » (1 Co 15.22). Seul Hénoch est l'exception au sinistre refrain de ce chapitre : « puis il mourut » (hébr. *wa-yamot*).

C. Genèse 5.4-20 - Vie et mort de Seth, Enosh, Caïnân, Mahalaléel, Yéred

> *Seth vécut cent cinq ans, puis il engendra Enosh. Après la naissance d'Enosh, Seth vécut huit cent sept ans ; il engendra des fils et des filles. La totalité des jours de Seth fut de neuf cent douze ans ; puis il mourut. (5.6-8)*

Ce verset va servir de modèle pour consigner les générations qui vont suivre. Il y a la vie, et il y a beaucoup d'enfants. Ces enfants, on le présume, vont se répandre pour peupler la terre, mais un seul est choisi pour qu'on se souvienne de son nom et c'est lui qui perpétuera le fil de l'histoire biblique. Et pourtant, malgré des longévités énormes, même ceux de cette lignée finissent par mourir.

Nous avons déjà dit que Seth signifie « compensation » ou « mis à la place », considérant qu'il prend la place d'Abel, et que *'enowsh* signifie « être humain ». Dans l'Ancien Testament, *enosh* est souvent synonyme d'*adam*, de sorte qu'ici le nom d'Enosh confirme l'idée que cette généalogie est un troisième compte-rendu des origines de l'homme. Toutefois, *'enowsh* vient de *'anash* (« être faible ») : la nouvelle lignée d'êtres humains va être faible et sujette au péché.

---

5. Voir Ibn Kathir, *Stories of the Prophets*, p. 17-18.

> *Enosh vécut quatre-vingt-dix ans, puis il engendra Caïnân. Après la naissance de Caïnân, Enosh vécut huit cent quinze ans ; il engendra des fils et des filles. La totalité des jours d'Enosh fut de neuf cent cinq ans ; puis il mourut. (5.9-11)*

En hébreu, les noms « Caïnân » et « Caïn » ont une traduction littérale similaire : « possession ». Mais « Caïnân » peut aussi être lié à *qiynah*, le mot pour « lamentation » qu'on trouve, par exemple, en Jérémie 7.29, 9.10 et 9.20. Caïnân souligne-t-il la souffrance et la mort en dehors d'Éden ?

> *Caïnân vécut soixante-dix ans, puis il engendra Mahalaléel. Après la naissance de Mahalaléel, Caïnân vécut huit cent quarante ans ; il engendra des fils et des filles. La totalité des jours de Caïnân fut de neuf cent dix ans ; puis il mourut. (5.12-14)*

« Mahalaléel » se termine par *el*, un nom de Dieu. Ce nom provient probablement de la racine *h-l-l* d'où nous avons tiré « Hallelujah » (le « jah » étant ici l'abréviation de YHWH). Mahalaléel signifie donc probablement « louange de Dieu ». Un nom porteur d'espérance !

> *Mahalaléel vécut soixante-cinq ans, puis il engendra Yéred. Après la naissance de Yéred, Mahalaléel vécut huit cent trente ans ; il engendra des fils et des filles. La totalité des jours de Mahalaléel fut de huit cent quatre-vingt-quinze ans ; puis il mourut. (5.15-17)*

« Yéred » signifie probablement « descendance », de la racine hébraïque *y-r-d*, « descendre ». Cela peut être un rappel de la dégradation de l'humanité – elle est déchue, et elle s'éloigne encore davantage de Dieu. Un nom sinistre suit le nom plein d'espérance.

> *Yéred vécut cent soixante-deux ans, puis il engendra Hénoch. Après la naissance d'Hénoch, Yéred vécut huit cents ans ; il engendra des fils et des filles. La totalité des jours de Yéred fut de neuf cent soixante-deux ans ; puis il mourut. (5.18-20)*

Nous avons vu qu'Hénoch peut être lié à la racine *ch-n-k*, « inaugurer » ou « dédier », d'où provient Hanoukka (hébr. *chanukkah*), la fête juive qui célèbre la re-consécration du temple à l'époque des Maccabées. Peut-être que Yéred, dont le nom lui rappelait les abîmes où avait sombré l'humanité, décide de consacrer son fils à Dieu.

D. Genèse 5.21-24 - Hénoch marche avec Dieu et ne meurt pas

> *Hénoch vécut soixante-cinq ans, puis il engendra Mathusalem. Hénoch marcha avec Dieu trois cents ans encore après la naissance de Mathusalem ; il engendra des fils et des filles. La totalité des jours d'Hénoch fut de trois cent soixante-cinq ans. Hénoch marcha avec Dieu ; puis il disparut, parce que Dieu le prit.*

Hénoch est le septième depuis Adam. Il y avait une communion entre Dieu et cet homme « consacré » puisqu'il « marcha », c'est-à-dire vécut avec Dieu. On se souvient que l'époque de la communion avec Dieu est énoncée comme Dieu « parcourant », « marchant dans » le jardin d'Éden en Genèse 3.8. « Marcher avec Dieu » est donc une expression qui évoque un mode de vie en relation étroite avec Dieu. Plus tard dans la Genèse, des expressions analogues sont employées pour Noé, Abraham, Éliézer et Jacob (Gn 6.9 ; 17.1 ; 24.40 ; 48.15).

Au lieu de le laisser mourir, Dieu le « prit » (hébr. *laqach*, pareillement traduit en Gn 2.15, 21-23 ; 3.6, 19, 22-23, etc.), apparemment corps et âme, sans qu'il passe par la mort. On remarque que la vie d'Hénoch est beaucoup plus courte que les autres en Genèse 5. Le cher romancier Humayun Ahmed fait écho à notre tristesse sur la brièveté de la vie quand il dit : « Pourquoi la vie humaine est-elle si courte ? » ; et les Bengalis se bénissent mutuellement en disant : « Puissent tes années être aussi nombreuses que les cheveux sur ma tête. » Aujourd'hui, on veut vivre longtemps, mais qui voudrait vraiment vivre 700 voire 900 ans ? La vie d'Hénoch a été tellement meilleure que celle des autres ancêtres, et Dieu l'a pris pour la félicité éternelle à un âge plus précoce que les autres. C'est tout ce que la Genèse nous dit de lui : évidemment, on aimerait en savoir davantage !

Il y a une bonne nouvelle dans cette généalogie de la Genèse : le caractère terriblement inéluctable de la mort est conjuré. Il apparaît possible de marcher avec Dieu, d'échapper à la mort et de retourner directement dans la présence de Dieu qui avait été perdue par la désobéissance d'Adam et Ève. Bien plus tard, le grand prophète Élie sera « enlevé » (2 R 2.1-12, le même mot hébreu, *laqach*, est employé aux versets 3, 5, 9, 10). La porte du shéol[6] n'est pas si blindée, et Élie la contourne, allant directement au ciel sans passer par la mort. L'Ancien Testament donne très peu d'enseignements sur ce qui se passe après la mort, mais l'« enlèvement » d'Hénoch et d'Élie donne de l'espoir et alimente le désir de vie après la mort dans le peuple de Dieu, comme on peut le voir par exemple dans

---

6. Dans l'Ancien Testament, *shéol* évoque la demeure où l'on va après la mort (Gn 42.38 ; Ps 139.8 ; Os 13.14 ; És 14.9). Parfois dans nos Bibles, *shéol* est traduit par « lieu souterrain » ou « tombe ».

les Psaumes 49.16 et 73.24. Quand nous en arrivons au Nouveau Testament, nous lisons que ceux qui seront en vie lors de la seconde venue du Christ monteront directement dans la présence de Dieu (1 Th 4.17).

Mais qu'en est-il précisément d'Hénoch ? Le Nouveau Testament nous en dit un peu plus sur lui. En Hébreux 11, il figure parmi les héros récompensés pour leur foi. L'auteur souligne à quel point son expérience est sidérante en empilant les expressions : « fut transporté », « ne vit pas la mort », « on ne le trouva plus », « avait reçu le témoignage qu'il plaisait à Dieu » (11.5). Hénoch est étonnant, mais la Genèse en dit très peu sur lui, il n'est donc pas surprenant que beaucoup d'histoires se soient développées autour de lui. Comme pour Seth, on lui a attribué des révélations. Jude donne une citation de lui qui vaut prophétie (Jd 14-15). La citation n'est pas tirée de la Bible mais de *1 Hénoch*, un des livres juifs qui lui sont attribués. Jude soutient la véracité de cette prophétie particulière sur le jugement des impies, bien que cela ne signifie pas que tous ces livres supplémentaires soient véritablement de la prophétie.

La tradition qui fait d'Hénoch un prophète est reprise par le Coran. Le Coran décrit un prophète du nom d'Idris, qui était parmi les « constants » et les « saints » (*al-Anbiyā'* 21.85-86) et porté au pinacle (*Maryam* 19.56-57). Beaucoup des premiers commentateurs du Coran tels que al-Bayḍāwī assimilent Idris à Hénoch (ar. *Uhnukh*) et lient son nom à l'arabe *darasa* (« étudier »). Comme dans les traditions juive et chrétienne, de nombreuses traditions se sont développées sur lui qui n'ont aucun fondement dans la Bible ou dans le Coran. On dit que lui ont été confiées trente pages de révélation et qu'il a été l'initiateur de beaucoup de choses, par exemple l'astrologie, le tissage et l'écriture.

C'. Genèse 5.25-27 - Vie et mort de Mathusalem, Lémek

> *Mathusalem vécut cent quatre-vingt-sept ans, puis il engendra Lémek. Après la naissance de Lémek, Mathusalem vécut sept cent quatre-vingt-deux ans ; il engendra des fils et des filles. La totalité des jours de Mathusalem fut de neuf cent soixante-neuf ans ; puis il mourut.*

Mathusalem (hébr. *Methuwshelach*, ar. *Mitoshilah*) était le fils d'Hénoch et le grand-père de Noé[7]. Il vécut 969 ans, battant le record de tous les autres. On voit ici le contraste avec la liste des rois de Mésopotamie dont dix rois antédiluviens auraient vécu pendant des dizaines de milliers d'années. En Genèse 5, on ne

---

7. Ibn Hisham et Ibn Ishaq ont dit dans leur *Sirah* que Mohammed était un descendant de Mathusalem. Voir Ishaq, *Sirah*, p. 3.

parle pas de rois ou de héros divins : tous sont des hommes ordinaires qui sont morts avant d'avoir atteint 1000 ans. Si on prend ces âges au pied de la lettre, Adam aurait été vivant pendant les 243 premières années de Mathusalem. On peut imaginer les récits d'Éden et de Caïn et Abel transmis au fil des générations, tout comme les anciens au Bangladesh transmettent leurs récits à leur postérité.

Le nom de Mathusalem est en deux parties. La plupart des spécialistes disent que la première partie vient de l'akkadien *mutu* (« homme ») mais, surtout dans ce chapitre qui parle de mort, il nous rappelle aussi le verbe hébreu *muwth* (« mourir »). La seconde partie pourrait être le nom d'un dieu, à moins qu'elle ne signifie « lance » (hébr. *shalach*, de *sh-l-ch*, « envoyer »). Certains sens possibles donnent « homme de la lance » ou « mort avant qu'elle soit envoyée ». Certains pensent que cela veut dire qu'il mourra juste avant le Déluge[8] ; et les calculs établis à partir des chiffres le confirment (Mathusalem avait 187 ans à la naissance de Lémek ; Lémek avait 182 ans à la naissance de Noé ; Noé avait 600 ans au moment du Déluge. 600 + 187 + 182 = 969, l'âge de la mort de Mathusalem).

De même que l'Hénoch de ce chapitre n'a rien à voir avec celui de la lignée de Caïn, le Lémek de ce chapitre n'aura rien à voir avec celui de la lignée de Caïn. Lémek, le descendant de Seth, vit par la foi ; Lémek, le descendant de Caïn, vit en répandant la terreur et le meurtre ; Lémek, du côté de Seth, regarde vers l'espérance future en nommant son fils « Réconfort » ; Lémek, du côté de Caïn, ne cherchera qu'à se venger de ses ennemis.

B'. Genèse 5.28-32 - Espoir en Noé

> Lémek vécut cent quatre-vingt-deux ans, puis il engendra un fils. Il l'appela du nom de Noé, en disant : Celui-ci nous consolera de notre travail et de la peine de nos mains sur cette terre que le Seigneur a maudite. Après la naissance de Noé, Lémek vécut cinq cent quatre-vingt-quinze ans ; il engendra des fils et des filles. La totalité des jours de Lémek fut de sept cent soixante-dix-sept ans ; puis il mourut.
>
> Noé vécut cinq cents ans, puis il engendra Sem, Cham et Japhet.

La tradition rabbinique montre bien qu'il y a dix générations entre Adam et Noé. Le nombre 10 nous rappelle que Dieu maîtrise parfaitement son monde, c'est pourquoi ce *towledah* est un symbole très important. Ces dix ancêtres sont devenus très connus, et leurs noms sont répétés en 1 Chroniques 1.1-4. Dans la Genèse, la généalogie montre comment Abraham s'inscrit dans le monde de

---

8. Voir Alfred Jones, *Dictionary of Old Testament Proper Names*, Grand Rapids, Kregel, 1990.

Dieu. Dans les Chroniques, la généalogie sera utilisée pour montrer comment les descendants d'Abraham ont abouti à David et à sa lignée messianique. Dans les Évangiles, Luc s'en servira pour montrer comment cette lignée a bel et bien abouti au Messie, Jésus (Lc 3.36-38).

Le nom hébreu, Noé (hébr. *Noach* ; ar. *Nūḥ*), est apparenté au mot « consoler, réconforter » (hébr. *nacham*). Lémek espérait que son fils apporterait du réconfort dans les dures épreuves (*'itstsabown*, qui font écho aux mots de 3.26 et 17) résultant de la chute.

À l'âge de 500 ans, Noé devint le père de Sem, Cham et Japhet. Ailleurs en Genèse 5, le narrateur évoque des fils et des filles, et il rapporte la longévité de l'ancêtre et sa mort ; mais, dans le cas de Noé, il n'est pas parlé de filles, ni de sa longévité, et sa mort n'est pas relatée avant Genèse 9.28-29. Mais on va en apprendre davantage sur Noé et ses fils !

A'. Genèse 6.1-5 - Relations entre les filles bonnes d'Adam et les hommes forts qui ont mal tourné

Nous venons de lire ce qui concerne les descendants de Caïn et les descendants de Seth, et nous savons que le nombre d'êtres humains s'accroît rapidement. On pourrait se demander comment ils étaient. Combien « invoquaient le nom du Seigneur » ? Combien bâtissaient des villes et fabriquaient des outils ? Quel était le résultat de la soif de vengeance du premier Lémek ? Toutes les narrations ont concerné les hommes. Et les femmes ? Eh bien voici la réponse – et elle est bien triste.

Le *towledah* d'Adam a commencé avec les bénédictions créationnelles : Dieu a fait les humains mâle et femelle. Il les a bénis en leur accordant des enfants. Cela s'achève par un tableau des relations entre les filles attirantes d'Adam et des hommes forts qui se sont affreusement dévoyés (6.1-5). Cela a commencé par un homme selon Dieu, pour se terminer par un monde coupé de Dieu (6.5). Cela a commencé par la bénédiction de la multiplication des fils d'Adam, pour se terminer par la décision divine d'exterminer ces mêmes descendants (6.6-7). Cependant, comme nous l'avons si souvent vu, les choses ne sont pas si noires. Le dernier mot du *towledah* est fait d'espoir et de grâce (6.8).

> *Lorsque les humains eurent commencé à se multiplier sur la terre et que des filles leur furent nées, les fils de Dieu virent que les filles des humains étaient belles et ils prirent pour femmes toutes celles qu'ils choisirent. (6.1-2)*

Les paroles de bénédiction, « croissez et multipliez », se sont concrétisées. Une traduction littérale nous dit que certains mâles inconnus appelés les *bene ha-elohim* ont vu que les « filles de l'*adam* » (*banot ha-adam*) étaient « belles » ; plus littéralement, elles sont « bonnes » (hébr. *towb*) – le terme utilisé par Dieu en Genèse 1 pour qualifier sa création. Les hommes voient les « bonnes » choses et se les accaparent. On se rappelle immédiatement Genèse 3.6, où la femme voit que le fruit défendu est bon, et qu'elle le prend pour elle-même et pour son compagnon.

Ève avait saisi le fruit interdit, et elle et Adam étaient devenus « comme Dieu », connaissant le bien et le mal. Cela était si dangereux pour la création de Dieu que leur abondance avait été limitée par la souffrance et que leurs vies avaient été limitées par l'interdiction de l'accès à l'arbre de vie. Et voici que des mâles qui veulent tellement être « comme Dieu » qu'ils s'intitulent ses fils se saisissent non du fruit mais des autres humains, des femmes, dont l'humanité ressort en ce qu'elles sont appelées « filles d'Adam ». Cela est si maléfique aux yeux de Dieu qu'il ne va pas seulement limiter davantage la longévité : il va envoyer le Déluge pour tous les exterminer.

Il y a plusieurs interprétations possibles à *bene ha-elohim* qui correspondent à trois différentes interprétations des *banot ha-adam*. Premièrement : les *bene ha-elohim* peuvent être des hommes supérieurs, puissants, les fils de juges ou de dirigeants, et les *banot ha-adam* seraient des femmes ordinaires qui n'avaient pas les moyens de dire non[9]. Le mal serait l'exploitation de faibles femmes par des hommes forts. Deuxièmement : les *bene ha-elohim* ont pu être des hommes de Dieu, les descendants de Seth, et les *banot ha-adam* ont pu être de la lignée de Caïn ; le mal aurait donc consisté à mêler une lignée pie à une lignée impie, engendrant des enfants impies[10]. Troisièmement ; les *bene ha-elohim* ont pu être des figures non-humaines comme des anges, des démons ou des esprits, et les *banot ha-adam* ont pu être des femmes humaines, issues d'Adam. Le mal aurait été la transgression de la frontière entre le monde humain et le monde spirituel. Quoi qu'il en soit, les femmes étaient la création bonne de Dieu, mais elles ont été violées et les résultats en ont été catastrophiques. Alors que la Genèse continue, on s'aperçoit que qui s'accouple avec qui a une grande importance, de même

---

9. La Bible recourt parfois à *elohim* dans des contextes où le mot pourrait signifier « dirigeants » ou « juges » (p. ex. Ex 22.8-9 ; Ps 82).

10. Voir commentaire sur 2.24 sur les croyants épousant des incroyantes (p. 118). Telle était l'interprétation d'Augustin, de Luther et de Calvin.

que le choix du/ de la partenaire. Il y a de graves retombées quand les hommes voient la beauté des femmes et décident de les prendre (Gn 12.10-20 ; 20.1-18 ; 34.1-31 ; 38.1-30) ou quand une femme essaye de s'approprier un bel homme (Gn 39.6-23).

> *Alors le Seigneur dit : Mon souffle ne restera pas toujours dans l'être humain, car celui-ci n'est que chair ; ses jours seront de cent vingt ans. (6.3)*

Ce verset est bien énigmatique à interpréter, mais son sens général est clair. À cause du souffle vital de Dieu, qui a été la marque des premiers humains en Genèse 2.7, le péché des humains ne sera pas toléré indéfiniment. On traduit parfois « rester » par « contester ». La « chair » relève de la nature humaine et nous rappelle la poussière dans laquelle Dieu a mis le souffle de vie. Sans souffle, les humains meurent, et Dieu va limiter leur durée de vie.

« Ses jours seront de cent vingt ans » : cela signifie soit que la durée de vie maximale sera de 120 ans soit que le Déluge surviendra au bout de 120 ans. D'une part, cela montrerait les conséquences du péché dans la réduction de la longévité humaine. D'autre part, cela montrerait la grâce de Dieu en ce qu'il donne du temps pour se repentir. Ces deux aspects, le jugement du péché par Dieu et sa miséricorde envers les pécheurs, se retrouvent constamment en Genèse 4 – 11, donc peut-être les deux sens sont-ils possibles.

LES *BENE HA-ELOHIM* SONT-ILS DES ANGES DÉCHUS ?

Les humains sont fascinés par les histoires de pouvoirs spirituels, c'est pourquoi on ne sera pas surpris qu'il y ait une longue tradition de spéculation sur les *bene ha-elohim*. Le livre d'Hénoch (appelé aussi *1 Hénoch* et mentionné en Jude 14-15) se présente comme des visions données à Hénoch. Dans sa version du récit de Genèse 6.1-2, les *bene ha-elohim* sont des anges rebelles qui tombent amoureux de femmes humaines et les mettent enceintes, aussi Dieu les punit-il et les emprisonne-t-il au plus profond de la Terre.

Un argument fort contre cette interprétation est que les seuls êtres spirituels mentionnés jusqu'ici sont les keroubim en 3.24. La Genèse passe scrupuleusement sous silence la kyrielle d'êtres spirituels du monde antique. Genèse 6.3 souligne fortement que les hommes sont faits de chair, et cela pourrait concerner les *bene ha-elohim* ; cependant, l'interprétation selon laquelle les *bene ha-elohim* seraient des êtres spirituels a quelque soutien biblique. En plusieurs endroits du livre de Job, l'expression *bene (ha)-elohim* est employée pour des êtres spirituels (Jb 1.6 ; 2.1 ; 38.7), et 2 Pierre 2.4 et Jude 6-8, 14-15 évoquent des anges déchus. Toutefois, il n'y a pas de rapport explicite avec Genèse 6, et la Bible est, par ailleurs, muette sur ce thème.

La notion d'anges déchus n'est pas dans le Coran. Au contraire, le Coran dit que les anges n'ont pas de libre arbitre (*an-Naḥl* 16.50), mais qu'ils sont les serviteurs de Dieu (*al-Anbiyā'* 21.26). Comme nous l'avons vu, *Shayṭān* est un djinn rebelle, et non un ange rebelle. Toutefois, dans la tradition islamique, il y a des récits semblables à ceux du livre d'Hénoch. Le point de départ coranique de ces récits est la mention de Hārūt et Mārūt, deux anges qui enseignaient la magie à Babylone au cours du règne de Salomon (*al-Baqara* 2.102-103). Il est dit qu'ils suivirent l'exemple d'Iblīs et refusèrent de s'incliner devant Adam. Un récit dit qu'ils furent liés et mis la tête en bas dans un puits à Babylone jusqu'au Jour du jugement. Un autre dit qu'il leur fut attribué une *nafs* humaine, qu'ils tombèrent amoureux d'une belle femme, Zahrā', et commirent la *zina* (le péché sexuel) avec elle, comme des hommes mortels. (Voir *Kasasul Ambiya* et Al-Kisai, *Qisas al-Anbiya*.)

Il est significatif que la Genèse ne nous raconte pas de tels récits, pas plus que le reste de la Bible. On sait qu'il y a des puissances spirituelles bonnes et mauvaises, mais la Bible ne satisfait nullement notre curiosité. Tout ce que nous avons à savoir sur les pouvoirs maléfiques est qu'ils fuiront loin de nous au seul nom de Jésus le Messie (Lc 10.17 ; Ac 16.18 ; Jc 4.7). Il faut en conclure que ce n'est pas à nous de colporter ces histoires, ou d'utiliser notre esprit à réfléchir sur les éventuels péchés sexuels des anges. Nous ferons mieux de remplir nos âmes de bonnes choses (Ph 4.8).

> *En ces jours-là – et encore après cela – les Nephilim étaient sur la terre, lorsque les fils de Dieu vinrent vers les filles des humains et qu'elles leur donnèrent des enfants : ce sont là les héros d'autrefois, les hommes de renom. (6.4)*

Qui étaient ces Nephilim (parfois traduits par « géants ») ? La tradition juive les associe à la racine *n-ph-l* (« tomber »). Ils sont tombés, ils en ont fait tomber d'autres, et des gens sont tombés devant eux à cause de leur taille et de leur force. Le nom de Nephilim est aussi employé en référence aux géants qui habitaient à l'époque où les *Bani Isra'il* conquéraient Canaan (Nb 13.33). Les références coraniques aux hommes grands et forts de 'Ād et Thamūd pourraient refléter ces notions :

> ...ne vois-tu pas comment ton Seigneur a traité les 'Ad d'Aram, possesseurs de tentes, d'Iram aux colonnes, [peuple tel qu']il n'en fut pas créé de pareil dans le monde ? (*al-Fajr* 89.6-8 ; cf. 41.15)

> Souvenez-vous que [le Seigneur] a fait de vous les derniers détenteurs [de la terre], après le peuple de Noé, et qu'il a accru votre expansion parmi les créatures ! (*al-A'rāf* 7.69)

Ici, dans la Genèse, les Nephilim sont mis en lien avec la relation entre les « fils des dieux » et les « filles des hommes ». Ils pourraient être les mêmes que les fils des dieux, à moins qu'ils ne soient les enfants monstrueux nés de l'union des fils des dieux et des filles des hommes. Toutefois, la Genèse ne dit pas cela. Elle les décrit simplement comme les *gibborim* (« puissants ») et les *anshe ha-shem* (« hommes du nom », « renommés ») et elle dit qu'ils étaient *me-'olam* (« depuis les temps anciens »). Certaines des nations entourant Israël avaient des récits mythiques de demi-dieux héroïques – des êtres qui étaient en partie divins et en partie humains. Ici, on voit à nouveau que la Genèse conteste ces mythes – c'étaient des humains réels. Ils étaient de chair, et non une sorte de mélange divino-humain.

Genèse 6.5-8 - Les descendants d'Adam sont voués à la destruction

> Le Seigneur vit que le mal des humains était grand sur la terre, et que leur cœur ne concevait jamais que des pensées mauvaises. Le Seigneur regretta d'avoir fait les humains sur la terre, et son cœur fut affligé. Le Seigneur dit : J'effacerai de la terre les humains que j'ai créés ; j'effacerai depuis les humains jusqu'au bétail, aux bestioles et aux oiseaux du ciel ; car je regrette de les avoir faits.

Ève vit quelque chose de bon... les *bene ha-elohim* virent quelque chose de bon... le Seigneur vit la méchanceté de l'humanité.

Ce passage va nous donner un aperçu de ce qui est le cœur même de Dieu devant le spectacle du mal qui s'est développé dans son monde qui était beau. C'est ici que commence le traitement particulier par la Genèse des questions que le Midrash juif et le Coran mettent dans la bouche des anges lorsque Dieu annonce son projet de créer un être humain doté de libre arbitre[11]. Dans le monde d'aujourd'hui, on parle généralement du « problème du mal », et on l'exprime ainsi : « Comment un Dieu bon, juste et tout-puissant peut-il permettre que le mal existe dans le monde ? » Beaucoup de gens pensent que le simple fait de poser la question jette un doute sur l'existence de Dieu, sur sa bonté et sur sa puissance. Genèse 6 – 9 renverse la problématique. Le problème du mal ne réside pas dans ce que nous pensons de Dieu… mais dans ce que lui pense de nous ! C'est à cause de sa bonté et de son amour qu'il a conçu un être qui est libre d'aimer et d'être bon, mais cet être a décidé de ne pas aimer et préfère connaître le mal autant que le bien. Nous allons bientôt savoir comment Dieu va traiter le problème.

On constate d'abord les abîmes de la propension humaine au péché selon l'optique de Dieu. Les gens ne commettent pas seulement le péché ouvertement, en faisant des méfaits ou en s'entre-tuant (cf. sourate *al-Baqara* 2.30), ils pèchent aussi en pensée. Nous ne pouvons que voir ce que font les gens et entendre ce qu'ils disent, mais le Seigneur voit le cœur et les arcanes les plus secrètes de nos pensées (1 S 16.7). Et ce qu'il voit est horrible. Les expressions s'accumulent : le mal des humains est grand ; le cœur pense constamment au mal ; que du mal tout le temps. Comme les prophètes le souligneront plus tard, le péché est pénétrant. Le cœur est tortueux et incurable (Jr 17.9). Jésus le Messie a dit que les pensées mauvaises jaillissent du cœur, et c'est ce qui rend impur (Mt 15.17-20).

Quelle fut la réaction de Dieu à une telle méchanceté ? Il regretta, dit notre traduction. La racine du verbe, *n-ch-m*, exprime toute une palette de significations, parmi lesquelles « se repentir », « regretter », « changer d'avis » ou « être consolé ». Il est employé en 5.29 pour la consolation que Lémek espérait. Le socle commun est que le verbe évoque un changement d'avis ou d'action. Ailleurs dans la Bible, il est employé quand les gens se repentent et que Dieu modifie ses projets de châtiment (p. ex. Jon 4). En Genèse 5.29, Lémek aspire à un changement depuis le travail vers le repos mais, quand Dieu voit comment les humains se comportent, le créateur qu'il est décide d'exterminer sa création. Dieu ne « regrette » pas au sens où il aurait préféré ne jamais avoir créé les humains – les actes de Dieu sont toujours bons et avisés. Dieu regrette que les humains faits à son image n'aient pas marché dans le type d'amour qu'il leur avait montré ; il décide donc de changer de registre.

Il faut reconnaître que nous sommes ici en présence d'un mystère. Dieu peut sonder le cœur humain, mais jusqu'où nous, humains, pouvons-nous comprendre pourquoi Dieu agit comme il agit ? Le Coran affirme lui aussi que Dieu peut voir tous les cœurs (*Ghāfir* 40.19 ; *al-Mulk* 67.13), mais beaucoup de théologiens

---

11. Voir commentaire sur Genèse 1.26-27.

musulmans font bien observer que les humains ne peuvent voir ni le cœur ni les intentions de Dieu. On a coutume de dire que si, par exemple, on dit que Dieu agit avec miséricorde, cette miséricorde n'a pas la même portée que si elle était attribuée à un humain. C'est plutôt que les actions de Dieu sont telles que si un humain les accomplissait, on dirait qu'elles ont été miséricordieuses.

La Genèse nous a déjà donné des aperçus des pensées de Dieu (1.26 ; 3.22) ; maintenant, il est encore plus remarquable qu'elle nous donne un aperçu du cœur même de Dieu. Elle ajoute à la notion de *n-ch-m* l'idée, s'agissant de Dieu, que « son cœur fut affligé ». La racine du verbe hébraïque pour « être affligé » est *'-ts-b*, qui renvoie à la souffrance des femmes qui portent des enfants et à l'homme qui travaille la terre en Genèse 3.16-17, et à partir de quoi Lémek espérait un soulagement apporté par Noé (5.29). Le même mot sera employé pour les fils de Jacob quand ils seront affligés de voir le fils du potentat local jeter les yeux sur leur sœur Dina et la prendre (même verbe qu'en Gn 6.1) pour faire avec elle ce qui lui plaît (Gn 34.1-7).

Il semble que la méchanceté humaine ait entraîné non seulement la souffrance humaine mais aussi la souffrance divine, parce que Dieu pense vraiment à ses créatures. Le jugement du Déluge n'est pas seulement une marque de la juste colère de Dieu, mais aussi une marque de son amour. Si l'affliction des fils de Jacob était due à leur amour pour leur sœur, à combien plus forte raison l'affliction de Dieu était-elle due à son amour pour ses créatures !

Le péché ne fait pas de tort seulement au pécheur ; il fait aussi beaucoup de dommages au monde entier et il affecte le créateur du monde. Et cela ne vaut pas seulement pour les incroyants : l'apôtre Paul dit que le péché du croyant attriste le Saint-Esprit (Ép 4.30).

> *Mais Noé trouva grâce aux yeux du Seigneur. (6.8)*

Quel soulagement ! Le *towledah* d'Adam se termine sur une note d'espoir et avec la seule occurrence en Genèse 1 – 11 de *chen*, le mot traduit par « grâce » ou « faveur »[12]. Dieu s'est résolu à exterminer toute l'humanité, mais il fait une exception. On ne nous dit ni comment ni pourquoi, mais c'est un fait que Dieu offre sa grâce, son amour et sa bienveillance à un seul homme. Est-ce parce que cet individu était meilleur que tous les autres ? L'hébreu *chen* inverse les consonnes de Noé (*Noach*) : serait-ce à cause de la prière de son père qu'il a été choisi ? On ne le sait pas. Apparemment, c'est la décision souveraine de Dieu.

---

12. Voir aussi Introduction p. 33.

En continuant la lecture, nous trouverons un indice : de même qu'il y a un contraste entre les individus qui sont anéantis et Noé qui bénéficie de la grâce, le reste du chapitre 6 nous montrera un contraste entre la révolte de Genèse 6.1-2 et l'obéissance de Noé (6.22 ; 7.5, 9 et 16). Quelle que soit la raison de la faveur divine, le résultat est que Noé a fait exactement ce que Dieu lui a dit de faire et que, au chapitre 9, la grâce de Dieu sera étendue à toute sa famille et à ses descendants – ce qui nous inclut ainsi que tout être humain vivant depuis ce temps-là. Dans le Nouveau Testament, le mot traduit par « grâce » (gr. *charis*) désigne une faveur imméritée accordée à un inférieur par un supérieur. Cette grâce ne s'applique pas seulement aux humains mais à toute créature vivante.

Réflexion théologique

Le *towledah* d'Adam peut être une généalogie de noms humains, mais il prend place dans *l'épanouissement du bourgeon de la théologie*. C'est Dieu qui a donné Seth, c'est Dieu qui a donné la bénédiction des descendants, c'est Dieu avec qui Hénoch a marché, et c'est Dieu qui va s'occuper du problème de la propension humaine à pécher.

Deux magnifiques pétales commencent à se déployer au moment où nous disposons d'un aperçu des pensées de Dieu en Genèse 6.6 : la sainteté et la souffrance de Dieu. Le créateur ne permettra pas à jamais que sa création soit saccagée par le péché, mais il va complètement éradiquer le péché. Cependant, Dieu peut aussi changer les choses en réponse à l'humanité : telle est la force du terme traduit par « se repentir/ regretter » en 6.6. S'il a programmé un châtiment, il le déprogrammera si les gens se repentent. Cela s'accorde avec la sainteté de sa personne. Et s'il a prévu de bénir, il décalera ce projet lorsqu'on se révoltera contre lui. Cela s'accorde avec l'amour qui est dans sa personne, laquelle, comme nous le verrons en Genèse 8.20-9.17, trouvera toujours un moyen de renouveler les bénédictions de la création.

Au cœur de la réaction de Dieu au péché, il n'y a pas seulement une sainte colère mais aussi de la souffrance aimante. Dieu est affligé par la souffrance que le péché inflige à ses créatures, et c'est pourquoi il ne va pas radicalement exterminer tout le monde, mais il va en sauver quelques-uns et finira par offrir le salut à tous. Le Seigneur Jésus le Messie portera l'intégralité de la peine et de la honte du péché, de sorte que tous les peuples seront invités à découvrir la grâce de Dieu.

Ce troisième récit du « commencement » de l'humanité (voir p. 192-194) constitue *le terreau de l'histoire biblique* et il institue la centralité des relations et de la communauté dans la vision biblique du monde. Dieu ne va pas seulement œuvrer par les individus, mais aussi par les familles. Il n'est donc pas étonnant que ce soit par les écrits d'une famille particulière devenue une communauté particulière que la Bible émergera. La communauté de foi, d'abord les *Bani Isra'il*, et ensuite le corps du Christ, discernera et acceptera les Écritures inspirées. L'histoire de la Bible est l'histoire d'un peuple qui transmet la révélation au long des générations. Parmi les exemples de la Torah, il y a la transmission de l'histoire de la rédemption hors d'Égypte dans le cercle familial au cours de la fête de la Pâque (Ex 13.3-10), et la transmission des lois par la récitation et la rédaction aussi bien que par l'exemple de l'obéissance (Dt 6.7-9, 17-25).

Une graine essentielle semée dans ce terreau est le thème de la vie et de la mort. Le message du *towledah* d'Adam est archi-clair : la mort est une réalité, et le péché produit la mort. Comme le dit le proverbe bengali : « Si tu es né, tu mourras, nul n'est immortel. » Néanmoins, malgré tout, au milieu de la mort qui envahit Genèse 5, il y a un espoir de vie. On ne nous dit pas comment, mais il est possible de « marcher avec Dieu » et d'être libéré de la mort.

Et nous ?

La Genèse est un livre de bénédictions, mais à quelles bénédictions aspirons-nous ? Genèse 5 nous montre que Dieu prolonge la bénédiction de l'enfantement, mais Genèse 6.1-2 nous montre la tragédie des gens qui accaparent ce qu'ils trouvent bon pour eux-mêmes. Quelquefois, ce que nous considérons comme une bonne chose aboutit à un malheur, parce que c'est contre Dieu et que cela nuit à d'autres personnes.

L'espoir offert dans ce *towledah* n'est pas la bénédiction d'une vie terrestre plus longue ou plus confortable. En réalité, on dirait que la brièveté de l'existence d'Hénoch sur terre est la récompense de sa marche avec Dieu. Nous avons tous l'instinct de survie ; nous voulons tous vivre assez longtemps pour voir nos familles bien assurées ; et nous avons tous de la peine lorsque quelqu'un meurt. La mort résulte du péché, et elle n'est pas belle. L'apôtre Paul la qualifie de « dernier ennemi » (1 Co 15.26). Mais Hénoch nous rappelle que le sens de la vie consiste à marcher avec Dieu, et que le but est d'être dans la présence de Dieu lorsqu'on mourra. Vivre pour Dieu a plus d'importance que la longueur de notre vie.

Lémek, le petit-fils d'Hénoch, espérait être soulagé de la fatigue et de la difficulté de vivre et c'est pourquoi il a appelé son fils *Noach* (« repos », « réconfort »). Mais Noach/Noé n'a pas pu apporter le repos à son entourage : seul le Messie peut nous apporter ce repos véritable. Il arrive par la descendance de Noé (Lc 3.23-38) afin de réaliser le salut pour l'humanité. En tant que Maître du sabbat (Mt 12.8), Jésus le Messie nous invite : « Venez à moi... je vous donnerai le repos » (Mt 11.28). Il ne s'agit pas de se reposer de l'incessant travail physique de ce monde présent, mais d'être délivré de l'incessant travail de tenter de rechercher la faveur de Dieu par la religion. L'activité religieuse ne nous donnera jamais la vie. On ne sait pas comment Noé a gagné la faveur (hébr. *chen*) de Dieu, mais par le Messie nous pouvons nous reposer complètement dans la grâce imméritée de Dieu (gr. *charis*), et nous parviendrons à notre repos final après la mort (voir aussi Hé 4).

5

Les commencements du jugement et de l'alliance
Genèse 6.9 – 9.29

Le *towledah* de Noé

Quel sera l'aboutissement de la colère et de la consternation de Dieu devant le péché humain ? Comment va-t-il « effacer » les humains et les créatures ? Quelle espérance est désignée par Genèse 6.8 ? Et le cœur humain peut-il changer ? Telles sont les questions que soulève la fin du *towledah* d'Adam. Telles sont les questions auxquelles le *towledah* de Noé va commencer à répondre.

Genèse 1 – 11 consacre cinq chapitres entiers à Noé et à ses fils : il s'agit donc là d'une histoire très importante. Dans la Bible, Noé est l'un des cinq principaux personnages associés à une alliance (Noé, Abraham, Moïse, David, Jésus)[1]. Dans la pensée islamique aussi, Noé est très important : il est l'un des six plus grands prophètes (Noé, Abraham, Moïse, David, Jésus et Mohammed). Le Coran le mentionne dans vingt-six sourates, et le 71e chapitre, la sourate *Nūḥ*, porte son nom. Le récit de Noé donne le modèle de beaucoup de récits prophétiques subséquents, qui évoquent le prophète avertissant son peuple et ensuite la communauté rejetant le message et encourant le châtiment.

---

1. Indiquons aussi que certains considèrent Adam (Gn 1.26-30) et Ismaël (Gn 21.13-18) comme dépositaires d'une alliance, et que Dieu fait aussi une alliance avec Phinéas (Nb 25.12).

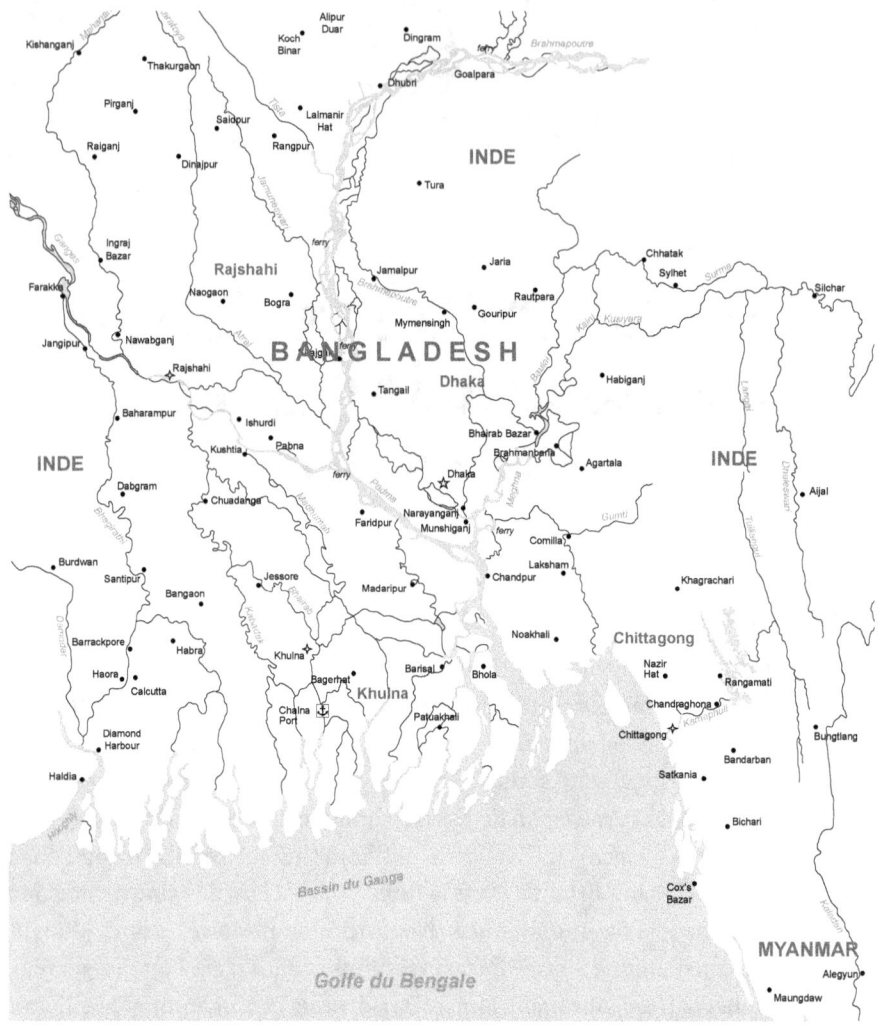

Figure 7 – Carte du Bangladesh et de ses cours d'eau

Les mondes derrière et devant le texte

Les récits d'inondations

Depuis des temps reculés, le Bangladesh est très habitué aux inondations. Nos anciens racontent des histoires d'inondations de leur enfance pendant des après-midis oisifs ou durant des nuits pluvieuses, et nous lisons des chroniques sur les inondations dans les journaux d'aujourd'hui. Il y a aussi des récits d'inondations du sous-continent qui nous ont été transmis à la fois oralement et par écrit[2]. Le récit le plus connu est peut-être celui de Manu, qui remonte au moins au IIIe siècle av. J.-C.[3], et qui a des ressemblances frappantes avec le récit biblique de Noé. Manu reçoit instruction d'un poisson qui apparaît au moment où il se lave les mains. Il construit un bateau dans lequel il est sauvé de l'inondation, et ensuite il offre des sacrifices. Le poisson est considéré comme un avatar du dieu hindou Vishnou, le Protecteur.

De nombreux peuples autour du monde ont des récits analogues d'inondations. T. H. Gaster rapporte des récits de tous les continents, dont beaucoup sont antérieurs à l'époque où on aurait pu entendre la version biblique[4]. Dans le récit biblique, Noé et ses descendants ont une seule langue pendant cent ans après le Déluge mais ensuite ils sont dispersés et parlent des langues différentes. Il ne serait donc pas surprenant de trouver des versions différentes d'un récit commun du Déluge en différentes langues et en divers endroits.

Les récits mésopotamiens du Déluge

Le Proche-Orient ancien avait aussi de nombreux récits d'inondations couvrant le monde entier. De Mésopotamie viennent l'histoire de Ziusudra dans la *Genèse d'Eridu*, ainsi que les épopées d'*Atrahasis* et de *Gilgamesh*. Cette dernière est la plus connue et la plus proche de Genèse 6 – 9, écrite vers le XVIIe siècle av. J.-C., peut-être le récit le plus ancien écrit sur terre. Il fut inscrit sur douze tablettes en écriture cunéiforme, et le récit du Déluge se trouve sur la onzième tablette. Dans ce récit, les dieux envoient une inondation pour anéantir les êtres humains, mais un seul homme, Utnapishtim, est protégé avec sa famille dans un grand bateau. Finalement Utnapishtim et sa femme reçoivent l'immortalité.

Le tableau à la page suivante résume les ressemblances remarquables ainsi que les différences significatives entre la Genèse et *L'épopée de Gilgamesh* dont nous allons parler dans ce commentaire.

---

2. Pour un survol des légendes d'inondations en Inde, voir Gaster, *Myth, Legend and Custom*, p. 94-97.
3. On le trouve dans l'antique *Satapatha Brāhmana* 1.8.1, https://sacred-texts.com/hin/sbr/sbe12/sbe1234.htm, et développé dans le *Mahabharatra* ; voir aussi Wilkins, *Hindu Mythology*, https://sacred-texts.com//hin/hmvp/hmvp19.htm.
4. Gaster, *Myth, Legend and Custom*, p. 82-131.

Thème	Bible (Genèse 6 – 9)	Épopée sumérienne de Gilgamesh
Doctrine sur Dieu	Monothéisme ; croyance en un Dieu unique	Polythéisme ; croyance en de nombreux dieux
Motif du Déluge	L'humanité est devenue corrompue et violente	Les hommes sont bruyants, et les dieux n'arrivent pas à dormir
Constructeur du bateau	Noé construit l'arche avec trois ponts, probablement sur plusieurs années. Noé et sept membres de sa famille survivent	Utnapishtim construit un bateau à sept ponts en sept jours. Lui et sa famille survivent
Les humains sont sauvés par...	YHWH, qui a créé l'humanité	Le dieu Ea, qui a supervisé la création des humains, au mépris des autres dieux
Eaux envoyées par...	YHWH, qui règne sur toute la création	Enlil, dieu du vent et du temps, avec l'approbation des autres dieux
Porte fermée par...	Dieu	Utnapishtim
Relation avec Dieu	Noé bénéficie de la présence rapprochée de Dieu avant le Déluge	Utnapishtim va demeurer avec les dieux après le Déluge
L'arche	Fond plat, avec une fenêtre en haut, de forme rectangulaire (150 x 25 x 15 m env.). Couverte de bitume et faite de bois de gopher	En forme de ziggourat (un cube d'env. 70 m de côté), neuf fenêtres. Étanchéifiée avec du bitume, de l'huile et un toit d'ardoise
Navigation	Déclenchée par la montée des eaux. Aucun équipement de navigation	Poussée vers le fleuve. Aucun équipement de navigation
Durée de la pluie	40 jours et 40 nuits	7 jours
Durée du Déluge/ de l'inondation	Environ 370 jours	7 jours

Thème	Bible (Genèse 6 – 9)	Épopée sumérienne de Gilgamesh
Échouage de l'arche	Mont Ararat	Mont Nisir, au sud-est d'Ararat, au Kurdistan
Envoi des oiseaux	Corbeau envoyé. Colombe envoyée, revient deux fois. La dernière colombe envoyée ne revient pas	Une colombe et une hirondelle reviennent, mais pas le corbeau. Oiseaux envoyés en ordre inverse : d'abord la colombe, puis l'hirondelle, et enfin le corbeau
Vies sauvées	Huit personnes (famille de Noé) et représentants de chaque espèce animale par couple	Plusieurs familles, artisans, représentants de tout ce qui vit
Offrandes après le Déluge	Sacrifices d'adoration : l'un d'animaux purs et l'un d'oiseaux purs. Dieu n'est jamais affamé	Sacrifice d'apaisement. Vin et agneaux. Les dieux se rassemblent autour de l'offrande « comme des mouches », car ils ont faim
Bénédictions après le Déluge	Alliance avec toutes les créatures de la terre	Immortalité pour un seul couple, Utnapishtim et sa femme

Quant à réfléchir au caractère historique du récit de la Genèse, les ressemblances entre les deux récits sont importantes. Cependant, quant à comprendre ce que dit la Genèse, ce sont les différences qui importent. Comme dans les récits de création, la Genèse fait un portrait tout à fait différent de la nature de Dieu et de sa relation aux humains et au monde. Par exemple, dans les religions babyloniennes, les eaux étaient le domaine du mal ; mais dans la Bible, les eaux font partie de la création bonne de Dieu, et ce sont les humains qui ont appris le mal (Gn 3.22). Les récits mésopotamiens font intervenir beaucoup de dieux, mais la Genèse n'a qu'un Dieu qui détient l'autorité souveraine sur tous les aspects de la vie que les autres nations voient comme des dieux, y compris la mer rugissante. Dieu ne détruit pas les humains parce qu'ils le dérangent mais parce qu'il est le Dieu juste qui punit les pécheurs.

Le Nouveau Testament

On peut s'étonner que Noé soit très peu évoqué dans l'Ancien Testament passé la Genèse. Il fait partie de la généalogie de 1 Chroniques (1.4), et en Ézéchiel 14.13-20 il est l'un des trois hommes exemplaires dont la droiture n'a pas pu détourner le châtiment d'une communauté pervertie (les deux autres étant Daniel et Job). L'Ancien Testament s'intéressant beaucoup à la fidélité de Dieu dans ses alliances, on pourrait s'attendre à plusieurs évocations de l'alliance de Genèse 9, mais la seule référence précise se trouve en Ésaïe 54.9, où Dieu compare sa fidélité à Israël après le jugement des exilés à ses promesses du temps de Noé.

Dans le Nouveau Testament, Noé est un des héros de la foi qui a agi sur la base de la seule parole de Dieu (Hé 11.7). Jésus le Messie évoque l'époque de Noé comme l'exemple d'un temps de méchanceté qui a abouti au jugement (Mt 24.37-39 ; Lc 17.26-27). Il met ici en garde contre le jugement qui va intervenir lors de sa seconde venue. La Genèse 9 nous apprend que Dieu ne reproduira pas le jugement universel par le Déluge jusqu'à la fin des temps : la seconde venue de Jésus le Messie marquera le Jugement dernier. Dans sa vision de la fin des temps, l'Apocalypse ne mentionne pas Noé, mais deux fois elle mentionne un arc-en-ciel, ce qui rappelle au lecteur l'amour de Dieu pour le monde (Ap 4.3 ; 10.1).

L'apôtre Pierre recourt de diverses façons à l'histoire de Noé. Dans sa première épître, il encourage les croyants persécutés en citant la patience de Dieu qui a retenu le jugement au temps de Noé (1 P 3.20), et la mise à l'abri de Noé et de sa famille dans l'arche est l'image de la sécurité par le baptême et le salut dans le Christ (1 P 3.20-22). Dans sa deuxième épître, il utilise l'histoire de Noé ainsi que celles de Loth et de la révolte de Satan pour donner l'assurance que Dieu à la fois sauvera les croyants et jugera les méchants en temps voulu (2 P 2.4-9). Ce passage qualifie Noé de « héraut de la justice », mais le sens de l'expression est énigmatique. Cela pourrait signifier qu'il a prêché, mais aussi qu'il était un signe de la justice de Dieu pour les gens de son temps, et pour nous tous jusqu'à ce jour.

Plus troublant encore, l'apôtre Pierre dit que Jésus le Messie ressuscité a prêché aux « esprits en prison », à savoir les individus qui ont péri pendant le Déluge (1 P 3.18-20). Cela semble être survenu entre sa mort sur la croix et ses apparitions en tant que ressuscité. On ne nous dit pas si cette prédication a confirmé le jugement ou si elle a été une occasion de repentance ; mais elle nous confirme que la justice de Dieu s'étend à tous.

Le Coran et la littérature islamique

Là où 1 Pierre nous parle de Jésus qui va prêcher, des siècles plus tard, à ceux qui furent noyés sous le Déluge, le Coran évoque Noé qui va prêcher à son peuple des siècles avant le Déluge. Selon la tradition musulmane, Noé fut un prophète dans la lignée d'Adam, le premier prophète. Adam ayant le titre de *shafi-Allah* (élu de Dieu), Noé a le titre de *naji-Allah* (sauvé par Dieu). Dans le Coran, il est aussi qualifié de *Rasūl-Allah* « messager de Dieu » (*ash-Shu'arā'* 26.107) et de « serviteur reconnaissant de Dieu » (*al-Isra'* 17.3). On ne dit pas s'il lui a été donné un livre.

Le Coran évoque Noé dans vingt-six sourates. Dix d'entre elles en parlent plus ou moins longuement ; les autres le font figurer dans une liste de prophètes. Les passages principaux sont les sourates *Hūd* 11.25-48 ; *al-A'rāf* 7.59-64 ; *Yūnus* 10.71-73 ; *al-Mu'minūn* 23.23-28 ; *ash-Shu'arā'* 26.105-121 ; *al-Qamar* 54.9-16 ; et la totalité de *Nūḥ* 71 qui porte son nom. À part cette dernière, l'histoire de Noé se passe toujours dans le contexte d'une liste d'autres prophètes et, dans chaque cas, les aspects de l'histoire de Noé qui sont abordés sont mis en parallèle avec les accents marqués sur les récits d'autres prophètes. Le plus souvent, il est en tête d'une liste qui inclut Loth ainsi que les prophètes non-bibliques Hūd et Ṣāliḥ. Chaque histoire évoque la méchanceté du peuple, la prédication du prophète, son rejet par le peuple, généralement la prière du prophète à Dieu, puis un jugement catastrophique dans lequel le prophète est sauvé avec quelques croyants, alors que les incroyants sont exterminés.

À partir de là, on peut repérer plusieurs traits du Noé décrit dans le Coran. D'abord, c'est un prophète paradigmatique au sens où il inaugure une série de prophètes semblables. Deuxièmement : le Coran ne donne jamais un récit complet de Noé dans son contexte historique ; il utilise plutôt divers aspects du récit pour différents buts, ce qui est à plusieurs égards la manière de procéder du Nouveau Testament. Troisièmement : l'accent porte sur le temps qui précède le Déluge ainsi que sur la prédication et les prières de Noé ; c'est un contraste avec la Genèse où on en apprend très peu sur Noé avant le Déluge et où rien n'est rapporté en matière de prédication ou de prière.

En tous cas, ces histoires datent du milieu ou de la fin de la période mecquoise, et elles sont utilisées pour encourager dans son ministère Mohammed, le prophète de l'islam ; c'est pourquoi il n'est pas étonnant qu'elles s'attachent à Noé en tant que prophète. Les commentateurs s'accordent pour dire que la sourate *Nūḥ*, qui ne contient que l'histoire de Noé, est une image de Mohammed, le prophète de l'islam, prêchant à La Mecque.

Le Coran n'évoque pas ce que détaille la Genèse sur l'arche, ni sur la montée et la descente des eaux, même s'il donne des descriptions imagées. Il ne parle pas de sacrifice après le Déluge et, bien qu'il soutienne l'allégation d'une alliance de Dieu avec Noé comme avec Abraham, Moïse et Jésus le Messie (*al-Aḥzāb* 33.7), il ne donne pas davantage de détails. Ce qui frappe encore plus, c'est qu'en Genèse le jugement du Déluge est un événement unique qui ne se reproduira pas alors que le Coran y voit un jugement parmi une série d'autres jugements semblables.

Il y a une autre différence marquante, c'est que, alors que la Genèse dit que toute la famille de Noé est sauvée, le Coran décrit un de ses fils comme un incroyant qui n'entre pas dans l'arche (*Hūd* 11.43-47). Noé prie pour lui, mais Dieu lui dit qu'il ne doit pas prier pour la délivrance de quelqu'un qui refuse de croire. Ce n'est pas toute la famille qui est sauvée mais Noé et les croyants, y compris ceux qui ne sont pas de sa famille.

Le tableau suivant résume les principaux points de convergence et de divergence entre la Bible et le Coran dans le récit du Déluge. On remarquera que le Coran a peu de caractéristiques exclusives. Beaucoup d'écrits juifs et chrétiens préislamiques décrivent aussi Noé comme un prédicateur.

Noé	La Bible	Le Coran
Prédication	Aucun dialogue. 2 Pierre 2.5 est peut-être une allusion à sa prédication.	Dialogue important entre Noé et son peuple (*al-A'rāf* 7.59 ; *Hūd* 11.32-37 ; *al-Mu'minūn* 23.23).
Arche	Nombreuses indications de mesures, de matériaux et de conception de l'arche.	Noé construit sous la supervision de Dieu (*Hūd* 11.37), mais aucun détail n'est donné, bien que la tradition musulmane développe cela.
Qui était dans l'arche ?	Noé, sa femme, ses trois fils et leurs femmes.	Certains des fils de Noé et d'autres croyants. La femme de Noé et l'un de ses fils refusent d'embarquer sur l'arche (*Hūd* 11.42-46 ; *at-Taḥrīm* 66.10).
Lieu d'échouage de l'arche	Sommet indéterminé dans la chaîne d'Ararat.	Le Mont Djoudi dans la chaîne d'Ararat.

Noé	La Bible	Le Coran
Noé sous le regard de Dieu	Noé est droit, irréprochable, obéissant ; il marche avec Dieu.	Noé est le serviteur de Dieu, droit et reconnaissant (*at-Taḥrīm* 66.10 ; *al-A'rāf* 7.3).
Animaux dans l'arche	Sept couples d'animaux purs et deux couples d'autres animaux.	Deux de chaque espèce.
Cause du Déluge	Péché et corruption de l'humanité.	Les humains rejettent l'avertissement de Noé et refusent de se détourner de l'idolâtrie.

Le monde du texte

Structure

Le *towledah* de Noé est un vaste chiasme. Beaucoup de mots sont répétés au moment où le plan du Déluge est annoncé et mis en œuvre, les eaux s'élèvent, puis redescendent, et le projet d'alliance pour après le Déluge est annoncé.

    A. Noé et ses fils (6.9-10)

        B. Le plan et l'alliance de Dieu annoncés (6.11-22)

            C. Entrée dans l'arche : animaux purs et impurs (7.1-9)

                D. Les eaux montent et recouvrent la terre (7.10-24)

                    E. DIEU SE SOUVIENT DE NOÉ (8.1)

                D'. Les eaux redescendent et la terre réapparaît (8.2-14)

            C'. Sortie de l'arche : le sacrifice (8.15-22)

        B'. Le plan de Dieu et l'alliance annoncés (9.1-17)

    A'. Noé et ses fils (9.18-28)

Le récit est agencé de sorte que l'on puisse ressentir la montée des eaux et l'effacement de toute vie. Au centre se trouve le point de bascule, et ensuite les eaux redescendent, les êtres vivants sortent de l'arche et repeuplent la terre. Au cœur du chiasme se trouve Dieu avec son alliance fidèle : « Dieu se souvint de Noé. » Le message de cette structure est clair : Noé et ses fils sont la voie empruntée par Dieu pour établir son alliance avec toute l'humanité pécheresse.

Mais ce n'est pas tout. Le lecteur peut détecter d'autres structures dans le texte. La plus frappante est la façon dont la crue et la décrue des eaux est mise en scène pour refléter le récit de création du chapitre 1.

>   1.6-7 Les eaux sont séparées et délimitées
>   7.11 Les limites des eaux sont rompues et les eaux se mêlent
>   8.2 Les limites sont rétablies
>   1.9-10 La terre ferme émerge des eaux
>   7.19-20 La terre ferme disparaît
>   8.5-14 La terre ferme refait surface
>   1.11-12 Création de la végétation
>   7.20 L'ampleur des eaux recouvre la végétation
>   8.11 La végétation réapparaît
>   1.20-26 Création des animaux et des humains
>   7.21-23 Destruction des animaux et des humains
>   8.15-19 Réapparition des animaux et des humains

De nouveau, la structure présente un message clair : Dieu défait et refait sa création bonne. Telle est sa réaction à son « regret » d'avoir créé les humains. Son alliance n'est pas offerte en raison de la bonté des humains, loin de là ! Elle est offerte parce que les humains sont devenus mauvais, mais Dieu les aime quand même. Comme nous l'avons vu en Genèse 6.6, non seulement il regrette, mais il est affligé. L'alliance va mettre en évidence sa manière de composer à la fois avec sa colère et avec son affliction faite d'amour.

COMMENTAIRE

A. Genèse 6.9-10 - Noé et ses fils

> *Voici la généalogie de Noé. Noé était un homme juste et intègre parmi les générations de son temps ; Noé marchait avec Dieu. Noé engendra trois fils : Sem, Cham et Japhet.*

Genèse 6.9 amorce le *towledah* de Noé. La généalogie ne mentionne qu'une génération après Noé : ses trois fils, Sem, Cham et Japhet. Tout ce *towledah* n'évoquera que ces deux générations. Il insistera constamment pour dire que Noé, sa femme et leurs trois fils avec leurs femmes sont ceux qui auront été sauvés dans l'arche. Quatre chapitres entiers sont consacrés à l'histoire de la survie de cette famille réduite et la répétition en fait ressortir l'importance (6.18 ; 7.7, 13, 23 ; 8.16, 18 ; 9.18).

Le *towledah* précédent se terminait avec la grâce de Dieu sur une génération mauvaise (6.8). Ce *towledah* commence avec la bonne nouvelle de l'intégrité de Noé : il est différent de tous ceux de sa génération. Comme Hénoch, il marche avec Dieu.

Il est important que l'annonce de l'intégrité de Noé suive l'annonce de la grâce de Dieu. Les commentateurs se demandent si Noé a trouvé grâce parce qu'il était droit ou bien s'il est devenu droit par la grâce de Dieu. À ce stade, les lecteurs de la Genèse ont appris avec quelle radicalité les humains sont devenus pécheurs en dehors d'Éden, c'est donc la deuxième hypothèse qui est la plus probable. La suite de la Bible le confirmera : dans le monde déchu, nul n'est juste sans la grâce et le pardon de Dieu.

Le mot traduit ici par « intègre » (hébr. *tamiym*) signifie « entier » ou « complet » plutôt qu'« irréprochable » ou « sans péché ». Dans ce cas, cela pourrait signifier que Noé ne prenait aucune part dans la violence de son temps. Ailleurs dans la Torah, le terme est employé pour définir les animaux qui sont acceptables pour le sacrifice (Lv 1.3, 10 ; 3.1, 6 ; 4.3, etc.). Employé pour les humains, il est souvent associé à la « droiture » (hébr. *tsedaqah*) et avec la conformité à la volonté de Dieu (Dt 18.13 ; Ps 15.2 ; Pr 11.5 ; Jb 12.4). Plus tard dans la Genèse, Dieu dira à Abraham : « Marche devant moi et sois *tamiym* » (Gn 17.1).

Dans la Bible, ni Noé, ni Abraham ni aucun autre prophète n'est sans péché : ils ont tous en commun la déchéance humaine, et la Bible rapporte certains de leurs manquements. La seule exception est Jésus le Messie, qui est tellement plus qu'un prophète. Il est le seul et unique sacrifice véritablement *tamiym* pour les péchés du monde entier.

Le Coran est d'accord quant à la sainteté incomparable de Jésus. Dans la sourate *Maryam* 19.19, il est dit à Marie que son fils sera *zakiyyan* (pur). Un hadith bien connu explique la signification de ce verset :

> J'ai entendu le Messager de Dieu dire : « Il n'est personne parmi les rejetons d'Adam que Shayṭān ne touche. C'est pourquoi un enfant crie très fort au moment de la naissance à cause du toucher de Shayṭān, sauf Marie et son enfant. » (Bukhari, vol. 4, Livre 55, Hadith 641 ; cf. Muslim, Livre 30, Hadith 5838)

B. Genèse 6.11-22 - Le plan et l'alliance de Dieu annoncés

> *La terre était pervertie aux yeux de Dieu, la terre était pleine de violence. Dieu vit que la terre était pervertie, car tous s'étaient pervertis sur la terre. (6.11-12)*

Noé trouve grâce aux yeux de Dieu, mais la terre est corrompue, littéralement « devant la face » de Dieu. L'ordre des mots en hébreu, pour le verset 11, commence par la perversion pour aboutir à la violence, soulignant ainsi la tragédie. La création bonne de Dieu était censée se remplir d'humains et d'animaux. Mais là, au lieu d'être pleine de vie, elle est pleine de violence. La violence peut comporter de la malfaisance sociale autant que physique, comme l'exploitation des faibles par les forts décrite aux versets 1 et 2 (voir aussi Am 6.1-3). La triple répétition de « pervertie » et le quadruple accent sur la « terre » fait ressortir qu'une chose qui était bonne a été détériorée.

La corruption est universelle. « Tous », plus exactement « toute chair » semble englober les animaux avec les humains, comme pourrait l'indiquer le verset 19. Cela soulève la question déroutante de savoir si les animaux peuvent avoir une responsabilité morale : ni la Genèse ni un autre endroit de la Bible ne traite la question. Ici, il s'agit de dire que, bien que les humains soient les seuls à être à l'image de Dieu, toute créature a été abîmée comme conséquence du péché des humains.

> *Alors Dieu dit à Noé : La fin de tous est arrivée, je l'ai décidée, car la terre est pleine de violence à cause d'eux ; je vais les anéantir avec la terre. (6.13)*

Voilà un des versets les plus sinistres de la Bible. « Dieu vit » (v. 12) et, désormais, « Dieu dit ». Au chapitre 1, Dieu dit, il y eut création, puis Dieu regarda, et vit que c'était bon. Désormais, le processus est inversé : Dieu regarde à nouveau, il voit que tout est perverti, il parle à nouveau mais, cette fois, c'est pour anéantir ce qu'il a créé.

> *Fais-toi une arche en bois de résineux ; tu diviseras cette arche en cellules et tu la couvriras d'un enduit, au dedans et au dehors. Voici comment tu la feras : l'arche aura trois cents coudées de longueur, cinquante coudées de largeur et trente coudées de hauteur. Tu feras à l'arche une ouverture d'une coudée, disposée tout en haut ; tu placeras la porte de l'arche sur le côté ; tu feras un étage inférieur, un deuxième et un troisième. (6.14-16)*

Mais Noé, l'homme qui a trouvé grâce, n'est pas livré au désespoir. Il ne connaît pas encore le châtiment qui va venir, il ne sait donc pas comment protéger sa famille ; mais le plus grand des ingénieurs est celui qui ordonne et supervise la construction de la protection exacte dont il a besoin. Il y a de l'espoir !

Le seul autre endroit où il est question d'une arche (hébr. *tebah*), c'est en Exode 2.3 où le mot est employé pour la corbeille dans laquelle Moïse a été protégé de la noyade. Comme l'arche de Noé, la corbeille de Moïse a été recouverte avec de l'enduit, du bitume. Le verbe couvrir vient de la racine *k-f-r* qui est souvent employée pour couvrir le péché et souvent traduite par « expier » (voir Ex 29.33-37 ; 30.10-16 ; et tout le Lévitique). L'arche deviendra par la suite le symbole de la protection éternelle du croyant dans le Messie (1 P 3.20-21). Comme l'enduit recouvre le bois et l'empêche de pourrir, le sang du Messie recouvre la honte du croyant et le protège de la décrépitude spirituelle.

L'arche (ar. *tabut*) est mentionnée en deux endroits dans le Coran. La sourate *Hūd* 11.39 donne deux instructions : « Construis l'Arche sous Nos yeux et [sur] notre révélation. » Et dans la sourate *al-Mu'minūn* 23.27, nous lisons :

> *Nous lui révélâmes alors : « Construis une Arche sous Nos yeux et Notre révélation ! Quand Notre Ordre viendra et que le Four bouillonnera, introduis dans cette Arche un couple de chaque espèce ainsi que ta famille, excepté celui de celle-ci contre qui la Parole a été déjà édictée. Ne m'interpelle pas en faveur de ceux qui furent injustes : ils seront engloutis ! »*

La sourate *al-'Ankabut* 29.14-15 dit aux lecteurs que Noé fut sauvé dans un bateau (ar. *safina*) et que celui-ci était un signe pour le monde (*ayat li-l'alamīn*).

Nulle part le Coran ne dit comment l'arche devait être construite. On en trouve les détails dans la Genèse. Premièrement : Noé reçoit des instructions pour les matériaux : le bateau doit être fait avec du bois de « gopher » (de « résineux », dit notre traduction) et être couvert à l'intérieur et à l'extérieur d'« enduit » (bitume ou résine…). Ensuite, Noé reçoit les dimensions de l'arche (6.14-16). On ne connaît pas exactement la longueur de la coudée à l'époque de Noé, mais par la suite elle sera d'environ 50 cm. L'arche aurait donc mesuré 150 m de long, 25 m de large et 15 m de haut. C'est à peu près la moitié de la taille d'un paquebot comme le Titanic. On comprend que les détails rapportés dans la Genèse n'ont pas de portée uniquement théologique : Noé en avait besoin afin de construire un bateau qui pût résister aux assauts des vents et des eaux pendant toute une année[5].

---

5. On a beaucoup débattu de la navigabilité de l'arche. Certaines études récentes ont indiqué qu'elle aurait pu réellement flotter (voir Y. Bishop, 'Can Noah's Ark Float ?' www.futurescienceleaders.com/blog/2020/06/can-noahs-ark-float/, consulté le 20-08-2021.

Il y a aussi de la sagesse pratique ainsi que toute une symbolique théologique dans les instructions sur les portes et fenêtres. Il y avait un espace ouvert pour la lumière et l'air, qui courait comme une galerie autour de la bordée de l'arche. Le toit protégeait les passagers du soleil et de la pluie (6.14 – 8.19). Il y avait une seule porte, sur le côté : cela est surprenant, car les navires ont généralement une écoutille sur le pont. Une autre surprise, c'est qu'il n'y avait ni gouvernail ni voile. On peut considérer ces surprises comme le signe que ce bateau allait être chargé puis déchargé uniquement avant et après le Déluge, et que la navigation dépendrait entièrement de Dieu.

> *Quant à moi, je fais venir sur la terre le déluge – les eaux – pour anéantir tous ceux qui ont souffle de vie sous le ciel ; tout ce qui est sur la terre périra. Mais j'établirai mon alliance avec toi ; tu entreras dans l'arche, toi, tes fils, ta femme et les femmes de tes fils avec toi. De toutes les sortes d'êtres vivants, tu feras entrer dans l'arche deux de chaque espèce, pour qu'ils restent en vie avec toi : un mâle et une femelle. De chaque espèce parmi les oiseaux, le bétail et toutes les bestioles qui fourmillent sur la terre, un couple viendra vers toi pour rester en vie. Et toi, prends de tout ce qui se mange et fais-t'en des provisions ; cela te servira de nourriture, ainsi qu'à eux. (6.17-21)*

Dieu dit maintenant à Noé comment il va tout anéantir : « toute chair » est répété pour insister sur l'universalité du châtiment. Cependant, en tant que Dieu d'amour, il veut aussi préserver certaines de ses créatures et poursuivre ses projets pour sa création. En conséquence, dans sa miséricorde, il conclura une alliance perpétuelle avec Noé, sa famille et ses descendants (v. 18).

C'est la première apparition dans la Bible du terme « alliance » (hébr. *beriyth* ; ar. *'ahad/mithaq*). C'est un mot chargé de sens, qui va revenir 253 fois dans l'Ancien Testament et 20 fois dans le Nouveau Testament. Il désigne un accord contraignant entre deux ou plusieurs parties, et les alliances deviennent le socle principal de relation entre le créateur et les créatures dans toute la Bible (voir encadré sur les alliances p. 242).

POURQUOI TOUS CES CHIFFRES ?

La plupart des récits de Genèse 1 – 11 sont racontés brièvement, laissant le lecteur imaginer les détails. Et voilà que soudainement le *towledah* de Noé nous donne les dimensions exactes de l'arche, et il continuera à donner les détails de jours et de dates pendant qu'il narre le Déluge. Pourquoi cela ?

Ce n'est pas le seul endroit où la Bible retient les dates et les mesures exactes. Les directives sur la construction du tabernacle et son mobilier sont données avec tant de détails qu'aujourd'hui encore on pourrait le reconstruire (Ex 25-27, 30, 36-40), et les dates de beaucoup d'événements au Sinaï sont enregistrées (p. ex. Ex 19.1 ; 40.2, 17 ; Nb 1.1 ; 7.1-78 ; 9.1 ; 10.11). Pareillement, les dimensions du temple et les moments de sa construction sont donnés en détail (1 R 6 ; 2 Ch 3-4) ; en Ézéchiel 40-43, le nouveau temple est soigneusement dimensionné dans une vision ; et la nouvelle Jérusalem est dimensionnée en Apocalypse 21.15-17. Concrètement, des descriptions aussi détaillées remplacent les plans d'architecte et les belles photos que nous avons aujourd'hui. Théologiquement, elles font ressortir la part que Dieu prend dans ces constructions particulières ainsi que leur importance. Quiconque étudie attentivement peut aussi détecter une forte symbolique dans les dimensions et les symétries.

Dans le *towledah* de Noé, les détails de construction suggèrent un parallèle entre l'arche et le tabernacle, qui sont deux habitacles construits sous la direction divine, permettant à des individus choisis d'être en sécurité et de connaître la présence de Dieu au milieu d'un monde chaotique. De même que les *Bani Isra'il* auront besoin d'être fermement guidés dans le désert, Noé avait besoin d'un refuge capable de tenir la mer au milieu d'un déluge cataclysmique. Les détails temporels comportent les nombres symboliques 40 et 7, qui mettent en relief la signification de chaque période, et on remarquera comment les indications de temps font ressortir la symétrie chiastique de la narration avec, au centre, Dieu qui se souvient de Noé.

De plus, par contraste avec *Enuma Elish*, où le Déluge ne dure que sept jours, la Genèse affirme que le Déluge dura très longtemps. Cela renforce l'ampleur du Déluge et la gravité du jugement. Tout est anéanti : c'est un acte de nettoyage intégral sur toute la création.

Néanmoins, au milieu de ce jugement, les temps nous alertent sur la providence bienveillante de Dieu : imaginons le stock de nourriture et d'eau suffisant pour huit personnes et une foule d'animaux pour une année complète ! On se souvient des périodes répétées de 40 jours (7.12, 17 ; 8.6). Le nombre 40 reviendra en Exode (évoqué en Dt 8.4 ; 29.4), où les *Bani Isra'il* ont fait l'expérience de l'attention de Dieu pendant 40 ans dans le désert, et dans les Évangiles, où Jésus le Messie passa 40 jours à jeûner, avant de refuser de céder à la tentation de Satan qui le poussait à se fabriquer lui-même du pain (Mt 4.1-11 ; Mc 1.12-13 ; Lc 4.1-13).

Les alliances du Proche-Orient ancien étaient contresignées et conditionnelles. Les deux parties souscrivaient à ce qui leur incombait, et l'alliance pouvait être dissoute si l'une des deux parties la violait. Ainsi, les alliances n'étaient pas un gage de sécurité permanente. À l'inverse, cette première alliance est une promesse de sécurité qui ne lie que Dieu, mais qui ne requiert rien de Noé si ce n'est d'entrer dans l'arche comme cela lui a été prescrit.

Dieu va renouveler cette alliance après le Déluge en ne se faisant aucune illusion sur le fait que les humains vont continuer à être pécheurs et indignes (Gn 8.21-22). Cette fois, l'alliance va être non seulement avec Noé mais avec tous ses descendants et tout ce qui vit jusqu'à la fin des temps (9.9-17).

> *Noé fit exactement ce que Dieu lui avait ordonné. Ainsi fit-il. (6.22)*

Noé se lie à l'alliance par obéissance. C'est tout ce que la Genèse nous dit sur la construction de l'arche. C'est là que les lecteurs veulent poser des questions. Quelles relations Noé avait-il avec ses voisins ? Leur a-t-il parlé de ce que Dieu lui avait dit ? A-t-il prié pour eux ? Comment ont-ils réagi quand ils l'ont vu construire cette arche ?

Une notion rabbinique qui s'est beaucoup répandue dit que Dieu a décidé de sauver Noé et sa famille de cette façon afin que, pendant la construction de l'arche, les gens le voient, lui posent des questions et aient une chance de se repentir[6]. Le Nouveau Testament n'ajoute pas grand-chose à la Genèse, disant seulement que Noé fut un « héraut de la justice » (2 P 2.5), mais il y avait pléthore de récits en circulation à l'époque du Coran sur ce que Noé aurait prêché[7]. La Genèse ne nous dit absolument pas si Noé a prêché, s'il a répondu à des questions ou si ce fut simplement son action consistant à construire un immense bateau dans un lieu sec qui avait fait de lui un « héraut de la justice » envers les gens de son temps.

Le Coran reprend l'idée de Noé prédicateur et le considère comme un grand prophète. Il donne des indications détaillées sur ce qu'il dit et sur la manière dont les gens ont réagi envers lui. La plupart d'entre eux se moquent de lui et de son bateau, mais quelques-uns croient (p. ex. sourate *Hūd* 11.36-40). Cela devient l'un des récits qui montrent un mode de sauvetage de la part de Dieu pour les croyants ainsi que son jugement sur les incroyants. Il y a ici un parallèle avec 2 Pierre.

Le Coran ne dit pas combien de temps il a fallu pour construire l'arche. La Genèse présente Noé à l'âge de 500 ans (5.32) et dit qu'il est entré dans l'arche à l'âge de 600 ans (7.6). Certains interprètes laissent entendre que les 120 ans

---

6. *Pirke De Rabbi Eliezer* 22.9 ; *Genèse Rabbah* 30.7.
7. Par exemple dans les *Oracles sibyllins* (peut-être du IIe siècle, rassemblés au VIe siècle, 1.160-245).

de Genèse 6.3 indiquent la durée entre la décision de Dieu de détruire toute vie jusqu'au moment du Déluge. Quelle que soit l'interprétation qu'on donne à ces chiffres, il semble qu'il ait fallu de nombreuses années pour fabriquer l'arche, ce qui aurait donné à ceux qui regardaient largement le temps de se repentir. Le Coran laisse à penser que certains se repentirent et qu'ils entrèrent dans l'arche, mais la Genèse ne le dit absolument pas. Tout à fait au contraire, elle dit que tout le monde excepté la proche famille de Noé fut englouti.

C. Genèse 7.1-9 - Entrée dans l'arche : animaux purs et impurs

> Le Seigneur dit à Noé : Entre dans l'arche, toi et toute ta maison ; car j'ai vu qu'au sein de cette génération, devant moi, tu es juste. De toutes les bêtes pures, prends sept couples, le mâle et sa femelle ; des bêtes qui ne sont pas pures, un couple, le mâle et sa femelle ; aussi des oiseaux du ciel, sept couples, mâle et femelle, afin de garder en vie leur descendance sur toute la terre. Encore sept jours, en effet, et je vais faire venir la pluie sur la terre quarante jours et quarante nuits ; j'effacerai de la terre tous les êtres que j'ai faits. Noé fit exactement ce que le Seigneur lui avait ordonné.
>
> Noé avait six cents ans lorsqu'il y eut le déluge – les eaux – sur la terre. Noé entra dans l'arche, lui et ses fils, sa femme et les femmes de ses fils avec lui, pour échapper aux eaux du déluge. Des bêtes pures et des bêtes impures, des oiseaux et de tout ce qui fourmille sur la terre, il en vint vers Noé, deux par deux, un mâle et une femelle, pour entrer dans l'arche, comme Dieu l'avait ordonné à Noé.

Les chapitres 7 et 8 fournissent un récit détaillé du Déluge. De nouveau, la différence entre Noé et ses contemporains est soulignée. De nouveau, on voit l'accent marqué sur toute la famille de Noé dans l'arche (v. 1, 7). Cependant, au lieu de parler de « nourriture » en général comme en 6.21, il est précisé que des couples supplémentaires d'animaux « purs » doivent être embarqués. Ces animaux ont pu être utilisés pour les sacrifices et aussi comme nourriture. Le Coran ne fait qu'une brève allusion aux couples d'animaux, et aucune allusion aux animaux purs. Les membres de la famille incroyants, y compris un des fils de Noé et probablement sa femme, furent noyés ; et certains croyants qui ne faisaient pas partie de sa famille furent sauvés (*Hūd* 11.40 ; *al-Mu'minūn* 23.27 ; *ash-Shu'arā'* 26.105 ; *at-Taḥrīm* 66.10).

Il convient d'indiquer ici qu'aucun animal n'est mauvais en soi. Dieu les a tous créés, et tous étaient bons (Gn 1.31). Par la suite, sous la Loi mosaïque, les animaux qualifiés de « purs » serviront à la fois pour la nourriture (Lv 11 ;

Dt 14) et pour le sacrifice (cf. Gn 8.20). En tant que chrétiens, nous n'avons pas besoin de sacrifier des animaux ou de considérer certains animaux impurs pour la consommation, parce que l'intention originelle du créateur est restaurée par le Messie. Comme Dieu l'a montré à l'apôtre Pierre, « ce que Dieu a purifié, toi, ne le souille pas ! » (Ac 10.15 ; cf. Rm 14.14).

D. Genèse 7.10-24 - Les eaux montent et recouvrent la terre

> Sept jours après, les eaux du déluge étaient sur la terre. L'an six cent de la vie de Noé, le dix-septième jour du deuxième mois, en ce jour-là toutes les sources du grand abîme jaillirent, et les fenêtres du ciel s'ouvrirent. Il y eut de la pluie sur la terre quarante jours et quarante nuits. Ce jour même Noé, Sem, Cham et Japhet, fils de Noé, la femme de Noé et les trois femmes de ses fils avec eux entrèrent dans l'arche avec tous les animaux sauvages selon leurs espèces, tout le bétail selon ses espèces, toutes les bestioles qui fourmillent sur la terre selon leurs espèces, tous les oiseaux selon leurs espèces, tout ce qui vole et qui a des ailes ; de tout ce qui avait souffle de vie, il en vint vers Noé, deux par deux, pour entrer dans l'arche. (7.10-15)

Ceci n'était pas une inondation comme on en voit tous les ans au Bangladesh, quand les pluies de la mousson provoquent des débordements dans les zones de rivières. Ce n'était pas un phénomène naturel mais une catastrophe surnaturelle. L'image éloquente est celle des eaux venant de toutes parts : des pluies (un « déluge ») cataclysmiques pendant quarante jours et quarante nuits sans interruption, plus de l'eau surgissant des mers et peut-être de la terre. 40 est un nombre souvent utilisé pour traduire une période complète ; les « sources » et les « fenêtres » sont certainement plus poétiques que littérales, mais nous avons un tableau clair d'un cataclysme anormal qui dure bien plus longtemps que toute inondation normale. Cela nous montre que la terre revenait vers le *tohu va-bohu* d'avant la création, l'« informe et vide », lorsque les eaux en recouvraient la surface (1.2). En Genèse 1.6-7, Dieu avait séparé les eaux d'en haut d'avec les eaux d'en bas ; et voici que ces eaux franchissent les limites qu'il leur avait assignées.

Le Coran parle aussi des eaux qui s'abattent d'en haut et des eaux qui jaillissent de la terre (*al-Qamar* 54.11-12). Les eaux d'en bas sont dites provenir d'*al-tannūr*, qui signifie littéralement « le four ». Certains commentateurs pensent qu'il y avait un four de boulanger spécial qui produisait de l'eau comme signe pour Noé que le Déluge commençait (p. ex. *Kasasul Ambiya*, 77), mais cela renvoie plus vraisemblablement à une source d'eau bouillante, selon la tradition juive disant que la génération du déluge fut châtiée avec de l'eau bouillante (Talmud, *Sanhedrin* [108a-b] ; *Rosh Hashanah*, xi 42 ; xxiii, 27).

Ce qui disparaît en premier du monde, ce sont les humains et les animaux qui vont repeupler la terre : tous entrent dans l'arche.

> *Ceux qui vinrent, mâle et femelle, de toute sorte, entrèrent, comme Dieu l'avait ordonné à Noé. Puis le Seigneur ferma la porte sur lui. (7.16)*

Dans *L'épopée de Gilgamesh*, Utnapishtim ferme la porte du bateau ; dans la Genèse, c'est le Seigneur qui ferme la porte. C'est peut-être pour bien montrer que Dieu seul a l'autorité sur la seule voie d'accès à l'arche et que le délai pour la repentance est terminé. On peut imaginer que Noé ait voulu essayer d'ouvrir la porte en voyant la détresse des hommes en train de se noyer, à moins que quelques-uns aient essayé de pénétrer. Mais, comme il en sera lors de la seconde venue du Messie, le délai de la patience de Dieu en vue de leur repentance est écoulé (Mt 24.36-42). Ou peut-être la porte fermée marque-t-elle bien que Dieu veut que l'arche soit sûre et étanche, ce qui renverrait à l'assurance de notre salut si nous nous repentons et recevons Jésus le Messie. De toutes façons, cela nous rappelle le processus de la miséricorde paternelle de Dieu jusque dans le jugement des récits d'Adam et Ève, et aussi de Caïn. Le Coran ne parle pas de Dieu qui ferme la porte.

> *Il y eut le déluge sur la terre pendant quarante jours. Les eaux montèrent et emportèrent l'arche, qui fut soulevée au-dessus de la terre. Les eaux grossirent et montèrent énormément sur la terre, et l'arche s'en alla sur les eaux. Les eaux grossirent de plus en plus sur la terre. Toutes les hautes montagnes qui sont sous le ciel furent recouvertes. Les eaux montèrent quinze coudées plus haut, et les montagnes furent recouvertes. Tout ce qui fourmillait sur la terre périt, tant les oiseaux que le bétail et les animaux, toutes les petites bêtes qui grouillaient sur la terre, et tous les humains. Tout ce qui avait souffle de vie dans les narines et qui était sur la terre ferme mourut. Dieu effaça tous les êtres qui étaient sur la terre : depuis les humains jusqu'au bétail, aux bestioles et aux oiseaux du ciel, ils furent effacés de la terre. Il ne resta que Noé et ceux qui étaient avec lui dans l'arche. Les eaux grossirent sur la terre pendant cent cinquante jours. (7.17-24)*

Selon *L'épopée de Gilgamesh*, le Déluge dura 7 jours ; le récit de la Genèse fait ressortir une longue période de 40 jours. La pluie de 40 jours est probablement englobée dans les 150 jours du verset 24. La montée des eaux finit naturellement par soulever l'arche (Gn 7.17 ; cf. sourate *Hūd* 11.42). Les eaux du Déluge couvrirent les reliefs puis les montagnes pendant plus de trois mois. L'entièreté de « la terre » que Dieu avait créée a disparu, et tout est de nouveau dans un chaos aqueux.

« Montèrent » (*yirbou*) est répété deux fois : les eaux montèrent (v. 17) puis montèrent énormément (v. 18). Il s'agit d'insister sur l'immense quantité d'eau. « Grossirent » est même encore plus répété : les eaux grossirent (v. 18), grossirent énormément (v. 19), grossirent encore (v. 20) et au verset 24 elles grossirent pendant 150 jours. Le verbe ainsi traduit (avec quelques variantes selon les versions) repose sur la racine *g-b-r* qui évoque la force, de sorte que la répétition met en exergue la puissance des eaux.

Tout périt. Là encore, la répétition insiste sur l'ampleur de la catastrophe. Toute chair meurt (v. 21), toutes les créatures qui respirent meurent (v. 22), tout ce qui est vivant est effacé (v. 23). « Effacé » restitue le verbe *machah*, qui est employé deux fois dans ce verset et une fois en Genèse 6.7 et 7.4. Une tradition juive suggère que la répétition et l'expression « furent effacés de la terre » signifient qu'il n'y avait plus trace d'aucun être. Même les œufs avaient été détruits, de sorte que jamais plus l'un d'entre eux ne pût se reproduire. Seuls ceux qui étaient entrés dans l'arche survécurent, flottant sur les eaux qui recouvraient tout ainsi que tout individu qu'ils avaient connu. Voilà le tableau d'une sinistre solitude.

Le Coran aussi dépeint une destruction terrible, dont ne réchappent que les occupants de l'arche, mais il ne donne pas le détail ni la répétition qui soulignent l'extermination de toute vie. Il préfère insister sur le jugement des méchants. En accord avec la prière de Noé dans la sourate *Nūh* 71.26-27, aucun infidèle ne demeura vivant après le Déluge (voir aussi *al-Mu'minūn* 23.27). La sourate *Hūd* y insiste très fortement lorsqu'elle évoque le fils de Noé qui ne voulut pas croire, refusant d'entrer dans l'arche et tentant de s'échapper en montant sur une montagne (*Hūd* 11.40-47). Le fait qu'il n'ait pu réchapper au sommet d'une montagne est parfois utilisé comme argument pour dire que le Coran évoque un déluge universel.

E. Genèse 8.1 – Dieu se souvient de Noé

> *Dieu se souvint de Noé, de tous les animaux et de tout le bétail qui se trouvaient avec lui dans l'arche ; Dieu fit passer un souffle sur la terre, et les eaux s'apaisèrent.*

Voici le verset autour duquel s'articule tout le récit du Déluge : dans sa bonté, Dieu se souvient de Noé et de tous ceux qui sont avec lui. Lorsque l'Ancien

Testament dit que Dieu se souvient, cela va de pair avec la notion d'amour fidèle (cf. Jr 2.2 ; 31.20). La proposition « Dieu se souvient » (du verbe *zakar*) revient 73 fois dans l'Ancien Testament. Au milieu de cette épouvantable destruction, notre regard se porte vers la fidélité du Seigneur.

Le résultat de ce « souvenir » est que Dieu envoie son *ruwach* par toute la terre, et les eaux redescendent. Le lecteur se rappelle le deuxième verset de la Genèse où, au moment de se mettre à créer, le *ruwach* de Dieu plane au-dessus du monde informe. *Ruwach* est généralement traduit par « esprit » en Genèse 1.2 et par « souffle » ici (la NBS traduit par « souffle » dans les deux occurrences) : 1.2 parle du *ruwach* de Dieu alors qu'ici il est dit que Dieu fait passer un *ruwach*, mais il est symptomatique que ce soit le même mot. On s'apprête à voir la re-création de tout ce qui a été anéanti.

Ruwach est aussi employé en 6.3 lorsque Dieu dit que son esprit ne demeurera pas toujours avec l'être humain, et il a été répété aux versets 15 et 22 du chapitre 7 quand il parle de ce qui constitue les êtres vivants. Cela nous reporte à Dieu qui insuffle le souffle de vie dans le premier homme en 2.7 (même si ce n'est pas *ruwach* qui est employé là). À tous les niveaux de leur vie, les humains dépendent de l'Esprit de Dieu, et cet Esprit est actif dans la création et dans la nouvelle création.

Les lecteurs curieux peuvent se demander comment un souffle ou un vent peut faire redescendre les eaux. On peut avancer sous forme poétique que le vent miraculeux de l'amour fidèle de Dieu a fait évaporer l'eau miraculeuse du jugement divin[8]. Selon la littérature islamique, d'immenses quantités d'eaux ont été aspirées sur l'ordre de Dieu (sourate *Hūd* 11.44 ; cf. *Kasasul Ambiya*, 79).

---

8. Hamilton, *Book of Genesis, Chapters 1-17*, p. 300.

QUELLE FUT L'AMPLEUR DU DÉLUGE ?

Traditionnellement, la plupart des lecteurs de la Bible ont présumé que le Déluge avait recouvert l'intégralité du monde créé alors que la plupart des lecteurs du Coran ont supposé que c'était un déluge local ne touchant que la communauté noachique. Toutefois, les deux textes peuvent se prêter à des interprétations différentes.

La Genèse indique sans ambiguïté que tous les humains et les animaux furent noyés, mais rien ne dit que les créatures s'étaient déjà répandues loin de leur lieu d'origine. En outre, bien que le mot traduit par « la terre » (*ha-aretz*) puisse signifier toute la planète Terre, en hébreu il peut signifier simplement « la terre » au sens de « territoire » et pourrait désigner la partie limitée qui était habitée à l'époque. Comme nous l'avons déjà vu dans notre étude des conceptions du monde (p. 41-43), on décrivait le monde tel qu'il apparaissait, et donc « toute la terre » était le monde connu. On ne savait pas que la terre était une planète !

On peut aussi relever que la famine de Genèse 41 est censée avoir concerné « toute la terre/ *'erets* » (41.57), mais on voit bien qu'il ne s'agit pas du monde entier. Le recouvrement des montagnes est une indication plus forte du recouvrement d'une zone très ample que ne l'est l'usage d'un langage universel.

Le Coran enseigne clairement que les contemporains de Noé furent exterminés, mais aussi que Noé pria pour qu'aucune personne malfaisante ne soit laissée sur terre, *al-arḍ* (*Hūd* 11.40-47). Si les contemporains de Noé étaient tous les humains vivant alors sur terre, le Déluge a pu être universel.

Comme pour nos autres investigations, il nous faut donc sortir des textes afin d'en savoir davantage sur l'extension du Déluge. Le secteur le plus évident à explorer est celui de la géologie, et la plupart des géologues diront qu'il n'y a pas de trace d'un Déluge universel. Comme pour d'autres questions scientifiques (voir l'encadré p. 9), les croyants adoptent des positions très diverses là-dessus :

1. Donner la priorité à la Genèse. Le mouvement de la « géologie du Déluge » interprète toutes les traces géologiques en fonction de l'hypothèse d'une inondation universelle à l'époque de Noé.

2. Considérer la Genèse et la géologie comme deux sources séparées mais complémentaires. La Genèse est étudiée pour ses vues théologiques, et la géologie est étudiée pour s'informer

> dans le domaine de la physique ; il ne faut donc pas se préoccuper du rapport de la Genèse aux événements historiques.
> 3. Donner la priorité à la géologie. Cette position soutient que, les humains étant créés avec la capacité à faire de la science, leurs observations scientifiques peuvent leur dire comment interpréter la Genèse. Puisque la géologie n'indique pas un Déluge universel, on doit interpréter la Genèse comme enseignant que seul le monde connu de l'auteur de la Genèse a été submergé.

D'. Genèse 8.2-14 - Les eaux redescendent et la terre réapparaît

> *Les sources de l'abîme et les fenêtres du ciel se fermèrent, et la pluie fut arrêtée depuis le ciel. Les eaux se retirèrent de la terre peu à peu ; les eaux diminuèrent au bout de cent cinquante jours. Le dix-septième jour du septième mois, l'arche se posa sur les montagnes d'Ararat. Les eaux allèrent en diminuant jusqu'au dixième mois. Le premier jour du dixième mois, les sommets des montagnes apparurent. (8.2-5)*

Le Déluge a commencé avec les eaux d'en haut et les eaux d'en bas (7.11-12), inversant la séparation des eaux et l'apparition de la terre ferme en Genèse 1.6-7. Aussi, lorsque Dieu se souvient de Noé, il inverse à nouveau le processus en fermant les sources d'eau. De nouveau, les eaux sont séparées. Il ne s'agit pas d'un acte créateur comme en Genèse 1 ; à la suite du Déluge, on voit les processus naturels revenir à mesure que la terre se remet de l'acte de jugement de Dieu.

Et finalement, l'arche termine son périple, événement d'une importance telle qu'il mérite une datation exacte. Cela faisait exactement 5 mois que le Déluge avait commencé et, si le lieu d'habitation de Noé était en Mésopotamie, l'arche s'était déplacée de 700 à 800 kilomètres. Elle se trouve immobilisée dans la chaîne d'Ararat pendant 3 mois de plus.

OÙ SE TROUVE LE MONT ARARAT ?

Figure 8 – L'emplacement d'Ararat

Ararat est une région montagneuse dans ce qui était l'Assyrie septentrionale, aujourd'hui partagée entre la Turquie, l'Iran et l'Arménie. L'hébreu *Ararat* est de la même famille que l'ancien royaume arménien d'Ourartou, qui est mentionné dans des inscriptions du XIIe siècle av. J.-C. et qui s'est opposé à l'Assyrie du IXe au VIe siècle av. J.-C. Il est mentionné en 2 Rois 19.37, Ésaïe 37.38 et Jérémie 51.27. La région couvre des dizaines de milliers de km² et comporte des centaines de sommets.

La Genèse n'indique pas une montagne particulière, mais il y a une montagne précise en Turquie orientale que les Perses appellent *Koh-i-Nuh* (Montagne de Noé). C'est un mont volcanique qui a pu se former pendant et après le Déluge. La ville de *Lacuna* s'y trouve. « Lacuna » signifie « Noé s'est posé ici », et c'est ce qui fait dire à certains que c'est là que l'arche s'est échouée.

D'autres ont d'autres idées. *L'épopée de Gilgamesh* précise que l'arche atterrit sur le Mont Nimush, qui est au Kurdistan méridional. Le Coran désigne le mont Djoudi (*Hūd* 11.44) qui, les commentateurs le pensent tous, fait partie de la chaîne d'Ararat.

> La Genèse laisse valablement entendre que l'arche atterrit sur une montagne plus petite. Les colombes ont une capacité limitée de vol soutenu, et les oliviers ne poussent pas sur les hautes montagnes. Si la colombe a cueilli la feuille d'olivier et est revenue vers Noé en un jour, cela doit vouloir dire que l'arche était sur un mont peu élevé (Gn 8.11).
> Nombreux sont ceux qui ont tenté de retrouver les restes de l'arche. Certains ont prétendu avoir réussi, mais il s'est avéré que c'était fantaisiste. Étant donné les hypothèses que nous signalons, il n'est pas étonnant que leurs recherches aient jusqu'ici échoué !

> *Au bout de quarante jours, Noé ouvrit la fenêtre qu'il avait faite à l'arche. Il lâcha le corbeau, qui sortit et revint à plusieurs reprises, jusqu'à ce que les eaux aient séché sur la terre. Il lâcha la colombe pour voir si les eaux avaient baissé sur la terre. Mais la colombe ne trouva pas de quoi se poser et revint à lui dans l'arche, car il y avait de l'eau sur toute la terre. Il tendit la main, la prit et la fit rentrer auprès de lui dans l'arche. Il attendit encore sept autres jours et lâcha de nouveau la colombe hors de l'arche. La colombe revint à lui sur le soir : elle tenait dans son bec une feuille d'olivier toute fraîche ! Noé sut ainsi que les eaux avaient baissé sur la terre. Il attendit encore sept autres jours, puis il lâcha la colombe. Mais elle ne revint plus à lui. (8.6-12)*

Noé ouvre non la porte latérale de l'arche, mais la fenêtre. Il envoie des oiseaux pour s'enquérir des conditions extérieures. On se souvient que les oiseaux ont été parmi les premières créatures vivantes créées au chapitre 1. *L'épopée de Gilgamesh* fait figurer un usage semblable des oiseaux. Mais le Coran n'en parle pas.

Noé envoie d'abord un corbeau. Ces oiseaux peuvent voler très loin et ils peuvent survivre en terrain boueux. Ce corbeau sortit et resta loin. Comme il peut se nourrir de charogne, le corbeau est considéré comme « impur » et impropre à la consommation humaine (Lv 11.13-15 ; Dt 14.12-14). Mais ce nécrophage naturel a sa place dans notre écosystème, et Noé l'a conservé dans l'arche pour le bien des futures générations ! Le corbeau (hébr. *'oreb*, ar. *ghurāb*) est mentionné douze fois dans la Bible, mais seulement une fois dans le Coran, là où il apprend à Caïn comment enterrer son frère (*al-Mā'ida* 5.31). Cependant, comme dans la loi mosaïque, le corbeau est interdit à la consommation dans la loi islamique.

Noé envoie une colombe, mais elle revient sans rien. Après sept jours, Noé envoie encore la colombe. Les oliviers étaient vivants et leurs feuilles poussaient rapidement, et donc, cette fois, la colombe est revenue avec une fraîche feuille d'olivier. Ensuite, Noé attend encore sept jours et envoie la colombe pour la troisième fois, mais elle ne rentre pas (8.12). Noé comprend alors que le Déluge est vraiment terminé.

En Genèse 1, après la séparation des eaux et l'apparition de la terre ferme, ce qui apparut ensuite, ce fut la végétation (Gn 1.11-12). Ici, la feuille d'olivier symbolise la première vie dans le monde refait et aussi le fait que la colère de Dieu est passée. C'est pourquoi la colombe tenant en son bec un rameau d'olivier est un très ancien symbole de paix. Le récit coranique sur Noé ne mentionne pas l'olivier, mais sept fois le Coran qualifie l'olivier d'arbre béni et, dans la sourate *at-Tīn* 95.1, Dieu fait serment « par l'olivier ».

> *L'an six cent un, le premier jour du premier mois, les eaux avaient séché sur la terre. Noé retira la couverture de l'arche et vit que la terre avait séché. Le vingt-septième jour du deuxième mois, la terre était sèche. (8.13-14)*

« Voyez ! » Le terme hébreu *hinneh* est employé pour appeler le lecteur à l'attention et à l'émerveillement. En Genèse 1, il attire notre attention sur la merveille de la création, Dieu disant aux humains de regarder les plantes porteuses de semence pour leur nourriture (1.29), et lui-même contemple la bonté de sa création (1.31). En Genèse 6, Dieu regarde la profonde méchanceté de l'espèce humaine (6.5) puis dit à Noé de regarder son jugement (6.13, 17). Ici, en Genèse 8, il attire notre attention sur la réémergence de la création bonne, avec la fraîche feuille d'olivier (8.11) et désormais la terre sèche. Nous sommes incités à nous imaginer avec Noé ouvrant enfin l'arche et remplissant son regard de la terre émergée au lieu de l'eau !

De nouveau, nous lisons des dates et des indications temporelles précises. Le Déluge a commencé le 17e jour du 2e mois de la 600e année de Noé (7.11) et il a duré 1 an 1 mois et 10 jours. Ici, beaucoup de gens s'efforcent de calculer la durée exacte du déluge et de faire cadrer tout cela dans les diverses périodes rapportées par le récit. Cela n'est pas facile car il y a des incertitudes sur la longueur des années et des mois selon l'ancien calendrier lunaire, sur les intentions de l'auteur dans l'utilisation de nombres symboliques et quant à savoir si certaines périodes se recouvrent. Les calculs typiques aboutissent généralement à une année solaire exacte ou un peu plus.

Pour revenir aux nombres symboliques, on relève encore un autre schéma en chiasme :

> 7 jours dans l'arche à attendre le Déluge (7.10)
>> 40 jours de pluie (7.12, 17)
>>> 150 jours de submersion (7.24)
>>>> DIEU SE SOUVINT DE NOÉ et le *ruwach* fait refluer les eaux (8.1)
>>> 150 jours de retrait des eaux (8.3)
>> 40 jours d'attente (8.6)
> 7 jours supplémentaires dans l'arche (8.12)

C'. Genèse 8.15-22 - Sortie de l'arche : le sacrifice

> *Alors Dieu dit à Noé : Sors de l'arche, toi, ta femme, tes fils et les femmes de tes fils avec toi. Tous les animaux qui sont avec toi, de toute sorte, tant les oiseaux que le bétail, et toutes les bestioles qui fourmillent sur la terre, fais-les sortir avec toi : qu'ils peuplent la terre, qu'ils soient féconds et se multiplient sur la terre ! Noé sortit, lui, ses fils, sa femme et les femmes de ses fils avec lui. Tous les animaux, toutes les bestioles, tous les oiseaux et tout ce qui fourmille sur la terre, tous ceux-là sortirent de l'arche, famille par famille. (8.15-19)*

En Genèse 1.20-30, Dieu crée les animaux et ensuite les êtres humains. Ici, il n'y a pas d'action créatrice mais un nouveau départ, au moment où les animaux et les humains sortent de l'arche. Cependant, la bénédiction est réitérée : Soyez féconds et multipliez-vous sur la terre (cf. 1.22, 28). La création se voit offrir une seconde chance !

Ils sont entrés dans l'arche sur ordre de Dieu en 7.1, ils en ressortent maintenant aussi sur son ordre. À bord, tous ont été préservés. On remarque les répétitions, rappelant à nouveau qui était dans l'arche : Noé et toute sa famille et toutes les sortes d'animaux. L'obéissance de Noé est aussi soulignée. Il a fait exactement ce que Dieu lui avait dit de faire.

> *Noé bâtit un autel pour le Seigneur ; il prit de toutes les bêtes pures et de tous les oiseaux purs, et il offrit des holocaustes sur l'autel. Le Seigneur sentit une odeur agréable, et le Seigneur se dit : Je ne maudirai plus la terre à cause des humains, parce que le cœur des humains est disposé au mal depuis leur jeunesse ; et je ne frapperai plus tout ce qui est vivant, comme je l'ai fait.*

> *Tant que la terre subsistera,*
> *les semailles et la moisson,*
> *le froid et la chaleur,*
> *l'été et l'hiver,*
> *le jour et la nuit*
> *ne cesseront pas. (8.20-22)*

Ici, on a un autre aperçu du cœur de Dieu, que nous pouvons comparer à celui que nous avions eu en 6.6 avant le Déluge. Celui-ci suit le troisième sacrifice que nous voyons dans la Genèse : celui d'Abel avait été agréé ; celui de Caïn avait été rejeté ; et voici que celui de Noé est agréé.

Noé construit un autel à YHWH et sacrifie certains des animaux purs qu'on lui avait dit d'emporter avec lui (7.2-3). C'est la première mention d'un autel (hébr. *mizbeach*) dans la Bible, et le texte ne précise pas de quel autel il s'agit, ni si Noé savait comment l'édifier. Il ne précise pas davantage le but du sacrifice, si ce n'est que c'était un holocauste (offrande brûlée). Le terme traduit ici par « holocauste » (hébr. *'olah*) diffère du terme *minchah* employé pour l'offrande d'Abel, et il signifie quelque chose qui monte vers Dieu – ici, l'odeur monte. Les holocaustes sont des offrandes d'adoration et d'actions de grâce, et elles sont souvent d'« odeur agréable » au Seigneur (Lv 1.9, 13, 17 ; cf. Ép 5.2 ; Ph 4.18).

Voilà encore une autre différence avec *L'épopée de Gilgamesh*. Là, après le Déluge, Utnapishtim offre du vin et des céréales ainsi que de la viande afin d'organiser un festin pour les dieux. Autour du sacrifice d'Utnapishtim, les dieux se rassemblent comme des mouches parce qu'ils ont faim. Contrairement aux dieux mésopotamiens, YHWH n'est aucunement affamé, seul le parfum lui plaît. Comme il sera souligné dans le passage suivant, c'est YHWH qui donne la nourriture aux humains et non l'inverse[9].

Et c'est là qu'intervient l'aperçu dans le cœur de Dieu. La terre a été restaurée, mais le cœur humain n'a pas changé. En des termes très semblables à ceux de 6.5, Dieu voit que le cœur des humains est toujours mauvais ; et cela n'est pas seulement vrai pour les adultes – cela est vrai « depuis leur jeunesse ». Pourtant, en 8.21, Dieu résout « en son cœur » (Segond) qu'il ne maudira plus jamais la terre à cause du péché des humains. C'est lui qui décide de confirmer l'alliance qu'il va conclure au chapitre 9.

---

9. Au Bangladesh, dans la région septentrionale de Sylhet, les fidèles offrent des aliments – du lait cru et divers fruits – aux dieux et aux déesses. De nombreux musulmans participent à ce culte idolâtre. Des indications semblables parviennent de la région côtière de Barak, d'habitants du Bengale adorant un dieu local. Broto parbon (Karimganj College Newspaper 2013-2014, représentant l'association des étudiants de Karimgang, p. 23-29 ; https://www.barakbulletin.com/).

Genèse 8.22 ressemble à un petit poème, affirmant que jamais plus il ne fera revenir la terre au chaos du *tohu va-bohu*. Cette promesse divine donne de l'espoir. Le changement climatique va certes affecter le Bangladesh et les autres nations, mais Dieu ne détruira plus la terre par le Déluge. Il a l'autorité nécessaire pour contrôler les inondations, les tsunamis et les cycles naturels des saisons et des moissons. De même que Dieu a donné le modèle au commencement de la création (Gn 1.14), de même ici il promet que ce modèle continuera. Dieu rappellera cette grande promesse des siècles plus tard dans le livre d'Ésaïe :

> Il en sera pour moi comme aux jours de Noé : j'avais juré que les eaux de Noé ne se répandraient plus sur la terre ; je jure de même de ne plus m'irriter contre toi et de ne plus te rabrouer. Quand les montagnes s'en iraient, quand les collines vacilleraient, ma fidélité envers toi ne s'en ira pas, et mon alliance de paix ne vacillera pas, dit le Seigneur, qui a compassion de toi. (És 54.9-10)

On peut se demander pourquoi Dieu a décidé de ne plus jamais déclencher un nouveau Déluge, même si les humains sont toujours cruels. Comment peut-il tolérer à nouveau le type de violence et la corruption décrites en Genèse 6 ? Va-t-il laisser le monde se corrompre à nouveau ? Le texte ne nous le dit pas, mais la décision divine est une réaction au sacrifice. Là encore, la Genèse révèle que le sacrifice est le moyen de plaire à Dieu dans un monde déchu mais, une fois encore, le lecteur devra continuer à lire la Bible pour découvrir comment et pourquoi il en est ainsi.

B'. Genèse 9.1-29 - Le plan de Dieu et l'alliance annoncés

Genèse 9.1-17 est l'un des passages les plus importants de la Bible ; il rend compte de l'alliance de Dieu avec toute l'humanité et avec tout le créé. De même que Dieu avait parlé à Noé de son projet de jugement et de salut en 6.11-22, ici il lui dévoile son projet d'alliance pour la période postdiluvienne. En 6.18, Dieu a mentionné la première étape de cette alliance, qui consistait à sauver Noé et sa famille. Ce chapitre donne des détails sur la manière dont cela va s'appliquer à tous les êtres vivants de tous les temps. Dans la Bible, c'est sur cela qu'il faut se baser pour comprendre comment Dieu est en relation avec le monde et avec tout être vivant qui le peuple.

Le Coran ne contient que quelques échos dispersés de cette magnifique alliance. Il indique qu'il y a eu une alliance avec Noé, ainsi qu'avec Abraham, Moïse, David et Jésus le Messie, mais sans entrer dans le détail. Après le Déluge, il parle de paix et de bénédiction pour les gens dans l'arche, et il pourvoit pour les autres personnes. Mais cela est conditionnel et limité dans le temps, et les gens finiront par être châtiés. Loin du « plus jamais » martelé dans ce chapitre, le Coran voit dans l'histoire de Noé le début d'un modèle de jugement sur les peuples incroyants qui rejettent leurs prophètes.

Le passage que nous allons examiner rapporte les paroles mêmes de Dieu, s'adressant au petit groupe qui a survécu au Déluge. Nous avons vu un peu de ce qui se passe dans le cœur de Dieu maintenant, il va leur dire – et à nous aussi – ce qu'il a dans le cœur pour sa création. Est-ce davantage de jugement ? Non ! c'est un engagement ferme, un engagement d'amour. L'auteur introduit cela ainsi : « Dieu bénit Noé et ses fils. » Cette alliance est une grande bénédiction pour nous dans tous les temps. Les versets 1-7 parlent de la responsabilité humaine, et les versets 8-17 décrivent l'engagement de Dieu. Hélas, la dernière partie de ce chapitre décrit un incident qui nous montre que les familles postérieures au Déluge ne vont pas faire mieux que celles d'avant.

Bénédiction et responsabilité

> *Dieu bénit Noé et ses fils ; il leur dit : Soyez féconds, multipliez-vous et remplissez la terre. Vous inspirerez de la crainte et de la terreur à tout animal de la terre, à tout oiseau du ciel, à tout ce qui fourmille sur la terre et à tous les poissons de la mer : ils vous ont été livrés. Tout ce qui fourmille et qui vit vous servira de nourriture : comme les végétaux, je vous donne tout cela. Seulement, vous ne mangerez pas de chair avec sa vie, c'est-à-dire avec son sang. De plus, je réclamerai votre sang, pour votre vie ; je le réclamerai à tout animal ; et je réclamerai à chaque être humain la vie de l'homme qui est son frère.*
>
> *Celui qui répand le sang de l'être humain,*
> *par l'être humain son sang sera répandu.*
> *Car à l'image de Dieu*
> *l'homme a été fait.*
> *Et vous, soyez féconds et multipliez-vous,*
> *peuplez la terre et multipliez-vous sur elle.* (9.1-7)

Ici, la bénédiction divine est à la fois semblable à et différente des bénédictions de la création originelle en Genèse 1.28-30. Au commencement et à la fin, vient *la bénédiction de la fécondité*. Dieu a déjà répété cette bénédiction sur les animaux (Gn 8.17 ; cf. 1.22), et voici que c'est le tour de l'humanité. Le verset 1 répète exactement le « soyez féconds et multipliez-vous, peuplez la terre » de 1.28. Non seulement le verset 7 amène le nombre de fois que les humains reçoivent cette bénédiction à un 3 parfait, mais elle en remet une couche et ajoutant un deuxième « multipliez-vous » et intervient avec un *sh-r-ts* : « fructifiez », « peuplez » (cf. Gn 1.20-21 ; 7.21 ; 8.17). Le projet de Dieu pour l'humanité n'est pas modifié : il est réinstauré et souligné.

Ensuite vient *la bénédiction de la responsabilité*, mais avec une différence regrettable. Avant cette déclaration de responsabilité, nous lisons que les animaux redouteront les humains ; le paisible équilibre d'Éden est rompu. Et la responsabilité est formulée d'une manière très différente : il ne s'agit pas tant d'une attribution de pouvoir que d'une solennelle attribution d'obligations. « Dans vos mains ils sont remis » (*bi-yadkem nittanou*). Le mot « main » (*yad*) sera répété trois fois de plus dans les versets suivants.

Et *la bénédiction de la providence* ? En 1.29-30, les animaux comme les humains ont reçu l'abondante provision de végétation pour nourriture. Ici, ils ont la permission supplémentaire de manger de la viande. La Torah introduira par la suite d'autres lois alimentaires pour les *Bani Isra'il*, mais ici il n'y a pas de restrictions : on avait mis tous les végétaux à leur disposition, et voilà que « tout ce qui fourmille » leur est donné ; et il est répété que c'est un don de Dieu. Le verset 3 se termine avec emphase : « Je vous donne *tout cela*. » Dans le Nouveau Testament, au moment où tous les peuples seront appelés dans la nouvelle création au sein du Messie, les interdits alimentaires seront levés et on pourra revenir à la bénédiction de ces versets (Mc 7.14-23).

Mais il y a deux clauses très importantes, les deux étant introduites par l'hébreu *'ak* qui marque une accentuation, et qui apparaît au début des versets 4 et 5. Ce mot peut signifier « mais », « cependant », « seulement » et il attire l'attention sur ce qui va suivre. Les deux interdictions ont un rapport au sang, et on se souvient du pluriel « sangs » d'Abel qui crient depuis le sol en Genèse 4.10. C'est grave !

En hébreu, le verset 4 commence par : « mais la chair » (*ak basar*). Il interdit de manger la chair avec son sang, qui est mis à équivalence avec sa vie ou son âme (*nephesh*). Cet interdit est récurrent dans la Torah, et ce sera une des rares restrictions demandées aux pagano-chrétiens par l'Église primitive (Lv 7.26-27 ; 17.10-14 ; Dt 12.15-16, 20-24 ; cf. Ac 15.29). La raison est répétée : la *nephesh* est, sans autre précision, associée à son sang (Lv 17.14 ; Dt 12.23). Les créatures ne peuvent vivre sans leur sang, c'est pourquoi le sang représente la vie précieuse qui distingue les animaux des plantes et du reste de la création. La vie appartient à Dieu seul, et donc tout sang lui appartient.

Au Bangladesh, les chrétiens ethniques comme les animistes, notamment les Garos, les Robidas et quelques autres communautés pauvres, mangent la viande non vidée de son sang. Afin de retenir le sang, ils ne tuent pas l'animal en lui tranchant la gorge avec un couteau bien affûté comme le font les musulmans ;

certains leur percent le cœur avec un bâton de bambou ou une pointe de fer afin que le sang ne s'échappe pas. Cela est dû à la croyance traditionnelle selon laquelle le sang de l'animal contient sa force vitale, et certains boivent même le sang comme identification mystique avec la vie de l'animal. La Genèse prohibe de telles pratiques. La *nephesh* n'est pas une âme qui pourrait pénétrer notre âme, mais la vie qui est donnée par Dieu. On ne peut pas s'attribuer la puissance d'un animal en buvant son sang.

Le verset 5 commence avec « mais votre sang » (*w-ak èt-dimkem*) et il précise « à cause de vos âmes » (*nephesh*). La grande exception est la vie humaine, et les versets 5 et 6 soulignent à l'extrême l'interdiction non seulement de manger de la chair humaine mais aussi de répandre le sang humain. La répétition du possessif « vos » du verset 5 implique que nous ne sommes même pas libres de prendre notre propre vie parce qu'elle aussi appartient à Dieu. Dieu a placé cette responsabilité dans nos mains, et il nous tiendra pour responsables de ce que nous aurons fait.

Trois fois dans le verset 5, Dieu dit : « je réclamerai » (*darash*). Trois fois, cela est exigé, en hébreu, « de ma main » (*mi-yad*) – de la main de tout être vivant (*chay*, traduit ici par « animal ») ; de la main de chaque être humain (*'adam*) ; de la main du frère de tout homme (*'iysh*). Même les animaux ont une responsabilité, et la Torah édictera des règles pour ce qu'il convient de faire d'un animal qui attaque un être humain (Ex 21.28-32) ; mais l'agression la plus grave est le meurtre d'un frère, ce qui nous renvoie encore à Caïn tuant son frère Abel. Au milieu se trouve l'*adam* – l'être humain – et on se demande s'il y a un parallèle ici ; si tous les humains sont considérés comme « frères ».

Le poème du verset 6 souligne ces points, avec sa triple répétition du mot *adam*, qui s'achève avec le rappel de la motivation de tout le passage. Dieu a fait l'*adam* à son image. Même dans la traduction, on distingue le remarquable chiasme, qui ne comporte que six mots en hébreu :

> *Shopek dam ha-adam, ba-adam damo yishapek*[10]
> *Qui verse le sang de l'homme, par l'homme son sang sera versé.*

Nous avons déjà pris conscience du lien entre *'adam* et *'adamah* : l'humain et la terre pour laquelle et de laquelle il a été fait (Gn 2.5-8). On entend bien l'assonance entre *'adam* et *dam* : l'humain et le sang vital qu'il tient de Dieu.

Le poème ajoute une dimension supplémentaire. Là où le verset 5 proclame que les meurtriers devront répondre de leurs actes devant Dieu, le verset 6 dit que ce sont les humains qui les châtieront. D'une part, nous avons déjà vu que le meurtre met en branle un cycle de représailles (Gn 4.23-24). D'autre part, la

---

10. La translittération de l'édition originale anglaise de ce livre a été retenue ici.

Torah édictera des lois pour traiter du meurtre et donner aux êtres humains la responsabilité de les faire appliquer dans cette vie. Ces lois requièrent la peine de mort pour l'assassinat, mais pas pour le meurtre sans préméditation[11] (Ex 21.12-14 ; 22.2 ; Nb 35.6-34 ; Dt 19.1-13). Dans le Nouveau Testament, le jugement et le châtiment liés au crime relèvent du devoir de l'État (Rm 13.3-4 ; 1 P 2.13-14).

Le Coran lui aussi affirme que la vie est sacrée : « ne tuez pas votre semblable qu'Allah a déclaré sacré ! » (sourate *al-An'ām* 6.151) ; et il comporte, lui aussi, la peine de mort pour meurtre. La *sharī'a* ordonne la peine capitale à la fois pour l'assassinat avec préméditation et le meurtre sans préméditation, l'apostasie, le *fasād* (le scandale sur la terre) et le *zina* (l'adultère). L'exécution par lapidation (*rajm*) n'est pas appuyée par le Coran, mais elle l'est par plusieurs hadiths (p. ex. *Bukhari*, vol. 2, Livre 23, Hadith 413 ; vol. 9, Livre 92, Hadith 432) et elle est pratiquée dans plusieurs pays à majorité musulmane au Proche-Orient et en Afrique. Le code pénal du Bangladesh ne se conforme pas à la *sharī'a* : il se fonde sur le code pénal de l'Empire britannique des Indes promulgué en 1860, qui autorise la peine de mort pour meurtre. La Grande-Bretagne elle-même, comme beaucoup d'autres nations, a aboli la peine de mort.

Dans ce contexte solennel d'humains s'infligeant mutuellement la mort, la répétition finale de « soyez féconds et multipliez-vous » prend une force nouvelle. Au lieu de nous voir nous entre-tuer et diminuer le nombre d'êtres humains, Dieu attache du prix à chacun de nous et attend davantage de nous.

L'alliance universelle de Dieu

> *Dieu dit encore à Noé et à ses fils avec lui : Quant à moi, j'établis mon alliance avec vous et avec votre descendance après vous, avec tous les êtres vivants qui sont avec vous, tant les oiseaux que le bétail et tous les animaux sauvages, avec tous ceux qui sont sortis de l'arche, avec tous les animaux sauvages. J'établis mon alliance avec vous : tous les êtres ne seront plus retranchés par les eaux du déluge, et il n'y aura plus de déluge pour anéantir la terre. (9.8-11)*

« Alliance » (hébr. *beriyth* ; gr. *diathêkê*) est l'un des mots les plus marquants de la Bible (voir l'encadré p. 242). Dans cette alliance, Dieu établit un accord public non seulement avec la famille proche de Noé (cf. Gn 6.18) mais aussi avec

---

11. La peine de mort était également applicable contre le viol (Dt 22.23-27) et dans certains cas, par exemple, l'inconduite sexuelle (Lv 20.10-16 ; Dt 22.22-24), le blasphème (Lv 24.10-16) ; l'idolâtrie (Dt 17.2-7) ; la violation du sabbat (Ex 31.14) et la nécromancie (Lv 20.27). En pratique, les lois strictes sur le témoignage ont eu pour conséquence que la peine capitale a rarement été appliquée chez les Juifs ; et la plupart des chrétiens sont d'avis que la vie et l'enseignement de Jésus le Messie annulent la peine de mort pour ces crimes.

ses descendants – c'est-à-dire avec tous les humains – et avec toutes les créatures vivantes (voir aussi v. 16-17 et És 54.9).

L'initiative vient entièrement de Dieu. Les versets 1 à 7 ont été introduits par : « Dieu bénit » (*va-ybarek Elohim*) ; ici, nous lisons : « Dieu dit » (*va-yomer Elohim*). Peut-être attendons-nous que Dieu donne à Noé quelques instructions supplémentaires. Mais le tout premier mot de Dieu nous montre que ce discours ne parle pas de Noé mais de Dieu : l'hébreu commence par le pronom d'insistance *ani* (moi). Puis vient *hinneh*, ce mot qui attire fortement notre attention sur ce qui va être énoncé (voir p. 234). C'est Dieu qui dit non seulement à Noé mais aussi à ses fils ce qu'il va faire. Les lecteurs ont fréquemment remarqué que le discours de Dieu qui arrive n'est assorti d'aucune condition ; l'alliance de Dieu annonce ici son engagement envers ses créatures, et il promet qu'il ne changera jamais d'avis sur ce point (cf. Gn 6.6-7). Nous, les humains, ignorerons peut-être les interdits des versets 4-6, mais Dieu dit : « Moi, je tiendrai parole ! »

Plus (jamais). Ces deux mots (en hébr.) ont été dits en 8.21-22. Ils sont répétés deux fois ici en 9.11, et ils le seront encore en 9.15. Dieu promet qu'il n'effacera plus toute une génération d'humains avec une catastrophe analogue au Déluge. Comme nous l'avons vu, c'est l'opposé de ce que tire le Coran de l'histoire de Noé : ce que le Coran répète, c'est le schéma du jugement quand il raconte les histoires de *Hūd, Ṣāliḥ,* Loth et Shu'ayb en parallèle de l'histoire de Noé (*al-A'rāf* 7.57-87 ; *Hūd* 11.25-95).

LES ALLIANCES

Dans le monde antique, les alliances étaient une forme connue de contrat. Elles se faisaient entre une partie supérieure et une partie inférieure ; par exemple, entre un roi conquérant et le peuple qu'il avait conquis, il pouvait être convenu que le peuple lui serait soumis en contrepartie de la paix et de la sécurité, et la violation de l'accord était assortie de sanctions. Il y avait une sorte de cérémonial, comportant souvent l'invocation des dieux et un sacrifice sanglant, et il y avait un signe de ce contrat, comme une table de pierre.

De nos jours, les Bangladais savent l'importance des accords de différents types. Nous avons des accords légalement contraignants, mais nous avons aussi des relations personnelles qui comportent des obligations. Par exemple, manger ensemble dans une maison suppose un contrat de loyauté pour les deux parties. Si quelqu'un a « partagé le sel » (bn. *nimok*) avec une personne puis l'a trahie, il est couvert d'opprobre et on l'appelle *nimok haram*. Tricher ainsi de manière déloyale, cela s'appelle « mordre la main qui te nourrit ». Dans la Bible aussi, il y a des alliances de sel avec les prêtres et avec David (Nb 18.19 ; 2 Ch 13.5). Cela souligne que les alliances de Dieu sont irrévocables, parce que le sel est un conservateur.

Les alliances bibliques (hébr. *beriyth*) sont généralement des accords entre Dieu et les humains, même si le terme est employé pour les accords entre humains (p. ex. Jos 9.15 ; 2 S 3.12-13). Chaque alliance entre Dieu et les humains est assortie d'un signe et d'une promesse de Dieu. Certaines, mais pas toutes, incluent une chose que Dieu exige de la part des humains. La grande différence évidente avec d'autre alliances de l'Antiquité est que c'est la partie supérieure qui fait la plupart des promesses, et quelquefois, comme ici, Dieu s'engage d'une manière qui ne requiert aucun accord de la part des humains, et il fera ce qu'il a dit même si les humains n'exercent pas leurs responsabilités ! Les individus peuvent perdre leurs bénédictions, mais Dieu accomplira ses promesses envers l'humanité et les peuples. Les autres grandes alliances sont données par Abraham (Gn 12.1-3 ; 15 ; 17), Moïse (Ex 19 ; Dt 29-30), David (2 S 7 ; 1 Ch 17) et Jésus le Messie (Mt 26.26-28 ; Hé 9.11-22).

Le Coran emploie deux mots qui sont traduits par « alliance » : *'ahd* (serment ou obligation) et *mithāq* (accord ferme). Ils sont souvent employés et désignent des accords entre personnes de même qu'avec Dieu. Le Coran mentionne des alliances avec Dieu (*Ṭā Hā* 20.115) et avec Noé, Abraham, Moïse, David, Jésus et Mohammed (*Āl'Imrān* 3 81 ; *al-Aḥzāb* 33.7). Ce sont des alliances avec toute l'humanité dans lesquelles on reconnaît la justesse du commandement de n'adorer que Dieu seul (pré-création, *al-A'rāf* 7.172 ; et à tous les *Bani adam* [enfants d'Adam], *Yā Sīn* 36.60-61).

Ces alliances sont généralement conditionnelles. Ainsi, l'alliance entre Dieu et les musulmans se fonde sur le serment d'allégeance à leur prophète (*al-Fatḥ* 48.10). Les musulmans sont tenus de respecter l'alliance (*an-Naḥl* 16.91), et ceux qui la brisent en perdent le bénéfice (*ar-Ra'd* 13.20-25). Dieu se souviendra de ceux qui se souviennent (*dh-k-r*) de lui (*al-Baqara* 2.152). Les descendants d'Abraham seront exclus de l'alliance s'ils agissent mal (*al-Baqara* 2.124). Dieu déclare qu'il ne peut tenir sa part de l'alliance que si les *Bani Isra'il* tiennent la leur (*al-Baqara* 2.40), et la plupart des références directes à l'alliance mosaïque sont sur la rupture de cette alliance (*al-Baqara* 2.63-66, 83-85, 93 ; *an-Nisā'* 4.154-155 ; *al-Mā'ida* 5.12-13, 70-71 ; *Ṭā Hā* 20.86). Les chrétiens ont aussi une alliance qu'ils ont rompue (*al-Mā'ida* 5.14). Dans la plupart des cas, l'arabe dit littéralement « prendre une alliance » plutôt que « donner une alliance », ce qui veut dire que l'accent porte sur ce que Dieu exige des hommes pour pouvoir les bénir.

> *Dieu dit : Voici le signe de l'alliance que je place entre moi et vous, ainsi que tous les êtres vivants qui sont avec vous, pour toutes les générations, pour toujours : je place mon arc dans la nuée, et il sera un signe d'alliance entre moi et la terre. Quand j'aurai rassemblé des nuages au-dessus de la terre, l'arc apparaîtra dans la nuée, et je me souviendrai de mon alliance entre moi et vous, ainsi que tous les êtres vivants, et les eaux ne se transformeront plus en déluge pour anéantir tous les êtres. L'arc sera dans la nuée, et je le regarderai pour me souvenir de l'alliance perpétuelle entre Dieu et tous les êtres vivants qui sont sur la terre. Dieu dit à Noé : Tel est le signe de l'alliance que j'établis entre moi et tous ceux qui sont sur la terre. (9.12-17)*

De même que les accords contraignants d'aujourd'hui comportent des signatures, les alliances bibliques ont toujours des signes. Le signe de cette alliance est un arc-en-ciel : c'est comme si Dieu lui-même signait l'accord, sans qu'il y ait besoin de signature de la part de l'humanité. Le terme hébraïque (*qesheth*) signifie simplement « arc » mais, comme il est dans la nuée, il s'agit à l'évidence d'un arc-en-ciel. Les arcs-en-ciel apparaissent souvent après les pluies ; on ne supposera donc pas qu'il s'agisse du premier arc-en-ciel, mais que Dieu donne à ce phénomène naturel un sens particulier. Ainsi, Dieu se sert de sa création pour accomplir ses desseins (cf. Gn 7 11 ; 8.1). Un arc-en-ciel est produit lorsque le soleil brille sur des gouttes d'eau ; c'est donc un rappel approprié de l'amour et du resplendissement fidèles de Dieu au travers de son jugement jusque dans tous les nuages suscités par notre péché.

Certes, les Hébreux d'autrefois n'avaient aucune connaissance scientifique de la formation des arcs-en-ciel. Certains autres peuples de l'Antiquité voyaient en eux des signes de tourmentes imminentes, de pluies et de catastrophes, et ils avaient des devins experts à discerner la signification d'arcs-en-ciel particuliers. La Genèse dit qu'il n'y a pas besoin d'experts pour dire ce que signifie un arc-en-ciel. Dieu nous l'a déjà dit. Il ne faut pas s'inquiéter des désastres : Dieu maîtrise tout et prend soin de toi.

Les arcs étaient les armes principales en Mésopotamie. Dans *Enuma Elish*, le dieu Mardouk ayant triomphé de Tiamat (la mer) suspend son arc dans le ciel, proclamant ainsi sa victoire. On peut donc voir l'arc-en-ciel comme le Dieu unique proclamant sa victoire sur le mal. Comme le fait remarquer un commentateur juif d'autrefois, la forme de l'arc propulse toutes les flèches loin du sol. Il dit que la coutume des guerriers vainqueurs consistait à tenir leur arc retourné comme symbole de paix, de sorte que l'arc-en-ciel est la déclaration de paix que Dieu adresse au monde[12].

---

12. Voir Ronald Hendel, « The Rainbow in Ancient Context », The Torah, https://thetorah.com/the-rainbow-in-ancient-context/

Les arcs-en-ciel ont leur place dans de nombreuses traditions. En arabe, « arc-en-ciel » se dit *qaus quzaḥ*, littéralement « l'arc multicolore ». Cela peut aussi être interprété comme allusion à l'arc de guerre du dieu de la pluie antéislamique *Quzaḥ*. Une tradition dit que Mohammed, le prophète de l'islam, interdisait de désigner l'arc-en-ciel par *qaus quzaḥ* – arc de *Quzaḥ* – pour le remplacer par *qaus Allah* – arc de Dieu, le liant à une promesse de préservation du monde après le Déluge[13]. Ainsi, l'arc-en-ciel remplit son rôle de conserver le souvenir de l'alliance bien que le Coran n'en relate pas les détails. Au Bangladesh, les termes *ramdhonu* (arc de Ram, l'incarnation du dieu *Vishnou*) et *rongdhunu* (arc de couleur) reflètent respectivement les conceptions hindoue et monothéiste de l'univers.

Ici, en Genèse 9, l'arc-en-ciel est le rappel constant que Dieu ne balaiera plus la terre par une inondation. Toutefois, c'est un rappel non seulement pour nous mais pour Dieu ! Dieu répète aux versets 15 et 16 que, lorsqu'il regardera l'arc-en-ciel, il se souviendra de cette alliance. Il y a beaucoup d'arcs-en-ciel que nous ne voyons pas, mais Dieu les voit tous. Nous pouvons oublier cette alliance, mais Dieu ne l'oubliera pas, aussi pécheurs que nous soyons. Rappelons que le pivot de ce *towledah* est Genèse 8.1 : au plus fort du déluge, Dieu se souvint de Noé, et les écluses des cieux se fermèrent. Nous pouvons être assurés que, quoi qu'il nous arrive, Dieu ne nous oubliera pas, ni aucune de ses créatures.

L'arc-en-ciel apparaît au prophète Ézéchiel, entourant le char divin, ayant « l'aspect de la ressemblance de la gloire du Seigneur » (Éz 1.28). Il réapparaît en Apocalypse 4.3 entourant le trône de Dieu, et en Apocalypse 10.1 autour de l'ange qui annonce les tonnerres et la fin du monde. Dans les deux premiers cas, on voit le Seigneur souverain qui juge, environné par le rappel de son amour et de sa bienveillance fidèles. Dans le troisième cas, on arrive à la fin de ce monde où il y aura le Jugement dernier qui purifiera non seulement le péché présent mais tous les cœurs de ceux qui ont accepté les alliances de Dieu et qui adorent le Seigneur Jésus le Messie. Jusqu'à la fin, Dieu se rappellera son alliance.

---

13. *Majma'u 'l-Bihar*, vol. ii., 142, cité par T.P. Hughes, *Dictionary of Islam*, Londres, W.H. Allen, 1885, p. 533.

A'. Genèse 9.18-29 – Noé et ses descendants : bénédiction et malédiction

> *Les fils de Noé qui sortirent de l'arche étaient Sem, Cham et Japhet. Cham fut le père de Canaan. Ces trois-là sont les fils de Noé. C'est à partir d'eux qu'on se dispersa sur toute la terre. (9.18-19)*

Le chapitre 10 nous dira comment les descendants des trois fils de Noé se disperseront sur la terre, mais avant cela l'auteur de la Genèse raconte une histoire qui nous prévient quant aux implications des divisions du chapitre 10 et qui nous prépare à la confusion qui sera la marque des générations futures au chapitre 11.1-9.

> *Noé devint cultivateur et il planta une vigne. Il but du vin, s'enivra et s'exposa nu à l'intérieur de sa tente. Cham, père de Canaan, vit la nudité de son père et le raconta au dehors à ses deux frères. Alors Sem et Japhet prirent le manteau, le mirent tous deux sur leurs épaules, marchèrent à reculons et recouvrirent la nudité de leur père ; comme ils détournaient le visage, ils ne virent pas la nudité de leur père. (9.20-23)*

Le *towledah* de Noé a commencé par présenter Noé le juste et ses trois fils, qui étaient des lampes dans les ténèbres de la génération violente du Déluge (6.9-10). Cela se termine presque tristement, dans le nouveau monde postdiluvien, avec un incident désagréable et avec Noé qui maudit un de ses fils ; mais le dernier mot est une bénédiction avant la mort inévitable de Noé. On se souvient qu'Adam a eu aussi trois fils. Adam, lui aussi, s'est laissé aller à la consommation transgressive d'un fruit, et l'un des fils d'Adam fut tué, l'autre était un tueur et le troisième était un signe d'espérance.

Noé est un « homme de la terre » (hébr. *'iysh ha-adamah*) : cela marque bien sa relation à la terre mais nous dit aussi qu'il était agriculteur comme son père Lémek (5.29). Il plante une vigne, et il semble qu'elle ait été suffisamment productive pour qu'il ait assez de vin pour s'enivrer. Dans l'Écriture, c'est le premier incident qui associe le vin à l'ivresse et à la turpitude : c'est l'image de l'abus des bons fruits de la création de Dieu.

Peut-être est-ce parce qu'il a eu trop chaud que Noé s'est « découvert », mais il y a gros à parier que ce soit un euphémisme pour désigner un dérapage sexuel[14]. Le texte est délibérément non-explicite ; inutile de spéculer plus avant. Son fils Cham a tout vu et, au lieu de couvrir la nudité de son père, il est allé tout raconter à ses frères. C'est un manque de respect pour son père. À l'inverse, Sem

---

14. La Torah parle souvent de « nudité découverte » pour évoquer un acte sexuel. Voir Lévitique 18.

et Japhet ne discutent pas mais agissent. Ils marchent à reculons et détournent scrupuleusement les yeux en recouvrant leur père, en signe de respect (v. 23).

COMMENT UNE PERSONNE HONORABLE PEUT-ELLE BOIRE DU VIN ?

La faute de Noé n'a pas été de boire du vin mais d'en boire trop, ce qui a conduit à l'ivresse et à un comportement déplacé. Dans la Bible, le vin n'est pas prohibé et on en buvait régulièrement, en partie parce que l'eau n'était pas pure. On ne disposait pas des systèmes de filtration qui existent aujourd'hui. La Bible célèbre aussi le vin comme cadeau de Dieu qui réjouit le cœur (Ps 104.15) et comme doté de vertus médicinales (1 Tm 5.23). Jésus le Messie lui-même a fourni du vin pour un mariage (Jn 2.1-11), et le vin fait partie de la fête de la Pâque, représentant le sang rédempteur de Jésus le Messie lors de la Sainte Cène.

Cela étant dit, la Bible met aussi fortement en garde contre l'ivresse (Pr 20.1 ; 21.17 ; 23.29-35 ; 31.4-7) et contre la façon de boire qui dégénère en beuveries et en débauche (Lc 21.34 ; Rm 13.13 ; Ga 5.21 ; 1 P 4.3). Par ailleurs, il était formellement interdit aux prêtres de boire de l'alcool quand ils pénétraient dans la tente de la Rencontre (Lv 10.9), et s'abstenir d'alcool faisait partie du vœu de naziréat que les gens consacrés pouvaient prononcer (Nb 6). Comme tant d'autres éléments de la bonne création divine, le vin a sa place, mais il est dangereux quand il est mal utilisé et il y a des moments où il faut l'éviter.

Comme la Bible, le Coran ne considère pas que le vin est forcément mauvais. La sourate *al-Baqara* 2.219 affirme qu'il y a à la fois du péché (*ithm*) et une utilité dans le jeu et dans le vin (*al-khamr*), mais le potentiel de péché est plus fort que celui de l'utilité. La sourate *an-Nisā'* 4.43 dit qu'il ne faut pas prier quand on est ivre et la sourate *al-Mā'ida* 5.90-92 décrit l'alcool et le jeu comme des œuvres sataniques et les proscrit. Il semble que la mise en garde contre les dangers n'ait pas été suffisante. Pour se prémunir contre les méfaits de l'ivresse, la communauté musulmane primitive avait besoin d'une prohibition complète, que l'islam a maintenue jusqu'aujourd'hui. Pareillement, les personnes qui souffrent d'alcoolisme doivent s'abstenir de toute boisson alcoolisée même quand elles ont cessé de boire, sans quoi elles retomberont dans leurs vieilles habitudes.

Certains chrétiens s'abstiennent complètement d'alcool parce qu'ils veulent éviter toute tentation d'en abuser, ou bien parce qu'ils veulent éviter de tenter les autres, les frères et sœurs plus faibles. Toutefois, il s'agit là d'un choix et non d'une loi.

Le lecteur se rappelle Adam et Ève découvrant leur nudité, leurs vaines tentatives pour la couvrir, et Dieu qui pourvoit à leur habillement (Gn 3). Mais nous notons aussi que ceci est, dans la Bible, le premier récit de la relation entre un père et ses fils, et qu'il montre l'importance primordiale du respect pour les parents.

Le Coran n'évoque pas cet épisode, peut-être parce qu'il pourrait déshonorer Noé, que le Coran tient pour un prophète honorable. Toutefois, comme nous l'avons vu, il reconnaît que Noé a eu un fils incroyant (*Hūd* 11.42-47) et la littérature islamique, tout en passant sous silence l'ivresse de Noé, évoque sa nudité ainsi que le respect et l'irrespect de ses fils (*Kasasul Ambiya*, 81).

> *Lorsque Noé se réveilla de son vin, il apprit ce que lui avait fait son fils cadet. Il dit alors :*
>
> *Maudit soit Canaan !*
>   *Qu'il soit l'esclave des esclaves de ses frères !*
>
> *Il dit encore :*
>
> *Béni soit le Seigneur (YHWH), le Dieu de Sem,*
>   *et que Canaan soit son esclave !*
> *Que Dieu mette Japhet au large !*
>   *Qu'il demeure dans les tentes de Sem,*
>   *et que Canaan soit son esclave ! (9.24-27)*

C'est la première « malédiction » humaine (hébr. *'arar*), pas de Cham comme on s'y serait attendu, mais de son plus jeune fils, Canaan (10.6). Peut-être le garçon avait-il été impliqué dans le péché avec son père, ou peut-être s'agit-il de renforcer l'idée que les conséquences des péchés se reportent sur les générations à venir.

Mais ici, vient aussi la première bénédiction humaine sur les générations à venir. On observe qu'il ne s'agit pas de Noé donnant sa propre bénédiction : il loue Dieu et prie pour les bénédictions de Dieu. La malédiction sur Canaan vient de Noé, mais les bénédictions viendront de Dieu seul.

Il est important de le dire, car certains ont utilisé la malédiction de Canaan, et l'idée qu'il serait le serviteur de ses frères, comme justification de l'esclavage. On a même dit que la « malédiction » était la négritude, de sorte que les Noirs étaient considérés comme inférieurs et qu'on pouvait les maltraiter. Hélas, il existe une littérature musulmane qui reprend cette notion que la peau noire est le résultat de la malédiction de Cham[15], et les cultures du sous-continent indien préfèrent la peau claire. Les parents recherchent des fiancées à la peau claire pour leurs fils, et les filles à la peau foncée recourent à des crèmes blanchissantes qui détériorent leur peau et leur santé.

Cela est en complète contradiction avec l'enseignement de la Genèse, qui dit que tous les individus sont faits à l'image de Dieu, que Dieu a étendu son arc-en-ciel sur tous les descendants de Noé et que Dieu bénit tous les peuples par la semence d'Abraham. Rien ne laisse entendre que la couleur de peau puisse être le résultat du péché. Le Nouveau Testament rappelle à ses lecteurs que même les esclaves et les maîtres ont une égale dignité aux yeux de Dieu (Col 3.11). Selon les termes du poète bangladais Shattendranath dans son célèbre poème « Humanité » : « Le noir et le blanc sont purement extérieurs ; en dedans, nous sommes tous de la même couleur. »

La malédiction sur Canaan et la bénédiction sur Sem désigne le futur, lorsque la terre de Canaan sera donnée aux descendants d'Abraham, lui-même descendant de Sem (Dt 9.3). Les Cananéens sont tombés sous le jugement de Dieu parce qu'ils sont devenus extrêmement mauvais, c'est pourquoi ils seront soumis d'abord par Josué puis, plus tard, par le roi Salomon (cf. 1 R 9.20-21).

Il vaut la peine de redire qu'il ne s'agit pas ici d'enseigner une forme de racisme. Au contraire, le monde entier sera béni par les descendants d'Abraham (Gn 12.3), et Jésus le Messie, le descendant d'Abraham, va finalement parachever cette promesse. Cela est souligné par la bénédiction sur Japhet dont le nom signifie « élargissement ». Ses descendants (voir Gn 10.2-5) semblent avoir englobé tous les peuples autres que ceux du Proche-Orient ; par exemple, les Caucasiens, qui ont fait connaissance avec le Messie et qui ont ensuite porté la bonne nouvelle, bénissant ainsi de nombreux peuples, même au Bangladesh (Lc 2.32 ; Ép 3.6 ; Ga 3.26-29).

Le milieu du verset 27 est déroutant : grammaticalement, on pourrait comprendre que les fils de Japhet vont « demeurer dans les tentes de Sem », à moins qu'il ne s'agisse de Dieu. Les deux interprétations sont attrayantes. Si ce sont les fils de Japhet qui demeurent dans les tentes de Sem, c'est que les nations sont à égalité avec les *Bani Isra'il* et partagent toutes leurs bénédictions. Si c'est Dieu lui-même qui demeure dans les tentes de Sem, cela renvoie à la présence de Dieu dans la tente de la Rencontre et dans le temple. Néanmoins, le verset se termine en réitérant la servitude de Canaan. Ce *towledah* a commencé avec Noé le juste au milieu d'une génération cruelle, et il s'achève en affrontant les

---

15. *Kasasul Ambiya* dit que la malédiction contre Cham a fait que ses descendants ont été noirs (p. 81).

conséquences à long terme du péché au milieu des promesses de l'alliance de Dieu. Il y aura un jugement à venir à côté d'une bénédiction à venir.

Genèse 9.28-29 – La mort de Noé

> Après le déluge, Noé vécut trois cent cinquante ans. La totalité des jours de Noé fut de neuf cent cinquante ans ; puis il mourut.

D'après ce verset, deux-tiers de la vie de Noé sont antédiluviens, et un tiers postdiluvien. Noé a été le dernier de la génération antédiluvienne à jouir d'une longévité exceptionnelle. Après cela, la durée de vie de l'humanité se réduit (cf. Gn 6.3). Le Coran aussi dit que Noé vécut 950 ans (*al-'Ankabūt* 29.14). Ceux qui croient que les âges des ancêtres décrits dans la liste généalogique sont littéralement véridiques font une remarque intéressante : Abraham avait 58 ans au moment de la mort de Noé ; il a donc pu entendre parler du Déluge directement de la bouche de Noé.

La Bible ne dit rien de la sépulture de Noé. À cause de cela, plusieurs sites revendiquent d'être son tombeau. Les musulmans shi'ites croient qu'il est enterré près de l'Imam Ali dans la mosquée de l'Imam Ali à Najaf, en Irak. D'autres croient qu'il est enterré dans la mosquée sacrée de La Mecque, ou à Baalbek au Liban, ou bien en Jordanie ou encore en Turquie.

Réflexion théologique

Création et re-création, communauté et alliance : ces grands thèmes vont s'épanouir dans toute la Bible depuis le bourgeon du *towledah* noachique. Les soulignant tous, il y a le « regret » et la souffrance dans le cœur de Dieu que nous avons vus en Genèse 6.6, et qui sont répercutés dans le juste jugement du Déluge et dans l'engagement aimant de l'alliance. Ici, nous n'avons qu'un faible aperçu de la résolution à venir du problème par le sacrifice. Mais nous voici prévenus que même l'individu le plus intègre qui a été sauvé peut s'enivrer, et peut avoir des fils qui sèment le désordre. Les eaux du jugement ont déferlé sur toute la terre débarrassée du sang et de la violence, mais elles n'ont pas purifié le cœur humain (Gn 8.21).

Un agréable parfum s'élève du *bourgeon théologique* lorsque, au milieu de tout cela, Dieu se souvient de Noé (8.1). En réalité, si l'histoire de Noé est au centre de Genèse 1 – 11[16], cette phrase est au cœur de l'ensemble de Genèse 1 – 11.

---

16. Voir l'analyse de la structure de la Genèse dans l'Introduction, p. 25-26.

Dieu se souvient, Dieu est fidèle. Dieu est résolu à bénir l'humanité, malgré son inclination au péché (8.21-22 ; 9.1,7). Dieu accepte donc le sacrifice, et il proclame son alliance : Dieu se souviendra (9.15), et se souviendra encore (9.16). De cela nous pouvons être sûrs : il y a ici un sommet d'une élévation plus que suffisante pour compenser la profondeur abyssale de la révolte humaine au cœur du *towledah* des cieux et de la terre (voir p. 98).

Encore plus explicitement que l'expulsion hors d'Éden, Genèse 6 à 9, dans la description qu'elle donne du monde qui est défait et refait, nous montre que chaque aspect de la création a été atteint par ce gouffre. Mais chaque aspect de la création est aussi sous la supervision de Dieu. Il ne se souvient pas uniquement des humains, mais aussi des animaux ; il ne s'engage pas seulement envers les êtres vivants, mais aussi à préserver les saisons, et son signe est le phénomène physique de l'arc-en-ciel. Comme en Genèse 1 – 2, les humains ont leur place et ont une responsabilité sans équivalent au sein de cette création, mais ils ont aussi la capacité sans équivalent de la souiller et d'en entraîner la destruction.

Cette prise de conscience est essentielle pour *l'ADN de toute science* qui respecte à la fois le Créateur et la création. Ceux qui ont recours à la science doivent être conscients que les humains peuvent utiliser leurs connaissances pour le bien comme pour le mal. Il y a un autre angle sous lequel l'histoire de Noé a été une « grand-mère » contribuant au développement historique de la science : les dimensions et la construction de l'arche ont suscité de l'intérêt pour les dimensions concrètes et pour l'ingénierie, et la collection d'animaux a inspiré les premières collections géologiques[17].

On peut considérer que les récits coraniques sur Noé constituent *le terreau de la vision coranique de la révélation* : Noé est un prophète paradigmatique et le Coran présente l'histoire de l'interaction de Dieu avec son monde comme l'envoi d'une série de prophètes semblables, culminant avec le prophète de l'islam, Mohammed. D'ailleurs, le Noé du Coran peut être considéré comme l'image de la prédication et de l'expérience de Mohammed à La Mecque. Certaines des leçons qu'il tire de l'histoire sont semblables à celles tirées par le Nouveau Testament ; par exemple, aussi bien le Coran que 2 Pierre recourent à Noé pour encourager la persévérance sous la persécution et, comme le Coran, le Messie cite les humains antédiluviens comme l'exemple même de la méchanceté (Mt 24.38) – mais le Coran passe à côté du contexte et de l'argument principal du récit de la Genèse.

Si nous ratons le contact et l'argument du *towledah* de Noé, nous ratons toute la spécificité de l'histoire biblique. Les auteurs du Nouveau Testament ont bien saisi cette histoire. Jésus le Messie savait que le jugement primordial ne

---

17. Voir Mandelbrote et Bennet, *The Garden, the Ark, the Tower*.

se renouvellerait pas jusqu'à la fin des temps, et il a donc utilisé l'histoire de Noé comme un tableau des derniers jours (Mt 24.38). L'auteur de l'Apocalypse savait que l'arc-en-ciel illustrait l'alliance à laquelle Dieu s'était engagé envers toute l'humanité, c'est pourquoi il nous parle de l'arc-en-ciel autour du trône qui nous rappelle l'amour et la miséricorde de Dieu qui triompheront par-delà même le Jugement dernier. L'apôtre Paul savait que toute la création avait été affectée par le péché des humains et qu'il y aurait finalement une nouvelle création (Rm 8.22-27). Et, bien sûr, le Nouveau Testament connaissait bien les sacrifices acceptables dans l'Ancien Testament, celui de Noé étant le deuxième. Cette histoire du jugement unique du Déluge, l'alliance qui marque l'engagement de Dieu envers l'humanité pécheresse, et les sacrifices qui mènent à la nouvelle création constituent *le terreau dans lequel pousseront toutes les graines révélées en Genèse 1 – 11.*

À l'inverse, le Coran paraît ignorer comment l'histoire de Noé s'inscrit dans l'histoire de l'humanité. Il ne sait pas que le monde a été défait et refait à cause du péché ni qu'un jugement comme le Déluge n'arrivera plus jusqu'à la fin des temps. Il ne donne aucun détail sur l'alliance, sur l'engagement inconditionnel de Dieu envers sa création, et il ne parle d'aucun sacrifice, sinon l'énigmatique bélier donné à Abraham en remplacement de son fils (*aṣ-Ṣāffāt* 37.98-113). Plus tragique, le Coran dépeint la colère mais pas la douleur dans le cœur de Dieu qui est sa réaction au mal commis par les humains.

Parmi les clefs de compréhension de la différence, il faut saisir que dans le Coran, ce sont les croyants qui sont sauvés alors que dans la Genèse, c'est une famille qui l'est. Les peuples qui en descendent seront tout à la fois pécheurs et faits à l'image de Dieu ; la saga biblique sera donc consacrée à montrer l'intervention de Dieu au travers d'une famille et de ses descendants afin de faire advenir une nouvelle création de gens qui l'aimeront. Au cœur de cette histoire sera Jésus le Messie, car Dieu se souvient de son peuple et de ce dont il a besoin, et il prend sur lui tout son péché et toute sa souffrance. On peut voir dans la Bible la chronique de cette histoire et de la relation entre Dieu et son peuple. Non seulement elle comporte les messages que Dieu a confiés aux prophètes, mais elle inclut aussi les paroles des humains à Dieu et sur Dieu, et sa manière d'agir avec eux.

Une clef pour comprendre cette histoire peut se trouver dans *deux graines plantées après le Déluge* : le sacrifice qui a fait changer la réponse divine au mal, du jugement vers l'alliance (8.20-22), et le caractère sacré du sang vital (9.5-6). La Genèse nous laisse interrogatifs sur l'influence que peut avoir un simple sacrifice, et sur l'interdiction de consommer du sang. La Torah réunira les deux graines dans les sacrifices qui sont au cœur du système sacrificiel donné aux *Bani Isra'il*.

Une large place est faite dans la Torah pour décrire la tente sainte qui symbolise la présence de Dieu, et les moyens par lesquels aussi bien la tente que le peuple pouvaient être maintenus dans la pureté, c'est-à-dire dignes de la présence du Dieu unique, pur, saint et transcendant. Au cœur de la sainteté a grandi un arbre de vie – un système de sacrifices qui traite de la mort spirituelle résultant du péché, et au cœur de cela était l'effusion de sang.

La viande sacrifiée était quelquefois brûlée et quelquefois mangée, mais le sang ne devait jamais être consommé ; au contraire, il pouvait être versé sur le sol ou aspergé sur et autour de l'autel. Lévitique 17.10-14 détaille l'interdiction, non seulement dans la tente de la Rencontre, mais pour tous les *Bani Isra'il* et pour quiconque les fréquentait (voir aussi Lv 7.26). La raison en est la même que celle donnée en Genèse 9.5 : le sang, c'est la vie (*nephesh* ; Lv 17.14), et la vie appartient à Dieu seul. Mais il y a une dimension supplémentaire : ce passage suit les descriptions de sacrifices en expiation pour les péchés involontaires (Lv 4.1-6.7 ; 6.24-7.21) et le chapitre qui décrit le jour de l'expiation où les sacrifices étaient offerts pour tous les péchés (Lv 16.1-34). Nous lisons donc ici que Dieu donne au peuple le sang de la vie : « afin de faire l'expiation (*k-f-r*) sur vous (sur vos âmes, *nephesh*) » (Lv 17.11). La notion véhiculée par la racine *k-f-r* est « couvrir », et elle indique la manière dont Dieu couvre l'infamie du péché en détournant la mort spirituelle qui, sans cela, engloutirait l'âme.

L'arbre de la vie arrivant à maturité, on reçoit un choc terrible en apprenant que la prohibition de la manducation de chair humaine et de la consommation de sang est rompue par Jésus le Messie en personne. « Jésus leur dit : Amen, amen, je vous le dis, si vous ne mangez pas la chair du Fils de l'homme et si vous ne buvez pas son sang, vous n'avez pas de vie en vous » (Jn 6.53), avant de reprendre cette idée trois fois de plus dans les trois versets suivants. Comment s'étonner de lire ceci : « Dès lors, beaucoup de ses disciples s'en retournèrent ; ils ne marchaient plus avec lui » (Jn 6.66). Comment celui-ci pourrait-il être le Messie s'il viole les lois les plus fondamentales ? Le Messie ne violait pas les lois : il les accomplissait. C'est lui-même qui était le sacrifice que Dieu offrait pour couvrir nos péchés. « Manger sa chair » signifie que nous sommes invités à l'accepter comme le sacrifice auquel Dieu a pourvu pour nos propres péchés, de même que les Juifs de l'Antiquité étaient invités à manger ensemble la viande de certains de leurs sacrifices[18].

Les Bangladais ethniques ont tort de penser qu'ils peuvent s'attribuer le pouvoir des animaux en buvant leur sang, mais ils ont raison de penser que le

---

18. En particulier le sacrifice de la Pâque (Dt 16.1-8) et les sacrifices de communion (Lv 7.11-18).

sang représente quelque chose de très important. « Boire » le sang de Jésus le Messie signifie qu'on partage sa vie et son pouvoir de ressuscité. Comment est-ce possible ? Manifestement, cela ne peut pas se concrétiser en mangeant de la chair et en buvant du sang, car nous n'avons pas la chair et le sang du Christ. Il s'agit avant tout de boire et de manger spirituellement, car nous croyons dans le Messie et nous lui offrons notre vie. Mais c'est aussi lui qui nous a donné un moyen physique d'exprimer cette foi lors de la dernière cène, lorsqu'il a pris le pain en disant : « Ceci est mon corps », qu'il a versé du vin en disant : « Ceci est mon sang. » Certains pensent que le pain et le vin deviennent, par une opération mystique, véritablement la chair et le sang de Jésus le Messie, mais les auteurs du présent ouvrage pensent que ces éléments sont purement symboliques. Mais quelle que soit la compréhension qu'on en a, manger ce pain et boire ce vin est une manière de vivre la communion avec le Messie et d'être au bénéfice de sa mort et de sa résurrection.

Et nous ?

Dans le récit de Noé, il y a beaucoup de défis à relever. Nous n'en sélectionnerons que trois.

Premièrement : nous sommes provoqués par l'obéissance de Noé, même quand il ne comprenait pas ce que Dieu faisait. Dieu lui donnait ses instructions, et il faisait exactement ce qu'on lui disait de faire. Puis il passa trois mois dans l'arche, sans moyen de la gouverner, sans savoir où il allait, ni ce qui se passait au dehors. Si Genèse 6.13-21 rapporte absolument tout ce que Dieu a dit à Noé avant le Déluge, il ne savait même pas que, finalement, les eaux redescendraient ! Dieu lui avait donné sa parole qu'il allait établir une alliance (6.18), mais il n'en connaissait pas le contenu. Quand les tempêtes de la vie nous environnent, et quand nous croyons être submergés par les difficultés et que nous nous demandons ce que Dieu fabrique, arrivons-nous à lui faire confiance et à lui obéir (voir Pr 3.5-6 ; 16.3 ; Ph 2.13) ? Romains 8.28 promet que Dieu agit toujours pour notre bien. Il se peut que nous ne le comprenions pas immédiatement, mais à l'avenir, nous reconnaîtrons la sagesse de Dieu.

Deuxièmement : Dans notre contexte au Bangladesh, comment interpréter les inondations ? Sont-elles causées par le jugement de Dieu sur nous ? Certains disent que les communautés qui sont le plus touchées par les inondations doivent être particulièrement corrompues et que Dieu les châtie comme au temps de Noé. Mais nous devons comprendre que ce n'est pas ce que nous apprend la Genèse. En réalité, c'est l'inverse qu'elle nous enseigne : Dieu nous a fait la magnifique promesse que plus jamais il ne jugera la terre comme il l'a fait au temps de Noé.

Dieu est avec nous en temps de catastrophes naturelles comme il l'a été avec Noé. Il n'est pas dans ses intentions de nous anéantir. Nous pouvons lui faire confiance. Il a promis de protéger son peuple quand il passera dans des eaux tourmentées (És 43.2 ; Za 10.11).

Par la suite, certes, Dieu détruira les villes perverties de Sodome et Gomorrhe (Gn 19), de sorte qu'on ne peut pas dire que Dieu ne punira jamais tout un groupe de pécheurs. En Genèse 9, il s'agit essentiellement de dire qu'il ne détruira plus jamais la terre entière ; nous ne devrons donc jamais plus présumer qu'un désastre naturel soit un châtiment divin. C'est plutôt que le monde entier a été contaminé par la nature pécheresse des humains et qu'ils en subiront les conséquences.

Peut-être que le pire aspect des inondations du Bangladesh sont les famines qui les suivent. Il y eut la Grande Famine de 1770 où 10 millions de personnes moururent après la destruction des récoltes par une inondation ; elle avait été aggravée par la guerre et par les impôts de la Compagnie des Indes Orientales. En 1943, 2,1 millions de personnes périrent lorsque les problèmes furent compliqués par un embargo sur les importations de riz de Birmanie, les navires qui le transportaient étant déroutés vers l'Europe[19]. Aujourd'hui, il y a de nombreuses causes humaines derrières nos inondations dévastatrices : le réchauffement climatique, la déforestation et les constructions de barrages en amont de nos fleuves, ainsi que les digues, ponts et routes anarchiques dans les zones fluviales du Bangladesh. Nous avons appris qu'un phénomène naturel qui apportait la fertilité à nos sols peut se muer en catastrophe quand il est aggravé par l'intervention humaine.

En tant que Créateur, Dieu est capable de contrôler les calamités naturelles (Ps 107.23-30), mais il a donné à l'humanité le libre arbitre et il ne passera pas par-dessus la décision des humains. Nous avons notre rôle à jouer. Noé avait à protéger les animaux atteints par le Déluge en assurant la nourriture et l'abri afin de préserver la biodiversité (Gn 6.20 ; 7.13), et nous pouvons suivre son exemple en recherchant les moyens de protéger tous les êtres vivants, nous compris.

Nous avons un exemple dans l'invention du Dr David Mackill, qui a développé une variété de riz pouvant survivre à l'invasion d'eau salée et qui, en conséquence, a fortement réduit l'impact des inondations sur notre alimentation[20]. Nous ne sommes pas démunis. Nous avons la bénédiction de Dieu sur sa création ainsi

---

19. Voir M. Mukherji, "Bengal Famine of 1943 : An Appraisal of the Famine Inquiry Commission," *Economic and Political Weekly*, vol. 49, n° 11, 2014, p. 71-75, et https://bn.wikipedia.org/wiki/famine.
20. Voir Gene Hettel, "A Rice Breeder's Odyssey from Surfer to Scientist – and Onward to 'Mars'," *Rice Today*, 1er juillet 2011, consulté le 21 août 2021, https://ricetoday.irri.org/a-rice-breeders-odyssey-from-surfer-to-scientist-and-onward-to-mars-2.

que son mandat pour la dominer, et nous pouvons, grâce à la science, travailler au développement durable.

Troisièmement, on note l'importance de la famille. La vision du Coran, disant que ce sont les croyants plutôt que la famille qui sont sauvés, nous a alertés sur l'accent mis par le *towledah* de Noé sur le sauvetage ou le salut d'une famille. En survolant Genèse 1 – 11 dans son ensemble, on constate une insistance constante sur la famille. La première bénédiction de Dieu a été : « soyez féconds, multipliez-vous » (1.28), et un homme doit quitter ses parents pour constituer une famille avec sa femme (2.24). Genèse 4 décrit une relation terrible entre frères qui engendre une famille violente, et Genèse 5 suit la lignée d'une nouvelle famille. En Genèse 12, nous découvrirons que Dieu choisira de bénir ce monde entièrement pécheur au travers d'une autre famille.

On observe aussi une alternance entre les bienfaits de la vie de famille et sa dégradation à cause du péché. Le premier couple a été compromis, les premiers frères se sont battus, et la famille du meurtrier est devenue polygame et violente. Mais l'histoire des fils de Noé ajoute un aperçu de la relation parents-enfants, et nous montre ce qui peut arriver à la famille et aux générations futures lorsque les parents ne sont pas respectés.

La famille a toujours été la structure de base de la société en Asie du Sud. Nous n'avons pas à être surpris de découvrir que nos familles montrent à la fois notre nature déchue et l'image de Dieu. Parmi les problèmes indiqués par Genèse 1 – 11, il y a la polygamie, le divorce et les systèmes patriarcaux qui considèrent les enfants mâles comme plus importants que les filles et font une discrimination contre les femmes et les filles. En théorie, nous aimons notre fratrie et nous respectons nos parents, mais en pratique, nous pouvons nous rendre coupables de jalousie et de manque de respect.

Ceux qui croient en Jésus le Messie sont à la fois membres de cette société pécheresse et membres de la famille de Dieu (Jn 1.12-13). Jésus le Messie est le maître des familles chrétiennes ; il peut donc les rendre capables de suivre son modèle d'amour mutuel (Mt 15.4 ; Ép 6.1-2, 4). Comme Noé, elles cherchent à vivre dans l'obéissance au milieu d'une société corrompue. Comme Noé, et contrairement au premier Lémek, leurs familles n'ont qu'une seule épouse. Comme Noé, ces familles doivent saisir l'importance de sauver les filles autant que les garçons. Elles doivent cesser de faire des discriminations entre leurs enfants parce que tous ont été faits à l'image de Dieu – pas seulement les enfants mâles et femelles mais aussi ceux du troisième genre (bn. *Hijra*)[21]. Les enfants sont un don de Dieu (Ps 127.3) ; c'est pourquoi avoir une fille n'est pas une source de chagrin, d'infamie ou de pauvreté, mais une bénédiction du Père céleste.

Au milieu des problèmes de la vie, une famille qui respecte Dieu peut être un abri sûr pour ses membres. Les parents bangladais, comme le père de Noé, espèrent toujours que leurs enfants les réconforteront (Gn 5.28-29). Il y a un proverbe bengali, *Songsar Sukher hoi Romonir Gune* : « Le bonheur de la vie de famille repose entièrement sur la femme. » Dans notre société machiste, on accuse les femmes de toute situation familiale problématique, mais il n'est pas seulement du devoir des enfants ou de la femme de faire de la maison un havre de paix. Chaque membre de la famille a un rôle à jouer.

Dieu a secouru Noé et sa famille et les a mandatés pour accomplir sa volonté : qu'ils soient féconds et qu'ils se multiplient (9.7). Sous la nouvelle alliance, Dieu mandate aussi ses enfants adoptifs pour prêcher son évangile sur cette terre. C'est une manière nouvelle d'être fécond et de se multiplier, mais elle n'annule pas le plan créateur de Dieu pour les familles. Au contraire, elle aide les croyants à construire des familles et des sociétés selon Dieu, loin des discriminations, du népotisme, de la polygamie et du divorce.

---

21. En bengali, le terme *Hijra* désigne les gens qui sont considérés ni entièrement mâles, ni entièrement femelles. Depuis longtemps, ils ont leur place dans ce qu'on appelle le « troisième genre » dans une grande partie du sous-continent indien. Le terme n'a pas de traduction exacte en Occident.

6

Les commencements des nations
Genèse 10.1 – 11.9

Le *towledah* des enfants de Noé

> *Les fleuves élèvent, Seigneur !*
> *Les fleuves élèvent leur voix,*
> *les fleuves élèvent leur grondement.*
> *Plus que le bruit des grandes eaux,*
> *des flots magnifiques de la mer,*
> *le Seigneur est magnifique, dans la hauteur.* (Ps 93.3-4)

Le Seigneur qui est plus puissant que les flots est aussi le Seigneur de toutes les voix discordantes des nations humaines déchues. Quand celui qui a dit : « Qu'il y ait… » parle, c'est qu'il en sera ainsi[1].

Ce *towledah* va nous parler des fils de Noé, de qui tous les peuples de la terre sont issus (9.19), et des commencements des conséquences qu'auront les tensions entre groupes de 9.25-27. Il le fait en décrivant les origines et la nature des communautés ethniques et politiques. Genèse 2 – 4 a exposé la nature des individus et de leurs familles comme créatures faites à l'image de Dieu mais tragiquement déchues. Genèse 4.17-24 a décrit les commencements de la civilisation urbaine. Genèse 6 – 9 a exposé les réactions saintes et néanmoins aimantes de Dieu au péché des humains, détruisant ces cités mêmes, mais en préservant une seule famille. Désormais, nous allons voir le développement de communautés plus vastes qui ne seront pas anéanties.

---

1. Cf. sourates *Maryam* 19.35 ; *an-Naḥl* 16.40.

Ce *towledah* montre deux aspects de ce monde nouveau. D'une part, Genèse 10 est organisée pour démontrer que les diverses communautés sont sous la bénédiction providentielle de Dieu alors qu'elles deviennent des tribus et des nations avec leurs territoires et leurs langues. D'autre part, Genèse 11.1-9 montre comment de telles communautés peuvent, comme celle de Lémek en 4.23-24, devenir des centres d'auto-glorification où les êtres humains se permettent de tenir tête à Dieu.

Au cœur de Genèse 10 se trouve un « commencement » (*re'shiyth*) qui contraste avec le « commencement » du ciel et de la terre en Genèse 1.1 : le commencement du royaume de Nemrod, c'est-à-dire Babel (10.10). Genèse 11.1-9 nous parlera de la construction de ce commencement, avec une tour qui dresse sa tête (*ro'sh*, de la même racine que *re'shiyth*) jusqu'aux cieux. Nous découvrirons que, de même que le Seigneur a régné sur le Déluge (*mabbuwl*) pour sauver la famille de Noé en vue d'un monde fécond et ordonné (10.1, 32), il a régné sur les débuts de Babel et a sauvé la famille d'Abraham en vue d'un plan de salut pour tous. Il a brouillé (*balal*) le langage pour contenir la méchanceté au lieu d'envoyer un déluge pour l'anéantir.

Il est utile de rappeler la structure en chiasme de Genèse 1 – 11 (p. 26) :

    A. Dieu crée l'univers et bénit l'humanité (Gn 1)

        B. Commencement de l'homme, son péché et son expulsion du jardin (Gn 2-3)

            C. Montée de la haine chez l'homme, dispersion et première ville (Gn 4)

                D. Généalogie d'Adam (Gn 5)

                    E. Dégradation et oppression dans le monde (Gn 6.1-6)

                        F. Noé et le Déluge (Gn 6.7-8.22)

                    E'. Alliance avec Noé (Gn 9)

                D'. Générations des nations (Gn 10)

            C'. Création d'une ville et dispersion des humains (Gn 11.1-9)

        B'. Les *Bani Isra'il* sont appelés hors de la ville mauvaise avec la vocation d'Abraham (Gn 11.10-32)

    A'. Le plan de bénédiction de Dieu sur les nations (Gn 12.1-3)

Le *towledah* des fils de Noé englobe les éléments D' et C' : la Table des Nations de Genèse 10, qui vient en parallèle de la généalogie de Genèse 5 ; et le péché avec la dispersion du récit de Babel, qui vient en parallèle du péché et de la dispersion à l'époque de Caïn et qui fait aussi écho à l'expulsion hors d'Éden.

Aussi bien dans le récit de Caïn que dans celui de Babel, la communauté grandit et édifie une ville (*'iyr*). Dans la Table des Nations, Nemrod bâtit des villes (10.10-11). Dans l'élément B', Abram est appelé à quitter une ville – dont le nom est Our (11.28, 31). Pourtant, Abraham ne va construire ni ville ni temple, jamais – il sera toujours un nomade – mais en de nombreux lieux il construira des autels. Il faudra attendre des siècles avant que Dieu donne aux *Bani Isra'il* la ville de Jérusalem et que, finalement, il permette qu'un temple y soit édifié. Encore des siècles plus tard, Jésus le Messie entrera dans cette ville sur un âne et purifiera le temple de son temps, mais il sera crucifié hors des murailles de la ville. La cité comme le temple seront rasés peu de temps après.

À l'inverse, le Coran affirme qu'Abraham construisit une demeure permanente pour le culte de Dieu : il reconstruisit la Ka'aba au lieu qui devint la « cité d'asile » (*balad imana*) de La Mecque (*al-Baqara* 2.125-126). Mohammed, le prophète de l'islam, finit par conquérir cette ville et par y réinstaurer la Ka'aba. Pour ce faire, il établit d'abord un socle politique dans la ville de Yathrib, qui finit par être connue simplement comme Madinat an-Nabii, la Cité du Prophète[2].

La question qui surgit de ce *towledah* est celle-ci : comment les peuples religieux font usage de leurs villes, édifices et systèmes politiques. Cette question se pose à nos vies aujourd'hui, et nous appelle à examiner l'histoire qui nous porte ainsi que notre politique présente, et aussi l'histoire d'autres nations et d'autres groupes linguistiques.

Les mondes derrière et devant le texte

Le monde d'aujourd'hui et le monde antique

Il y a un siècle, le Bangladesh était sous l'autorité britannique. En 1947, l'Inde et le Pakistan se séparèrent et le Bengale fut divisé entre le Bengale oriental (appartenant au Pakistan) et le Bengale occidental (appartenant à l'Inde). Finalement, en 1971, au terme d'une forte lutte armée, le peuple du Bengale oriental conquit sa liberté et devint le pays appelé Bangladesh. Actuellement, nous nous faisons beaucoup piller par des pays plus riches et plus puissants. Les nouvelles des conflits politiques entre le Bangladesh et d'autres pays sont

---

2. La comparaison entre les dimensions politiques de la vie du Messie et celle du prophète de l'islam est très importante pour comparer l'islam et le christianisme. Pour des analyses introductives, voir Glaser et Kay, *Thinking Biblically about Islam*, p. 231-246.

diffusées par les médias et par Internet. Dans le même temps, nous disséminons nos propres citoyens qui émigrent partout dans le monde pour y trouver du travail, et ces expatriés nous fournissent des devises étrangères. Beaucoup d'émigrés bangladais se sont installés dans ces autres pays et, avec leurs enfants, ils s'y sont fait naturaliser.

Le monde antique avait moins d'individus et moins de communications, mais les humains de l'époque n'étaient pas si différents de nous. Ils n'avaient pas d'États-nations au sens moderne, mais ils avaient des groupements de gens et de grands blocs de pouvoir. Les groupements ont parfois migré ou se sont divisés, et les blocs de pouvoir ont éclaté, changé, et beaucoup impacté la vie des gens sur qui ils régnaient.

Pour comprendre Genèse 10-11, il faut s'imaginer ce qu'était la vie pour les *Bani Isra'il* en tant que peuple qui se développait parmi d'autres peuples, entouré par les puissances colossales de l'Égypte, de l'Assyrie et, surtout, de Babylone. Au chapitre 10, la Table des Nations va les aider à se retrouver dans la diversité des différents peuples qu'ils rencontraient ou dont ils entendaient parler, et le récit de Babel en 11.1-9 va les aider à saisir la vision de Dieu sur les gens qui tentent de constituer une puissance pour eux-mêmes.

Dans d'autres textes antiques, il n'existe pas de parallèle valable à la Table des Nations ni à l'histoire de Babel. Comme nous l'avons vu, les autres récits de création évoquent les origines des groupes particuliers qui les ont engendrés. Genèse 1 – 11 est unique en ce qu'elle donne les histoires de tous les peuples, même si elle va ensuite se concentrer sur un seul peuple en particulier.

Genèse 10 fait bien ressortir que *tous* les peuples descendent d'une origine unique, de sorte que *tous* sont au bénéfice de l'alliance avec Noé. Genèse 11.1-9 fait écho à certaines sources mésopotamiennes mais, comme nous l'avons souvent observé, les différences surpassent de beaucoup les ressemblances. Le récit de la création babylonienne culmine avec les dieux qui construisent le grand temple à Babylone, et le dieu Mardouk et ses compagnons qui descendent y vivre pour s'y faire servir par les hommes. Cela établit Babylone en centre de pouvoir. Dans la Genèse, la tour de Babel est édifiée par défi envers le seul vrai Dieu, et ce Dieu descend non pour habiter ce temple mais pour en arrêter la construction, disperser les gens et ainsi désintégrer leur pouvoir. Il y a aussi une épopée sumérienne qui parle d'un temps où il y avait une seule langue et raconte comment la compétition entre les dieux a amené l'un d'entre eux à changer la situation. Toutefois, il n'y a rien qui fasse le lien entre l'édification du temple et le changement linguistique.

Le Nouveau Testament

Le Nouveau Testament fait beaucoup d'allusions aussi bien à la Table des Nations qu'à Babel/Babylone, parce qu'il parle de la bénédiction de Dieu étendue à toutes les nations, et parce qu'il a été écrit dans un monde dominé par le pouvoir impérial.

Au moment de la Pentecôte, le Saint-Esprit retourne la confusion babélienne en donnant à des gens issus de nombreuses nations différentes la capacité d'entendre l'Évangile dans leur propre langue (Ac 2.1-11), et le discours de l'apôtre Paul à Athènes est basé sur l'idée que Dieu est le créateur de toutes les nations avec leurs territoires (Ac 17.26). C'est là qu'enfin, tous ces peuples reçoivent le grand plan de la bénédiction divine !

Le lien avec la Genèse devient explicite dans les visions de l'Apocalypse, lorsque l'expression de Genèse 10, « clan par clan, langue par langue, dans leurs pays, nation par nation » (10.5, 20, 31), devient un refrain, quoique sans les « terres ». Tout l'objectif de la mort de Jésus le Messie est de servir de rançon pour les gens de tout clan, de toute langue et de toute nation, et on voit des gens de tout clan, de toute langue et de toute nation en adoration autour du trône de Dieu (Ap 7.9). Parallèlement à la description de la gloire pour les peuples, il y a aussi le jugement. Les grandioses prophéties de jugement s'adressent à tous les clans, toutes les langues et toutes les nations (Ap 10.11), et tous seront touchés par la Bête terrifiante (Ap 13.7) ainsi que par la « prostituée » ravageuse (Ap 17.15). La bonne nouvelle est qu'il y aura des gens de toutes les nations qui résisteront à la Bête et qui adoreront Dieu (Ap 15.4) et qui seront citoyens de la cité céleste définitive et parfaite (Ap 21.24).

De toutes les puissances maléfiques dévoilées dans l'Apocalypse, la plus grande est appelée « Babylone ». Dans son contexte immédiat, cela désigne l'Empire romain, mais le nom de « Babylone » rappelle au lecteur que ce n'est que l'un des nombreux empires similaires qui ont commencé à Babel, que Dieu a bridés, et qui finiront par passer en jugement. La cité céleste parfaite de la nouvelle création en Apocalypse 21 et 22 contraste fortement avec la cité idolâtre et corrompue de Babylone en Apocalypse 18, exactement comme la corruption de la génération du Déluge et de celle de Babel contraste avec la beauté de la création d'Éden en Genèse 1 – 2.

Le Coran

Le Coran n'a de parallèles directs ni avec la Table des Nations, ni avec le récit de Babel, mais il présente le Dieu unique régnant sur toutes les nations (*al-Ḥujurāt* 49.13). Il mentionne aussi la diversité des langues comme un signe divin (*ar-Rūm* 30.22), et il comporte cependant des passages ayant des éléments semblables à ceux de Genèse 11.1-9. Comme ce passage, le Coran met en lumière les puissances impériales idolâtres. Deux grands personnages impériaux qui défient Dieu sont Nemrod et Pharaon, et leurs deux histoires ont certains parallèles avec Genèse 10 – 11. La tradition islamique développe tout cela et propose aussi des versions sur la façon dont des peuples différents descendent des fils de Noé.

Le Coran ne mentionne Babel/Babylone qu'une fois, dans la sourate *al-Baqara* 2.102, où elle est une ville de sorcellerie au temps de Salomon. Dans la sourate *an-Naḥl* 16.26, il y a une histoire très courte à partir de « ceux qui furent avant eux » – c'est-à-dire depuis un temps passé indéterminé –, de gens qui ont comploté. Dieu a ébranlé leur édifice et il s'est écroulé sur eux. Des commentateurs comme Ibn Kathir et le Jalalayn disent que cet édifice fut construit par Nemrod, bien qu'il puisse aussi renvoyer aux bâtiments détruits dans le Thamud au temps de Salih (*an-Naml* 27.50-52). Les lecteurs de la Bible se voient rappeler Samson qui fit s'écrouler un palais pour tuer les Philistins (Jg 16.30).

Nemrod (ar. *Namrūd*) n'est pas nommé dans le Coran, mais on s'accorde généralement à penser que c'est le roi qui essaya de faire taire Abraham en le plongeant dans le feu (*al-Baqara* 2.258 ; *al-Anbiyā'* 21.67-69 ; *Kasasul Ambiya* 112 ; et voir le commentaire ci-dessous sur Gn 11.28). La tradition islamique comporte beaucoup de récits où il défie Dieu[3], et il est même dit qu'il monta sur une tour et tira une flèche vers le ciel pour attaquer Dieu mais que la flèche revint miraculeusement et le blessa. Une autre histoire nous dit qu'il fabriqua une machine volante animée par des vautours et qu'il y monta pour attaquer Dieu. Il tire une flèche vers le haut mais, cette fois-ci, un ange l'attrape, trempe sa pointe dans du sang de poisson et la lui renvoie. Nemrod se vante ensuite d'avoir tué Dieu. Si nous mettons tout cela avec Genèse 10.10 et les traditions juives et chrétiennes disant que c'est Nemrod qui construisit la tour de Babel, on peut considérer *an-Naḥl* 16.28 comme une référence à Genèse 11. La tradition islamique voit dans la tour de ce verset non seulement une désobéissance égoïste à Dieu, mais un complot délibéré contre lui, y compris pour l'attaquer.

Dans les sourates *al-Qiṣaṣ* 28 et *Ghāfir* 40, le défi que Pharaon pose à Dieu comporte l'érection d'une tour. Pharaon se rendit grand (litt., « s'éleva ») sur le territoire ou la terre (*'arḍ*, l'équivalent de l'hébr. *'erets*), sépara les gens en groupes et en opprima un (sourate *al-Qiṣaṣ* 28.2-3). Les deux sourates présentent un personnage nommé Haman qui s'avère être le bras droit de Pharaon (*al-*

---

3. Ceux qui sont cités ici sont trouvables dans l'*Histoire* d'at-Ṭabarī et dans le *Qiṣaṣ al-Anbiya'* d'al-Kisā'i.

Qiṣaṣ 28.6, 8 ; *Ghāfir* 40.24). Quand Moïse conteste l'idolâtrie de Pharaon, Pharaon se proclame dieu et ordonne à Haman de cuire des briques et de construire une tour afin qu'il puisse y grimper et aller chercher le dieu de Moïse. L'idée semble être qu'il veut prouver l'inexistence de Dieu (*al-Qiṣaṣ* 28.38 ; *Ghāfir* 40.36-37). On ne nous dit pas si oui ou non la tour fut bâtie, mais Pharaon est sévèrement jugé. Certains interprètes suggèrent que la tour ne fut jamais bâtie, mais Ibn Kathīr dit que ce fut la plus haute tour jamais édifiée. Al-Kisā'i en dit autant, et il ajoute que Dieu envoya Gabriel pour détruire la tour.

Le monde du texte

Habituellement, les commentateurs traitent séparément la Table des Nations et l'histoire de Babel, mais il n'est pas anodin qu'elles figurent dans le même *towledah*. Elles donnent deux points de vue sur les descendants des fils de Noé. Chaque section a sa propre structure et son propre genre, c'est pourquoi nous aussi nous les aborderons séparément, tout en les considérant ensuite ensemble dans notre réflexion théologique.

Mais premièrement, pourquoi l'histoire de Babel vient-elle après la Table des Nations ? Apparemment, l'histoire de Babel est révélatrice des origines des différentes langues mentionnées dans la Table des Nations, et on s'attendrait à ce qu'elle passe en premier. Deux raisons sont envisageables. D'abord, cette position s'inscrit mieux dans les structures de Genèse 1 – 11 que nous avons notées dans notre introduction (p. 23-26). Relativement au schéma création/ chute/ jugement/ espérance, les bénédictions créationnelles du chapitre 10 devraient passer avant la chute et le jugement de Babel. Relativement à la structure en chiasme, cette position attire notre attention sur les parallèles entre Babel et l'histoire de Caïn et ses descendants.

Deuxièmement : puisque Babel est à l'évidence ce qu'on appelle maintenant Babylone, la position du récit pourrait indiquer qu'elle concerne davantage la religion et le pouvoir babyloniens que les origines des langues. La « langue unique » pourrait être une allusion à une langue impériale utilisée par les peuples soumis par l'empire. Si c'est le cas, la position de ce récit est entièrement justifiée. Elle se raccroche à la préoccupation sur les villes signalée dans la section du chapitre 10 qui concerne Nemrod, et elle nous conduit directement dans l'univers des puissances mésopotamiennes qu'Abraham va être appelé à quitter.

La Table des Nations

Structure et genre

Genèse 10 est une généalogie qui proclame que la bénédiction de la multiplication des humains va reprendre après le Déluge comme promis en 9.1 ; mais c'est une généalogie très différente de celle de Genèse 5. Au lieu de suivre une lignée particulière, elle suit les lignées des trois fils de Noé, de sorte qu'elle donne une image du monde entier postdiluvien. Une autre caractéristique exclusive est qu'elle ne s'intéresse pas uniquement aux individus mais aussi aux peuples, et elle fonctionne comme une classification des peuples avec lesquels les *Bani Isra'il* auront à traiter, davantage que comme un arbre généalogique. On pourrait dire que c'est la carte de leur monde ; rien à voir avec nos cartes modernes, qui divisent le monde en territoires géographiques. C'est une carte de groupes humains et de la façon dont ils sont en lien les uns avec les autres.

Le découpage du chapitre est le suivant :

A. Descendants nés après le *mabul* (Déluge) (10.1)

B. Fils de Japhet (10.2-5)

    Fils de Gomer (3)

    Fils de Grèce (4)

C. Fils de Cham (10.6-20)

    Fils de Koush (7-12)

        Nemrod et le *reshit* (commencement) de son royaume : Babel (8-12)

    Fils d'Égypte (13-14)

    Fils de Canaan (15-19)

D. Fils de Sem (10.21-31)

    Fils d'Aram (23)

    Fils d'Arpakshad (24-30)

A'. Dispersion des nations après le *mabul* (Déluge) (10.32)

On voit tout de suite que les lignées des petits-fils de Noé sont choisies, disposées sur un schéma de 2, 3 et 2. Le chapitre est finement structuré en groupes de 3, 7 et 10 – tous des nombres importants évoquant la paix, la perfection et l'accomplissement. Le nombre total de peuples mentionnés est de 70[4], c'est-à-dire 7 x 10.

---

4. Il y a 71 noms dans le chapitre, mais il est habituel d'omettre les Philistins dans le total (voir commentaire sur le verset 14). L'autre solution consiste à inclure les Philistins et à omettre Nemrod.

De Japhet, 14 (7 x 2) peuples : 7 fils et 7 petits-fils.

De Cham, 30 (3 x 10) peuples : 4 fils et 3 groupes de leurs descendants (8 de Koush, 7 d'Égypte, 11 de Canaan).

De Sem, 26 ([10 + 3] x 2) peuples : 5 fils et 5 petits-fils (total : 10) ; 21 (7 x 3) descendants des fils.

A et A' redisent qu'il s'agit du monde après le Déluge, et il y a un refrain à la fin de chacune des trois sections principales, nous disant que les peuples sont tous organisés pour vivre dans différents endroits selon leurs langues, terres et nations (v. 5, 20, 31). Cette structure nous montre que les différents peuples sont tous sous l'ordonnancement béni par la providence divine. Mais, en plein milieu, il y a le *Babel* qui fait écho au *mabbuwl* au commencement et au *mabbuwl* à la fin du chapitre. C'est une indication de la révolte humaine qui va encore une fois pourrir le bon monde de Dieu. La longueur et la position centrale de la généalogie de Cham alertent le lecteur sur l'animosité qui a débuté en 9.18-29.

Alors que l'ordre des fils de Noé est donné comme « Sem, Cham et Japhet » au verset 1, comme précédemment en 5.32, la généalogie est disposée en ordre inverse. Elle part des fils de Japhet en passant par les fils de Cham jusqu'aux Sémites. Un examen plus attentif des noms montre que c'est un mouvement depuis les peuples qui auront peu ou pas de relations avec les *Bani Isra'il*, vers des peuples qui seront souvent leurs ennemis, puis vers leurs propres ancêtres et vers les peuples qui seront leurs amis. Il est à remarquer que chaque section donne une liste des petits-fils de Noé mais ne suit que quelques-uns d'entre eux. Certains de ceux-là sont sélectionnés pour les assortir d'informations supplémentaires.

On peut voir que tout cela prépare le lecteur au récit de Babel et ensuite à la généalogie qui mène vers Abraham. Cela renforce le message de l'ensemble de Genèse 1 – 11, qui est que tous les humains, dans toute leur diversité, sont sous le regard de l'unique Dieu créateur, et que l'histoire des enfants d'Israël doit être lue comme partie intégrante de l'histoire du monde entier. Dans le même temps, par son accentuation sur Sem, elle signale que l'histoire du monde entier sera lue en relation avec ce que Dieu fera par Abraham et ses descendants.

COMMENTAIRE

A. Genèse 10.1 - Descendants nés après le Déluge

> *Voici la généalogie des fils de Noé, Sem, Cham et Japhet. Des fils naquirent d'eux après le déluge.*

Ce verset, avec 9.18 et 10.32, fait ressortir l'unité de tous les humains comme descendants de Noé. Tous les peuples du monde, y compris les Bangladais, sont non seulement créés à l'image de Dieu mais ils sont rassemblés sous l'alliance de l'arc-en-ciel de Genèse 9.1-24 et ils subsistent au milieu des déséquilibres des pouvoirs pécheurs qu'on voit poindre en Genèse 9.25-27.

Le Coran ne mentionne ni les noms ni le nombre des fils de Noé, mais la tradition s'accorde pour dire qu'il y en a eu quatre : Sem, Cham, Yam et Yafeth. Yam était, dit-on, le rebelle qui périt dans le Déluge (*Hūd* 11.42-47), et certains l'identifient à Kanan. Les sourates *al-Anbiyā'* 21.76 et *aṣ-Ṣāffāt* 37.77 affirment que Dieu sauva Noé et sa famille, et *Hūd* 11.40 ainsi que *ash-Shu'arā'* 26.118 disent que Noé et les croyants furent sauvés. On discute beaucoup parmi les commentateurs sur le nombre de gens qui furent sauvés, et sur la présence ou non d'autres croyants qui se joignirent à Noé dans l'arche, mais le Coran ne mentionne pas davantage les descendants de Noé ni d'autres survivants au Déluge. Cela est partiellement dû au fait que, comme nous l'avons vu, le déluge selon le Coran semble avoir été partiel et non universel, ce qui retire toute signification particulière aux descendants de Noé.

Toutefois, la tradition islamique est très intéressée par les origines des nations, et notamment par celles d'Arabie et des régions qui furent occupées par les premiers empires islamiques. Dans son *Histoire*, at-Ṭabarī consacre quelques pages à des récits différents des relations entre les peuples telles que décrites en Genèse 10 et les peuples connus à son époque[5]. Une grande partie des informations d'at-Ṭabarī provient des données bibliques judéo-chrétiennes qui étaient dans le *Sīrah* de Ibn Isḥāq (Vie de Mohammed). Cette première partie avait été omise dans la version de *Sira* de Ibn Hishām ; on ne peut donc se renseigner que par ce qu'en dit at-Ṭabarī. Il y a des indices importants de la manière dont la Bible a influencé la tradition islamique[6].

---

5. At-Ṭabarī, *Histoire*, vol.2, p. 10-27 de la traduction en anglais, SUNY Press, 1987.
6. Voir Whittingham, *History of Muslim Views*, p. 62-64, 70-71. Pour la traduction en anglais de ce qui nous est parvenu du *Sira* d'Ibn Ishaq, voir Guillaume, 1955.

At-Ṭabarī rapporte une citation de Mohammed que l'on peut considérer comme un résumé de Genèse 10 :

> Noé en engendra trois, chacun en engendrant trois : Sem, Cham et Japhet. Sem engendra les Arabes, les Perses et les Byzantins, en qui tout est bon. Japhet engendra les Turcs, les Slaves, Gog et Magog, en qui rien n'est bon. Cham engendra les Coptes, les Soudanais et les Berbères[7].

Il cite d'autres récits qui font de Sem le père des Arabes, Japhet celui des Byzantins et Cham celui des Abyssins, ou de Sem le père de gens splendides avec de beaux cheveux, Japhet le père de ceux qui ont le visage rond et de petits yeux, et Cham le père de ceux qui ont le visage noir et des cheveux crépus. Le rapport soigneux d'at-Ṭabarī des données contradictoires sur ce thème et sur les petits-fils de Noé et leurs descendants témoigne de la portée de la tradition généalogique dans sa communauté. À l'inverse, c'est comme si l'auteur de la Genèse avec son souci du détail avait été conduit en direction opposée : ne faire figurer que les détails qu'il connaît, et taire les noms de ceux dont il ne sait rien. Les blancs dans le récit éveillent notre curiosité. Comme at-Ṭabarī, nous explorerons certaines des traditions sur les noms dans ce chapitre mais, comme l'auteur de la Genèse, nous nous abstiendrons d'aller au-delà de ce que nous connaissons[8].

B. Genèse 10.2-5 – Les fils de Japhet

> *Les fils de Japhet furent : Gomer, Magog, Médie, Grèce, Toubal, Méshek et Tiras. Les fils de Gomer : Ashkenaz, Riphath et Togarma. Les fils de Grèce : Elisha et Tarsis, Chypre et Rhodes. C'est par eux qu'ont été peuplées les îles des nations dans leurs pays, chacun selon sa langue, clan par clan, dans leurs nations.*

Japhet eut 7 fils et 7 petits-fils. Selon la bénédiction de Noé en Genèse 9.27, nous ne serons pas étonnés de ces 7 de perfection, ni de voir les descendants de Japhet se répandre sur une très vaste zone.

Seul Gomer et Grèce (Javan) ont retenu l'attention, et on sait peu de choses sur les descendants de Japhet dans le reste de l'Ancien Testament. Gomer, Magog, Méshek et Toubal sont tous mentionnés en Ézéchiel 38.2-6, avec Koush et Pouth qui apparaîtront parmi les descendants de Cham. C'est la description des armées

---

7. At-Ṭabarī, *Histoire*, vol.2, 223 (p. 21 de la traduction en anglais).
8. Comme dans notre étude de Genèse 5, nous avons pris l'essentiel de nos informations chez Hess, Westermann, Wenham et l'*Illustrated Bible Dictionary*.

alliées de « Gog de la terre de Magog », qui attaqueront les *Bani Isra'il* mais finiront par tomber sous le jugement de Dieu. La plupart de ces peuples sont originaires du nord ou de l'ouest de la Mésopotamie et de la terre promise, Canaan.

Gomer était probablement un peuple appelé les *kimmeroi* en grec, qui venait de ce qui est aujourd'hui la Russie méridionale et qui s'est installé dans ce qui est aujourd'hui la Turquie centrale. Méshek et Toubal apparaissent dans les textes anciens comme les peuples de ce qui est aujourd'hui la Turquie centrale et orientale et, dans l'histoire, ils sont parfois considérés comme les ennemis de l'Assyrie et parfois comme ses alliés. Ils sont aussi mentionnés en Ézéchiel 27.13 ; 32.26 et 39.1. Les Mèdes (voir Médie sur la carte) vivaient vers le cours supérieur du Tigre et la mer Caspienne, et qui sont mentionnés en 2 Rois 17.6 et 18.11 et en Ésaïe 13.17 et 21.2.

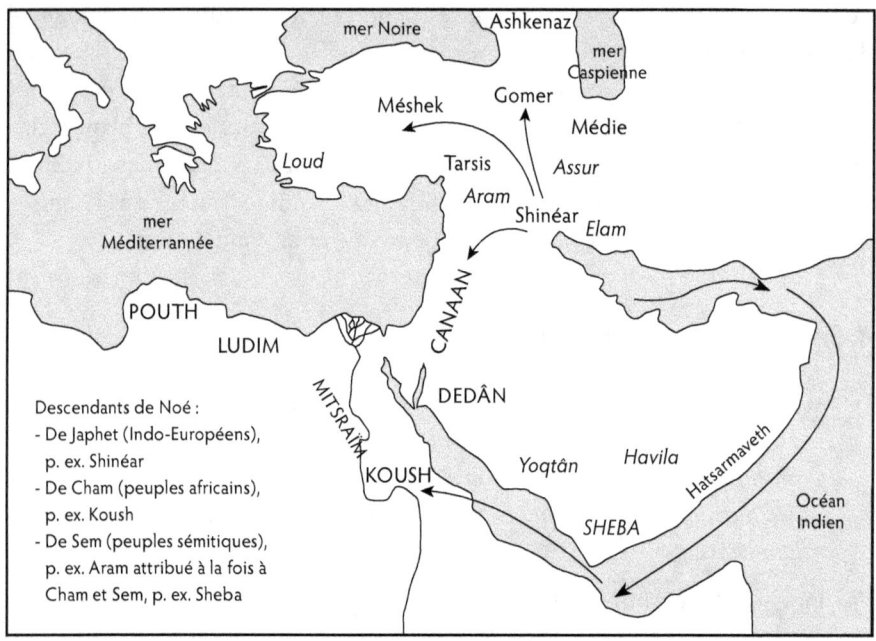

Figure 9 – Table des Nations : Descendants de Noé

Les peuples de Javan/ Grèce sont les Grecs[9]. Dans l'Antiquité, le terme renvoyait à des commerçants qu'on appelait les Grecs ioniens, qui vivaient sur la côte est de l'actuelle Turquie (Éz 27.13 ; És 66.19), mais à l'époque de Daniel,

---

9. Dans la littérature bengalie du XIXe siècle, « Jaban » désignait les musulmans, mais certains musulmans y firent objection. Voir *Bengali Practical Dictionary*, Bangla Academy, p. 1006.

il renvoie à tous les Grecs (Dn 8.21 ; 10.20). Les autres noms sont d'origine incertaine, mais sont pour la plupart associés avec des contrées voisines de la Grèce – Tiras avec la Thrace, Elisha et Kittim avec Chypre, et les Dodanim avec la région côtière – Rhodes dans la NBS.

Le tableau général des fils de Japhet au verset 5a est qu'ils incluent beaucoup de peuples soit inconnus des *Bani Isra'il*, soit de peu d'intérêt pour eux, et qui étaient extrêmement dispersés. L'historien juif Flavius Josèphe dit qu'ils se répandirent vers l'est au travers de l'Asie, vers le nord jusqu'au Don, et vers l'ouest en Europe jusqu'à Cadix (*Antiquités judaïques*, I. 6). La tradition islamique affirme que trente-six langues du monde remontent aux fils de Japhet[10].

Le verset 5b est le premier refrain : « dans leurs pays, chacun selon sa langue, clan par clan, dans leurs nations ». « Pays » est *'erets*, ce mot si souvent utilisé pour désigner la terre dans les chapitres précédents. « Langue » est *lashown* au double sens du terme. « Famille » est *mishpachah*, famille et clan de gens liés entre eux. « Nation » est *gowy*, ce qu'on appellerait aujourd'hui un groupe ethnique. Il ne s'agit pas d'une nation au sens où le Bangladesh est une nation, c'est-à-dire une entité avec des frontières concrètes, un gouvernement structuré, des lois et des citoyens dotés d'une carte d'identité. L'essentiel du monde n'existait pas sous ce que nous connaissons aujourd'hui comme les « États-nations », et cela jusqu'à notre XIXe siècle. En hébreu, *gowy* a fini par désigner tout groupement humain en dehors des *Bani Isra'il*. Genèse 10 rappelle aux *Bani Isra'il* qu'eux aussi sont un *gowy*, un parmi les divers groupes humains issus de Noé.

C. Genèse 10.6-20 – Les fils de Cham

Les fils de Cham furent : Koush, Égypte, Pouth et Canaan. (10.6)

Les fils de Cham prennent la place centrale et la plus importante dans la Table des Nations, afin que nous sachions qu'ils seront très importants dans l'histoire de la Bible. Les quatre sont cités dans d'autres parties de l'Ancien Testament, et leurs niveaux d'importance sont repérables par l'attention qui leur est accordée. À la suite de la malédiction de 9.25-27, nous ne sommes pas surpris d'y voir figurer les futurs ennemis des *Bani Isra'il*.

Tous sont des peuples vivant dans ce qui est maintenant l'Afrique du Nord, l'Afrique Orientale et l'Asie du Sud-Ouest. Koush est celui qui est le plus au sud, et on l'assimile à l'Éthiopie. « Égypte » restitue l'hébreu *Mitsraïm*, que la Bible appelle aussi « le pays de Cham » (Ps 87.51 ; 105.23,27 ; 106.22 ; 1 Ch 4.40).

---

10. *Encyclopaedia of Islam*, « Yaphith », p. 236.

L'Égypte est appelée *Miṣr* en arabe contemporain. Pouth n'est mentionné qu'en Nahum 3.9 comme un allié de l'Égypte, et pourrait être la Libye. Ce n'était pas d'une extrême importance par rapport aux *Bani Isra'il*, c'est pourquoi Genèse 10 ne suit pas la lignée de Pouth. C'est Canaan qui va être le plus connu des fils de Cham, le pays de Canaan étant le lieu que Dieu donnera aux *Bani Isra'il*.

Quiconque lit Genèse 10 cherchera à savoir si son peuple y figure, et les Bangladais n'y dérogent pas. Une longue tradition dit qu'ils descendent de Cham, provenant peut-être du peuple antique de Jatt en Perse, des descendants de Cham qui se sont répandus au Pendjab et ailleurs dans le sous-continent indien. Il existe d'autres traditions. At-Ṭabarī rapporte ceci : « On dit que Pouth voyagea jusqu'aux territoires de Sind et Hind, où il s'installa ; on dit que les habitants de ces contrées sont ses descendants », même s'il cite une autre tradition qui dit que les Indiens et les Sindis descendent de Sem par la lignée d'Arpakshad, Shéla, Héber et Yoqtân par un fils de Yoktân appelé Buqayin, qui n'est pas mentionné en Genèse 10[11].

Une tradition intéressante est recueillie par l'historien bangladais Mohammad Hannan, qui s'appuie sur un célèbre livre du XVIIIe siècle pour soutenir que l'un des fils de Cham était Hind, et qu'il avait un fils du nom de Bong qui s'était déplacé jusqu'en Inde orientale[12]. Le lieu où ses descendants vivaient s'appelait le Bongodesh (pays de Bong), et c'est le Bangladesh d'aujourd'hui.

> *Les fils de Koush : Seba, Havila, Sabta, Rama et Sabteka. Les fils de Rama : Saba et Dedân. (10.7)*

Koush semble s'être installé dans les parages de Babylone (Gn 10.8-10) et, de là, s'être répandu au loin. Sept de ses descendants sont indiqués, les noms impliquant que certains allèrent en Arabie du sud, d'autres en Asie, et d'autres en Afrique orientale. Celle-ci, au sud de Syène, était appelée « Kushu » ou « Kosh » par les Égyptiens, les Chaldéens et les Assyriens.

Les peuples d'Inde méridionale et de Ceylan sont aussi considérés par certains comme les descendants de Koush *via* Seba. Les historiens les appellent les Dravidiens, mais d'autres peuples antiques les appelaient les Sibae. Flavius Josèphe identifiait un Koush oriental et un Koush occidental, l'un en Asie et l'autre en Afrique (*Ant*, Livre 1, VI, 2). L'historien grec Hérodote (484-425 av. J.-C.) évoque lui aussi des Éthiopiens d'Asie (*Thalie*, Section 94).

---

11. At-Ṭabarī, *Histoire*, vol. 2, 16 ; cf. 11-17.
12. Mohammad Hannan, *Bangalir Itihas (Bengali History)*, p. 29, recourant à Salim, *Riyazu-s-Salātīn: A History of Bengal*. Pour la tradition « Bong », voir *Kasasul Ambiya*, p. 82.

Dedân était une tribu d'Arabie septentrionale dont le territoire jouxtait celui d'Edom (Jr 49.8 ; Éz 25.13). Elle avait des relations commerciales avec Tyr (Éz 27.15). Seba, Havila, Sabta, Rama et Sabteka se situaient probablement dans des contrées de part et d'autre de la Mer Rouge, en Afrique de l'est et en Arabie du sud-ouest.

Les noms de Havila et de Seba vont réapparaître en tant que Sémites au verset 26, et Seba et Dedân en tant que descendants d'Abraham en Genèse 25.3 ; il y a donc un débat pour savoir qui étaient ces peuples. Il se peut que ç'aient été des peuples distincts avec le même nom, mais il est plus probable que la répétition des noms témoigne de l'ascendance mi-africaine, mi-arabe de ces peuples. Il y avait beaucoup d'échanges commerciaux entre l'Afrique de l'est et l'Arabie du sud. Seba ou Saba était le pays dont la reine a rendu visite à Salomon (1 R 10.1-13 ; 2 Ch 9.1). Les Éthiopiens ont une forte tradition disant qu'elle venait de chez eux, mais la plupart des spécialistes identifient Seba/ Saba à une partie du Yémen actuel (voir ci-dessous sur Gn 10.26).

> *Koush engendra aussi Nemrod ; c'est lui qui, le premier, fut un héros sur la terre. Il fut un vaillant chasseur devant le Seigneur ; c'est pourquoi l'on dit : « Comme Nemrod, vaillant chasseur devant le Seigneur. » Il régna d'abord sur Babylone, Erek, Akkad et Kalné, au pays de Shinéar. De ce pays-là il sortit vers l'Assyrie ; il bâtit Ninive, la ville de Rehoboth, Kalah et Résen, entre Ninive et Kalah : c'est la grande ville. (10.8-12)*

Nemrod se distingue par l'attention qui lui est portée. Il était « puissant », « vaillant », un « héros » (*gibbowr*). Le mot est répété trois fois pour bien marquer cela. On ne voit pas au premier coup d'œil si c'est une bonne ou une mauvaise chose, mais une étude plus poussée fait pencher pour la deuxième hypothèse puisque sa puissance se dresse contre celle de Dieu. Il existe des traditions juives et musulmanes sur sa rébellion (voir ci-dessus p. 263-264).

Premièrement : son nom vient probablement du verbe hébraïque *marad*, « se rebeller »[13]. Deuxièmement ; c'était un chasseur « devant le Seigneur ». Il se peut qu'il ait été un chasseur d'animaux notoire, mais les interprètes ont suggéré qu'il chassait aussi des êtres humains pour les soumettre et les asservir, et « devant le Seigneur » fait comprendre qu'il essayait de faire mieux que Dieu lui-même. Mais la plus grande indication de sa révolte est le royaume qu'il a fondé – dont la tête est Babylone, la cité rebelle dont le prochain chapitre parlera.

---

13. Les érudits ont recherché des personnages du monde antique qui auraient pu être Nemrod. Par exemple, son nom s'apparente à celui de Ninurta, un dieu de la guerre et de la chasse sumérien et babylonien. Voir Hess, *Studies in the Personal Names of Genesis 1-11*, p. 73-74.

Les autres villes nommées sont toutes en Mésopotamie. Erek, l'antique Ourouk, était une importante cité sumérienne à environ 250 km au sud-est de l'actuelle Bagdad. Akkad était en Babylonie du nord, mais l'emplacement de Kalné est incertain.

De Nemrod viennent aussi les Assyriens qui, comme les Babyloniens, allaient avoir un immense empire qui allait attaquer les *Bani Isra'il* et les emmener en exil. L'Assyrie est appelée « le pays de Nemrod » en Michée 5.5. Ninive est la ville aussi immense que cruelle vers laquelle le prophète Jonas sera appelé et à qui Dieu fera miséricorde (Jon 1-4 ; *aṣ-Ṣāffāt* 37.147). L'emplacement de Rehoboth est inconnu, mais elle a pu être un faubourg de Ninive. Kalah, au sud de Ninive, est effectivement devenue une grande ville et elle a été la demeure des rois d'Assyrie avant que Ninive ne reprenne le flambeau.

> *Égypte engendra les Loudites, les Anamites, les Lehabites, les Naphtouhites, les Patrosites, les Kaslouhites, d'où sont sortis les Philistins, et les Kaphtorites. (10.13-14)*

Égypte (*Mitsraïm*) eut aussi sept fils. L'Égypte était une grande puissance dans le monde antique, et elle occupe une place importante dans la Bible. Elle apparaît souvent dans la Genèse (p. ex. 12.10-13.1 ; 13.10 ; 16.1) ; l'histoire de Joseph et de ses frères dans les onze derniers chapitres de la Genèse se situera en Égypte, et l'Égypte est le lieu où Dieu va libérer les descendants d'Abraham et les mener en terre promise.

Tous les fils d'Égypte sont des peuples plutôt que des individus, comme on peut le voir dans les terminaisons plurielles des noms en *-im*. Les Philistins vont devenir célèbres comme rivaux territoriaux des *Bani Isra'il* (p. ex. 1 S 4.1-10 ; 14 ; 17 ; 31 ; 2 Ch 28.18). Étymologiquement, il se peut que les Philistins viennent des Kaslouhites, ou qu'ils soient issus d'un croisement des Patrosites et des Kaslouhites, ou que les Philistins et les Kaphtorites viennent les uns et les autres des Kaslouhites. Les commentaires rabbiniques privilégient les premières interprétations, concluant que la référence aux Philistins est une note sur la généalogie et qu'elle ne fait pas partie de la généalogie même. Cela exclut donc les Philistins du décompte des nations : il y a donc 70 nations bien qu'il y ait 71 noms.

On a peu d'indications sur les autres groupes, soit de la Bible, soit de l'histoire et de l'archéologie. Les gens de Loud sont mentionnés en Jérémie 46.9, où ils sont liés au peuple d'Égypte, Koush et Pouth plus généralement. Le Targum du Pseudo-Jonathan laisse entendre que les Anamites étaient à l'ouest de l'Égypte, près de Cyrène. Les Lehabites étaient peut-être les Loubim ou Libyens (Na 3.9 ; 2 Ch 12.3), et les Naphtouhites peut-être du delta du Nil. Les Patrosites vivaient à Patros, c'est-à-dire en Haute-Égypte, et les Kaphtorites soit en Crète soit dans d'autres îles de la Mer Égée. Bref, pour autant que l'on puisse en être sûr, les fils de *Mitsraïm* sont les peuples dans et autour de l'Égypte. Ils étaient probablement parmi les peuples qui arrivèrent pour implorer de la nourriture auprès de Joseph (Gn 47.56-57), et on peut supposer que les *Bani Isra'il* qui partirent d'Égypte avec Moïse savaient qui ils étaient.

> *Canaan engendra Sidon, son premier-né, et Heth ; et les Jébusites, les Amorites, les Guirgashites, les Hivvites, les Arqites, les Sinites, les Arvadites, les Tsemarites, les Hamatites. Ensuite, les clans des Cananéens se dispersèrent. Le territoire des Cananéens s'étendit depuis Sidon, du côté de Guérar, jusqu'à Gaza, et, du côté de Sodome, de Gomorrhe, d'Adma et de Tseboïm, jusqu'à Lésha. Ce sont là les fils de Cham, clan par clan, langue par langue, dans leurs pays, dans leurs nations. (10.15-20)*

Les Cananéens sont importants dans l'histoire biblique parce que ce sont les peuples qui vivaient dans et autour de la terre que Dieu promet à Abraham et à ses descendants en Genèse 12.1-6. Plusieurs d'entre eux apparaissent fréquemment dans la Bible, et certains dans la Genèse même. On relèvera la rupture avec le schéma en 7 : il y a 11 peuples cananéens. Ils ne méritent pas un nombre parfait.

Sidon est une cité commerciale phénicienne importante sur la côte méditerranéenne au nord-ouest de Canaan, mentionnée en Genèse 49.13. « Heth » désigne les Hittites, un peuple d'Asie Mineure qui domina Canaan de 1800 à 1200 av. J.-C. Ils sont mentionnés en Genèse 23.3-20 ; 25.10 ; 27.46 et 49.32.

Les Jébusites furent les premiers habitants de Jérusalem (Jos 15.63 ; 2 S 5.6). Ils apparaissent aux côtés des Hittites et des Amorites dans la liste des peuples dont la terre sera donnée aux descendants d'Abraham en Genèse 15.21. Les Amorites sont particulièrement désignés comme étant sous le jugement de Dieu pour leur méchanceté (15.16). Les Guirgashites ne font plus parler d'eux dans la Genèse, mais ils apparaissent avec les Hittites, les Amorites, les Jébusites et les Hivvites dans plusieurs des listes de Cananéens à conquérir par les *Bani Isra'il* (Dt 7.1 ; Jos 3.10 ; 24.11 ; cf. Jos 9.1-2 et 11.3 où ils sont omis).

On ne sait quasiment rien sur les Hivvites en tant que peuple, mais il y a quelques références intéressantes à certains Hivvites dans la Bible. Les Gabaonites qui concluent un traité avec Josué sont des Hivvites (Jos 9.7). Dans la Genèse, l'homme qui viola Dina, la fille de Jacob, était un Hivvite (Gn 34.2), et Ésaü épousera une Hivvite et une Hittite (Gn 36.20). L'« entrée de Hamath » (aujourd'hui Hama en Syrie) est parfois désignée comme la frontière nord de la terre promise (Nb 34.8 ; Jos 13.5 ; 1 R 8.65), mais on ne sait pas exactement où situer cette entrée, et Hamath était généralement hors du territoire des *Bani Isra'il* (p. ex. 2 S 8.9 ; 2 R 14.28 ; 17.24).

Les autres fils de Canaan n'apparaissent plus jamais dans la Bible si ce n'est dans la généalogie de 1 Chroniques 1.13-16. Cependant, les lieux géographiques du verset 19 sont parfaitement connus et supposent qu'il y avait des habitants dans et autour de ce qu'on allait appeler la terre de Canaan (voir aussi Nb 34.2-12). Sidon était sur la côte nord-ouest, et Gaza et Guérar au sud ; Sodome, Gomorrhe, Adma et Tseboïm sont à l'est. L'emplacement de Lésha est incertain. Sodome et Gomorrhe sont les villes qui seront détruites au temps de Loth (Gn 13.8-13 ; 19.1-29), et on pense qu'elles se trouvent là où est aujourd'hui la mer Morte. Adma et Tseboïm figuraient parmi leurs alliés (Gn 14.2). En bref, ces versets sur les fils de Canaan sont la carte des peuples de la terre promise aux *Bani Isra'il*.

D. Genèse 10.21-31 – Les fils de Sem

> *Sem aussi, le frère aîné de Japhet*[14]*, eut une descendance. Il fut l'ancêtre d'Héber et de ses descendants. Les descendants de Sem furent : Elam, Assour, Arpakshad, Loud et Aram. Les descendants d'Aram furent : Outs, Houl, Guéter et Mash. Arpakshad eut pour fils Shélah, et Shélah eut pour fils Héber. Héber eut deux fils : l'un s'appelait Péleg (Partage), parce que de son temps la terre fut partagée, et son frère s'appelait Yoqtân. Yoqtân eut pour fils Almodad, Shéleph, Hatsarmaveth, Yérah, Hadoram, Ouzal, Diqla, Obal, Abimaël, Saba, Ophir, Havila et Yobab. Tous ceux-là étaient des descendants de Yoqtân. Ils habitaient la contrée s'étendant de Mésha jusque du côté de Sephar, la montagne d'orient. Tels sont les descendants de Sem selon leurs familles et leurs langues, dans leurs divers pays, selon leurs peuples. (BDS)*

La lignée de Sem sera suivie à partir de Genèse 11, car c'est lui qui est l'ancêtre d'Abraham. Les descendants de Sem sont les « peuples sémitiques » et ils comprennent les Juifs, les Assyriens, les Syriens et les Édomites. Il y a de nettes différences ici dans le schéma généalogique, car Héber, l'arrière-petit-fils de Sem, est mentionné avant ses fils, et il est souligné que Sem est l'aîné des frères bien qu'il soit mentionné en dernier dans la carte des nations. Nous comprenons que toute la carte nous amène vers la lignée d'Héber. Les nombres diffèrent aussi, mais témoignent cependant de schémas de perfection, avec 10 fils et petits-fils, 7 descendants des fils de Péleg, et un groupe de 14 qui comprend Yoqtân et ses descendants.

---

14. Notons que certaines traductions bibliques indiquent que Japhet est l'aîné de Sem. Pour notre étude, nous avons retenu cette traduction qui indique que Sem est l'aîné.

À partir de la Genèse, tout ce qu'on sait sur Sem se trouve en Genèse 9.23-28 mais, du fait qu'il fut béni par Noé et devint l'ancêtre d'Abraham, la tradition juive l'a mis en valeur. Avec Héber, on dit qu'il a fondé une école de Torah dans laquelle il transmit ce que Dieu avait dit à Adam, et les patriarches et matriarches y faisaient leurs études (par exemple Isaac, *Gen Rab* 56.11). On dit aussi qu'il était tellement juste qu'il était né circoncis (*Gen Rab* 26.3), et certains l'identifient au mystérieux prêtre-roi de Genèse 14.18-20, Malki-Tsédeq (p. ex. Talmud *Nedarim* 32b, *Gen Rab* 46.7). Il n'y a donc rien d'étonnant à ce qu'une certaine littérature islamique décrive Sem comme un croyant et prophète (*Kasasul Ambiya*, 81).

Des cinq fils de Sem, quatre apparaîtront plus tard dans la Bible. Le cinquième, Loud, est inconnu, mais ce pourrait être les Lydiens d'Asie Mineure. Élam et Assur/ Assyrie deviendront très connus, les Élamites vivant dans ce qui est aujourd'hui l'Iran et étant présents à la Pentecôte (Ac 2.9), et Assur se référant aux Assyriens.

Genèse 10 ne suit que les lignées d'Aram et d'Arpakshad. Les descendants d'Aram, les Araméens, vont prendre de l'importance à mesure que l'histoire biblique avancera. Ils comprendront les Syriens qui élaboreront la langue araméenne. Le petit peuple de Palestine, Jésus le Messie ainsi que ses disciples parlaient probablement cette langue. Une variante en est le syriaque, langue employée par beaucoup de chrétiens à l'époque de l'essor de l'islam. On sait très peu de chose sur les fils d'Aram désignés ici ; seul Outs apparaît ailleurs dans la Bible quand il nous est dit que Job vivait au pays d'Outs (Jb 1.1). À Oman, il y a un tombeau dont on dit que c'est celui de Job, mais il y a aussi des traditions disant qu'il venait de Turquie, de Syrie, du Liban et d'Ouzbékistan.

La lignée d'Arpakshad va nous entraîner par Héber et Péleg jusqu'à Abraham dans le *towledah* suivant. Ici, nous lisons que la terre fut « partagée » à l'époque des deux fils d'Héber, Péleg et Yoqtân (v. 25). Cela renvoie probablement à la dispersion des peuples en 11.9.

« Yoqtân » (hébr. *Yoqtan*) est lié à *q-t-n*, une racine qui signifie « petit » dans les langues sémitiques anciennes ; il signifie peut-être ici « jeune fils ». Les descendants de Yoqtân sont probablement tous dans la région sud-arabique. Saba ici est probablement la région du Yémen, le fief des Sabéens. L'archéologie indique qu'ils étaient un puissant foyer de commerce et de religion à partir du VIIe siècle av. J.-C., et l'Ancien Testament les connaît comme des bandes criminelles (Jb 1.15) et comme des négociants de biens précieux (Ps 72.15 ; És 60.6 ; Jr 6.20 ; Éz 27.22) mais aussi d'esclaves (Jl 3.8). C'est la reine de Saba qui rendit une visite mémorable au royaume de Salomon (1 R 10.1-3 ; *an-Naml* 27.20-44) ; mais une autre tradition dit qu'elle venait d'Éthiopie (voir ci-dessus, sur Gn 10.7). Salomon fit venir de l'or d'Ophir mais, comme Havila (voir ci-dessus sur Gn 2.11), son emplacement est incertain (1 R 9.28 ; 10.11 ; 1 Ch 29.4 ; Jb 22.24 ; 28.16 ; Ps 45.9).

Les autres fils de Yoqtân sont inconnus ailleurs dans la Bible, mais certains sont présents dans la tradition islamique comme ancêtres des tribus arabes. L'*Histoire* d'at-Ṭabarī nous dit que Yoqtân fut le premier roi du Yémen (vol. 2, p. 15, 20) et que, suite à la confusion des langues, les Sémites eurent dix-huit langues. Les enfants de Yoqtân figuraient, selon lui, parmi les arabophones (vol. 2, p. 18).

A'. Genèse 10.32 - Dispersion des nations après le déluge

> Voilà les clans des fils de Noé, selon leur généalogie, dans leurs nations. C'est à partir d'eux que les nations se sont réparties sur la terre après le déluge.

Ce verset fait écho au verset 1 de ce chapitre et parachève ainsi la structure de la Table des Nations. Le verset 1 annonçait la liste des familles nées après le Déluge, et ce verset dit en conclusion qu'on vient de dresser la liste exacte des peuples qui ont peuplé la terre après le Déluge. Les nations se sont « réparties » ou dispersées en 9.19, 11.4 et 11.9, ce qui veut dire qu'il s'agit d'une division positive sous la providence divine permettant à chaque peuple d'avoir son lieu à lui. Chacun a aussi sa propre histoire – « généalogie » est ici le mot *towledah*. Le chapitre 11 va lancer le récit particulier à la famille d'Abraham ; mais les autres aussi ont leur histoire propre.

En reparcourant le chapitre, le lecteur a de quoi réfléchir sur l'ordonnancement des peuples dans le monde de Dieu. La « terre après le déluge » a non seulement été remise en ordre passé le *tohu va-bohu* des eaux, mais elle l'a été après le *tohu va-bohu* des violents peuples antédiluviens. Mais l'histoire ne s'arrête pas là...

La ville et la tour de Babel

Structure et genre

Le récit de Babel ajoute la touche finale à la description que fait la Genèse du monde que Dieu a l'intention de bénir par Abraham et ses descendants. Contrairement à la plupart des récits de la Genèse, il n'est pas présenté comme l'élaboration d'une généalogie particulière. Bien qu'il fasse partie du *towledah* des fils de Noé, il ne mentionne aucun de ces fils, mais il parle de « toute la terre ». Il se présente comme un récit séparé entre les généalogies de 10.1-32 et de 11.10-26. C'est quelque peu semblable à Genèse 6.1-7, qui se trouve à la fin de la généalogie de Genèse 5. Cela aussi parle des gens en général qui détériorent la bonne création de Dieu et cela aussi mène à un individu qui apporte de l'espérance. La place de Genèse 11 dans le chiasme structurel de Genèse 1 – 11 nous encourage à comparer son histoire du développement de la civilisation avec celle de Genèse 4.

Genèse 11.1-9 est l'un des récits hébraïques de la Bible les plus élaborés, avec de multiples agencements dans ses mots et sa structure[15]. Même au travers de la traduction, ou peut discerner les structures. Le récit est en deux parties (versets 1-4 puis 6-9) et son pivot central est le verset 5 où le Seigneur descend. Les deux parties sont si finement construites que la seconde partie est le miroir de la première de deux manières différentes.

D'abord, les deux parties suivent un schéma similaire :

> Unité humaine : Même langue, même mots (11.1). Un seul peuple, une même langue (11.6).
>
> Lieu : Ils s'installent « là » (« y » ; 11.2). La confusion est semée « là » (11.7).
>
> Communication : « ...se dirent l'un à l'autre » (11.3). « Ne comprennent plus la langue les uns des autres » (11.7).
>
> Construction : « Bâtissons-nous donc une ville » (11.4). « Ils cessèrent de bâtir la ville » (11.8).
>
> Nom : « faisons-nous un nom » (11.4). Nom de la ville (11.9).
>
> Intention : « « afin que nous ne nous dispersions pas » (11.4). « Le Seigneur les dispersa » (11.8-9).

En même temps, la seconde partie reflète la première en sens inverse, formant un chiasme :

> **A.** Toute la terre avait une seule langue (11.1)
>   **B.** Ils s'installèrent « là » (11.2)
>   **C.** Ils se parlent « l'un à l'autre » (11.3)
>   **D.** « Faisons donc des briques » (11.3)
>   **E.** « Bâtissons-nous donc » (11.4)
>   **F.** « une ville et une tour » (11.4)
>   **G.** Le Seigneur descend (11.5)
>   **F'.** « la ville et la tour » (11.5)
>   **E'.** « que bâtissaient les humains » (11.5)

---

15. Notre analyse suit Wenham, *Genesis 1-15*, p. 234-236.

        D'. « Descendons… et brouillons » (11.6-7)
      C'. « ils ne comprennent plus la langue les uns des autres » (11.7)
   B'. Ils sont dispersés « de là » (11.8)
A'. La langue de toute la terre est brouillée (11.9)

On voit directement qu'il s'agit de retracer l'inversion par Dieu des plans de l'humanité. Le schéma est renforcé par les jeux de mots en hébreu. « Faisons » est *nilbenah*, « bâtissons » est *nibneh*, et « brouillons » est *nabelah*. Au verset 9, « brouillage » est *balal*, manifestement un jeu sur le terme Babel. Les mots exacts qui sont employés témoignent du « brouillage » de trois petites consonnes (*n-b-l*) pour produire différentes significations !

La brièveté de ce récit, sa construction exemplaire et sa place à part entre deux généalogies, tout cela attire l'attention du lecteur. Ce narratif n'est pas difficile à comprendre, mais il est d'une extrême importance. Il récapitule un nombre d'idées remarquable des chapitres précédents.

COMMENTAIRE

> *Toute la terre parlait la même langue, avec les mêmes mots. Partis de l'est, ils trouvèrent une vallée au pays de Shinéar, et ils s'y installèrent. (11.1-2)*

Le décor est planté. Nous revenons au temps précédant la multiplicité des langues. Cela est souligné par le parallèle répétitif d'« une même langue » et des « mot uns » (*devarim ahadim*, généralement traduit par « les mêmes mots » ou « le même discours »). L'expression « toute la terre » (hébr. *kal haaretz*) est évidemment importante, car elle intervient cinq fois dans les neuf versets du récit de Babel. Comme en Genèse 9.19, cela signifie : tous les habitants du monde.

On ne nous dit pas lesquels sont ceux qui ont migré, mais on peut supposer que ce sont certains des descendants de Noé dispersés à partir du mont Ararat. « Partis de l'est » ou « dans l'est » (*mi-qedem*) rappelle au lecteur Adam et Ève partant d'Éden qui était *mi-qedem* (Gn 2.8), les chérubins empêchant *mi-qedem* le retour en Éden (Gn 3.24), et Caïn migrant vers l'est (4.16). « Shinéar » a été expliqué en 10.10 comme la région mésopotamienne où a régné Nemrod. C'est là que le groupe trouve un lieu où s'établir.

> *Ils se dirent l'un à l'autre : Faisons donc des briques et cuisons-les au feu ! La brique leur servit de pierre et le bitume leur servit de mortier. Ils dirent alors : Bâtissons-nous donc une ville et une tour dont le sommet atteigne le*

> *ciel, et faisons-nous un nom, afin que nous ne nous dispersions pas sur toute la terre ! (11.3-4)*

Dieu est absent de ces versets. Les gens se sont entendus entre eux et ils débattent de leur avenir entre eux et sans Dieu. Il se mettent à fabriquer des briques. Pourquoi ? se demande-t-on. Mais rapidement on découvre qu'ils ont un objectif : construire une ville et une tour. On se rappelle la première ville construite par Caïn (4.17). C'était un lieu de musique et d'artisanat, mais aussi de violence et de vengeance. Cette ville-ci va être remarquée par quelque chose d'autre : une immense tour.

Cette ville est à eux, afin d'avoir un nom à eux et un lieu à eux. La motivation, c'est qu'ils craignent d'être dispersés. Pourquoi donc ? On se souvient que Dieu leur avait dit de « remplir la terre » (9.1-7 confirme 1.28) ; se répandre partout sur la terre fait donc partie de la bénédiction divine. « Être dispersé » comporte une part de négatif, une perte de pouvoir et d'identité de groupe, qui est souvent associée au jugement de Dieu (Nb 10.35 ; Dt 4.27 ; 28.64). Ces gens aspirent à la sécurité.

La tour est un élément de cette sécurité. C'est « là » (hébr. *sham*). La tour a son sommet dans les cieux (hébr. *shamayim*). Le peuple se fera un « nom » (hébr. *shem*) pour lui-même. Il est presque certain que la tour était une ziggourat, c'est-à-dire un édifice à quatre faces sous forme pyramidale, imitant probablement la forme des montagnes. Elles étaient courantes dans la Mésopotamie antique ; il s'agissait de temples dont on disait que leur sommet atteignait le ciel. La tour atteint les *shamayim*, mais elle a ses fondations dans la terre, servant ainsi de lieu de rencontre pour les dieux d'un peuple particulier ayant un nom (*shem*) particulier dans un lieu (*sham*) particulier.

Les détails de l'édifice témoignent de l'emplacement de la ville. Ailleurs, en Égypte et dans la terre promise, c'est la pierre qui était employée pour les fondations, et l'argile séchée au soleil pour la superstructure. Dans la terre alluviale du Bangladesh comme dans la terre alluviale de Mésopotamie, la pierre n'était pas disponible ; il fallait donc recourir à de la brique cuite au four cimentée avec du bitume.

> *Le Seigneur descendit pour voir la ville et la tour que bâtissaient les humains. (11.5)*

Hors d'Éden, nous avons vu Dieu venir parler à Caïn, puis marcher avec Hénoch et Noé. Ici, on voit que Dieu « descend » très intentionnellement, en usant du nom de l'alliance, YHWH. L'expérience de Babel va être plus proche de celle de Caïn que de celle d'Hénoch et Noé.

Ce verset est le pivot du récit, il en est le centre. Il rappelle aux lecteurs anciens l'histoire des dieux qui viennent demeurer dans le temple à Babylone pour y être servis par les humains. Les lecteurs juifs ultérieurs allaient se rappeler la venue glorieuse de la *shekinah* dans la tente de la rencontre puis dans le temple (Ex 40.34 ; 2 Ch 7.1), ainsi que la promesse du retour de Dieu après l'exil (Ml 3.1). Les lecteurs chrétiens se souviendront de la venue de Dieu dans la personne du Messie (Jn 1.14) et dans le Saint-Esprit (Ac 2.2-4). Les lecteurs musulmans trouveront sans doute la notion de « descente » de Dieu incompréhensible. Les sunnites orthodoxes se demanderont comment un Dieu transcendant a pu descendre, et les soufis pourront se demander comment un Dieu immanent a pu avoir été absent. La Bible ne voit là aucun problème : le Dieu créateur qui est au-dessus de tout et qui voit tout est aussi le Dieu personnel de l'alliance qui vient vers ses créatures en des temps et des lieux particuliers.

Dans ce verset, Dieu descend pour voir la tour. Il y a ici une forme d'ironie, soulignant la grandeur de Dieu et la petitesse de la tour. Les humains s'efforcent de construire assez haut pour l'atteindre, mais toute leur belle technique a accouché d'une chose si petite qu'elle est invisible en comparaison de la majesté de Dieu.

On note aussi que les gens qui bâtissent la tour sont appelés « fils d'*adam* » (*bene ha-adam*, « fils de l'homme » ou « des hommes »). C'est peut-être pour contrer la notion de l'*Enuma Elish* selon laquelle ce sont les dieux qui ont construit le temple de Babylone. La Genèse dit : « Évidemment, ce n'est pas eux qui l'ont édifiée ; ce n'est pas un édifice divin dont le sommet touche au ciel mais une construction humaine qui ne monte pas très haut. » Mais l'expression « fils de l'adam » nous rappelle aussi le péché d'Adam. L'épisode regrettable de Babel montre que la triste saga du désir humain de rivaliser avec la gloire de Dieu par une autonomie assumée se perpétue au-delà même d'un châtiment aussi cataclysmique que le Déluge.

> *Le Seigneur dit : Ainsi ils sont un seul peuple, ils parlent tous la même langue, et ce n'est là que le commencement de leurs œuvres ! Maintenant, rien ne les empêchera de réaliser tous leurs projets ! Descendons donc, et là, brouillons leur langue, afin qu'ils ne comprennent plus la langue les uns des autres ! Le Seigneur les dispersa de là sur toute la terre ; ils cessèrent de bâtir la ville. (11.6-8)*

Les versets 3 et 4 commencent en hébreu par : « et ils dirent. » La deuxième partie du récit commence par : « Le Seigneur dit. » Comme en Genèse 1.26

et 3.22, nous voyons le pluriel de la majesté ou de la Trinité[16] ; et comme en Genèse 2.18, 6.6-7 et 8.21-22, nous voyons quelque chose de la décision que Dieu prend. Ces aperçus grandioses de la pensée divine nous emmènent en voyage. Premièrement : Dieu décide de faire les humains « à son image », avec la capacité de parler et de faire des choix moraux, et de leur donner la domination sur le monde beau qu'il a créé (1.26). Ensuite, il réfléchit à la nécessité d'une compagne et d'une communion, et il crée la femme pour l'homme (2.18). Quand elle, puis lui, utilisent leur capacité de choix pour se rebeller contre Dieu, il met une limite à la durée de leur vie et à leur pouvoir en leur barrant l'accès à l'arbre de vie (3.22-24). Ensuite, il voit le désordre terrible qui est la conséquence de la transgression par les humains de la nature et de la dignité que Dieu leur a donnée ; alors, il décide de leur offrir un nouveau départ et de limiter encore davantage la durée de leur vie (6.1-8). Au moment où ce nouveau départ intervient, il constate que le péché ne s'arrêtera pas, mais il s'engage irrévocablement à continuer avec eux (8.20-22) – il aime ces êtres qui lui causent des difficultés ! Et là, il regarde encore l'excès de domination (11.5) et il voit bien que ça va continuer ainsi.

Comment va-t-il s'en accommoder ? Va-t-il faire crouler la tour sur leurs têtes comme dans le récit de la sourate *an-Naḥl* 16.26 ? Va-t-il les anéantir et n'en sauver que quelques-uns comme au temps du Déluge ? Mais il a promis qu'il ne le ferait plus ! Alors il trouve un moyen de limiter le mal qu'ils peuvent faire, de mettre un coup d'arrêt à leur projet de construction, tout en les laissant continuer à vivre afin de les bénir. Sa solution est géniale : s'ils parlent tous la même langue, ils peuvent travailler ensemble comme un seul homme et se servir de leurs capacités d'invention pour faire des choses terribles. Il va donc faire quelque chose qui va mettre un terme à leur unité.

« Allons, bâtissons », dit le peuple. « Allons, descendons », dit Dieu. « Vous voulez vous élever jusqu'à moi ? Vous n'y arriverez jamais ! C'est moi qui vais descendre vers vous ! » Mais Dieu ne descend pas pour les constituer en un grand peuple avec un grand nom. Il descend pour les empêcher de construire en semant la confusion dans l'aspect même de leur nature qui avait permis à Adam de donner des noms : leur langage. Comme il a été dit plus haut dans ce chapitre, l'ironie est soulignée par le jeu de mots : *nilbenah* (faisons), *nibneh* (bâtissons) et *nabelah* (brouillons).

Le résultat, c'est qu'ils cessèrent de construire la ville. La fin est étonnante : on ne parle même plus de la tour ! On peut éventuellement en déduire que tout l'objectif de la tour était d'asseoir la ville dans son autosuffisance présomptueuse avec sa propre religion anti-YHWH : s'ils abandonnent le projet de construction

---

16. Voir commentaire sur Gn 1.26, p. 77-78.

de la ville, la tour ne sert plus à rien et elle va finir par s'écrouler. Mais le dernier mot de ce verset, *ha-'iyr* (la ville) amène au dénouement final : nous allons savoir de quelle ville il s'agit !

> *C'est pourquoi on l'a appelée du nom de Babylone (« Brouillage »), car c'est là que le Seigneur brouilla la langue de toute la terre, et c'est de là que le Seigneur les dispersa sur toute la terre. (11.9)*

Cette ville est celle que nous appelons « Babylone », l'endroit construit par Nemrod, et le lieu qui va devenir le symbole d'un pouvoir idolâtre et orgueilleux dans toute la Bible, jusqu'au Jugement dernier. En akkadien, la langue de Babylone, *bab-ilu* signifie « porte du dieu ». La tour est à l'évidence le temple de Mardouk, connue sous le nom d'Esagil qui signifie littéralement « l'édifice à la tête haute ». Les Babyloniens croyaient que leur tour était la porte entre leurs dieux et eux-mêmes. Pas du tout, dit la Genèse. Babel signifie *balal*, « lieu de confusion ».

Certains Mésopotamiens de l'Antiquité partageaient avec les *Bani Isra'il* la tradition selon laquelle l'humanité eut autrefois un seul langage qui avait été brouillé, mais à ce brouillage ils trouvaient des raisons différentes. Une épopée sumérienne prétend que c'était l'effet d'un conflit entre les dieux. Pas du tout, dit la Genèse. C'est le résultat de l'engagement du Dieu unique envers sa création.

L'ultime ironie est que c'est cela même que les gens redoutaient qui leur est arrivé. Ils étaient occupés à construire pour s'ancrer en un lieu sur la terre d'où ils ne seraient pas dispersés (11.4), mais le résultat de leur entreprise de construction est que Dieu lui-même les disperse sur toute la terre (11.9). Dieu les met dans les lieux où il les veut, que cela leur plaise ou non. C'est lui leur créateur, leur Seigneur et maître, et il faut qu'ils le reconnaissent comme tel s'ils veulent avoir la bénédiction d'une demeure permanente.

Réflexion théologique

Le Dieu unique qui a créé le monde et qui l'a mis en ordre est aussi le Dieu unique qui a créé les nations et qui les a mises en ordre. Si Genèse 1.1 – 2.3 nous assure que Dieu a mis de l'ordre dans le *tohu va-bohu* des eaux, et si Genèse 6 – 9 nous assure qu'il maîtrise la violence chaotique des humains, Genèse 10 nous assure qu'il met de l'ordre dans le mélange disparate des peuples et des langues de notre monde ; et Genèse 11.1-9 nous assure de sa maîtrise même sur les plus grands pouvoirs impériaux. Cela est la partie essentielle du *bourgeon théologique* – peut-être même la *tige* – sans laquelle le reste du bourgeon ne se conçoit pas.

C'est le Dieu international de toutes les nations et de toutes les langues, et non le Dieu tribal de Babylone ni même d'Israël !

Genèse 10.1 – 11.9 apporte sa *contribution à l'ADN de la science*, et c'est un avertissement. Les êtres humains étant faits à l'image de Dieu, nous avons une capacité de création et de technologie ahurissante ; ainsi, nous pouvons construire des choses pour le bien des communautés dans lesquelles Dieu nous a placés, et pour le bien de tous les descendants de Noé. Mais nous pouvons aussi utiliser la science de manière idolâtre, pour servir notre propre peuple, nos propres objectifs et même notre propre religion. À l'évidence, le peuple de Babel était fier de la hauteur de sa tour, comme aujourd'hui nous sommes fiers des progrès scientifiques qui nous permettent d'avoir une relativement grande maîtrise des forces naturelles. Babel nous avertit que, si nous travaillons ensemble à utiliser ce pouvoir pour édifier à notre profit et non au profit de Dieu, Dieu ne manquera pas d'anéantir notre travail et de nous plonger dans la confusion !

Parmi les premiers scientifiques, certains étaient fascinés par la technologie de l'histoire de Babel. Ils ne pensaient pas qu'il puisse y avoir quelque chose de mal à construire quelque chose tant que les dispositions étaient bonnes. L'histoire de Babel les inspirait, et certains allèrent jusqu'à rechercher les restes de la tour de Babel afin de tirer enseignement de la technique ancienne[17]. Mais comme il est tentant d'écouter Shayṭān qui dit : « vous serez comme des dieux » (Gn 3.4) ! Aujourd'hui, on construit des gratte-ciels toujours plus hauts. Parfois, des musulmans construisent une mosquée à côté d'une église et ils la font plus haute que l'église. Ensuite les chrétiens veulent bâtir une église plus haute !

Hélas, les gens se servent souvent des bâtiments pour se faire un nom. Le plus haut gratte-ciel du monde est jusqu'à ce jour le Burj Khalifa à Dubaï. Son site web ne tarit pas d'éloges : « Burj Khalifa se dresse comme une ancre sur le kilomètre-carré le plus prestigieux du monde : Downtown Dubaï que l'on qualifie aussi de 'Centre de l'Aujourd'hui'.[18] »

Ce colossal symbole d'opulence a été construit avec la sueur de travailleurs migrants, beaucoup venant d'Asie du Sud, et qui n'étaient payés que 3 dollars par jour et logés dans des conditions ignobles[19]. Nous devons nous rappeler que si nous voulons construire quelque chose uniquement en notre nom et si nous n'avons cure de la vie des travailleurs exploités qui construisent le building, Dieu ne sera pas content !

---

17. Voir Sadway, « Fortunes of Babel », p. 191-214.
18. https://www.burjkhalifa.ae/en/downtown-dubai/, consulté le 21 avril 2019.
19. L. Allen, "The Dark Side of the Dubai Dream," *BBC News Magazine*, 6 avril 2009, http://news.bbc.co.uk/2/hi/uk_news/magazine/7985361.stm , consulté le 3 octobre 2018.

Comme partie du *terreau de la Bible*, le *towledah* des fils de Noé nous présente les divers peuples parmi lesquels vont vivre les *Bani Isra'il*. Il nous présente aussi les deux faces de toutes les communautés humaines. D'une part, l'existence même d'un groupe humain est une marque de la bénédiction divine ; sa culture et sa langue sont une part de la diversité de sa création. D'autre part, les gens se battront pour la sécurité, la puissance et l'opulence de leur propre groupe. Les nations entourant Israël associaient leurs dieux à leur peuple et à leur pays, et elles pensaient que leurs dieux combattaient pour elles contre toutes les autres. Alors, dans toute la Bible, on va voir des peuples qui se mettent en opposition au seul vrai Dieu et à son peuple ; mais on verra aussi les *Bani Isra'il* tomber dans les mêmes travers babéliens. Ils exigeront d'avoir leur propre roi, comme les autres nations (1 S 8.6) et ensuite, constamment, les rois utiliseront leur pouvoir à tort et à travers. Encore et toujours, on voit que la royauté de Dieu est différente de celle des rois de la terre. Cela se verra par excellence en Jésus le Messie, le roi parfait qui a reçu l'onction. Il défiera les royaumes de César et les chefs religieux de son temps, mais il ne le fera pas à leur façon. Comme il le dira à Pilate, son royaume est d'une nature toute différente (Jn 18.36).

Le Coran lui aussi conteste les pouvoirs politiques impies, notamment dans le portrait qu'il fait d'Abraham et du roi qui est identifié à Nemrod (ar. *Namrūd*) dans la tradition islamique (voir p. 307-308). Toutefois, sa contestation est différente parce que le prophète Mohammed ressemblait davantage à certains des leaders des *Bani Isra'il* qu'à Jésus le Messie. Il a instauré un royaume politique qui a affronté ses adversaires, et qui a rapidement conquis de nombreux autres royaumes après sa mort.

L'empire islamique qui se développa a été, à bien des égards, comme l'empire chrétien de Byzance, appelé *ar-Rūm* dans le Coran. Les Byzantins pensaient que leur empire terrestre était aussi le royaume de Dieu sur terre. Ils avaient tort. Comme les gens de Babel, leur puissance a été limitée et, comme le Coran l'attendait (*ar-Rūm* 30.2-5), leur empire arriva à son terme. L'histoire de Babel nous assure qu'il ne sera permis à aucun royaume terrestre de s'étendre au-delà des limites fixées par Dieu.

Après son retour dans les cieux, Jésus le Messie envoya le Saint-Esprit pour inverser l'histoire de Babel. Il inspira les apôtres pour qu'ils prêchent l'Évangile en diverses langues, de sorte que tous puissent profiter des bénédictions et œuvrer ensemble pour construire le royaume divin de paix et d'humilité (Ac 2.1-11). Le Nouveau Testament fut écrit dans la langue qui était le mieux comprise dans toute la région méditerranéenne, recourant à des traductions grecques de l'Ancien Testament et des paroles de Jésus en araméen. Cette accessibilité du langage est importante pour comprendre la nature de la Bible et surtout pourquoi tant de croyants lisent les traductions de la Bible dans leur propre langue plutôt que d'essayer d'apprendre l'hébreu et le grec.

Il est utile de comparer le Nouveau Testament en grec et le Coran en arabe. Le Coran est réputé être les paroles dictées à Mohammed, le prophète de l'islam, en langue arabe (*ash-Shūra* 42.7), et donc les musulmans l'ont toujours lu en arabe, soutenant qu'une traduction n'est plus *le* Coran mais une interprétation du Coran. Si les apôtres avaient eu cette même conception des Écritures, ils n'auraient pas admis la traduction grecque des Écritures hébraïques (la Septante, symbolisée par les lettres LXX) comme parole de Dieu. Et pourtant, les auteurs du Nouveau Testament citent l'Ancien Testament à partir de la Septante, et il semble que Jésus le Messie l'ait lui-même utilisée. Il faut en déduire que le même Saint-Esprit qui a inspiré les auteurs de l'Ancien Testament a aussi aidé les traducteurs de la Septante. C'est le même Saint-Esprit qui a inspiré les apôtres à écrire le Nouveau Testament en grec. Aujourd'hui, c'est le même Saint-Esprit qui conduit les disciples de Jésus le Messie dans leur traduction des Écritures en diverses langues, afin que chacun puisse lire la bonne nouvelle dans les 7 000 familles de langues du monde[20].

Et nous ?

La réponse raisonnable à tout cela est l'adoration. Le monde contemporain, avec sa prodigieuse diversité de nations et de peuples, de réfugiés et de travailleurs migrants, de touristes et d'hommes d'affaires, est le résultat de la bénédiction du Créateur. « Soyez féconds et multipliez-vous. » Et les « Babel » d'aujourd'hui sont minuscules par rapport au Créateur tout-puissant. Il ne manquera pas de limiter leur capacité de nuisance, et il le fera pourtant avec un sens de la miséricorde qui donnera à chacun l'occasion de se repentir et d'accepter la bénédiction de la souveraineté divine dans sa vie.

Et des « Babel », il y en a des quantités aujourd'hui. Dans nos médias, tous les jours, nous voyons les grandes nations du monde qui essayent toutes de se forger un nom. À l'intérieur des nations, il y a des partis politiques, de très grosses sociétés, des équipes sportives et des gens connus : ils veulent tous construire quelque chose qui les rendra riches, puissants et célèbres. Nous nous sentons tout petits, mais ce n'est pas un mal. L'histoire de Babel nous dit que tous les humains avec toutes leurs constructions sont tout petits : l'important est de nous rappeler notre petitesse et de nous incliner humblement devant le seul Être qui

---

20. https://www.ethnologue.com/guides/how-many-languages.

soit digne d'adoration, devant le Nom qui est au-dessus de tout nom (Ps 148.13 ; Ml 1.11 ; Ph 2.9-10).

Demandons-nous donc si nous voyons le monde avec le regard de Babel, au ras des pâquerettes ; ou si nous le voyons depuis la perspective céleste de Dieu…

De qui avons-nous peur ?

On peut imaginer les *Bani Isra'il* écoutant l'histoire de Babel depuis leur exil à Babylone, regardant ses grands édifices et la tour de son temple. Ils auront bien capté le message de Genèse 11 : ces édifices n'atteignent pas Dieu, et cette grande puissance impériale est sans commune mesure avec le seul vrai Dieu créateur de tout. En un instant, il peut descendre et semer la confusion parmi eux tous, au point qu'ils n'arriveront plus jamais à conquérir et à opprimer les autres peuples. Donc, sous quelque puissance que nous nous trouvions, quelle que soit l'arrogance qui nous enserre, nous aussi nous pouvons être certains que le Seigneur Dieu, le tout-puissant Créateur et Gardien de l'alliance plein d'amour, a tout pouvoir sur la méchanceté et qu'il posera des limites à la croissance du mal quel qu'il soit.

Que construisons-nous ?

Construisons-nous pour nous-mêmes, pour nos familles et nos communautés, ou bien pour Dieu ? Pensons-nous avoir besoin de bâtiments, de gloire, d'honneur, de reconnaissance afin d'affirmer notre foi ? Il nous faut réfléchir sérieusement ici, afin de fuir l'orgueil et l'unité qui ne vient pas de Dieu. Les efforts humains hors de Dieu ne réussiront pas. Les humains ont leurs projets, mais au Bangladesh on a souvent observé qu'ils s'évaporent quand on les poursuit. (Le terme bangladais pour « projet » est l'association de deux mots : *pari-kalpana* – *pari* signifiant « fée » et *kalpana* signifiant « imaginer ».) Mais « les projets du Seigneur tiennent pour toujours » (Ps 33.11).

Pensons-nous que nous pouvons d'une certaine manière nous hisser jusqu'à Dieu ?

Impossible. Si nous sommes hors d'Éden, nous ne pouvons pas y retourner en construisant des tours ou en escaladant on ne sait quelle échelle spirituelle – observer la loi, faire des prières ou des dévotions, le *dhikr* ou toute autre chose – pour parvenir à Dieu. Il est le seul qui puisse rétablir ce qui a été perdu à cause de la chute. La bonne nouvelle, comme nous le verrons dans le chapitre 12.1-3, est qu'il a un plan de rédemption et de re-création pour tous les peuples en passant par le peuple d'Abraham.

Si nous acceptons l'invitation à rejoindre les *millet Ibrahim*, nous nous inscrivons dans le vaste plan rédempteur de Dieu ; mais son plan n'est pas seulement que nous recevions la bénédiction mais que nous l'apportions aux autres.

Désirons-nous la bénédiction pour tous les peuples, ou seulement pour nous-mêmes ?

Si nous remercions Dieu pour ceux qui ont traduit la Bible en bengali, est-ce que nous prions aussi pour ceux qui la traduisent dans les langues de ceux qui n'ont pas encore la Bible ? Dieu appelle-t-il certains d'entre nous à traduire la Bible ? Avons-nous à cœur d'apprendre de nouvelles langues afin de pouvoir partager la bonne nouvelle avec les gens qui viennent au Bangladesh depuis divers pays, et avec les gens des nombreux pays dans lesquels nos sœurs et frères bangladais vivent actuellement, y compris Dubaï ?

7

Les commencements d'Abraham
Genèse 11.10 – 12.1

Jusque-là, la Genèse nous a parlé de tous les peuples du monde entier. Nous avons tout lu sur la création de tout, sur Adam et Ève et leurs fils qui nous montrent la nature des humains, sur le jugement universel, et sur Noé qui est l'ancêtre de tous les peuples. C'est un parcours fait de hauts et de bas, de bénédictions et d'offenses, de jugements et de grâces. Nous avons voyagé depuis les splendeurs d'Éden en Genèse 2 jusqu'aux tréfonds du péché en Genèse 3 – 4 ; au long de la lente ascension des bénédictions des naissances et du jugement de mort en Genèse 5 jusqu'à la plongée au fond de la corruption universelle de Genèse 6.1-7. Nous avons voyagé depuis les hauteurs stratosphériques de Dieu se souvenant de Noé au cœur de Genèse 6 – 9, jusqu'aux promesses imméritées adressées à tous les êtres vivants dans l'alliance de l'arc-en-ciel.

Mais ce que nous rapporte Genèse 1 – 11 sur tous les peuples nous en laisse une image sinistre. La dernière partie du *towledah* de Noé indique une bénédiction à venir mais aussi une servitude à venir (9.25-27), et la Table des Nations procure de l'espoir en ce que Dieu met en ordre tous les peuples (10.1-32). Mais le récit final des origines du monde entier fait état d'une attitude de défi contre Dieu, de confusion parmi les êtres humains et d'interruption de leur projet (11.1-9). C'est une fin tragique pour l'introduction biblique au monde que Dieu a fait.

Mais ce n'est pas la fin de l'histoire ! À partir de 11.10, la Genèse se concentre sur une lignée particulière : celle de Sem. À partir d'elle, Genèse 11.27 en sélectionne une autre, celle de Térah, dont les descendants vont être au cœur des trente-neuf chapitres suivants. En tant que livre des commencements, la Genèse démarre ainsi l'histoire du salut de l'humanité au travers d'une seule famille dont la lignée va apporter aux nations en déroute la bénédiction promise qui a été entrevue depuis Genèse 3.15, et qui va leur permettre de rejoindre le repos sabbatique de Genèse 2.1-3. Le Coran parle aussi du commencement de cette bénédiction, l'appelant « la religion d'Abraham » (trad. Blachère) ou *millet Ibrahim* (communauté d'Abraham).

L'influence d'Abraham est si grande que les Juifs, les chrétiens et les musulmans le vénèrent chaque jour dans le monde entier. Chaque confession considère Abraham comme son père, et les croyants voient leur propre religion comme la fleur authentique du bourgeon de sa religion. De nombreux peuples prétendent descendre d'Abraham par Qetoura, dont les fils s'installèrent en Arabie (Gn 25.1-6). Certains groupes font aussi remonter les origines de l'hindouisme ou de peuplades africaines à Qetoura[1]. Au Bangladesh, on est fier de se qualifier de *millet Ibrahim*.

Dans le Coran, Abraham est réputé être un homme de vérité et un prophète éminent (*Maryam* 19.41). Il est mentionné soixante-neuf fois, y compris neuf allusions à la *millet Ibrahim* (*al-Baqara* 2.130, 135 ; *Āl 'Imrān* 3.95 ; *an-Nisā'* 4.125 ; *al-An'ām* 6.161 ; *Yūsuf* 12.37, 38 ; *an-Naḥl* 16.123 ; *al-Ḥajj* 22.78). Abraham est décrit par le terme *ḥanīf* (*al-Baqara* 2.135 ; *Āl 'Imrān* 3.95 ; *an-Nisā'* 4.125 ; *al-An'ām* 6.161 ; *an-Naḥl* 16.123) ; c'est pour signifier qu'il s'est conformé à une forme de monothéisme antérieur à la fois au judaïsme et au christianisme[2] (*Āl 'Imrān* 3.67 ; *an-Naḥl* 16.120). Il est insensé, selon le Coran, de se détourner de la *millet Ibrahim* (*al-Baqara* 2.130). La *millet Ibrahim* est la *sīrat al-mustaqīm* (la voie droite) que prêche le prophète Mohammed (*al-An'ām* 6.161 ; *an-Naḥl* 16.121-123 ; *al-Ḥajj* 22.78), c'est la *millet Ibrahim* que les musulmans doivent suivre (*al-Baqara* 2.135 ; *Āl 'Imrān* 3.95 ; *an-Nisā'* 4.125). Isaac, Jacob et Joseph aussi ont suivi la *millet Ibrahim* (*Yūsuf* 12.38). Comment ne voudrait-on pas en faire partie ?

Alors, qui était Abraham ? Quel est son peuple ? En quoi croit-il ? La réponse de la Torah est dans la Genèse, et 11.10 – 12.1 est la présentation d'Abraham, de sa famille et de sa trajectoire de foi. Aux versets 11-26 et 27-30, les deux généalogies nous font passer des récits des commencements du cosmos et des nations à l'histoire d'une nation particulière, les *Bani Isra'il*, à commencer par son ancêtre Abraham. Elles nous disent comment Abraham s'inscrit dans le monde de Dieu,

---

1. Voir « Keturah » dans James Orr, sous dir., *International Standard Bible Encyclopedia*, Chicago, Eerdmans, 1939, https://www.internationalstandardbible.com/K/keturah.html consulté en septembre 2018 ; Olaudah Equiano, *The Interesting Narrative and Other Writings*, Penguin Books, 1995, p. 44.

2. Il semble qu'il y ait eu des monothéistes qualifiés de *Hanif* en Arabie avant la venue de l'islam. Voir Hans Köchler, sous dir., *Concept of Monotheism in Islam and Christianity*, International Progress Organization, 1982, p. 29.

ce qui signifie qu'elles constituent une étape importante vers la compréhension de ce que peut signifier avoir Abraham comme « père ».

Les mondes derrière et devant le texte

Le monde antique et le monde d'aujourd'hui

Dans le monde antique, les Juifs étaient peu nombreux, et ils étaient entourés de nations plus grandes ; aussi attachaient-elles peu d'importance à la revendication des Juifs d'être le peuple d'Abraham. Cependant, pour eux-mêmes, ils avaient besoin de savoir qui ils étaient, et il leur fallait être fiers de l'héritage que Dieu leur avait accordé. L'un des Dix Commandements est : « Honore ton père et ta mère » (Ex 20.12 ; Dt 5.16). Il leur fallait savoir qui étaient leurs ancêtres hommes et femmes afin de les honorer. Nous avons déjà exposé l'importance des généalogies dans le monde antique et dans le nôtre (p. 185) ; on peut donc comprendre que la généalogie d'Abraham était un maillon essentiel de l'assise de leur identité.

Dans le monde d'aujourd'hui, les émigrés non seulement veulent se renseigner sur leurs familles, mais ils veulent aussi se renseigner sur les endroits d'où elles sont originaires. Dans le monde, les Bangladais racontent à leurs enfants des histoires sur le Bangladesh, et ils les envoient visiter leurs lieux ou leurs villages d'origine chaque fois que c'est possible. Dans le monde antique, les voyages et les communications étaient bien plus difficiles, mais on se rappelait néanmoins les lieux et on se transmettait les histoires. Voilà pourquoi on peut comprendre que la géographie de Genèse 11 ait été si importante pour les lecteurs juifs d'autrefois.

Mais il y a une différence importante entre les Juifs de l'Antiquité et les Bangladais disséminés aujourd'hui. Alors que les Bangladais de Grande-Bretagne disent à leurs enfants : « Les gens de ce village sont les nôtres », les Juifs d'autrefois disaient à leurs enfants : « Les gens de cette région ne sont pas de notre religion et ne sont plus de notre peuple. » Les lieux mentionnés allaient devenir les foyers des empires assyrien et babylonien qui allaient souvent être les ennemis des *Bani Isra'il* et qui allaient les emmener en exil. C'est de ces régions-là qu'Abraham est appelé par Dieu.

> Josué dit à tout le peuple : Ainsi parle le Seigneur, le Dieu d'Israël :
> Vos pères, Térah, père d'Abraham et père de Nahor, habitaient autrefois de l'autre côté du Fleuve et ils servaient d'autres dieux. J'ai pris Abraham, votre père, de l'autre côté du Fleuve et je lui ai

fait parcourir tout Canaan ; j'ai multiplié sa descendance et je lui ai donné Isaac. (Jos 24.2-3)

Des récits allaient se développer sur l'idolâtrie de la région, sur la manière dont Abraham allait comprendre le seul vrai Dieu et s'opposer aux idolâtres. On peut imaginer comment tout cela a pu aider les gens à entretenir leur foi quand ils ont eu à vivre en exil au milieu des idolâtres de cette même région.

Géographie et religion

La période la plus probable de l'existence d'Abraham est l'Âge du Bronze moyen, entre 2000 et 1600 av. J.-C. Il faut connaître la Mésopotamie de cette époque afin de comprendre Genèse 11. La carte ci-dessous (figure 10) montre les lieux principaux où Abraham s'est déplacé :

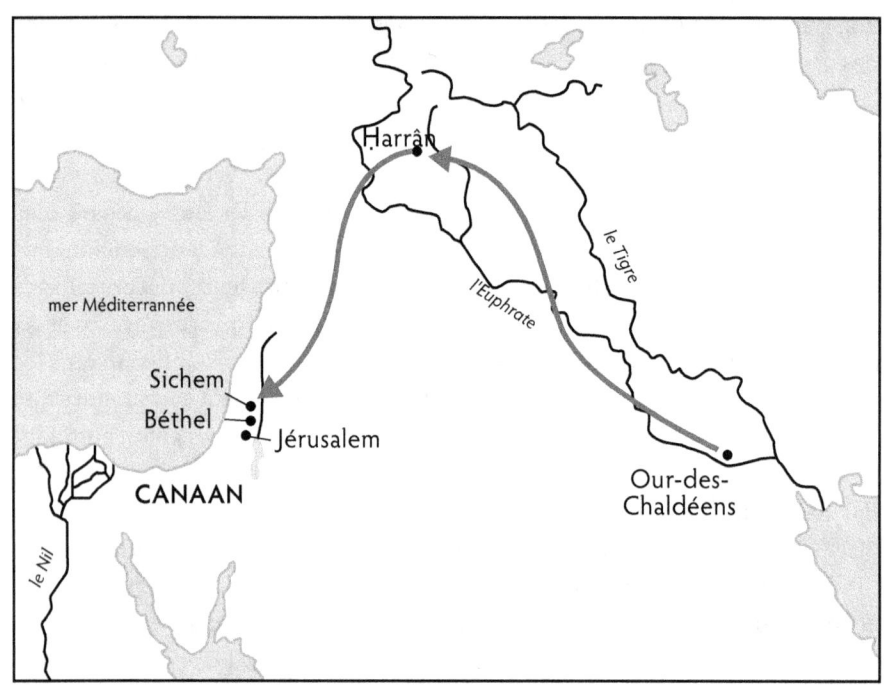

Figure 10 – Les voyages d'Abraham

L'emplacement le plus probable d'Our-des-Chaldéens (hébr. *Ur Kasdim*) était près de l'Euphrate, dans ce qui est actuellement le sud de l'Irak. Il existe également une tradition selon laquelle Our correspondrait à l'actuelle Ourfa ou

Édesse, ou à un autre lieu près de Ḥarrân en Haute Mésopotamie ; mais ces lieux n'auraient pas été associés aux Chaldéens.

L'Our des bords de l'Euphrate a commencé comme un petit village, mais il est devenu un port important et la ville la plus grande et la plus riche de la Mésopotamie du sud. À cet endroit, il y a des traces archéologiques du développement de l'écriture, des arts et de la science. À l'époque d'Abraham, la ville comportait un énorme temple voué au dieu sumérien de la Lune, Sin. Il était le seigneur de la sagesse et du calendrier, et son temple était une ziggourat comme le temple de Mardouk à Babylone. Son symbole était le croissant de lune, que l'on peut voir sur des monnaies anciennes ainsi que sur le torse de statues antiques du dieu-lune.

Ḥarrân était aussi un centre cultuel du dieu-lune, Sin. L'akkadien *Ḥarran* signifie « carrefours » ou « grandes routes », et la ville avait une position stratégique au croisement d'un fleuve sur la route principale entre Ninive et Alep, à environ 30 kilomètres au sud de ce qui est aujourd'hui Édesse en Turquie. C'était un foyer de commerce et il allait devenir la capitale de l'Assyrie avant d'être pris par les Babyloniens en 609 av. J.-C.

Les noms

Le lecteur aura remarqué qu'en Genèse 11 nous avons les noms Abram et Saraï, et non Abraham et Sara. Les noms seront changés en Abraham et Sara par Dieu lui-même en Genèse 17. Comme nous l'avons vu tout au long de notre étude, les noms étaient au moins aussi importants dans le monde antique qu'ils le sont dans notre monde contemporain. On ne change pas de nom sans avoir une excellente raison de le faire. Par exemple, dans certaines cultures, les gens changent de nom quand ils se marient ; ou bien on peut changer de nom quand on a fait de la prison et qu'on cherche à dissimuler son identité. Dans le cas d'Abram et Saraï, Dieu va leur donner de nouveaux noms qui vont proclamer leurs rôles très particuliers dans son projet de bénédiction du monde. À partir de maintenant, nous utiliserons Abram et Saraï uniquement lorsque nous parlerons de ce que la Genèse dit à leur sujet avant leur changement de nom. Autrement, nous emploierons Abraham et Sara.

En étudiant les noms en Genèse 11, nous verrons que certains ont des significations à la fois en hébreu et en akkadien, la langue de l'ancienne Mésopotamie, qui était vraisemblablement parlée par Abram et sa famille. Au Bangladesh, beaucoup de gens croient à tort que les Hébreux se référaient à

Abraham avec le terme arabe *Ibrahim* et donc qu'il parlait arabe. Or, l'arabe s'est développé mille cinq cents ans environ après l'époque d'Abraham[3].

Le Nouveau Testament

Dans le Nouveau Testament, il y a beaucoup de références à Abraham, mais seulement quelques-unes à Genèse 11.26-32. La généalogie est citée en Luc 3.34-36 ; celle de Matthieu (Mt 1.1-17) commence par Abraham, ce qui l'empêche de nous renseigner sur ses ancêtres. La seule autre référence explicite se trouve dans le discours d'Étienne en Actes 7, qui commence en insistant sur le fait que la raison pour Abram de partir d'Our était que Dieu lui avait parlé là-bas. À l'inverse, Genèse 12.1-3 est souvent évoqué dans le Nouveau Testament et, d'ailleurs, aussi dans l'Ancien Testament. L'apôtre Paul qualifie même ce passage d'« évangile prêché à Abraham » et y consacre deux chapitres (Ga 3 et 4).

Le Coran

Contrairement au Nouveau Testament, le Coran en dit très peu sur la vie d'Abraham en Canaan, mais beaucoup sur sa vie à Our. Il parle de l'idolâtrie de son lieu de naissance, de la façon dont il finit par croire au seul vrai Dieu en observant le ciel avec une analyse rationnelle, des débuts de sa prédication et de ses conflits avec sa famille et avec Nemrod, le potentat d'Our. Tout cela ressemble aux récits juifs sur l'idolâtrie de la famille d'Abraham à Our. Le Coran affirme qu'il n'était pas un *mushrik*, un adorateur d'idoles (*al-Baqara* 2.135 ; *Āl 'Imrān* 3.95 ; *al-An'ām* 6.161 ; *an-Naḥl* 16.123) et ces récits soulignent la position qu'il prend en faveur du monothéisme.

L'Abraham du Coran n'était pas seulement un *nabi* (prophète) et un *rasūl* (messager) dans la succession des prophètes depuis Adam jusqu'à Mohammed, mais aussi le fondateur de la Ka'aba, et les musulmans croient que c'est lui qui a institué le *ḥajj*, le pèlerinage à La Mecque (*al-Baqara* 2.122-128 ; *Āl 'Imrān* 3.96-97). Quand les musulmans accomplissent le *ḥajj*, ils croient qu'ils se conforment aux actes d'Abraham, de son fils Ismaël et de sa mère Hagar.

À l'exception de ce qui se rapporte à la Ka'aba, les conceptions islamiques sur Abraham ont des points communs soit avec la Bible soit avec la tradition juive. Par exemple, la Genèse emploie le terme de « prophète » (*navî*) pour Abraham (Gn 20.7). Le Midrash et d'autres traditions juives le montrent en train

---

[3]. Les écrits les plus anciens en arabe datent du IVe siècle av. J.-C.

de raisonner sur les étoiles et d'autres aspects de la création, et en butte à sa famille et au roi idolâtres[4].

Il y a d'autres croyances islamiques sur Abraham qui sont comparables à la Genèse et aux croyances juives et chrétiennes sur lui, et elles seront passées en revue dans le commentaire de cette collection à paraître sur Genèse 12 – 50. Il est considéré qu'il accomplit tous les commandements et qu'il réussit toutes les épreuves que Dieu lui impose, y compris l'ordre d'aller sacrifier son fils (*aṣ-Ṣāffāt* 37.102-107 ; cf. Gn 22). La tradition juive elle aussi a beaucoup à dire sur les dix épreuves d'Abraham. Le Coran nous dit que c'est à cause de sa foi inébranlable qu'il a réussi les épreuves et que Dieu a promis qu'il serait un *imam* pour toutes les nations (*al-Baqara* 2.124). Le Nouveau Testament souligne aussi l'importance de la foi d'Abraham (p. ex. Rm 4.1-25 ; Hé 11.8-19). Il a le titre de *Khalil Allāh* (Ami de Dieu, *an-Nisā'* 4.125) : ce titre avait été utilisé mille ans plus tôt dans le livre d'Ésaïe et à nouveau dans l'épître de Jacques dans le Nouveau Testament (És 41.8 ; Jc 2.23).

Le monde du texte

Genèse 11.10-26 – Le towledah de Sem : De la famille de Noé à la famille d'Abraham

C'est un *towledah* court. On pourrait le croire sans importance, mais brièveté n'est pas synonyme d'insignifiance. Au contraire, consacrer toute une section à une brève généalogie nous dit qu'il se passe quelque chose d'important. C'est une généalogie qui établit le lien entre les origines du monde et des nations dans le passé lointain avec l'histoire bien précise des patriarches en des temps et des lieux connus.

Structure et genre

Le *towledah* de Sem est une généalogie directe. Elle comporte à la fois des ressemblances et des différences par rapport aux généalogies que nous avons vues jusqu'ici. Genèse 5 notait les nombreux enfants nés mais ne retenait qu'un nom pour chaque génération. En cela, le texte rapportait la multiplication de l'humanité tout en suivant la lignée qui mène à Noé. Genèse 10 rapportait l'extension de l'humanité, nommant plusieurs personnes à chaque génération, mais sans s'attacher à aucune lignée. Genèse 11.10-26 suit une lignée à partir

---
4. Voir commentaire sur Gn 11.26-28 ci-dessous.

de la généalogie de Genèse 10. Elle répète les noms utiles de Sem jusqu'à Péleg (Gn 10.21-22, 24-25) et elle ajoute encore cinq générations. Dans chacune, on sait qu'il y avait d'autres fils et filles, mais un seul nom est retenu. Le schéma est semblable à celui de Genèse 5, mais sans le refrain : « puis il mourut ». On sait désormais que tout le monde va mourir ! On relève encore le schéma des nombres : il y a cinq générations de Sem à Péleg et cinq de plus de Péleg à Abraham, c'est-à-dire dix générations de Sem à Abraham.

En résumé, comme nous l'avons vu en Genèse 5 ainsi que dans le schéma général du *towledah* dans la Genèse, on resserre à chaque étape. Ceci est le *towledah* qui va, pour finir, nous amener à la personne vers qui cette succession conduit : Abraham.

COMMENTAIRE

> *Voici la généalogie de Sem : Sem, à l'âge de cent ans, engendra Arpakshad, deux ans après le déluge. Après la naissance d'Arpakshad, Sem vécut cinq cents ans ; il engendra des fils et des filles.*
>
> *Arpakshad vécut trente-cinq ans, puis il engendra Shélah. Après la naissance de Shélah, Arpakshad vécut quatre cent trois ans ; il engendra des fils et des filles.*
>
> *Shélah vécut trente ans, puis il engendra Héber. Après la naissance de Héber, Shélah vécut quatre cent trois ans ; il engendra des fils et des filles.*
>
> *Héber vécut trente-quatre ans, puis il engendra Péleg. Après la naissance de Péleg, Héber vécut quatre cent trente ans ; il engendra des fils et des filles.*
>
> *Péleg vécut trente ans, puis il engendra Réou. Après la naissance de Réou, Péleg vécut deux cent neuf ans ; il engendra des fils et des filles.*
>
> *Réou vécut trente-deux ans, puis il engendra Seroug. Après la naissance de Seroug, Réou vécut deux cent sept ans ; il engendra des fils et des filles.*
>
> *Seroug vécut trente ans, puis il engendra Nahor. Après la naissance de Nahor, Seroug vécut deux cents ans ; il engendra des fils et des filles. (11.10-23)*

Ce passage suit les descendants de Sem jusqu'à Héber, sur qui a été attirée l'attention en 10.21, et la liste est répétée dans la généalogie des *Bani Isra'il* en 1 Chroniques 1.24-26 et dans la généalogie de Jésus le Messie en Luc 3.34-36.

Il n'est pas toujours possible d'avoir des certitudes sur le sens des différents noms[5]. Comme en Genèse 10, certains peuvent être interprétés en relation à des lieux ou des peuplades, d'autres à des individus, d'autres au tout. Comme dans d'autres généalogies bibliques, « engendra » pouvait signifier que l'individu était le père direct de celui qui était nommé ensuite, mais cela pouvait vouloir dire grand-père ou ancêtre plus lointain. Nous réfléchirons d'abord à l'instruction que nous pouvons tirer des noms et, ensuite, de ce que nous pouvons tirer des nombres dans ces versets.

Les noms

Les noms disent une histoire. Nous passons de cinq noms énumérés en Genèse 10 à deux noms qui renvoient à des lieux connus dans l'histoire patriarcale : le *towledah* commence au moment de l'histoire de la venue des nations à l'existence, et il nous emmène au lieu exact d'où Abraham va se mettre en marche vers la terre promise.

Les noms Arpakshad, Shélah, Héber et Péleg, tous mentionnés en Genèse 10.24-25, peuvent témoigner de l'histoire d'un peuple qui s'étend. Le sens d'« Arpakshad » est incertain, mais le fait que les noms de ses frères en Genèse 10 soient tous des noms de lieux a conduit les commentateurs à lier ce nom à un lieu, par exemple « Arraphu » dans ce qui est aujourd'hui Kirkouk, ou bien aux Chaldéens de la Mésopotamie du sud.

Les trois noms suivants peuvent avoir des origines diverses, mais tous ont des racines hébraïques plausibles qui contribuent à l'histoire. Shélah signifie « envoyé » ou « sortir », voire « projectile » – quelque chose qui est lancé (comme dans la deuxième partie de Métushélah/Mathusalem, voir commentaire sur Gn 5.21). Héber signifie « celui qui traverse » ou « émigrant », et il ressemble à *'Ibriy* qui est traduit par « Hébreux ». Péleg partage des lettres avec le mot qui évoque la « séparation » (*niplegah*) du monde à son époque (Gn 10.25). Ensemble, ces noms décrivent la migration et la formation d'un peuple nouveau : les Hébreux qui ont si souvent vécu comme des étrangers sans terre.

Le sens de Réou est incertain, bien qu'il puisse signifier « berger » ou « ami », comme dans le nom du beau-père de Moïse, Réouel, « Dieu est un ami » (Ex 2.18). C'est un individu dont la vie conduit à des gens dont les noms seront attachés à des lieux particuliers. Seroug est probablement « Saroug » en Mésopotamie,

---

5. Ici, la plupart des interprétations s'inspirent de Douglas, *New Bible Dictionary*, avec des apports de Hess, Keil et Delitzsch, Wenham et Westermann.

juste au nord d'Ḥarrân. Le nom de Nahor sera par la suite associé à une ville, elle aussi proche de Ḥarrân (Gn 24.10).

Il est intéressant de noter que le nom du milieu, Péleg, est le seul sur lequel on aura des indications supplémentaires au chapitre 10. Péleg, on l'a dit, a vécu à l'époque de la division, du partage de la terre (10.25), ce qui renvoie probablement à la dispersion des peuples à partir de Babel. Cela renforce l'histoire de Babel dans son rôle-clef de « pont » entre les temps très anciens et l'histoire patriarcale.

Les nombres

Les nombres de cette généalogie sont intéressants et ont fait l'objet de nombreux débats. Tels qu'ils se présentent dans le texte hébreu, ils impliqueraient que Sem était encore vivant quand Abram se mit en route pour Canaan ! C'est pourquoi il n'est pas surprenant de découvrir que les versions anciennes comme le Pentateuque samaritain et la Septante ajoutent cent ans à l'âge de chaque père au moment de la naissance du premier fils, rallongeant de mille ans l'écart entre Sem et Abraham. Le lecteur moderne sera plus porté à dire que, comme cela est si fréquent dans la Bible, les noms peuvent ne pas représenter toutes les générations qui ont existé, un indice étant que la Septante ajoute le nom de « Kaïnan » entre Arpakshad et Shélah. Il en ressort qu'on ne peut pas se contenter d'additionner les nombres pour trouver l'âge de Sem quand Abram est né, par exemple.

On se rend néanmoins compte que, manifestement, la longévité des humains décroît, et c'est certainement la principale leçon à retenir de ces nombres. La durée de vie moyenne des dix générations d'Adam à Noé est de 857 ans. Pour les dix générations suivantes, postérieurement au Déluge, elle se réduit à 357 ans. Il y a une diminution spectaculaire après le Déluge, suivie d'une diminution radicale dans les générations ultérieures. Il semble que Dieu exécute lentement son plan de limitation de la durée de vie humaine sur terre à 120 ans (Gn 6.3) : on voit l'impact grandissant de la mort dans un monde coupé de l'arbre de vie dans le jardin d'Éden.

> *Nahor vécut vingt-neuf ans, puis il engendra Térah. Après la naissance de Térah, Nahor vécut cent dix-neuf ans ; il engendra des fils et des filles.*
>
> *Térah vécut soixante-dix ans, puis il engendra Abram, Nahor et Harân.*
> *(11.24-26)*

Térah est à la neuvième génération après Noé. Son nom vient probablement de *yareach* (lune) qui est un terme commun à l'hébreu et aux autres langues sémitiques. Cela serait alors l'indication que la famille de Térah adorait la lune.

Ce nom est peut-être lié à *Til sha Turahi*, un site ancien proche de Ḥarrân, le lieu où Térah allait émigrer (Gn 11.31).

Les fils de Térah sont Abram (signifiant « père élevé » ou « père d'Aram »), Nahor (« coup » ou « grognement », supposant donc une notion de force) et Harân (« caravane », « route » ou « trajectoire »). Abram est celui qu'on connaît comme Abraham. Il faudra attendre Genèse 17 pour que ce nom, qui signifie « père d'une multitude », lui soit attribué par Dieu. Le Coran n'utilise que « Abraham » (*Ibrāhīm*) et la littérature islamique n'évoque aucunement un changement de nom. Dans la Genèse, le changement de nom est extrêmement lourd de sens, car il confirme la promesse de Dieu selon laquelle, à rebours de toute logique, Abram va vraiment devenir Abraham, le père d'un très grand nombre de personnes.

L'ordre des noms ne signifie pas qu'Abram était le fils aîné de Térah. Au contraire, la tradition interprète le détail des mariages des fils comme l'indication que c'était Harân le plus âgé (Gn 11.27-29). Cependant, en tant que père de la famille élue et de la lignée messianique, c'est le nom d'Abram qui est inscrit en premier. On note le même schéma en Genèse 5.32, où Sem est mentionné en premier bien qu'il ne soit pas le fils aîné de Noé.

La tradition islamique appelle le père d'Abraham Azar, à partir de la sourate *al-An'ām* 6.74 : « …Abraham dit à son père Azar : 'Prendras-tu des idoles comme divinités ?' » La plupart des commentateurs disent qu'Azar est un autre nom pour Térah[6], mais certains pensent qu'Azar était le nom d'une idole et interprètent ce verset ainsi : « Abraham dit à son père : 'As-tu pris Azar comme une idole des dieux ?'»[7] Dans des discussions sur Internet, certains musulmans suggèrent qu'Azar était l'oncle ou le tuteur d'Abraham alors que Térah était son père biologique[8]. Il y a plusieurs théories sur l'origine du nom Azar ; par exemple, il pourrait venir de *atar*, un démon ancien de Perse, ou bien d'Eliézer, le serviteur d'Abraham (Gn 15.2).

L'idée que Térah était un idolâtre vient de Josué 24.2, et c'est une longue tradition des pensées juive et chrétienne qui disent qu'Abraham a dû récuser la religion de son père. Le Nouveau Testament dit que Dieu lui apparut et lui parla (Ac 7.2-3). Pour sa part, la tradition juive dit qu'Abram se servit de l'observation traditionnelle de l'univers et de l'analyse rationnelle pour se démontrer, ainsi

---

6. Par exemple, Maulana Faridpuri, un docteur islamique éminent, affirme que la plupart des commentateurs s'accordent pour dire que son nom originel était Térah (ar. *Tarikh*) et que son surnom était Azar (*Bukhari Sharif*, vol.4, 75).

7. Tout cela est repris des traductions de l'article de Reuven Firestone sur Azar dans *The Encyclopaedia of the Qur'an*, vol.1, p. 192-193.

8. p. ex. https://salafiaqeedah.blogspot.com/2012/01/was-azar-father-of-prophet-abraham.html, consulté le 1er novembre 2019.

qu'aux autres, la véracité du monothéisme, puis qu'il concrétisa cette vérité en brisant les idoles de son père[9]. Pour les deux traditions, le fait que Dieu montre les étoiles à Abram en Genèse 15.5-6 est important. La tradition juive aborde le rôle de cette contemplation des étoiles en direction de la foi d'Abraham, et peut-être en se distançiant de l'astrologie idolâtre d'Our pour viser le seul vrai Dieu. Le Nouveau Testament et la tradition chrétienne font ressortir la démarche de foi d'Abraham, qui lui fut « comptée comme justice » (Gn 15.6 ; cf. Rm 4.9,22 ; Ga 3.6 ; Jc 2.23).

La tradition islamique rapporte elle aussi qu'Abraham rejeta l'idolâtrie par un raisonnement logique, et elle voit en lui l'un des premiers musulmans (*Āl 'Imrān* 3.67). Elle souligne la différence entre Abraham et les autres dans sa famille et dans sa communauté. La Genèse soulignera cette différence en 12.1, lorsque Dieu lui dit de quitter sa maison et de rompre avec celle de son père.

Réflexion théologique

En examinant cette généalogie, on sent éclore en soi l'espoir que Dieu va bénir le monde déchu en semant *la graine d'Abram*. Contrairement à ce que décrit le Coran, il ne va pas envoyer une succession de différents prophètes à différents peuples. Il va planter et faire grandir un seul peuple par qui il va bénir toute la terre.

Ces idées constituent un autre fondement essentiel de l'ensemble de la Bible. Sans elles, la suite de l'Ancien Testament paraîtrait enseigner que Dieu est raciste, qu'il n'aime que les *Bani Isra'il* sans se préoccuper de tous les autres. Mais il est impossible qu'il en soit ainsi. Les chapitres 1-10 nous ont déjà appris que le Dieu Unique est le Dieu de tous les peuples, que chacun de nous est fait à son image, qu'il s'est engagé envers toutes ses créatures et qu'il est celui qui répartit toutes les nations. Le *towledah* de Sem ne nous présente pas un Dieu raciste, mais le Dieu qui met souverainement tout en ordre, et qui exécute ses desseins au travers de toute une communauté. Si nous lisons l'Ancien Testament avec ce *bourgeon de la théologie* à l'esprit, nous discernerons le déploiement des pétales de l'attention de Dieu pour le monde entier, qui atteindra son plein épanouissement par Jésus le Messie[10]. Dieu a appelé Abram parce qu'il aime le peuple bangladais !

---

9. Reynolds, *Qur'an and Its Biblical Subtext*, p. 77-84, fait le tour des textes juifs et chrétiens sur ce sujet. Voir aussi le commentaire sur Genèse 11.28 ci-dessous.

10. Ici, les exemples dans l'Ancien Testament abondent ; parmi les plus connus, citons Gn 12.3 ; 26.4 ; Ex 19.5-6 ; 1 R 17.8-24 ; 2 R 5.1-14 ; Ps 96 ; Jon. Voir aussi Glaser, *Dieu et les religions*.

Et nous ?

Comment percevons-nous nos familles ?

Ce *towledah* nous rappelle encore l'importance des familles humaines. Contrairement à beaucoup de nos généalogies actuelles, il ne commence pas par le personnage sur lequel nous voulons nous renseigner : il commence dix générations plus tôt et nous amène à lui. Il ne dit pas : « Abram est important parce qu'il a tels ou tels ancêtres. » Il dit : « Dieu a donné des enfants à ces gens, et c'est ainsi qu'il a préparé le personnage qu'il allait appeler. » Le fait qu'il y ait dix générations de Noé à Abram et qu'il y en ait dix d'Adam à Noé souligne la perfection du plan divin.

Comme beaucoup d'autres peuples, les Bengalis cherchent à se documenter sur leurs ancêtres. Mais pourquoi ? Juge-t-on les gens à partir de ce que sont et furent leurs parents et aïeux ? Croit-on qu'il n'y ait aucune valeur dans une famille dépourvue d'ancêtres marquants ? Ou que nous sommes importants parce que notre famille est importante ? Ou bien faisons-nous retour sur l'amour et la providence extraordinaires de Dieu en ce qu'il nous a permis de venir au monde, et sur toute la succession d'êtres humains sans lesquels nous n'existerions pas ? Sans la parole de Dieu, on ne peut pas véritablement faire le tri entre ce qui est important et ce qui ne l'est pas.

Quelle conception avons-nous de la longueur de notre vie ?

Il est naturel pour des êtres vivants de vouloir rester en vie. Comme l'écrivit Rabindranath Tagore dans son poème *Pran* (« La vie »)[11] :

> Je ne veux pas mourir dans ce monde de beauté,
> Je veux vivre parmi les humains.

Certains individus font même conserver leur corps dans l'espoir qu'un jour la science sera en mesure de les revivifier ! Comment réagissons-nous à ce chapitre, qui rappelle la réduction draconienne de la durée de la vie humaine sur dix générations ? Peut-être y voyons-nous un drame. Cependant, Genèse 6.3 donne la raison de la limitation de cette longévité : d'une part, la mort est le jugement de Dieu contre les êtres humains mais, d'autre part, c'est aussi la miséricorde divine en ce qu'elle restreint le mal. On se souvient que la longévité d'Hénoch fut plus brève que toutes les autres en Genèse 5. Ce qui importe, ce n'est pas la

---

11. De ses *Poems on Love*. Traduction en anglais disponible sur http://nkganesha.blogspot.com/2019/08/poems-on-love-by-rabindranath-tagore.html?m=1.

durée de notre vie, mais qu'elle se passe à marcher avec Dieu sur cette terre afin de se prolonger dans l'éternité.

Genèse 11.27 – 12.1 – Abram et sa famille
Le commencement du towledah de Térah

Le *towledah* de Térah se prolonge jusqu'à Genèse 25.11. Dans ce commentaire, nous n'en observerons que le début. Un nouveau départ commence souvent par un voyage. Les *Bani Isra'il* se sont déplacés d'Égypte jusqu'en Terre promise ; Mohammed, le prophète de l'islam, et les premiers musulmans, se sont transportés de Médine à La Mecque ; les Bangladais voyagent depuis le Bangladesh jusque dans beaucoup d'endroits de la planète. Cette section traite des débuts du voyage d'Abram depuis Our-des-Chaldéens jusqu'en Canaan, et elle nous parle de la famille d'où il provient. Il faudra attendre le chapitre 12 pour découvrir que Dieu est partie prenante de ce déplacement et pour en apprendre l'objectif.

On ne saurait surestimer l'importance de cette présentation d'Abraham. Non seulement elle nous donne la toile de fond familiale nécessaire pour saisir les chapitres postérieurs de la Genèse, mais c'est aussi dans ce bref passage que nous pouvons trouver l'arrière-plan d'une part importante de ce que le Coran dit sur Abraham.

Structure et genre

La première partie (11.27-30) adopte le schéma habituel de la généalogie avec des explications supplémentaires. Cependant, contrairement aux généalogies précédentes, elle n'enregistre qu'une génération, elle comporte le nom des femmes, et elle se termine par une secousse. Au lieu du familier : Abram « eut des fils et des filles », nous lisons que sa femme était stérile : « elle n'avait pas d'enfant. »

Genèse 11.31 inaugure une section narrative qui se poursuivra pendant quasiment quatorze chapitres. Elle ouvre une nouvelle étape de l'histoire. Nous sommes maintenant dans le domaine des ancêtres dont les *Bani Isra'il* conserveront le souvenir, davantage que dans l'étape primitive de l'arrière-plan de toute l'humanité. Le style évolue vers un récit réaliste sur Abram et ses descendants. Dieu, qui maîtrise toute l'histoire, apparaîtra comme un personnage du récit. Les adeptes des religions abrahamiques voient cela comme une part essentielle de leur histoire aussi bien que le commencement de leur foi. Nous notons ici la différence avec le genre des récits abrahamiques du Coran ; alors que le Coran évoque plusieurs incidents de la vie d'Abraham en plusieurs endroits, la Genèse livre un récit continu.

Structurellement, la première section du *towledah* de Térah est un chiasme qui s'achève en Genèse 12.9 :

- **A.** Térah et sa famille dans la ville idolâtre d'Our avec son temple (11.27-30)
  - **B.** Térah part, avec Abram, Loth et Saraï (11.31)
    - **C.** Installation à Ḥarrân ; mort de Térah à 205 ans (11.31-32)
      - **D.** Le Seigneur dit : « Va-t'en » (12.1)
        - **E.** La septuple bénédiction (12.2-3)
      - **D'.** Abram part, comme le Seigneur le lui a dit (12.4)
    - **C'.** Départ de Ḥarrân à 75 ans (12.4)
  - **B'.** Abram prend Loth et Saraï : ils arrivent mais ne s'installent pas (12.5)
- **A'.** Abram et sa famille traversent Canaan et il bâtit des autels au Seigneur (12.6-9)

Notre commentaire se terminera avec la bénédiction fondamentale de 12.2-3, mais nous ne saisirons pas le passage de 11.27 à 12.1 si nous ne le voyons pas comme la première partie d'un chiasme et d'une généalogie mélangée avec un itinéraire. La généalogie parle de la maison du père dont Abram doit s'extraire (12.1) et elle présente certaines personnes de la maison d'Abram qui partiront avec lui. L'itinéraire parle des endroits d'où part Abram et des endroits où il doit aller. Il y a ici un contraste remarquable entre Our et Ḥarrân, les cités bien implantées, vouées au dieu-lune Sin, qu'Abram a quittées, et la vie d'un berger nomade qui édifie en Canaan de petits lieux de culte au Dieu unique créateur. La clef du changement est l'ordre de Dieu (D) et l'obéissance d'Abram (D'). Cela ouvre la voie à la relation qui va se prolonger avec Dieu que l'on retrouvera constamment à mesure qu'Abram se déplace dans la terre promise.

> *Voici la généalogie de Térah : Térah engendra Abram, Nahor et Harân. Harân engendra Loth. (11.27)*

On remarque d'abord que ceci est le *towledah* de Térah et non celui d'Abraham. En vérité, la Genèse n'a pas de « *towledah* d'Abraham ». Cela est surprenant, tant Abraham est un personnage d'envergure, et alors même que la Genèse insiste tellement sur Abraham en tant que père. Peut-être que la Genèse veut faire ressortir qu'Abraham, lui aussi, s'inscrit dans une famille. Peut-être cela signale-t-il aussi que l'histoire qui s'annonce ne concerne pas qu'Abraham et ses descendants immédiats, mais aussi sa fratrie et les familles annexes.

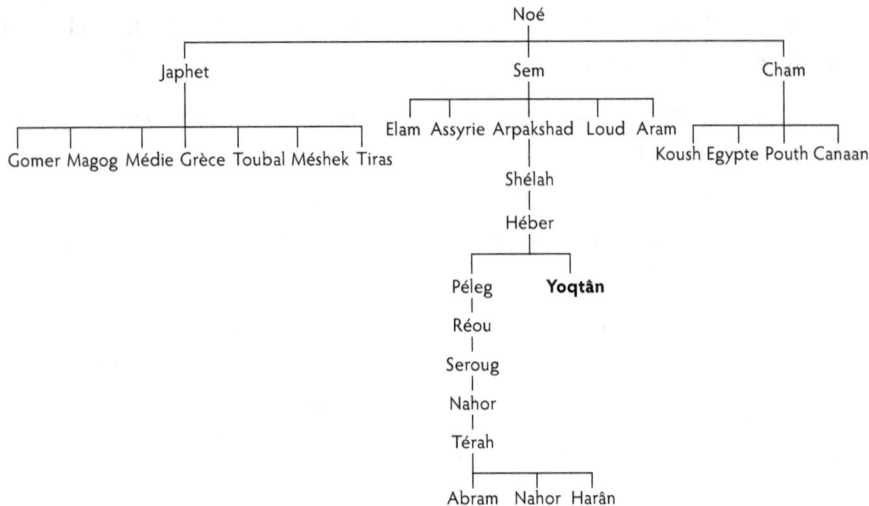

Figure 11 – L'arbre généalogique d'Abraham

Les trois frères ont déjà été nommés en 11.26 : Abram, Nahor et Harân. Nous avons déjà indiqué que ce n'est pas nécessairement par ordre d'âge. Nous avons constaté que cet ordre relevait plutôt de leur importance en tant qu'ancêtres dans l'histoire qui s'annonce.

Abram est le plus important, et c'est son histoire qui va être suivie à partir du chapitre 12.

Nahor est important car c'est de sa lignée que seront issues les mères des *Bani Isra'il*. Parmi elles, Rébecca, la femme d'Isaac, ainsi que Léa et Rachel et leurs servantes, les mères des douze fils de Jacob. Dans la Genèse, il est tout aussi important que le peuple élu ait les mères idoines tout comme il a les pères idoines. D'ailleurs, une place considérable est consacrée au choix des mères. Cela nous rappelle la promesse faite à Ève disant que c'est par sa descendance que la tête du serpent serait écrasée (Gn 3.15).

Harân était le père de Loth (11.27), sur qui il y aura beaucoup à lire dans la Genèse. Loth est mentionné souvent aussi dans le Coran, en tant que prophète envoyé aux gens de Sodome (*al-A'rāf* 7.80-84 ; *Hūd* 11.74-83 ; *al-Ḥijr* 15.59-74 ; *ash-Shu'arā'* 26.160-175 ; *an-Naml* 27.54-58 ; cf. Gn 19). Dans le récit biblique, ses descendants, les Moabites et les Ammonites, seront souvent les ennemis des *Bani Isra'il*, mais Dieu leur donnera une terre (Dt 2.9, 19) et la semence d'une Ammonite et d'une Moabite seront dans l'ascendance du Messie (1 R 14.31 ; 2 Ch 12.13 ; Rt 4.13-22 ; Mt 1.5-7).

> *Harân mourut devant Térah, son père, au pays de ses origines, à Our-des-Chaldéens. (11.28)*

Le *towledah* de Sem n'indiquait pas les décès, seulement la longévité des personnages. Dans ce *towledah* de Térah, on apprend encore un décès : Harân, un fils de Térah, qui meurt devant son père. C'est une mort prématurée pour laquelle aucune raison n'est indiquée.

Genèse 10 indiquait que chaque peuple avait sa terre, et l'histoire de Babel a montré quelle importance les peuples donnaient à leurs terres. Ici, on nous parle du lieu précis qui était le foyer de Térah et de sa famille. Il est manifestement important pour l'auteur de la Genèse qu'il ne s'agisse pas de n'importe quelle cité portant le nom d'Our, comme les diverses localités autour de Ḥarrân suggérées par certains érudits ; il s'agit ici d'Our-des-Chaldéens (hébr. *kasdim*). Plus loin dans l'histoire des *Bani Isra'il*, « *kasdim* » renverra à Babylone ou à toute la Babylonie (p. ex. És 13.19 ; 47.1-5 ; Éz 23.23 ; Dn 3.8). Donc, l'emploi de ce terme ici souligne que le lieu qu'Abram va quitter était dans la région de Babel dont il vient d'être parlé. De même que Babel sera connue pour son temple en forme de tour consacré à Mardouk, Our sera connue pour son temple en forme de tour consacré au dieu-lune Sin.

Ce court verset est très important pour comprendre le récit coranique sur Abraham. Apparemment, il ne fait que nous parler du lieu d'origine de la famille d'Abram, en indiquant que son frère est mort de manière inexpliquée. Mais en s'appuyant sur une étude serrée de l'hébreu et du contexte du verset, les rabbins de *Genèse Rabbah* soulèvent plusieurs questions. On retrouve l'écho de leurs réponses dans le Coran et, dans une moindre mesure, dans le Nouveau Testament.

Premièrement : le mot *ur* peut signifier « flamme » ou « feu ». Qu'aurait pu être le « feu des Chaldéens » ? Deuxièmement : pourquoi le texte nous dit-il que Harân mourut « devant son père » ? L'hébreu *'al pene* traduit par « devant » signifie littéralement « devant (la) face ». Alors, Harân est-il mort lorsque son père était physiquement présent ? Si oui, pourquoi ? Les rabbins puisent dans ce texte la question de la raison pour laquelle Dieu a choisi Abram, laquelle émerge au chapitre suivant ; et ils ont répondu à toutes ces questions en racontant une histoire (*Gen Rab* 38.13) :

Le père d'Abram était non seulement un adorateur mais aussi un fabricant d'idoles (ce que laisse entendre Jos 24.2). Abram prit conscience qu'il ne devait pas adorer la lune (ni le soleil, ni les étoiles) et il alla jusqu'à s'opposer à son père et à son peuple. Par exemple, il mit un bâton dans la main de la plus grande idole et il brisa les autres. Quand son père découvrit ce qui s'était passé, Abram lui dit que les idoles s'étaient chamaillées sur une offrande qui leur avait été apportée. Térah était si irrité qu'il emmena Abram vers le roi Nemrod, qui lui ordonna d'adorer le feu. Abram argumenta contre lui jusqu'à ce que Nemrod fût dépité et ordonnât qu'Abram fût précipité dans la fournaise. Son père et son frère, Harân, étaient là qui regardaient. Harân se dit : « Si Abram meurt, je serai du côté de Nemrod. Si Abram est sauvé, je serai de son côté. » Miraculeusement, Abram ne fut pas atteint par le feu, alors Harân annonça qu'il croyait au dieu d'Abram. Nemrod le châtia en le jetant dans la fournaise et, n'étant pas sincère dans sa foi, Harân mourut – comme le dit le verset, c'était devant son père, dans le feu des Chaldéens.

Le récit d'Abraham luttant contre l'idolâtrie apparaît huit fois dans le Coran (al-An'ām 6.74-82 ; Maryam 19.41-50 ; al-Anbiyā' 21.51-73 ; ash-Shu'arā' 26.69-86 ; al-'Ankabūt 29.16-27 ; aṣ-Ṣāffāt 37.83-98 ; az-Zukhruf 43.26-27 ; al-Mumtaḥina 60.4). On y voit Abraham raisonnant sur le monothéisme à partir de l'observation de l'univers (al-An'ām 6.75-79 ; al-'Ankabūt 29.19-20), la destruction des idoles de son père (al-Anbiyā' 21.57-58 ; aṣ-Ṣāffāt 37.93), sa confrontation avec un roi (al-Baqara 2.258), et sa précipitation dans le feu avant d'en être sauvé par Dieu (al-Anbiyā' 21.68-69 ; al-'Ankabūt 29.24 ; aṣ-Ṣāffāt 37.97-98). Rien de tout cela n'est consigné dans la Bible, mais certains parallèles sont repérables dans les récits de Gédéon (Jg 6.25-32) et des trois amis du prophète Daniel (Dn 3.19-26).

La reprise de cette histoire dans le Coran insiste sur la confrontation d'Abraham avec l'idolâtrie. Les commentaires et les récits des prophètes marquent cette insistance, développant l'idée que le peuple d'Abraham rendait un culte aux corps célestes[12]. Le Coran ne donne pas le nom du lieu de naissance d'Abram, mais on comprend que le nom du roi qui l'a jeté dans le feu était Nemrod (ar. Namrūd).

Même si ces récits sur la famille et le peuple d'Abram ne sont pas dans la Genèse, ils nous alertent sur le fait que Dieu a appelé Abram à quitter une ville et une famille idolâtres. La Genèse traite généralement de l'idolâtrie de son temps en s'attachant au seul vrai Dieu alors que le Coran adopte la stratégie opposée en argumentant frontalement contre les idoles. La Bible ne dit rien d'explicite sur l'idolâtrie de Térah avant Josué 24.2 mais, comme les lecteurs d'autrefois auront reconnu les allusions aux histoires sur Babylone dans les récits de la création et du Déluge, ils auront bien compris qu'Our et Ḥarrân étaient des foyers de cultes idolâtres. Ayant saisi à partir de Genèse 1.14-19 que les luminaires célestes

---

[12]. Par exemple, Ibn Kathīr écrit : « En ce temps-là, le peuple adorait des idoles de pierre et de bois et beaucoup adoraient les planètes, les étoiles, le soleil et la lune ; et d'autres adoraient leurs potentats et leurs rois (Stories of the Prophets, p. 38). Plus de détails dans Reynolds, Qur'an and Its Biblical Subtext, p. 74-78.

font partie de la création de Dieu, ils ont compris dans ce chapitre que ceux qui appartiennent à Dieu doivent abandonner le culte de ces luminaires.

> *Abram et Nahor prirent femme ; la femme d'Abram se nommait Saraï, et la femme de Nahor Milka, fille de Harân, père de Milka et père de Yiska. (11.29)*

C'est la première fois qu'on parle de « prendre femme » depuis que les mâles musclés avaient « pris des femmes » en Genèse 6.2 – un désastre. Les fils de Térah perpétuent l'union des couples que Dieu avait inaugurée avec Adam et Ève (Gn 2.23-24). Il est important que les femmes soient nommées. Par contraste, le Coran ne donne même pas le nom de l'épouse d'Abraham. La seule femme qu'il nomme est Marie, la mère de Jésus le Messie.

La femme d'Abram était Saraï, sa demi-sœur (voir Gn 20.12). En hébreu, son nom signifie « princesse ». Nahor épousa sa nièce Milka, la fille de Harân (11.29). En hébreu, on peut associer son nom à « conseil » ou « reine ». Elle a un rôle vital en tant que grand-mère de Rébecca, la femme d'Isaac (Gn 22.20-23) et arrière-grand-mère de Léa et Rachel, les épouses de Jacob (Gn 29-30). En akkadien, Sarratu était la compagne de Sin, le dieu de la lune, et Malkatu était la fille de Sin : ces noms peuvent servir d'indice à l'influence de la religion lunaire sur Térah et sa famille.

Comme dans le cas de Naama, la sœur de Toubal-Caïn (Gn 4.22), la Bible n'aura rien de plus à dire sur la sœur de Milka, Yiska, au point qu'on se demande pourquoi elle est mentionnée. Une certaine tradition juive voyant en Naama l'épouse de Noé, la tradition juive suggère que « Yiska » est l'autre nom de Sarah, mais le texte n'en laisse rien paraître, et Sarah est qualifiée plus loin de fille de Térah (Gn 20.12). Le Coran n'évoque absolument pas Nahor, Harân, Milka ou Yiska.

Aux yeux des humains de l'époque moderne, cette famille paraît bien compliquée. Abram épouse sa demi-sœur, Saraï, fille de son père Térah par une autre épouse (Gn 20.12). Nahor épouse sa nièce, fille de son frère Harân. De tels mariages étaient pratique courante dans l'Antiquité au point que les gens se mariaient de cette façon en suivant leur religion (Gn 24.3-4 ; 28.1-2). Par la suite, Dieu prohibera les mariages avec de proches parent.e.s, interdisant formellement le mariage entre tante et neveu (Lv 18.14 ; 20.19) et avec la « fille d'un père » (Lv 18.9). Cependant, la loi n'interdit pas explicitement le mariage entre oncle et nièce. La prohibition de ces types de mariages se perpétue parmi la *millet Ibrahim*[13].

> *Saraï était stérile : elle n'avait pas d'enfant. (11.30)*

La phrase finale de cette description des mariages est un rude coup frappé sur l'esprit du lecteur. Jusqu'ici, aussi corrompus qu'aient pu devenir les humains, Dieu ne les avait jamais privés de la bénédiction de la fécondité. Et soudain, on nous parle d'une femme stérile. Le nom « stérile » (hébr. *'aqar*) ne suffit pas : on nous explique qu'elle n'avait pas d'enfant. C'est comme si le coup était trop fort et qu'il faille expliquer au lecteur le sens de ce mot étrange et nouveau.

> *Térah prit son fils Abram, son petit-fils Loth, fils de Harân, et sa belle-fille Saraï, femme d'Abram, son fils. Ils quittèrent ensemble Our-des-Chaldéens pour se rendre en Canaan. Ils arrivèrent à Harrân et ils s'y installèrent. (11.31)*

Ici commence la narration de la migration depuis Our jusqu'à la terre promise par Dieu. Térah et sa famille partent d'« Our-des-Chaldéens » pour Ḥarrân[14]. Ils ont prévu d'aller en Canaan, mais ils s'arrêtent en cours de route. L'orphelin, Loth, et la femme stérile, Saraï, sont du voyage.

Ils vont à Ḥarrân[15], à environ 900 kilomètres d'Our, et ils s'y installent. Comme Our, Ḥarrân avait un temple dédié à Sin, le dieu-lune, c'est peut-être pourquoi Térah s'y arrête. On peut même deviner qu'il a retrouvé du travail sur place, dans la fabrication d'idoles. D'après la carte, on peut trouver étrange qu'ils passent par Ḥarrân s'ils tenaient à aller en Canaan mais, en réalité, c'était beaucoup plus facile que d'utiliser le trajet plus direct par le désert arabe où il n'y aurait pas eu d'eau.

La Genèse ne dit rien de la raison du voyage, mais le Nouveau Testament nous dira que Dieu a appelé Abram quand il était à Our (Ac 7.2-4), et la forme verbale du mot utilisé en Genèse 12.1 suggère qu'Abram avait déjà entendu l'appel de Dieu auparavant. Peut-être que Térah avait décidé de déménager et que Dieu avait rassuré Abram en lui disant qu'il pouvait suivre son père ; peut-être que Dieu voulait qu'Abram parte et que celui-ci a persuadé son père de partir avec

---

13. Se marier avec un oncle maternel ou paternel (« mariage avunculaire ») est interdit dans l'islam (*al-Nisā'* 4.23 ; *al-Aḥzāb* 33.50). Ces mariages sont aussi considérés comme déviants dans les traditions chrétiennes.
14. On ne parle pas ici de Nahor, mais on apprend par la suite que sa famille s'est établie à Paddân-Aram, dans la région de Ḥarrân (Gn 24.10 ; 28.1-10).
15. On aura remarqué que la transcription du nom du lieu diffère de celle du nom du personnage, la première lettre était différente en hébreu.

lui ; ou peut-être qu'Abram s'est vraiment opposé à l'idolâtrie d'Our et que Térah a voulu partir parce que le climat devenait incertain pour sa famille. Tout ce que nous savons, c'est qu'ils quittèrent un lieu riche où il y avait beaucoup de travail pour un fabricant d'idoles ; et que tel était le plan de Dieu pour Abram et Saraï.

Rappelons le début du chapitre : les migrants trouvèrent un lieu et « s'y installèrent » – *yeshvou sham* –, c'est la même expression hébraïque qu'à la fin de ce verset (Gn 11.2). La famille de Térah avait quitté la région de Babel et sa tour, mais elle s'était réinstallée. Le lecteur se pose alors plein de questions : Et ensuite ? Est-ce qu'ils vont devenir encore plus idolâtres ? Est-ce qu'ils vont se faire un nom et être à nouveau dispersés ? Ou bien est-ce qu'il va se passer quelque chose de tout différent ?

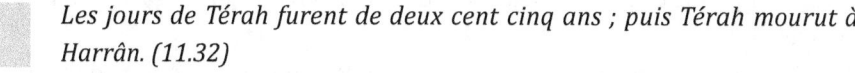
Les jours de Térah furent de deux cent cinq ans ; puis Térah mourut à Harrân. (11.32)

La seule chose que nous savons sur ce qui est arrivé à Térah, c'est qu'il mourut. En Genèse 12.4, nous lirons qu'Abram avait 75 ans quand il partit de Ḥarrân. Si Térah est mort immédiatement avant, Abram serait né quand Térah avait 130 ans, ce qui supposerait un écart très important – 60 ans – entre la naissance de Harân et celle d'Abram. Donc, il est probable que Térah était encore vivant quand Abram partit et que l'auteur de la Genèse ait noté sa mort ici pour terminer la généalogie avant de continuer le récit sur Abram[16]. L'essentiel est que Térah était encore à Ḥarrân au moment de sa mort : il était parti pour aller en Canaan, mais il n'y parviendra jamais. Il n'aura plus aucune part dans l'histoire d'Abram.

Le problème est qu'on n'imaginerait pas Abram, un homme selon Dieu, abandonner son vieux père. La tradition juive résout cela en disant que Térah, étant idolâtre, était de fait déjà mort. Le Midrash met en scène Abram qui demande à Dieu s'il doit abandonner son père, et Dieu qui répond qu'il est exempté de son devoir filial. Voilà pourquoi, selon les rabbins, la mort de Térah est consignée avant le voyage d'Abram (*Gen Rab* 39.7).

---

16. Comparez cela avec Gn 25.17, qui termine une section généalogique en enregistrant la mort d'Ismaël, et qui continue en narrant des événements qui seraient arrivés pendant la vie d'Ismaël.

Prêt, partez !

> Le Seigneur dit à Abram : Va-t'en de ton pays, du lieu de tes origines et de la maison de ton père, vers le pays que je te montrerai. (12.1)

Genèse 12.1 commence avec la section de la Torah[17] que les Juifs appellent *lek leka*, l'expression redondante traduite ici par « va-t'en ! ». Littéralement, elle signifie : « Allant, va » ou « marchant, marche ». La construction grammaticale hébraïque est la même que celle qu'on trouve en Genèse 2.17 et 3.4, où « tu mourras » traduit *môt tamout*, « mourir, tu mourras ». La « mort mourante » signifiait qu'Adam et Ève devaient partir du jardin ; maintenant, Abram va devoir « aller, partir » pour un lieu nouveau et inconnu. Le texte ne nous dit pas à quel moment Dieu a dit ces paroles mais, comme nous l'avons déjà signalé, la forme verbale implique que Dieu a déjà parlé à Abram auparavant, ce qui est confirmé en Actes 7.2-3.

L'ordre de « s'en aller » est en deux temps. Premièrement, Abram doit partir de chez lui. Le terme hébreu traduit par « pays » est *'erets*, « terre ». L'*'erets* est la création bonne de Dieu et le bel endroit qu'il a préparé pour que nous l'habitions. Chaque peuple a son *'erets* donné par Dieu (Gn 10.5, 20, 31). Jusqu'alors, les peuples n'ont perdu leur terre que comme châtiment du péché : Adam et Ève ont été expulsés d'Éden, Caïn a été chassé de chez lui, toute l'*'erets* a été recouverte par les eaux du Déluge, et la génération de Babel a été dispersée loin de l'endroit qu'elle avait choisi. Il est choquant pour le lecteur que celui qui a été choisi par Dieu ait à quitter sa terre.

Deuxièmement : Abram doit quitter sa famille et ses proches et donc les perdre. Les Asiatiques sont bien placés pour éprouver l'impact terrible de cette injonction. Il est sûr que Dieu ne veut pas détruire les liens familiaux ! « Honore ton père et ta mère », n'est-ce pas d'une grande importance dans le Décalogue (Ex 20.12 ; Dt 5.16) ? Jésus le Messie n'a-t-il pas réprouvé les chefs religieux pour avoir manqué à leurs devoirs filiaux (Mt 15.4-6 ; Mc 7.10-13) ? Le Coran défend lui aussi l'importance de la responsabilité filiale (*an-Nisā'* 4.1 ; *al-Isrā'* 17.26). Voilà peut-être pourquoi le Coran ne parle pas de l'ordre donné à Abram de quitter sa famille mais qu'il lui est dit d'aller dans une terre qui sera en bénéfice à tous (*al-Anbiyā'* 21.71).

Après que Dieu eut parlé à Abram à Our, il semble qu'il ait quitté son foyer et sa parenté éloignée mais pas la maison de son père (cf. Ac 7.4). En

---

17. L'ensemble de la Torah est divisé en sections hebdomadaires (hébr. *parashat*), chacune recevant comme titre un mot ou une expression mis en exergue et tirés du premier verset de la section.

effet, Genèse 11.31 laisse entendre que c'est son père qui a dirigé l'expédition. Maintenant, puisque Térah est mort ou a refusé de prolonger le voyage, Dieu dit explicitement à Abram de quitter la maison de son père, de repartir et de laisser tous ceux qui ne veulent pas le suivre. Le projet de Dieu consistant à multiplier cette nouvelle famille à partir d'Abram et Saraï est encore plus important que l'honneur dû aux parents.

Il n'est pas surprenant que la tradition juive voie dans cet appel l'une des plus fortes épreuves de la foi d'Abram. Le Coran affirme qu'Abraham fut éprouvé par diverses prescriptions (*kalimāt*, littéralement, « mots » ; *al-Baqara* 2.124), et la tradition islamique reprend la tradition juive disant qu'il y eut plusieurs épreuves[18]. Hébreux 11.8-10 utilise cette fidélité comme exemple à suivre, s'attachant au fait que ce verset ne dit pas à Abram où il doit aller. Il se peut qu'il ait su la destination générale en Canaan (Gn 11.31), mais la terre exacte que Dieu va lui donner est inconnue. Il doit se reposer entièrement sur la direction divine !

On observe qu'il n'y a aucune indication que Dieu donne la nouvelle terre à Abram soit ici, soit dans les bénédictions des versets 2 et 3. Il faudra attendre qu'Abram se soit mis en marche avec l'obéissance de la foi et qu'il ait fait tout le trajet jusqu'en Canaan (12.4-5) pour que Dieu lui parle à nouveau et promette de lui donner cette terre (12.6-7). À cette époque, il y avait d'autres peuples qui y vivaient, et il faudra attendre encore des siècles, l'époque de Josué, pour que les *Bani Isra'il* commencent à obtenir que cette terre soit vraiment la leur.

Le *bourgeon de la promesse de la terre* sous-tendra toute l'histoire de la Torah et s'épanouira comme une fleur à mesure que le récit du plan de Dieu avancera. En Exode, la promesse faite à la famille d'Abraham est un vaste territoire qui va de la Mer Rouge à l'Euphrate (Ex 23.31). Dans le Nouveau Testament, l'Évangile se propage dans toutes les contrées de la terre, car tous les peuples sont invités à rejoindre la famille d'Abraham par le Messie, Jésus. Pour l'avenir, nous sommes incités à espérer la nouvelle terre, le fruit définitif provenant de la fleur dans la nouvelle création (Ap 21-22). Du vivant d'Abraham, sa famille ne possédera qu'un champ comme lieu de sépulture. Et pourtant, Abram va croire la promesse de Dieu et continuera à se conformer à ses instructions parce que, nous dit l'auteur de la lettre aux Hébreux, « il attendait la cité qui a de solides fondations » (Hé 11.16). Il voyait d'avance sa demeure et sa famille avec tous les croyants dans la nouvelle création !

---

18. Divers commentaires sur *al-Baqara* 2.124 énumèrent les épreuves de diverses manières. La tradition juive en compte 10 ; voir Maïmonide, *Mishna Avot* 5.3.

Réflexion théologique

Genèse 11.27-32 ne parle pas de Dieu mais le texte est très théologique parce qu'il introduit le plan de bénédiction de Dieu sur ce monde déchu évoqué en Genèse 1.1 – 11.9. En lisant plus loin, on se rendra compte que Dieu a été à l'œuvre dans tous les événements de ce passage. Genèse 12.1 suppose que Dieu a appelé Abram quelque temps avant qu'il quitte concrètement Ḥarrân ; et en Genèse 15.7, Dieu dit à Abram que c'est lui qui l'a fait sortir d'Our. En Actes 7.2, Étienne va plus loin en disant que « le Dieu glorieux » est réellement apparu à Abram à Our.

Si on lit ce passage comme la première partie du chiasme de Genèse 11.27 – 12.9 (voir p. 305), on s'aperçoit qu'*il cultive une théologie importante* de la famille et du lieu, dont les graines ont été plantées aux chapitres 1-10. Les bénédictions créationnelles de Dieu comportent l'union fidèle de l'homme et de la femme, la multiplication de l'humanité et un lieu magnifique pour qu'ils y vivent et y travaillent. Nous avons vu les thèmes de la famille et de la terre dans les récits de la chute et du jugement, ainsi que dans l'engagement que, dans sa grâce, Dieu a pris envers l'humanité. Constamment, le péché humain brise les familles et elles perdent le lieu où elles demeurent. Et là, Dieu va œuvrer au travers d'une rupture de famille et de lieu.

On peut se dire que c'est là le commencement d'une nouvelle création – le début d'une nouvelle famille dans un nouvel endroit. De même que Noé et sa famille ont perdu leur terre et tous les gens qu'ils connaissaient, et qu'ils ont redémarré, Abram va quitter sa terre et ses relations de sorte que Dieu puisse démarrer une nouvelle communauté dans une terre nouvelle. La différence est que, au temps de Noé, Dieu a détruit tous les pécheurs ; mais désormais, il va œuvrer parmi eux, s'occupant du péché tout à fait différemment en séparant la famille d'Abram des autres. Le *bourgeon de la grâce et de la mémoire de Dieu* qui est au cœur de Genèse 1 – 11 (Gn 6.8 ; 8.1) va s'épanouir jusqu'à ouvrir la porte du salut pour tous les peuples.

Mais on ne peut avoir une nouvelle création sans rupture avec l'ordre ancien. La rupture la plus saillante, dans ce passage, c'est la stérilité de Saraï. Nous avons suivi la « semence de la femme » depuis la promesse de Dieu à Ève en Genèse 3.15, nous demandant quand et comment la tête du serpent serait écrasée. Et alors que nous commençons à assister au dessein de Dieu qui s'accomplit dans ce nouveau couple, nous voilà sidérés de voir que la femme est stérile.

Il y a beaucoup de causes possibles à la stérilité. Parfois, Dieu bloque la conception à cause du péché (p. ex. Gn 20.18), mais Dieu est aussi celui qui ouvre la matrice stérile (Gn 20.17 ; 25.21 ; 29.31), et il y a des exemples remarquables de femmes justes qui restent stériles pendant une grande partie de leur vie (p. ex.

Anne, 1 S 1.5-20 ; Elizabeth, Lc 1.6-7). Dans ce cas, on ne sait pas pourquoi Saraï était sans enfant, et on ne peut que deviner ce qu'elle ressentait. Lorsque, finalement, Dieu déclara qu'elle porterait un enfant, elle exprima ses doutes et ses craintes par un rire sarcastique (Gn 18.12 ; 21.1-8). Le Coran parle aussi de sa stérilité et de son rire, et il dit aussi que la naissance d'Isaac témoigne de la puissance de Dieu (*Hūd* 11.71). Rien n'est impossible au Seigneur omnipotent de l'univers ! Cela donne de l'espoir à toutes les femmes stériles. YHWH est le Dieu de l'alliance qui montre sa puissance au travers de la faiblesse humaine, et il va révéler sa gloire par un couple stérile.

Et nous ?

Comme Noé, Abram fait preuve d'une extraordinaire loyauté au seul vrai Dieu. Sa réponse à l'appel de Dieu a consisté à sacrifier ses biens, la maison de son père et la ville où il vivait. L'histoire d'Abram est comparable à celle de beaucoup de disciples de Jésus le Messie qui sont d'arrière-plan musulman, au Bangladesh, entre autres. Le Bangladesh n'a aucune loi qui empêche de changer de religion, mais les pressions sociales forcent souvent ces convertis à quitter leur foyer, et ils peuvent y perdre leurs biens et leur héritage. Dans les années récentes, malgré la protection gouvernementale, il y a eu des menaces récurrentes de groupes jihadistes, et des gens ont dû fuir leurs communautés et même le pays pour éviter de fausses accusations en justice, voire des exécutions illégales de la part de groupes islamistes radicaux. Comme Abram, il nous faut littéralement vivre comme des étrangers en ce monde. Comme Abram, nous sommes appelés à chercher la cité céleste édifiée par Dieu (Hé 11.10). Nous ne la voyons peut-être pas maintenant, mais nous savons que ce n'est pas une tour qui ne sert à rien et qui va s'écrouler, mais une demeure éternelle dont les fondations tiendront bon à jamais.

En cette vie, comme Abram, nous avons une tâche à accomplir. Comme pour lui, une partie de notre famille sera à nos côtés, mais il faudra peut-être en abandonner une autre partie. Cela soulève en nous de nombreuses questions. Est-il trop difficile pour Dieu de travailler dans notre famille ? Serait-il possible à Dieu de mener ses desseins à bien si nous devions prendre soin d'un orphelin et d'une femme stérile ? Penserions-nous que cela anéantirait les projets de Dieu ? Si Dieu nous demandait d'aller là où lui le veut, comment réagirions-nous ? Si Dieu nous choisissait pour implanter quelque chose quelque part, quelle serait notre responsabilité en tant que « chef de famille » ? Jusqu'où irions-nous dans l'obéissance à Dieu si nos parents étaient incroyants ? Que se passe-t-il le jour où meurt notre père ?

Ces interrogations n'étaient pas plus faciles pour Abram qu'elles ne le seraient pour nous aujourd'hui. Ces caractéristiques du monde antique – famille, mariage, terre, parenté – avaient toutes la même importance que celle qu'elles ont aujourd'hui en Asie du Sud. La société aurait considéré l'abandon de ces éléments avec crainte et trouble et, de même aujourd'hui, beaucoup de gens hésitent à répondre à l'appel de Jésus le Messie. Il faut méditer sur la manière dont Abram a accepté les promesses qui lui furent faites si nous voulons être rattachés à sa famille, si nous voulons faire partie de la *millet Ibrahim*.

N'oublions pas ces paroles de Jésus le Messie :

> *Amen, je vous le dis, il n'est personne qui ait quitté, à cause de moi et de la bonne nouvelle, maison, frères, sœurs, mère, père, enfants ou terres, et qui ne reçoive au centuple, dans le temps présent, maisons, frères, sœurs, mères, enfants et terres – avec des persécutions – et, dans le monde qui vient, la vie éternelle.* (Mc 10.29-30)

8

La bénédiction de Dieu sur Abram
Genèse 12.2 – 3

La Genèse est un livre de commencements et un livre de bénédictions. Genèse 1 et 2 ont parlé de la création, et des bénédictions au commencement du monde. Genèse 3.1 – 11.9 a parlé des commencements de la révolte humaine contre Dieu et de la privation des bénédictions qui en a résulté. Au cœur de tout cela se trouve le récit du Déluge et de l'alliance de l'arc-en-ciel dans laquelle Dieu a annoncé son engagement à maintenir ses bénédictions en dépit du péché humain. Ici, en Genèse 12.2-3, sont évoqués les commencements du dessein de Dieu pour bénir le monde par Abraham. La famille d'Abraham sera le vecteur de la bénédiction qui réunira tous les peuples séparés de la génération de Péleg en une seule communauté, les gens de la véritable *millet Ibrahim*. Toutes les familles de la terre seront bénies par la famille d'Abraham.

On veut tous la bénédiction d'Abraham

Les Juifs conçoivent qu'Abraham est leur ancêtre et qu'ils sont le peuple qui lui a été promis comme descendance. L'apôtre Paul dit avec insistance que les racines de la foi chrétienne remontent, par-delà Moïse et sa loi, à Abraham et sa foi (Ga 3.6-14 ; Rm 4.9-17). Le Coran revendique lui aussi de suivre la religion d'Abraham (*al-Baqara* 2.135 ; *an-Naḥl* 16.120-123), et il fait remarquer qu'il n'était ni juif ni chrétien parce qu'il est venu avant Jésus et avant Moïse.

Les Juifs pieux disent la « *Amidah* » (prière debout) tous les jours, et elle commence comme ceci :

> *Béni sois-Tu, Éternel notre D.ieu et D.ieu de nos pères, D.ieu d'Abraham, D.ieu d'Isaac et D.ieu de Jacob, le D.ieu grand, puissant et redoutable,*

> D.ieu exalté, qui accorde une bonté abondante, qui crée toutes choses, qui se souvient de la piété des patriarches, et qui, dans l'amour, apporte un rédempteur aux enfants de leurs enfants, pour l'amour de Son Nom. Ô Roi, (Tu es) une aide, un sauveur et un bouclier. Béni sois-Tu Éternel, Bouclier d'Abraham[1].

De nombreux chrétiens récitent régulièrement « Je vous salue Marie » (prière adaptée du *Magnificat*) et la prière de Zacharie (le *Benedictus*) où l'on se réjouit que Jésus le Messie vienne accomplir la promesse faite à Abraham :

> *Il a secouru Israël, son serviteur,*
> *et il s'est souvenu de sa compassion*
> *– comme il l'avait dit à nos pères –*
> *envers Abraham et sa descendance, pour toujours*[2].
> *C'est ainsi qu'il montre sa compassion envers nos pères*
> *et qu'il se souvient de son alliance sacrée,*
> *selon le serment qu'il a juré à Abraham, notre père ;*
> *ainsi nous accorde-t-il, après avoir été délivrés des ennemis, de pouvoir sans crainte*
> *lui rendre un culte dans la sainteté et la justice,*
> *devant lui, tout au long de nos jours*[3].

Les musulmans eux aussi se souviennent de la bénédiction d'Abraham et revendiquent la même bénédiction pour le prophète Mohammed et sa famille dans la prière intitulée *durūd-e-Ibrāhīm*, qui fait partie de la prière ṣalāt. Ils la disent 27 fois par jour, s'ils arrivent à toutes les faire !

> Ô Dieu, répands ta faveur sur Mohammed et sur la famille de Mohammed comme Tu as répandu Ta faveur sur Ibrahim et sur la famille d'Ibrahim, Tu es Digne de louange, Suprêmement Glorieux. Ô Dieu, bénis Mohammed et la famille de Mohammed comme Tu as béni Ibrahim et la famille d'Ibrahim, Tu es Digne de louange, Suprêmement Glorieux.

---

1. https://hassidout.org/la-priere-de-la-amidah-en-phonetique/
2. Lc 1.54-55. Le *Magnificat* (Lc 1.46-55), la prière de louange de Marie après l'annonce qu'elle a reçue de l'ange sur la naissance de Jésus le Messie, fait partie de la prière du soir quotidienne de beaucoup d'Églises.
3. Lc 1.72-75. Le *Benedictus* (Lc 1.68-79), la prière de louange de Zacharie après la naissance de Jean-Baptiste, fait partie de la prière matinale quotidienne de beaucoup d'Églises.

Le Coran résume l'importance donnée à Abraham en recevant la bénédiction de Dieu :

> *Qui donc est meilleur, en religion, que celui qui s'est soumis à Allah, tout en pratiquant la bienfaisance, et qui suit la religion (milla) d'Abraham pris par Allah comme ami ? (an-Nisā' 4.125).*

Dans un monde coupé de l'amitié qu'il avait avec Dieu en Éden, quelle plus grande bénédiction que d'être choisi par Dieu comme ami ? (cf. És 41.8 ; Jc 2.23).

COMMENTAIRE

Genèse 12.2-3 – Les sept bénédictions

> *Je ferai de toi une grande nation et je te bénirai ; je rendrai ton nom grand, et tu seras une bénédiction. Je bénirai ceux qui te béniront, je maudirai celui qui te maudira. Tous les clans de la terre se béniront par toi.*

La Genèse nous dit qu'il n'y a pas qu'une seule bénédiction pour Abram : il y en a sept, des promesses précises et précieuses qui suivront le « va-t'en » d'Abram. Grammaticalement, on peut comprendre que Dieu dit : « Pars, afin que je puisse t'accorder toutes ces bénédictions ! »

Nous est rappelé un autre grand commandement avec une promesse :

> *Honore ton père et ta mère, afin que tes jours se prolongent sur la terre que le Seigneur, ton Dieu, te donne.* (Ex 20.12)

Si Abram ne quitte pas sa maison et le foyer idolâtre de son père, Dieu ne peut pas faire naître le nouveau peuple dans la nouvelle terre qui apportera les bénédictions. Mais cela ne signifie pas que lui, ou l'un de ses *millat*, doive déshonorer ses parents. Plus tard, Abram honorera la famille de son père en choisissant une femme pour son fils parmi les petits-enfants de son père.

Les gens de Babel avaient dit : « Allons... » parce qu'ils voulaient rester ensemble bien à l'abri en un seul lieu pour se faire un nom à eux. Abram va obéir à Dieu en « partant » (Gn 12.4). Il va perdre sa communauté et sa sécurité, mais Dieu va lui donner non seulement un nom mais un grand nom. Il va non seulement obtenir une bénédiction pour lui-même mais être une bénédiction pour les autres. Dieu lui-même va lui donner sécurité et honneur, et par sa famille Dieu va apporter la bénédiction à toutes les autres familles.

Première bénédiction : « Je ferai de toi une grande nation »

Comment un couple stérile va-t-il pouvoir engendrer une grande nation ? À vues humaines, cela semble impossible et prête même à rire comme pour Abram et Saraï (Gn 17.17 ; 18.13). La stérilité de Saraï, indiquée en Genèse 11.30, était une stupéfiante privation de la bénédiction créationnelle de la fécondité (Gn 1.26-27). Le lecteur vivant dans notre monde déchu où tant de couples sont stériles est à nouveau choqué… cette fois, par la capacité de Dieu à rétablir la bénédiction. Une bonne vingtaine d'années plus tard, en se désignant comme Dieu-Puissant (hébr. *El Shaddaï*), le créateur accomplira cette promesse et fera passer Abram, « père élevé », à Abraham, « père d'une multitude de peuples » (Gn 17.5, BDS).

Aujourd'hui, ceux qui veulent faire partie de la famille d'Abraham sont véritablement comme les étoiles du ciel (Gn 15.5). Les Juifs désignent « notre père Abraham » (hébr. *Avraham avinou*) à la fois comme leur ancêtre biologique et leur père dans la foi. Les chrétiens voient en Abraham le père spirituel de tous les croyants, les païens comme les Juifs (Rm 4.13-15). Le Coran le revendique comme le père spirituel des musulmans (*al-Ḥajj* 22.78). Le Coran sait aussi que les *Bani Isra'il* sont la nation bénie, de laquelle est venu non seulement le Messie mais beaucoup d'autres prophètes, y compris le prophète de l'islam, Mohammed, qui descend d'Abraham par son fils Ismaël (*al-Mā'ida* 5.20).

Deuxième bénédiction : « je te bénirai »

On se rappelle comment, en Genèse 1 et 2, Dieu a béni les humains avec les relations, la fécondité, l'abondance de nourriture, un beau lieu d'habitation et la responsabilité de gouverner la terre. On se rappelle les résultats de la désobéissance en Genèse 3.14-19, et comment Adam et Ève ont été expulsés de leur demeure du jardin d'Éden. Toutes ces bénédictions se sont trouvées déformées par le péché, et l'humanité vit comme en terre étrangère. Cependant, les bénédictions perdues par Adam et sa famille seront restituées à Abram et à sa famille, et cela arrivera quand Dieu guidera Abram vers une terre nouvelle.

Troisième bénédiction : « je rendrai ton nom grand »

Les gens de Babel ont tenté de rendre leur nom grand. Le nom d'Abram va-t-il devenir grand grâce à ses propres efforts ? Absolument pas ! Il va devenir grand grâce à la bénédiction divine. Ou bien serait-ce grâce à sa piété et à sa capacité à surmonter les épreuves envoyées par Dieu ? Pas davantage ! C'est Dieu et Dieu seul qui, par sa grâce miséricordieuse, va lui donner un nouveau nom, Abraham, et ce nom va être vénéré par des millions et des millions de personnes. Son nom va être célébré non par la force et la violence, non par les armées, les gratte-ciel ou l'opulence, mais par l'Esprit et l'amour de Dieu (cf. Za 4.6).

Quatrième bénédiction : « tu seras une bénédiction »

Dieu a béni Abram afin qu'il puisse être une bénédiction pour les autres ; mais, si nous poursuivons notre lecture dans la Genèse, nous découvrirons qu'Abram n'apporte pas toujours la bénédiction à ceux qu'il rencontre. Dans la section qui suit immédiatement, il est source de catastrophes pour quelqu'un qui essaie d'être correct avec lui (Gn 12.10-20). Quand et comment va-t-il devenir une bénédiction ? En Genèse 22.18, nous nous apercevrons que c'est précisément par le fils promis de Saraï que les bénédictions atteindront d'autres personnes, de sorte que nous voyons que cette promesse renvoie à la semence de la femme qui écrasera la tête de Satan (Gn 3.15). Jésus le Messie, descendant d'Abraham (Mt 1.1), va quitter sa maison et celle de son Père des cieux pour être une source de bénédiction. Il ne va pas aspirer à avoir un nom célèbre, il va accepter de n'être rien (Ph 2.7). Dieu va le ressusciter d'entre les morts et lui conférer le nom qui est au-dessus de tout nom, bien plus grand que le nom d'Abraham (Ép 1.20-21 ; Ph 2.9-11). Désormais, dans toutes les familles, tout croyant peut être au bénéfice de la puissance de ce nom, il peut recevoir les bénédictions spirituelles de la rédemption, de la sanctification, de la rémission des péchés, de l'adoption et de la vie éternelle (Ép 1.3, 15-21).

Cinquième bénédiction : « je bénirai ceux qui te béniront »

Abram sera le canal de la bénédiction de Dieu pour ceux qui le bénissent. Même si les principales bénédictions seront spirituelles, Dieu apporte parfois des bénédictions matérielles à ceux qui bénissent les descendants d'Abraham. Dans la Genèse, l'exemple le plus marquant est la bénédiction qui survient pour le peuple égyptien par Joseph, arrière-petit-fils d'Abraham, au cours des sept années de famine (Gn 41).

Nous avons vu que ce ne sont pas seulement les Juifs et les chrétiens mais aussi les musulmans qui aspirent à recevoir la bénédiction reçue par Abraham et sa famille. Le principe de la prière *durūd-e-Ibrāhīm* est que, lorsque les gens bénissent Abraham, ils espèrent que Dieu les bénira. À partir de Genèse 12.2, on peut imaginer à quel point Dieu désire répondre à ces prières.

Sixième bénédiction : « je maudirai celui qui te maudira »

Ce n'est pas tout le monde qui sera béni grâce à Abram. Cette promesse-là nous dit que Dieu lui-même veillera sur l'honneur d'Abram. Deux verbes différents sont employés ici : *qalal*, sa racine signifiant « rabaisser » ou « mépriser », et *'arar*, le verbe commun pour « maudire ». Tout individu qui humiliera Abram ou sa postérité, Dieu le châtiera. Le Coran reprend implicitement cette promesse biblique quand il raconte comment Nemrod a essayé de plonger Abram dans la fournaise et il dit : « alors qu'ils voulurent perdre Abraham, Nous fîmes d'eux les pires Perdants » (*al-Anbiyā'* 21.69-70). Les prophètes des *Bani Isra'il* prévenaient fréquemment que, même si Dieu pouvait se servir d'autres nations pour punir son peuple élu, quiconque se moquerait de lui ou le maltraiterait finirait par être jugé (p. ex. És 47.6 ; 49.24-26 ; Jr 2.3 ; 30.10-17 ; Éz 25-26 ; Am 1 ; Abd ; So 2.8-11).

Septième bénédiction : « Tous les clans de la terre se béniront par toi »

En hébreu, on peut interpréter cette bénédiction de trois manières[4]. Cela peut vouloir dire que les peuples se béniront eux-mêmes par Abram, qu'ils seront bénis à travers lui, ou qu'ils trouveront la bénédiction à travers lui. Tous ces sens nous disent que Dieu souhaite que sa bénédiction sur la famille d'Abraham soit source de bénédiction pour toutes les autres familles. Tous les peuples de la terre évoqués en Genèse 10 ont été faits à son image et à sa ressemblance et sont sous la bénédiction de l'arc-en-ciel. C'est parce que dans sa fidélité Dieu s'en est souvenu qu'il a appelé Abram.

Nous sommes émerveillés à la pensée que les peuples de toutes les nations évoquées en Genèse 10 aient pu être bénis par Abram, et nous nous demandons ce que cela signifie. Des siècles plus tard, l'apôtre Paul va donner une réponse en qualifiant cela d'Évangile prêché à Abraham (Ga 3.8).

Réflexion théologique

La bénédiction d'Abram reflète les trois faces de la théologie que nous avons suivies tout au long de ce commentaire.

Le bourgeon de la théologie

Dans ces sept bénédictions, nous entrevoyons de nombreux pétales du *bourgeon de la théologie* qui s'est ouvert en Genèse 1 – 11. Celui qui bénit est le Dieu qui, malgré la nature violente et rebelle de l'humanité, a promis à Noé qu'il n'exterminerait plus jamais ses créatures. Nous voyons un Dieu qui aime le monde qu'il a créé ; le Dieu fidèle de l'alliance ne se contentera pas de nous protéger : il nous bénira. Ce Dieu choisit d'œuvrer à partir d'êtres humains particuliers : de même qu'il a choisi Noé et sa famille, il choisit maintenant un couple stérile comme vecteur de bénédiction pour chaque famille de cette terre. Ce Dieu choisit de montrer sa capacité de reproduction. Comme si souvent en Genèse 1 – 11,

---

4. Grammaticalement, le verbe est au *nifal*, qui peut être traduit par un passif, un moyen ou un réfléchi. Voir Wenham, *Genesis 1-11*, p. 277-278, pour un regard détaillé.

nous voyons qu'il s'agit du Dieu unique créateur, et non d'une divinité quelconque comme le dieu cananéen de la fertilité, Baal ; Dieu a tout pouvoir sur ce qu'il a créé.

Le Dieu qui a créé la lumière dans les ténèbres et conçu un monde magnifiquement ordonné à partir du chaos du *tohu va-bohu* est le seul qui peut abolir la noirceur du péché et apporter les bénédictions de la vérité, de l'obéissance, de la fécondité et de la juste domination pour illuminer et ordonner notre monde déchu.

La grand-mère des sciences

Il y a des aspects de l'histoire d'Abram qui ont profondément affecté les comportements des Juifs, des chrétiens et des musulmans envers la nature. Nous avons relevé les débats entre Juifs et entre chrétiens sur l'exhortation faite à Abram de contempler les étoiles (Gn 15.5), ainsi que les récits qui se sont développés sur le refus d'Abram d'adorer les corps célestes. Cela signifie que l'astrologie – la notion selon laquelle les astres régiraient plus ou moins nos destinées – est récusée. Ces corps célestes sont régis par leur créateur et n'ont aucun pouvoir sur nous[5] ; il n'en reste pas moins que nous pouvons nous instruire en les contemplant. En Genèse 15, les étoiles ont instruit Abram sur la puissance et la fidélité infinies de Dieu. Cela sème une graine qui devient un thème biblique (p. ex. Jb 38-41 ; Ps 19 ; 104 ; És 40.12-26 ; Rm 1.19-20). Bien plus tard, le Coran incitera les hommes à étudier les *ayāt* (les signes) de Dieu dans la création (p. ex. *adh-Dhāriyāt* 51.20-21 ; *Yūnus* 10.5-9 ; *ar-Ra'd* 13.2-4 ; *an-Naḥl* 16.65-69 ; *ar-Rūm* 30.8-11, 18-26).

Donc, quiconque a voulu partager les bénédictions d'Abram a, au fil des siècles, appris sur le créateur en observant la création, ce qui a alimenté le développement des sciences. Les croyants ont étudié la nature en même temps que la Bible, ce qu'ils appelaient le « livre des œuvres de Dieu » parallèlement au « livre des paroles de Dieu ». Au début de son livre, *De l'origine des espèces*, l'ouvrage qui a inauguré la théorie de l'évolution, Charles Darwin a placé cette citation :

> En conclusion, que personne, sous un fallacieux prétexte de sobriété ou de modération mal placée, ne pense ni n'affirme qu'un homme peut faire trop de recherche, ou être trop instruit du livre de la parole de Dieu, ou du livre des œuvres de Dieu, de la théologie ou

---

5. Voir commentaire sur Gn 1.14-19.

de la philosophie (c'est-à-dire la science) ; qu'on s'efforce plutôt de viser un progrès et une compétence dans les deux[6].

Le livre de Darwin n'écartait nullement la notion d'un Dieu créateur ; au contraire, il soutenait que l'intelligence de la création de Dieu est atteinte par excellence au moyen de l'observation et de la raison et que ses observations défient les conceptions traditionnelles.

Il est important que la bénédiction d'Abram nous rappelle aussi les limites de la science en tant que connaissance humaine fondée sur l'observation et la raison. Encore aujourd'hui, malgré toutes nos avancées, la médecine ne peut pas toujours aider un couple stérile à avoir des enfants. Cette bénédiction nous dit que le créateur a une souveraineté sur sa création bien plus grande que celle que nous pourrons jamais avoir, et que cela est un principe essentiel pour tous nos débats en matière d'éthique médicale et scientifique.

Le terreau de la Bible

Ces bénédictions sont à l'origine des *Bani Isra'il*, le peuple constitué par Dieu pour apporter la bénédiction au monde. La Bible contient les livres donnés par Dieu à ce peuple particulier et, par lui, aux gens de toutes les nations. La plupart de ces livres ont été rédigés par des descendants d'Abraham sous l'inspiration du Saint-Esprit. Ils contiennent des prières, des louanges et des interrogations que les *Bani Isra'il* employaient dans leur relation avec Dieu, des narrations montrant comment Dieu était à l'œuvre dans leur histoire, ainsi que des messages prophétiques par lesquels Dieu leur parlait.

Au travers des divers livres de la Bible, on apprend donc comment Dieu a accompli le projet de bénédiction qu'il avait annoncé à Abram. Les livres historiques et prophétiques nous disent que les *Bani Isra'il* ont souvent échoué dans leur mission exactement comme Adam et Ève avant eux ; mais ils nous disent aussi que le plan de Dieu n'a pas échoué. Dieu aime le monde au point d'avoir maintenu sa fidélité envers les *Bani Isra'il*.

Dans le Coran, la promesse de Dieu à Abraham ne s'est accomplie qu'après qu'il eut démontré sa foi au travers de certaines injonctions et de certaines épreuves, et l'alliance de Dieu avec la famille d'Abraham excluait les malfaisants :

> *[Rappelez-vous] quand le Seigneur éprouva Abraham par certaines prescriptions (?) ! [Abraham] les ayant accomplies, [le Seigneur] dit :*

---

6. Citation de Francis Bacon, *The Advancement of Learning* (1605), un livre qui eut beaucoup de retentissement dans les débuts de la science moderne.

« Je vais faire de toi un guide ('imâm) pour les Hommes. » — *« [Feras-Tu de même] de ma descendance ? »* demanda *[Abraham]*. *[Mais le Seigneur] dit : « Mon pacte ne vaudra point pour les Injustes. »* (Al-Baqara 2.124)

Avant ce verset, le Coran rappelle aux Juifs de Médine au VIIe siècle la faveur que Dieu leur a accordée en faisant d'eux une nation spéciale, et les presse d'honorer leur pacte. Il leur rappelle ensuite les nombreuses fois où leurs ancêtres désobéirent à Dieu et brisèrent cette alliance (*al-Baqara* 2.40-103). Cela enseigne clairement que si les *Bani Isra'il* sont désobéissants, ils perdront la bénédiction d'Abraham.

À l'inverse, bien que la Bible enseigne que beaucoup d'individus qui se sont révoltés contre Dieu ont encouru son jugement, sa promesse de bénir le monde par les enfants d'Abraham est inconditionnelle. Dans toute l'histoire biblique, on voit que Dieu préserve les *Bani Isra'il* et qu'il y en avait toujours certains qui étaient de la vraie *millet Ibrahim* et qui transmettaient fidèlement les bénédictions. Enfin, par les descendants du fils promis à Abraham, Dieu envoya son Fils, Jésus le Messie, dans le monde (Ga 3.19). Toutes les semences de l'amour et de la miséricorde de Dieu que nous avons vues sont récapitulées en lui, et c'est par lui que toutes les nations reçoivent la bénédiction promise.

D'après le Nouveau Testament, toute personne qui reçoit par la foi Jésus le Messie est un véritable enfant de Dieu et l'héritier des bénédictions abrahamiques. Le Messie a sacrifié sa vie sur la croix. Il n'est plus besoin que nous soyons rayés de la carte par un déluge qui nous condamne, parce qu'il a effacé notre péché par son sang. Par lui, nous sommes délivrés de toute malédiction parce qu'il a été fait malédiction pour nous. Cet Évangile est pour toutes les nations, y compris les descendants du fils qui a été maudit par Noé (Ga 3.13-14). Jésus le Messie, semence d'Abraham, a déjà commencé à distribuer la grâce et la miséricorde divines à toutes les familles du monde ; toutefois, les bénédictions abrahamiques ne seront pas complètement accomplies jusqu'à ce qu'il revienne (Mt 24.30-31). En attendant ce moment, Dieu continue à appeler des individus et des familles particulières pour accomplir son plan.

Jésus le Messie est le rédempteur attendu dans la prière juive de l'*Amidah*, la réalisation de la promesse rappelée par Marie dans le *Magnificat*, et la réponse à la prière *durūd-e-Ibrāhīm* demandant que nous soyons bénis « comme tu as béni Abraham et la famille d'Abraham ».

Le commencement et la fin

Au commencement de Genèse 1 – 11 il y a Adam, dont la désobéissance a conduit à la privation de l'essentiel de la bénédiction divine. À la fin il y a Abram, dont l'obéissance va être la graine de la bénédiction de nombreuses personnes. Au centre il y a Noé, et au centre du récit noachique, le centre de l'ensemble constitué par Genèse 1 – 11, il y a ce verset particulier : « Dieu se souvint de Noé. »

Abram était à dix générations de Sem ; Noé était à dix générations d'Adam. Noé et Abram ont été tous les deux choisis par Dieu pour former une nouvelle communauté. Tous les deux, ils ont été mandatés afin d'accomplir le plan de Dieu pour former une communauté qui le révère. Avec l'un et l'autre, Dieu a fait une alliance destinée à bénir toute l'humanité. Tous les deux, ils ont cheminé vers une terre inconnue, se reposant sur la fidélité de Dieu pour être guidés. Dieu s'est souvenu de l'un et de l'autre, avant, pendant et même après leurs pérégrinations.

Beaucoup de musulmans citent la notion coranique selon laquelle si quelqu'un se souvient de Dieu, Dieu se souviendra de lui (*al-Baqara* 2.122). Selon la Bible, le souvenir n'est pas conditionnel à ce point ; c'est plutôt que Dieu se rappellera de ses promesses à tous les peuples. Comme l'écrit le psalmiste, « il se souvient toujours de son alliance, de la parole qu'il a instituée pour mille générations » (Ps 105.8).

La bénédiction de Dieu à Abraham rayonne sur la terre comme les rayons du soleil et englobe toute la planète. Sur la croix, la semence d'Abraham, Jésus le Messie, a béni ses ennemis et ainsi ouvert la voie de la bénédiction de chaque famille terrestre. Mais notre monde contemporain a perdu les magnifiques bénédictions d'Éden. Les conflits entre peuples des religions abrahamiques se perpétuent, même dans le *Shat al-Arab* où a pu se situer Éden. La Terre promise et les contrées voisines sont constamment maculées de sang. Comme le sang d'Abel, tout ce sang crie pour demander paix et justice !

Ces combats consistent rarement à savoir qui sont les vrais *millet Ibrahim* : les divergences sont dues à l'égoïsme et à l'orgueil, à la soif de puissance et de domination que nous avons observés dans Genèse 3 – 11. On remplace l'autorité aimante de Dieu par le culte de ses propres intérêts, ce qui ne vaut pas mieux que de rendre un culte à des idoles de pierre. De même que Dieu a appelé Noé, puis Abram et Saraï dans leur environnement idolâtre et violent, de même il appelle aujourd'hui ceux qui ont foi dans le Messie à être des faiseurs de paix parmi tous les peuples. On ne procure pas la paix de Dieu en essayant de se faire un nom, mais en passant par la voie de Dieu pour bénir et pour remédier au péché qui se tient en embuscade en nous (Gn 4.7).

Nous ne trouverons pas la paix à laquelle nous aspirons tant que la promesse faite à Abram en Genèse 12.3 ne sera pas accomplie en Jésus le Messie lorsqu'il reviendra. En Apocalypse 7.9-10, nous lisons :

> Après cela, je vis une grande foule, que personne ne pouvait compter, de toute nation, de toutes tribus, de tous peuples et de toutes langues. Ils se tenaient devant le trône et devant l'agneau, vêtus de robes blanches, et des branches de palmiers à la main, et ils criaient :
> Le salut est à notre Dieu, qui est assis sur le trône, et à l'agneau !

C'est là qu'est le plein épanouissement du *bourgeon de la théologie* de Genèse 1 – 11, lorsque les croyants voient Dieu dans sa gloire. C'est là qu'est la moisson de toutes les petites graines semées dans le terreau de la Bible. Qu'elle est merveilleuse cette vision de toutes les familles bénies qui croient en Jésus le Messie, fils d'Abraham, et qui adorent ensemble ! C'est l'exact inverse de la malédiction de la confusion des langues en Genèse 11, qui a commencé au jour de la Pentecôte, lorsque des gens de diverses nations et langues s'étaient rassemblés et avaient entendu la bonne nouvelle (Ac 2.6-8). À partir de Genèse 3, l'humanité a vécu dans le péché, la malédiction, les larmes, la corruption et la mort, mais dans le nouveau ciel et la nouvelle terre, à la fin des temps, tout cela aura disparu :

> J'entendis du trône une voix forte qui disait :
> La demeure de Dieu est avec les humains ! Il aura sa demeure avec eux, ils seront ses peuples, et lui-même, qui est Dieu avec eux, sera leur Dieu. Il essuiera toute larme de leurs yeux, la mort ne sera plus, et il n'y aura plus ni deuil, ni cri, ni douleur, car les premières choses ont disparu. (Ap 21.3-4)

Bibliographie

Livres en bengali

AL-KISAI, *Qisas al-Anbiya*, Dhaka, Taj Company Ltd, 6ᵉ édition, 1410 A.H.
DAWN Deproshad, sous dir., *Baul Sangeeter Nondontotto* [Esthétique de la musique baul], Dhaka, M. Mohsin Rubel, 2012.
FARIDPURI Shamsul Haque, trad., *Bhokhari Sharif*, Dhaka, Hamidia Library Ltd, 17ᵉ édition, 2014.
FORDABADI Amirul Islam, SHAPORI Abdul Gaffar Shapori, HOBIGONJI Habibur Rahman, trad. et sous dir., *Tofsir Jalalin*, Dhaka, Moulana Mohammad Mustafa, s.d.
HANNAN Mohammad, *Banglir Itihas* [Histoire du Bengali], Dhaka, Agami Prokashoni, 2012.
IBN HANBAL Ahmad, *Musnad-e-Ahmad*, traduction, édition et publication par Dhaka, Islamic Foundation, 2008.
IBN KATHIR, *Tofsir Ibn Kasir*, trad. Muhammad Muzibur Rahman, Dhaka, Husain Al Madani Publications, 1406 AH/1986 CE.
IMDADULLAH M. N. M., *Kasasul Ambiya*, Dhaka, Bangladesh Taj Co. Ltd., 1410 AH.
KHAN Mohammed Akram, sous dir., *Quran Sharif*, Kolkata, Mohammadi Publishing Co., 1919.
KHAN Muhiuddin, *Tofsir-e-Ma'reful Qur'an*, version bangladaise de l'ouvrage Urdu *Tafsir-e-Maareful Qur'an* de Muhammad Shafi, Dhaka, Islamic Foundation, 2011.
Kitabul Mukaddos, Dhaka, Manjile Kitabul Mukaddos, 1982.
Mishkaat ul Masaabeeh, Dhaka, Hadith Academy, 2013.
Mishkat Sharif, Dhaka, Solemania Book House, 2004.
RAHMAN Musadir, trad., *Tofsirul Baizawi*, Dhaka, Islamia Kutubkhana.
Comité éditorial Sihah Sittah, trad. et sous dir., *Muslim Sharif*, Dhaka, Islamic Foundation, 2010.
THANVI Ashraf Ali, *Boyanul Qur'an*, Dhaka, Embodia Library, 2011.

Textes traduit en anglais

At-Ṭabarī, *The History of Al-Ṭabarī, Volume 1. General Introduction and from the Creation to the Flood*, trad. Franz Rosenthal, Albany, State University of New York Press, 1987.

At-Ṭabarī, *The History of Al-Ṭabarī, Volume 2. Prophets and Patriarchs*, trad. William Brinner, Albany, State University of New York Press, 1989.

Ibn Isḥaq, *The Life of Muhammad (Ibn Ishaq's Sirāt Rasūl Allāh)*, trad. A. Guillaume, Oxford University Press, 1955.

Ibn Kathir, *Stories of the Prophet*, trad. Muhammad Mustapha Geme'ah, Cairo, Al Azhar, date?s.d., disponible sur : https://data.nur.nu/Kutub/English/Ibn-Kathir_Stories-of-the-Prophets-eng.pdf.

Khan Syed Ahmad (sa propre traduction), *The Mohammedan Commentary on the Holy Bible. Genesis 1–11*, Aligarh, 1965.

Origen, *Homilies on Genesis and Exodus*, trad. R. E. Heine, Washington, D. C., Catholic University of America Press, 1982.

Salim Ghulam Husain, *Riyazu-s-Salatin. A History of Bengal*, 1787/8, Forgotten Books, 2011. (La traduction anglaise de 1912 est réimprimée par Forgotten Books, 2011.)

Satapatha Brāhmana 1.8.1. https://sacred-texts.com/hin/sbr/sbe12/sbe1234.htm, consulté le 22 avril 2021.

Sauf indication contraire, les références aux recueils de hadiths de Bukhārī et Muslim utilisent le système de numérotation USC-MSC à partir de https://www.sunnah.com.

Bibliographie générale

Livres et articles en français

Blocher Henri, *Révélation des origines. le début de la Genèse*, coll. Théologie biblique, Charols/Lausanne, Excelsis/Presses Bibliques Universitaires, 2018.

Cuypers Michel, *La composition du Coran: Nazm al-Qur'ân*, Rhétorique Sémitique 9, Paris, Editions J. Gabalda et Cie, 2012.

Glaser Ida, *Dieu et les religions. Pour des relations justes et respectueuses entre chrétiens et autres croyants*, trad. Sonia Artiguebert, Marne-la-Vallée, Éditions Farel, 2008.

Livres et articles en anglais

Aitken James K., Patmore Hector M., Rosen-Zvi Ishay, sous dir., *The Evil Inclination in Early Judaism and Christianity*, New York, Cambridge University Press, 2021.

Alexander Denis R., « Models for Relating Science and Religion », Faraday Paper 3, disponible sur www.faraday.cam.ac.uk/resources/faraday-papers/.

ALI Kecia, *Sexual Ethics and Islam*, London, OneWorld, 2006.
ANDERSON Gary, « The Exaltation of Adam and the Fall of Satan », *The Journal of Jewish Thought and Philosophy* 6, no. 1, 1997, p. 105-134, https://doi.org/10.1163/147728597794761754.
ARMOUR Robert, *Gods and Myths of Ancient Egypt*, Cairo, American University in Cairo Press, 1986.
BENNETT Jim, MANDELBROTE Scott, *The Garden, the Ark, the Tower, the Temple. Biblical Metaphors of Knowledge in Early Modern Europe*, Oxford, Museum of the History of Science, 1998.
BERRY R. J. « Creation and Evolution, Not Creation or Evolution », Faraday Paper no. 12, www.faraday.cam.ac.uk/resources/faraday-papers/.
BERRY R. J., sous dir., *The Lion Handbook of Science and Christianity*, Oxford, Lion Hudson, 2012.
BURKE John G., *Cosmic Debris. Meteorites in History*, Berkeley, University of California Press, 1991.
CAMPBELL William, *The Qur'an and the Bible in the Light of History and Science*, 2ᵉ éd., Upper Darby, Middle East Resources, 2002.
CARMAN Jon, « The Falling Star and the Rising Son. Luke 10:17-24 and Second Temple "Satan" Traditions », *Stone-Campbell Journal* 17, no. 2, 2014, p. 221-231.
DOUGLAS J. D., et al., sous dir., *The New Bible Dictionary*, Leicester, Inter-Varsity Press, 1982.
ELLIOTT Jeri, *Your Door to Arabia*, Invercargill, Craig Printing, 1992.
EQUIANO Olaudah, *The Interesting Narrative and Other Writings*, New York, Penguin Books, 1995 [1789].
ERNST Carl W., *How to Read the Qur'an. A New Guide with Selected Translations*, Chapel Hill, University of North Carolina Press, 2011.
EVANS Mary J., *Women in the Bible*, Downers Grove, InterVarsity, 1984.
GASTER Theodor Herzl, FRAZER James George, *Myth, Legend and Custom in the Old Testament*, New York, Harper & Row, 1969.
GEISINGER Alex, « Sustainable Development and the Domination of Nature. Spreading the Seed of the Western Ideology of Nature », *Boston College Environmental Affairs Law Review* 27, no. 1, 1999, p. 43-73. https://lawdigitalcommons.bc.edu/ealr/vol27/iss1/3/.
GILLINGHAM Susan E., *The Poems and Psalms of the Hebrew Bible*, Oxford, Oxford University Press, 1994.
GLASER Ida, « An Experiment in Contextualized Comparative Hermeneutics. Reading Genesis 1-11 in the Context of Parallel Qur'anic Material and Christian Mission amongst Muslims in Elswick, Newcastle Upon Tyne », thèse de doctorat, University of Durham, 1994. http://etheses.dur.ac.uk/968/1/968_v1.pdf.

GLASER Ida, KAY Hannah, *Thinking Biblically about Islam. Genesis, Transfiguration and Transformation*, Carlisle, Langham Global Library, 2016.

GLASER Ida, JOHN Napoleon, *Partners or Prisoners? Christians Thinking about Women and Islam*, Carlisle, Paternoster, 1998.

GOLDINGAY John, *Genesis. Baker Commentary of the Old Testament. Pentateuch*, Grand Rapids, Baker Academic, 2020.

HAMILTON Victor P., *The Book of Genesis. Chapter 1–17*, Grand Rapids, Eerdmans, 1990.

HARRISON Peter, *The Bible, Protestantism, and the Rise of Natural Science*, Cambridge, Cambridge University Press, 2001.

HARRISON Peter, *The Fall of Man and the Foundations of Science*, Cambridge, Cambridge University Press, 2007.

HESS Richard S., *Studies in the Personal Names of Genesis 1–11*, Winona Lake, Eisenbrauns, 2009.

HILL Carol A., « Making Sense of the Numbers of Genesis », *Perspectives on Science and Christian Faith* 55, no. 4, 2003, p. 239-251, https://www.asa3.org/ASA/PSCF/2003/PSCF12-03Hill.pdf.

INSTITUTE OF MEDICINE, et al., *Science, Evolution, and Creationism. A View from the National Academy of Sciences and the Institute of Medicine*, National Academies Press, 2008.

JACOBSEN Thorkild, « The Sumerian King List », *Assyriological Studies* 11, The Oriental Institute, University of Chicago, 1939, https://oi.uchicago.edu/research/publications/as/11-sumerian-king-list.

JOHNSON David L., *Earth, Empire and Sacred Text. Muslims and Christians as Trustees of Creation*, London, Equinox, 2010.

KEIL Carl F., DELITZSCH Franz, *Commentary on the Old Testament. The Pentateuch*, Volume 1, Peabody, Hendrickson, 1986.

KILLEEN Kevin, FORSHAW Peter J., sous dir., *The Word and the World. Biblical Exegesis and Early Modern Science*, New York, Palgrave Macmillan, 2007.

KÖCHLER Hans, sous dir., *The Concept of Monotheism in Islam and Christianity*, Wein, Wilhelm Braumüller, 1982.

MATHEWS Kenneth A., *The New American Commentary. Genesis 1:11–26*, Nashville, Broadman & Holman, 1996.

MIR Mustansir, « The Qur'an as Literature », *Religion & Literature* 20, no. 1, 1988, p. 49-64, https://www.jstor.org/stable/40059366.

MIR Mustansir, « The Qur'anic Story of Joseph. Plot, Themes and Characters », *The Muslim World* 76, no. 1, 1986, p. 1-15, https://doi.org/10.1111/j.1478-1913.1986.tb02766.x.

MORELAND James Porter, *Theistic Evolution. A Scientific, Philosophical, and Theological Critique*, Wheaton, Crossway, 2017.

PATMORE Hector M., *Adam, Satan, and the King of Tyre. The Interpretation of Ezekiel 28:11-19 in Late Antiquity*, Leiden, Brill, 2012.

REYNOLDS Gabriel Said, *The Qur'an and Its Biblical Subtext*, London, Routledge, 2010.

SAWDAY Jonathan, « The Fortunes of Babel. Technology, History, and Genesis 11:1-9 », dans *The Word and the World*, sous dir. Killeen et Forshaw, New York, Palgrave Macmillan, 2007, p. 191-214.

SCHIMMEL Annemarie, *Deciphering the Signs of God. A Phenomenological Approach to Islam*, Albany, State University of New York Press, 1994.

SEAWRIGHT Caroline, « Khnum, Potter God of the Inundation Silt and Creation », http://www.touregypt.net/featurestories/khnum.htm.

WADUD Amina, *Qur'an and Woman. Rereading the Sacred Text from a Woman's Perspective*, New York, Oxford University Press, 1999.

WALTON John H., *The Lost World of Genesis One: Ancient Cosmology and the Origins Debate*, Downers Grove, InterVarsity, 2010.

WALTON John, *Genesis*, The NIV Application Commentary, Grand Rapids, Zondervan, 2001.

WENHAM Gordon J., *Genesis 1-15*, Word Biblical Commentary 1, Waco, Word, 1987.

WENHAM Gordon J., *Rethinking Genesis 1-11. Gateway to the Bible*, Eugene, Wipf & Stock, 2015.

WESTERMANN Claus, *Genesis 1-11. A Commentary*, Minneapolis, Augsburg, 1984.

WHITTINGHAM Martin, *A History of Muslim Views of the Bible. The First 400 Years*, Studies of the Bible and Its Reception (SBR), Berlin, De Gruyter, 2020.

WILKINS W. J., *Hindu Mythology, Vedic and Purānic*, Calcutta, Thacker, Spink, & Co.,1901.

WISEMAN P. J., WISEMAN D. J., *Ancient Records and the Structure of Genesis. A Case for Literary Unity*, Nashville, Thomas Nelson, 1985.

Index des sujets

A

Abou Bakr 78
Abraham 4, 6-7, 16, 26, 28, 40, 69, 71, 102, 115, 140, 157, 172, 177, 183, 187, 195, 197, 209, 216, 219, 237, 243, 249-50, 252, 260-61, 264-65, 267, 273-78, 286, 288, 292-96, 298-302, 304-9, 313, 317-18, 320-22, 324-27
Abu Ishak 58
'adam 76, 104, 111-14, 156, 189, 193, 240
Adam 35, 48-49, 80, 89, 99, 101-2, 104, 107-8, 111-12, 114-16, 120-21, 125-28, 131, 136-39, 142-43, 145-46, 148-50, 159, 161, 176-77, 186, 188-89, 192-93, 198, 209, 277, 300, 303, 326
Adam et Ève 2-3, 5, 24, 29, 38, 72, 97, 102, 112-13, 116, 119, 124, 128, 133-34, 138-39, 142-43, 146, 148-50, 161-62, 164-69, 171, 178, 180, 193, 195, 227, 248, 280, 291, 309, 312, 320, 324
'adan 108
Ahmadiyya 79
al-Bayḍāwī 57, 108, 128, 167, 196
al-Burāq 129
al-janna 108
Allāh 33
alliance 4-6, 25, 34, 97, 122, 150, 156, 158, 171, 176, 209, 214, 216-18, 222, 224, 236-38, 241-45, 250-52, 254, 262, 268, 281, 291, 324-26
amana 47
anges 35-36, 49, 52, 57, 77-78, 81, 102, 114, 125-28, 134, 148, 199-202
'aqiqa 114
Ararat 231-32

arbre de la connaissance du bien et du mal 112, 132, 134
arbre de vie 144-45
arc-en-ciel 244-45
arche 221-25, 227-28, 231-35, 251, 254, 268
ar-Rabb 18
ar-Razzāq 87
Ashraf et Atraf 95
astrologie 70-71, 75, 196, 302, 323
astronomie 69, 71
at-Ṭabarī 45, 89, 102, 133, 268-69, 272, 278
Aurangzeb (empereur) 155, 157
autel (mizbeach) 236
az-Zamakhsharī 61, 71, 89

B

Baal 161, 170, 323
Babel 17, 121, 186, 260-65, 267, 278, 280-82, 284-87, 300, 307, 312, 319-20
Bani Isra'il 1, 6-7, 13-14, 16-20, 23-24, 28, 31, 33-34, 40, 56, 70, 88-89, 94, 101, 125, 150, 160, 177, 202, 206, 223, 239, 243, 249, 252-53, 261-62, 266-67, 270-72, 274-76, 284, 286, 288, 292-93, 298, 302, 304, 306-7, 313, 320, 322, 324-25
bara' 51, 56, 69, 72-73, 75
barzakh 45
Baul (les) 82, 85, 93
bénédiction 2-4, 7, 23-26, 38, 72-73, 75, 83-84, 86, 88, 98, 113, 120, 134, 145, 184, 186-88, 191, 198, 205-6, 235, 237-39, 246, 248-50, 255-57, 260, 263, 266, 269, 281, 284, 286-87, 289, 291-92, 295, 305, 314, 317-22, 324-26

bénédiction de la fécondité 86, 155, 238, 310, 320
bene ha-elohim 199-200, 202
berakah 2-4, 186
bereshit 31, 51, 90
beriyth 5, 222, 241, 243
Bon Samaritain 158
bourgeon de la révélation 146
bourgeon de théologie 33-34, 97, 120, 205, 302, 322, 327
bourgeon théologique 89, 250, 284
bourgeon théogique 140
Burj Khalifa 285
Byzantins 286

C

Caïn et Abel 158-64, 176, 178-79, 181-83, 197
Canaan 1, 16, 202, 248-49, 272, 275-76, 300, 305-6, 313
célibat 119
Chalan Beel 92
châtiment 180, 241
Chatyopadhyay, Sharat Chandra 55
chiasme 4, 21, 23, 26, 97, 103-4, 130, 162, 178, 188, 217, 235, 240, 260, 265, 279, 305, 314
chute, la 79, 82-83, 86, 96, 98, 111, 120, 122, 124, 127, 141, 145, 148-49, 151, 153, 169, 198, 265, 288, 314
cieux et la terre 97, 130, 155
colombe 233
corbeau 233
cour céleste 77
créationnistes du décalage 54-55
crime d'honneur 94

D

Darwin, Charles 323
Deholvir, Wali Ullah 47
Déluge 223-24, 228, 230, 234, 242, 245, 250
désobéissance 2, 25, 97-98, 112, 124-25, 130-31, 138, 146, 148-49, 150, 164-65, 195, 264, 320, 326

divorce 117-18, 123
Dix Commandements 42, 293
djinns 57-58, 71, 78, 94, 125, 146
domination 78, 80, 83, 86, 111, 120, 124, 152, 283, 323
dualisme 54
Dutta, Satyendranath 55

E

égalité entre les femmes et les hommes 82, 115-16, 122-23, 142, 151
Eid ul Aḍha 183
Élohim 17, 33, 40, 52, 97, 104, 120
enfer 140
Enoch 71
Enuma Elish 13-14, 43, 53, 64, 86, 88, 223, 244, 282
environnement 86, 92, 111, 124, 154
épopée d'Atrahasis 84, 100, 211
'erets 41, 98, 271, 312
Esprit de Dieu 44, 56-58, 60, 82, 87, 96, 190, 229
État islamique 68, 79, 142, 154
étoile de Bethléem 70
Euphrate 294, 313
évolution 41, 59, 67-68, 323
existence de Dieu 203
ex nihilo 55

F

famille 312-15
fils de Noé 259, 278
fruit défendu 131, 134-35, 137, 193, 199

G

Gabriel 57, 134, 265
gematria 22
Genèse Rabbah 30-31, 48, 77, 180, 307
géologie 54, 230-31
Gog 270
grâce 3-4, 6, 33, 66, 84, 124, 141-42, 145, 171, 186, 198, 200, 204-5, 207, 219-20, 236, 314, 325
grand-mère des sciences 32, 120

H
Hénoch 172, 193-95, 206, 303
homosexualité 117
Hūd et Ṣāliḥ 215, 242

I
Iblīs 48, 102, 126, 128, 201
Ibn 'Arabi 176
Ibn Khaldoun 68
idolâtrie 1, 94, 167, 217, 265, 294, 296, 308, 311
Idrīs 71
image de Dieu 35, 47, 49, 52, 78-83, 86, 90-91, 95, 107, 114, 116, 120-23, 131, 142, 144, 151, 173, 191, 220, 249, 252, 256, 259, 268, 285
Imam Ali 250
Irénée 77
Islam, Kazi Nazrul 148, 154, 183

J
jardin d'Éden 24, 29, 45, 84, 98-102, 108, 110, 112, 128, 130, 135-36, 155, 177, 183, 190, 195, 300, 320
Jésus le Messie 4, 16, 18-19, 28-30, 32, 34, 40, 44, 46, 57-58, 61, 63-64, 70, 72-73, 75-76, 78, 82, 84-85, 89-90, 94-96, 101, 105, 112, 114, 117-19, 121, 123-25, 127-28, 134, 136, 140, 143-44, 149-52, 154, 157-59, 168, 175, 178-80, 182-83, 188, 190, 201, 203, 205-6, 214, 216, 219, 223, 227, 237, 241, 243, 245, 247, 249, 251-54, 256, 261, 263, 277, 286, 298, 302, 309, 312, 315-16, 318, 321, 325-27
jugement 25-26, 126, 141-42, 144, 171, 180, 188, 196, 200, 204, 214-16, 223-24, 227-29, 231, 234, 237-38, 241-42, 244, 249-52, 254, 263, 270, 275, 281, 291, 303, 314, 325
Jugement dernier 100, 102, 140, 146, 214, 245, 252, 284

K
Ka'aba 71, 296
kālima 57
Kasasul Ambiya 163, 226, 229, 248, 264, 277
khalīfa 35, 47, 57, 78, 82, 86, 90, 96, 102, 109, 114
Khan, Syed Ahmad 30, 62
Khnoum 100
Kitabul Mukaddos 1, 3-4, 107

L
La Caverne des trésors 128
La Mecque 2, 71, 215, 250-51, 261, 296, 304
langue 283-84
lawḥ al-mahfūẓ 31, 190
Lémek 172-75
L'épopée de Gilgamesh 13, 211, 227, 232-33, 236
libre arbitre 48, 77, 82, 150-51, 201, 203, 255
Loth 214-15, 242, 276, 306, 310

M
Manu 211
Mardouk 14, 17, 43, 64, 244, 262, 284, 295, 307
mariage 6, 36, 85, 101, 115-22, 142, 152, 156, 169, 173, 247, 309, 316
Mathusalem 196-97
météorite 71
millet Ibrahim 6-7, 288, 292, 310, 316-17, 325-26
Mohammed 29-30, 49, 57, 64, 72, 78-79, 106, 114-15, 119, 121, 129, 134, 148, 160, 181, 187, 190, 196, 209, 215, 243, 245, 251, 261, 268, 286-87, 292, 296, 304, 318, 320
Moïse 4, 14-18, 29, 33, 125, 157, 221
monde antique 10-11, 13, 41, 61, 100, 125-26, 156-57, 186-87, 200, 242, 262, 273-74, 293, 295, 316
Mont Djoudi 216, 232
mort 142-43, 193, 206, 303
mort de Noé 250

N

nafs 101, 106, 115, 166, 179, 182-84
naissances 156
Nemrod 110, 260-61, 264, 273-74, 280, 284, 286, 296, 308, 321
nephesh 73, 105-6, 239-40
nephesh chayyah 73, 75, 104
Nephilim 201
Noé 5-6, 24-25, 74, 149, 157-58, 171, 174, 186, 197-98, 204, 206, 209, 211, 214-28, 230-38, 241-42, 245-52, 254-57, 259-60, 262, 265-69, 277-78, 280-81, 285-86, 291, 297, 300-1, 303, 309, 314-15, 322, 325-26
nouvelle alliance 5, 257
nouvelle création 44, 87, 100-101, 113, 122, 152-53, 229, 239, 252, 263, 313-14
Nūḥ (Noé en arabe) 198
Nuzrul Islam 91

O

Origène 79

P

paradis 89, 107-8, 133, 153
parallélisme 20
parole de Dieu 8, 10, 14, 18-19, 32, 37-38, 83, 131-32, 149, 214, 287, 303
Parole éternelle 90
Paul (apôtre) 4, 101, 105-6, 118, 138, 144, 152, 182, 193, 204, 206, 252, 263, 296, 317, 322
péché originel 147
Père céleste 107, 112-13, 115, 124, 257
Philistins 274
pir 2, 84, 94, 187
pluriel de majesté 77
polygamie 173-74, 184, 256-57
polythéisme 43, 46, 68
problème du mal 203
Proche-Orient ancien 66, 81, 126, 211, 224
procréation 84, 134, 184

Q

qadowsh 88, 182
quatre jardins 153

R

Rabb 34
rédemption 148
reine des cieux 70
repentance 137, 175, 180-81, 200, 214, 225, 227
re'shiyth 1, 31, 51, 260
ruwach 56, 229

S

sabbat 46, 88-89, 95-96, 206
sacrifices d'animaux 157, 163-64
Sahl al-Tustarī 64
Saint-Esprit 4, 15, 17, 37, 44, 56-57, 90, 123, 136, 150, 178, 204, 263
Satan 55, 71, 102, 125-28, 131, 133, 137, 146, 214, 223, 321
science 8-10, 27, 35-37, 41-42, 46, 50, 59, 62, 65-69, 71, 120-21, 147, 231, 251, 256, 285, 295, 303, 324
Sem 246, 249, 268-69, 276-77, 297, 300, 302
sept cieux 45, 53
serpent 119, 124-26, 131-32, 135, 138-39, 141, 145, 150-51, 162, 168, 179, 193
Seth 175-77, 192-93
Shah, Lalon 56, 81
shamayim 41, 52
Shayṭān 126, 131, 140, 145, 148-50, 154, 166, 201
shéol 41, 195
Sīrah 187, 268
souffrance divine 204
soufi(s) 2, 34, 47, 49, 57, 64, 71, 81, 94, 106, 119, 134, 156, 282
système de castes 93, 185

T

tabernacle 111, 144, 180, 223
Table des Nations 186, 260, 262-63, 265-66, 271, 278, 291
Tagore, Rabindranath 62, 95, 157, 303
taḥrīf 29
tanniyn 73
taqwā 167, 179
tawḥīd 43
Tawrat 1
temple 223, 261
Térah 304-5, 307
terreau de la Bible 36, 286, 324, 327
terreau de l'histoire biblique 205
terreau des Écritures 121
Tertullien 77
théologie mu'tazilite 61
théorie du Big Bang 41, 54, 65
Théorie JEDP 17, 19, 33
Tiamat 43, 64, 73, 244
Tigre et Euphrate 12, 110, 153
tohu va-bohu 21, 50, 53, 55, 87-88, 91, 95-96, 226, 237, 278, 284, 323
Torah 15-18, 31
towledah 7, 23-25, 97, 99, 186, 188
Trinité 56, 60, 76-78, 89, 283
trône de Dieu 57, 87, 128, 245, 252, 263

U

Usher, James 54
Utnapishtim 227, 236

V

verset de la Lumière 63
Vie d'Abel de Symmache 159
Vie d'Adam et Ève 128
violence 158, 165, 175, 181, 220

Y

YHWH 17, 33-34, 97, 156, 165, 171, 176, 194, 236, 281, 315

Z

ziggourat 281, 295

Index des références coraniques

adh-Dhāriyāt
51.20-21 323

al-Aḥzāb
33.7 .... 216, 243
33.43 62
33.46 64
33.72 47

al-'Alaq
96.4 32

al-An'ām
6.1 62
6.50 75
6.52 80
6.59 75
6.74 301
6.74-82 308
6.75-79 308
6.77-78 71
6.92 2
6.96-97 70
6.125 148
6.127 .... 108, 153
6.151 241
6.155 2
6.161 .... 292, 296
6.164 140

al-Anbiyā'
21.16 45
21.26 201
21.30 .... 46, 65
21.32 45
21.35 112
21.51-73 308
21.57-58 308
21.67-69 264

21.68-69 308
21.69-70 322
21.71 312
21.76 268
21.85-86 196

al-'Ankabūt
29.14 250
29.16-27 308
29.19-20 308
29.22 94
29.24 308

al-A'rāf
7 .... 101, 133, 137
7.3 217
7.11 127
7.12 126
7.13 146
7.13-24 145
7.19 .... 108, 112
7.19-23 134
7.20 112
7.20-22 133
7.22-26 .... 135, 144
7.23 .... 137, 146
7.24 146
7.54 .... 45, 87
7.57-87 242
7.59 216
7.59-64 215
7.69 202
7.80-84 306
7.96 2
7.145 14
7.163 73
7.172 .... 190, 243
7.189 116

al-Baqara
2 .... 78, 101, 133, 137
2.29 .... 45, 47
2.30 .... 57, 86, 102, 203
2.30-32 77
2.30-34 48
2.31 .... 78, 81, 114
2.31-32 35
2.34 .... 95, 127-28
2.35 108
2.35-36 133
2.35-38 134
2.36 .... 108, 140
2.36-39 146
2.37 .... 137, 146
2.38 146
2.40 243
2.40-103 325
2.61 109
2.63-66 243
2.65 89
2.81 57
2.83-85 243
2.87 14
2.93 243
2.97 57
2.102 264
2.102-103 201
2.107 94
2.117 60
2.122 326
2.122-128 296
2.124 ... 243, 297, 313, 325
2.125-126 261
2.125-127 102
2.130 292
2.135 .... 292, 296
2.152 243
2.187 117

2.219 247
2.223 141
2.226-237 123
2.254 57
2.255 .... 45, 56, 88
2.257 62
2.258 .... 264, 308
2.272 80
2.282 123

al-Burūj
85.21-22 190
85.22 31

al-Dhāriyāt
51.47 45

al-Fajr
89.6-8 202
89.22-23 106

al-Fatḥ
48.10 243

al-Fātiḥa
1.2 39

al-Furqān
25.15 108
25.53 45
25.54 46
25.59 .... 45-46, 56, 59, 87

al-Ḥadīd
57.4 .... 45-46, 59, 87
57.9 62
57.27 .... 85, 119

al-Ḥajj
22.5 67
22.34-37 167
22.37 157
22.47 59
22.78 .... 292, 320

al-Ḥāqqa
69.17-18 128

al-Ḥijr
15.16 71
15.16-18 53
15.18 71
15.26 126
15.26-29 67
15.27 57
15.29 .... 101, 127
15.35-37 146
15.59-74 306
15.85 45

al-Ḥujurāt
49.13 263

al-Ikhlāṣ
112.2 34

Āl 'Imrān
3.7 31
3.45 32
3.45-47 140
3.49 ....61, 75
3.59 60
3.67 .... 292, 302
3.95 .... 292, 296
3.96-97 296
3.169 106
3.185 112

al-Isrā'
17.1 129
17.13-15 140
17.26 312
17.41 57
17.44 45
17.61 127
17.61-62 95

al-Jāthiya
45.3-5 ....40, 89

al-Jinn
72.8-9 53
72.9 71

al-Kahf
18.50 .... 95, 127
18.61-63 73
18.107 108

al-Ma'ārij
70.40 71

al-Mā'ida
5.3 71
5.12-13 243
5.14 243
5.16 62
5.18 45
5.20 320
5.27 .... 165, 167
5.27-32 159
5.29 181
5.30 166
5.30-31 74
5.31 .... 160, 233
5.32 160
5.32-34 181
5.44 ....14, 29
5.46 5
5.60 89
5.70-71 243
5.90-92 247
5.109 57
5.110 61

al-Mulk
67.2 112
67.3 45
67.3-4 46
67.3-5 53
67.5 71
67.13 203
67.19 73

al-Mu'minūn
23.13-14 67
23.23 216
23.27 .... 221, 225, 228
23.29 2
23.86 45

al-Mumtaḥina
60.4 308

al-Qalam
68.1 32

al-Qamar
54.9-16 215
54.11-12 226

al-Qiṣaṣ
28 264
28.2-3 264
28.6 265
28.8 265
28.33 95
28.38 265

al-Wāqi'a
56.75 71

an-Naba'
78.7 45

an-Naḥl
16.14 87
16.26 .... 264, 283
16.28 264
16.40 60
16.50 201
16.58-59 123
16.65-69 323
16.79 .... 73, 89
16.91 243
16.102 57
16.120 292
16.120-123 317
16.121-123 292
16.123 .... 292, 296

an-Najm
53.14 134

an-Naml
27.20-44 277
27.50-52 264
27.54-58 306

an-Nāzi'āt
79.26-27 45
79.27-30 47

an-Nisā'
4.1 .... 67, 101, 115, 312
4.3-13 117
4.43 247
4.46 29
4.125 .... 292, 297, 319
4.154-155 243
4.169 57
4.171 .... 32, 82

an-Nūr
24.35 63
24.41 73
24.45 46

ar-Ra'd
13.2 45
13.2-4 323
13.9 31
13.20-25 243
13.39 190

ar-Raḥmān
55 90
55.5 71
55.19-20 45
55.46 153
55.62 153

ar-Rūm
30.2-5 286
30.8-11 323
30.18-26 323
30.22 264

ash-Shams
91.5 45

ash-Shu'arā'
26.69-86 308
26.105 225
26.105-121 215
26.107 215
26.118 268
26.160-175 306

ash-Shūra
42.7 287

aṣ-Ṣāffāt
37.6-10 .... 53, 71
37.77 268
37.83-98 308
37.93 308
37.97-98 308
37.98-113 252
37.102-107 297
37.142 73
37.147 274

as-Sajda
32.4 .... 45-46, 56, 59
32.5 59
32.7-9 .... 61, 67
32.9 101
32.19 108

at-Taghābun
64.4 68

at-Taḥrīm
66.10 .... 174, 216, 225
66.12 57

at-Ṭalāq
65.11 62
65.12 45

at-Tawbah
9 4
9.72 .... 108, 153
9.129 45

at-Tīn
95.1 234
95.4 49

at-Ṭūr
52.5 45

az-Zukhruf
43.3-6 190
43.4 31
43.26-27 308

az-Zumar
39.46 75
39.69 63

Fuṣṣilat
41 46
41.6 64
41.9-12 46
41.12 45
41.37 71

Ghāfir
40 264
40.1-2 106
40.7 128
40.15 56
40.19 203
40.24 265
40.36-37 265
40.67 67

Hūd
11.6 87
11.7 .... 45, 56, 59, 87
11.25-48 215
11.25-95 242
11.32-37 216
11.36-40 224

11.37 216
11.39 221
11.40 .... 225, 268
11.40-47 .... 228, 230
11.42 227
11.42-46 216
11.42-47 .... 248, 268
11.43-47 216
11.44 .... 229, 232
11.71 315
11.74-83 306

Ibrāhīm
14.1 62

Luqmān
31.13 80

Maryam
19.16-33 140
19.19 219
19.34 .... 32, 140
19.35 259
19.41 292
19.41-50 308
19.56-57 196
19.65 45

Muḥammad
47.15 153

Nūḥ
71 215
71.15 45
71.15-16 53

Qāf
50.9 2
50.16 34
50.38 .... 46, 59, 88

Ṣād
38.26 78
38.71-72 61
38.71-78 95

38.71-85 127
38.77-81 146

Ṭā Hā
20.4-6 45
20.6 45
20.86 243
20.115 243
20.115-116 95
20.116 127
20.117 108
20.118-119 108
20.120 .... 108, 112, 133
20.120-122 134
20.121 120
20.122 146
20.123 146

Yā Sīn
36.60-61 243
36.82 60

Yūnus
10.3 .... 46, 56, 59
10.4 87
10.5-6 46
10.5-9 323
10.71-73 215
10.94 8

Yūsuf
12.3 106
12.37 292
12.38 292

Table des matières

Avant-propos – Anwarul Azad ix

Avant-propos – Ida Glaser xiii

Abréviations xvii

Translittérations xix

1 Introduction 1

2 Au commencement, Dieu créa : Genèse 1.1 – 2.3 39

3 Les commencements de la vie humaine et du péché : Genèse 2.4 – 4.26 97

4 Les commencements de la mort et de la vie nouvelle : Genèse 5.1 – 6.8 185

5 Les commencements du jugement et de l'alliance : Genèse 6.9 – 9.29 209

6 Les commencements des nations : Genèse 10.1 – 11.9 259

7 Les commencements d'Abraham : Genèse 11.10 – 12.1 291

8 La bénédiction de Dieu sur Abram : Genèse 12.2 – 3 317

Bibliographie 329

Index des sujets 335

Index des références coraniques 341

Langham Literature, et sa branche éditoriale, est un ministère de Langham Partnership.

Langham Partnership est un organisme chrétien international et interdénominationnel qui poursuit la vision reçue de Dieu par son fondateur, John Stott :

> *promouvoir la croissance de l'Église vers la maturité en Christ en relevant la qualité de la prédication et de l'enseignement de la Parole de Dieu.*

Notre vision est de voir des églises équipées pour la mission, croissant en maturité en Christ, par le ministère de pasteurs et de responsables qui croient, qui enseignent et qui vivent la Parole de Dieu.

Notre mission est de renforcer le ministère de la Parole de Dieu de trois manières :
- par la mise en place de mouvements nationaux de formation à la prédication biblique ;
- par la rédaction et la distribution de livres évangéliques ;
- par la formation d'enseignants théologiques évangéliques qualifiés qui formeront ensuite des pasteurs et responsables d'églises dans leurs pays respectifs.

Notre ministère

Langham Preaching collabore avec des responsables nationaux en vue de la création de mouvements de prédication biblique dirigés par les nationaux eux-mêmes. Ces mouvements, qui naissent progressivement un peu partout dans le monde, rassemblent non seulement des pasteurs, mais aussi des laïcs. Nos équipes de formateurs venus de beaucoup de pays différents proposent une formation pratique qui comporte plusieurs niveaux, suivie d'une formation de facilitateurs locaux. La continuité est assurée par des groupes de prédicateurs locaux et par des réseaux régionaux et nationaux. Ainsi nous espérons bâtir des mouvements solides et dynamiques, constitués de prédicateurs entièrement consacrés à la prédication biblique.

Langham Literature fournit des livres évangéliques et des ressources électroniques par la publication et la distribution, par des subventions et des réductions à des leaders et futurs leaders, à des étudiants et bibliothèques de séminaires dans le monde majoritaire. Nous encourageons aussi la rédaction de livres évangéliques originaux dans de nombreuses langues nationales par le biais de bourses pour des écrivains, en soutenant des maisons d'édition évangéliques locales, et en investissant dans quelques projets majeurs comme *le Commentaire Biblique Contemporain*, qui est un commentaire de la Bible en un seul volume rédigé par des auteurs africains pour l'Afrique.

Langham Scholars soutient financièrement des doctorants évangéliques du monde majoritaire dans le but de les voir retourner dans leurs pays d'origine pour former des pasteurs et d'autres chrétiens nationaux en leur proposant un enseignement biblique et théologique solide. Cette branche de Langham cherche donc à équiper ceux qui en équiperont d'autres. Langham Scholars travaille aussi en partenariat avec des séminaires dans le monde majoritaire, afin de renforcer l'éducation théologique évangélique sur place. De ce fait, un nombre croissant de « Langham Scholars » (le nom « Scholars » signifie « boursiers ») peut aujourd'hui suivre des programmes doctoraux de haut niveau au cœur même du monde majoritaire. Une fois leurs études terminées, ces « Langham Scholars » vont non seulement former à leur tour une nouvelle génération de pasteurs, mais exercer une grande influence par leurs écrits et par leur leadership.

Pour plus d'informations, consultez notre site : langham.org.

www.ingramcontent.com/pod-product-compliance
Lightning Source LLC
Chambersburg PA
CBHW052043220426
43663CB00012B/2425